에니어그램 영성훈련

제자의 삶을 위한 에니어그램 가이드북

에니어그램
영성훈련

지은이	아델 & 더그 칼훈, 클레어 & 스캇 러그리지 지음
옮긴이	이재명 · 한병복 · 박지애 · 김호순
펴낸이	김혜정
기획위원	김건주
디자인	홍시 송민기
마케팅	윤여근, 정은희
출간일	초판 1쇄 인쇄 2025년 4월 15일
	초판 1쇄 발행 2025년 4월 29일
발행처	도서출판 CUP
출판신고	제2017-000056호(2001.06.21.)
주소	(04549) 서울특별시 중구 을지로 148, 803호 (을지로3가, 드림오피스타운)
전화	02) 745-7231
팩스	02) 6455-3114
이메일	cupmanse@gmail.com
홈페이지	www.cupbooks.com
블로그	www.cupbooks.com
페이스북	facebook.com/cupbooks
인스타그램	instagram.com/cupmanse/

ISBN	979-11-90564-70-0 03230

* 파손된 책은 구입하신 서점에서 교환해 드리며 책값은 뒤표지에 있습니다.

에니어그램 영성훈련

제자의 삶을 위한 에니어그램 가이드북

Spiritual Rhythms
for the Enneagram

더그 & 아델 칼훈, 스캇 & 클레어 러그리지 | 이재명, 한병복, 박지애, 김호순 옮김

성격의 진실을 보는 놀라운 시각의 창, 에니어그램!

UP

추천의 글

내가 처음 에니어그램을 접한 것은 안식년을 가질 때였다. 에니어그램을 통해 나 자신이 누구인지를 들여다 보는 여정은 말 그대로 '눈이 새롭게 뜨이는 순간'이었다. 무엇보다 내가 누구인지, 내가 왜 특정 상황에서 특정한 생각의 패턴을 갖고 특정한 행동을 하는지, 지금까지의 내가 어떻게 현재의 영적 성향을 갖게 된 것인지를 지도처럼 보여 주었다. 창조주 하나님께서 나를 만드신 그 모습 그대로의 나를 직면하는 순간이었기에 나를 편견 없이 이해하게 되었다. 종교개혁자 칼뱅은 하나님을 아는 만큼 나를 알게 되고, 나를 아는 만큼 하나님을 알게 되어 참 지식에 이르게 된다고 말했다. 에니어그램은 자신과 하나님을 진정으로 사랑하고자 하는 사람에게는 가장 좋은 지혜 습득의 도구이다. 또한 나는 에니어그램을 통해, 평소에 전혀 이해되지 않고 납득되지 않는 사람도 수용할 수 있는 안목을 갖게 되었다. 그런데 나의 유형을 알게 되어 나 자신은 잘 이해하게 되었지만, 내 유형이 가진 한계와 약점을 어떻게 성숙과 성화의 방향으로 가져갈 수 있는지에 대해서는 좀 모호하게 생각되었다.

이 책은 바로 그 성숙과 성화의 방향을 보여준다. 그래서 각각의 유형에서 대면하는 '나는 누구인지', '참 자아와 퇴보한 거짓 자아는 어떤 것인지', 각 유형이 가진 '상처를 치유하는 방식'이 무엇인지 등 성숙과 성화를 위한 영성훈련의 방향을 보여준다. 특히, 이 책은 하모니 에니어그램을 제시한다. 특정 유형의 성숙과 발전을 위해 타 유형의 필요한 부분을 가져와서, 머리-가슴-장의 하모니통합를 추구하는 방식이다. 이 부분을 읽을 때, 매우 흥미롭고 내 유형의 발전 방향이 더욱 명료하게 그려지는 기쁨을 누렸다. 이 책은 자신과 자신이 빚어가는 인생을 진정으로 사랑하며, 하나님을 온전히 사랑하고 싶어 하는 그리스도인들에게 아주 좋은 영성훈련 안내서라고 확신한다. 참 자아의 발견과 하나님 사랑을 향한 갈망을 가진 분들에게 일독을 권하고 싶다.

이상학 | 새문안교회 담임목사

이 책은 에니어그램을 통해 자신을 성찰한 사람이 앞으로 어떤 성화의 여정을 걸어가야 하는지에 대한 심리학적 지식과 영적 통찰을 제공한다. 오늘날 대부분의 사람들은 자신의 신념과 제한된 자기 이해 안에 갇혀서 참된 자신의 모습으로 사는 자유를 누리지 못하고 내면의 방어 기제가 이끄는 거짓 자아의 영향을 받으면서 사는 경우가 많다. 이 책은 영적 성장을 추구하는 그리스도인들과 하나님의 형상 안에서 참된 자기 모습을 회복하기 원하는 영적 지도자들에게 매우 좋은 길잡이가 될 것이다.

주수경 | 말라위 선교사 , 《선교사의 뒷모습》 저자

에니어그램의 유형에 갇히지 않고 거짓 자아에서 통합된 자아로 나아가 하나님, 자신, 이웃을 지성과 감성과 힘을 다해 사랑하는 방식을 배울 수 있다는 것이 새롭다. 예화와 질문들을 통해 객관적으로 내면을 보게 하고 기도와 훈련 방법을 제시한다. 우리는 하나님의 형상대로 창조되었고, 하나님은 우리를 사랑하신다. 우리는 그 사랑을 나타내고 표현해야 한다. 이러한 성화의 여정에 이 책은 좋은 도구가 된다.

김영숙 | CCC 선교사

작가들의 풍부한 경험과 통찰력이 담겨 있는 문장과 섬세하고 친절한 안내에 나도 모르게 흠뻑 빠져들었다. 이 책은 에니어그램을 통해 성경을 삶 속에서 실천할 수 있도록 돕는다. 이 책을 교회 소모임이나 부서에서 활용하면 교인들의 영성이 깊어지고 그들을 통해 선한 영향력이 흘러나오게 될 것이다. 협력하는 것이 무엇인지를 책을 통해 보여준 저자들과 부드러운 번역으로 우리에게 하모니 에니어그램을 전해 준 역자들께 감사드린다.

윤명선 | 공동체문화원 원장

세상을 바라보고 경험하는 아홉 가지 방식에 의해 우리 각자가 어떻게 여기까지 오게 되었는지를 잘 설명해 준다. 특히 이 책은 하모니를 이루는 통합적 관점으로 자신을 깊이 이해하게 하고, 깊은 영성으로 안내한다. 또한 자신을 이해하는 방식으로 이웃의 모습을 이해하고 공동체 속에서 우리 각자가 어떻게 드러나는지를 통찰력 있게 표현한다. 하나님의 형상을 닮은 우리가 일상에서, 그리고 인생 전체의 여정에서 예수님을 닮아가도록 초대하는 통로라는 놀라운 메시지를 전하고 있다. 이 책을 만나는 사람마다 성부, 성자, 성령 하나님의 따스한 사랑과 인간의 필요를 도우시는 은총 속에 삶이 더 아름답게 피어나기를 축복한다.

황지연 | 《에니어그램 영적인 지혜》 역자

에니어그램을 통해 우리는 깊은 내면을 관찰함으로써 타고난 기질과 숨겨진 내면의 동기를 알 수 있다. 에니어그램 유형을 알았다면 이제 우리는 무엇을 해야 할까? 바로 자신의 모습 그대로를 인정하고 알아차려서 건강한 방향으로 나아가도록 해야 하는데, 이 책은 그 지침서가 될 것이다. 한쪽으로 치우치지 않고 균형있는 자아를 만들도록 도와주는 하모니 삼각형 에니어그램의 지혜를 통해 혼자만의 성장이 아니라 더불어 건강하게 사는 세상을 만드는 데 도움이 될 것이다.

김홍성 | KBS 아나운서

현대 에니어그램의 가르침이 자신의 정체성을 명확히 알아가는 데 도움을 준다는 면에서 이 책은 참으로 탁월하다. 에니어그램 전통에 대한 새롭고 시의적절한 내용을 다루는 이 책은 특히 신앙과 자아정체성을 아주 매끄럽게 연결해준다. 또한 에니어그램에서 상대적으로 연구가 덜 된 영역에 관해 실질적인 적용 방법을 아주 매력적이고 설득력 있게 제공한다. 저자들의 생생한 영적 생활에 바탕을 둔 이 책의 깊은 통찰은 고대의 자아성찰 도구를 현대에 활용하는 방법을 생생하고 명료하게 제시한다.

크리스토퍼 L. 휴에르츠 | Gravity-명상적 행동주의 센터 설립 파트너,
The Sacred Enneagram (신성한 에니어그램) 저자

현대 에니어그램에 독특한 기여를 하는 책이다. 저자들은 독자들을 성찰과 치유의 길로 인도한다. 성경, 통찰력 있는 질문, 그리고 에니어그램 유형에 적합한 영성훈련을 통해 풍부하고 깊은 자아성찰로 초청한다. 이런 점에서 이 책은 후다닥 읽고 끝내지 말고, 천천히 음미하며 소화해야 할 책으로, 홀로 혹은 친구들과 함께 누릴 수 있는 영혼의 만찬이다.

앨리스 프라이링 | *Mirror for the Soul: A Christian Guide to the Enneagram*
(영혼의 거울: 크리스천을 위한 에니어그램) 저자

이 책이 제시하는 에니어그램을 통한 새로운 변화의 작업은 당신을 온전히 변화시킬 것이다. 독자들은 영적 리듬의 훈련을 통해 자신의 에니어그램 유형을 알게 될 뿐 아니라, 자신의 유형이 갖고 있는 아름다움과 생명력을 표현하는 사람이 될 것이다. 저자들은 자신들의 경험, 폭넓은 연구, 목회 경험과 에니어그램 전문성을 풍부하게 담았다. 이 영적 여정을 통해 독자는 하나님께서 창조하신 그대로의 모습으로 성장하며 행동하는 사람이 될 것이다.

시빌 타우너 | The Springs Retreat Center 공동 디렉터,
Listen to My Life (삶에 귀 기울이기) 공동 저자

더그와 아델 칼훈 부부를 통해 에니어그램을 알게 되어서 기쁘고 감사하다. 이들을 통해 언제나 통제하고 맞서려는 8유형의 다루기 힘든 나의 내면 동기를 다른 사람을 섬기고 돕는 잠재력으로 바꿀 수 있다는 희망을 갖게 되었다. 이 책은 우리의 머리, 가슴, 장을 조화롭게 통합하는 과정을 소개한다. 만약 진정으로 자신의 잠재력을 실현하기를 원한다면, 이 책은 바로 당신을 위한 것이다. 아주 신중한 방식으로 구성된 영성훈련과 개인 이야기들에 집중해 보라. 그러면 하나님이 본래 지으신 자신의 모습 안에서 진정한 자유를 누리도록 하는 보물창고를 만나게 될 것이다.

그렉 오그덴 | Discipleship Essentials (제자도의 핵심들) 저자

나는 에니어그램 유형을 알게 된 이후 단순히 '더 나은 나에 관한 설명' 이상의 무언가가 분명히 있을 것이라 생각했다. 고맙게도 이 책 덕분에 머리, 가슴, 장 지능, 영적 리듬, 이냐시오 훈련, 충만함과 메마름 같은 개념을 이해하게 되었다. 저자들의 삶의 경험과 깊은 전문성을 담은 이 책은 신뢰할 만한 조언자의 역할 을 한다. 이제 진정한 나 자신으로 돌아가도록 돕는 영감 넘치는 도우미를 갖게 된 것이다.

조안 O. 라이트 | O'Sullivan Wright Inc. 대표

이 책은 에니어그램의 아홉 가지 성격 유형을 보다 깊은 차원의 이해로 이끌어 주는 통로이다. 저자들의 아름다운 문체 속에 펼쳐지는 유용한 개념과 구체적인 방법들을 통해 독자들은 자신과 타인을 더 잘 이해하고 복잡한 삶의 바다를 우 아하게 헤쳐 나갈 항해법을 배우고 이해하게 될 것이다.

킴벌리 준 밀러 | *Boundaries for Your Soul* (영혼의 경계들) 저자

에니어그램이라는 고대 도구에 대한 깊은 이해를 제공한다. 저자들은 탁월한 통찰력과 영적 지침, 그리고 구체적 적용들을 훌륭하게 엮어냈다. 이 책은 유용 한 정보를 제공할 뿐만 아니라 개인적인 변화를 위한 실제적인 기회를 제시한 다. 이 책을 읽을 뿐 아니라 이 책이 당신을 읽도록 해보라고 권하고 싶다!

조 월터스 | Potter's Inn Soul Care Institute 디렉터

정말 놀라운 책이다! 저자들은 에니어그램의 포괄적인 영적 안내서 같은 이 책 으로 독자가 다음 단계 질문에 답할 수 있도록 돕겠다는 약속을 지킨다. 책 속 의 수많은 사례를 통해 시스템과 이론을 넘어서는 에니어그램 본연의 체험적인 매력을 직접 경험할 수 있다. 개인의 영적 변화를 위한 훈련과 길을 제시할 뿐 아 니라, 다른 사람과 함께 할 수 있는 사례와 방법을 제시하는 탁월한 책이다.

니나 반즈 | 노스웨스턴-세인트폴 대학 부총장

에니어그램 유형에 대한 심도 있는 통찰뿐 아니라, 제시된 영성훈련을 통해 우리의 머리, 가슴, 장이 어떻게 역동적이고 조화로운 관계를 이룰 수 있는지를 이해하고 실천하는데 필수적인 자료이다. 관계와 삶을 새롭게 변화시켜줄 통찰과 훈련을 통해 자신이 어떤 모습인지, 어떤 모습은 아닌지, 누구를 더 온전히 사랑할 수 있는지 더 깊이 발견하는 다양한 방법을 배우게 될 것이다. 또한 깊이 있는 내용과 풍성한 자료들은 수시로 참고할 만한 영적 안내서의 역할을 할 것이다. 나 역시 이 책의 통찰력과 훈련을 가족과 친구와의 관계에서, 영적 조언이나 수업 등에서 매일 사용한다. 이 책이야말로 오랫동안 기다려 온 책이며, 이 책의 내용을 적용, 실천하면 당신의 관계와 삶이 바뀔 것이다.

메리 앨버트 달링 | 스프링 아버 대학 커뮤니케이션 교수

기독교 관점에서 쓰인 에니어그램 도서로 아주 귀중한 자료다! 이 책은 "내 유형은 알겠는데, 이제 뭘 해야 하지?"라는 중요한 질문에 대해 아주 명확하고 접근하기 쉬우며 실용적인 방식으로 설명한다. 특히 하모니 삼각형에 대한 심도 있는 연구는 놀랍고도 주목할 만하다. 이 중요한 자료를 하나의 목소리로 전해준 저자들에게 축하와 감사를 보낸다.

진저 라피드-보그다 | *Bringing Out the Best in Yourself at Work* (일터에서 최고의 나를 끌어내기) 저자

에니어그램을 통한 자아인식, 내면 훈련, 그리고 영성적 고찰 등을 폭넓게 다룬 이 책을 읽으면서 가장 먼저 눈에 띈 것은 각 유형과 공감하는 방법들을 다룬 부분과 우리가 다른 사람들에게 저항하거나 열려 있을 때 나타나는 다양한 방식들이었다. 저자들은 우리가 영적으로 깨어날 때 이기심에서 숨기가 어렵다는 겸손한 진실을 이해한다. 당신의 성장을 도와줄 영성훈련들이 풍성하게 담겨 있는 이 책을 깊이 음미해 보라. 하모니 삼각형과 시대를 초월하는 영적 지혜에 대한 이해를 바탕으로, 저자들은 우리 자신과 타인, 유일하신 하나님과의 교제를 깊게 할 수 있는 수많은 성찰들을 아낌없이 제공한다.

레슬리 허쉬버거 | Coming Home 과정 개발자

차례

영혼의 자원

감사의 글

이 책은 어느 개인의 노력으로 만들어진 것이 아닙니다. 에바그리우스 폰티쿠스, 라몬 룰, 로욜라의 이냐시오, 앨리스 프라이링, 진저 라피드 보그다, 디 아스펠과 팻 아스펠, 리처드 로어, 데이비드 러브리스와 카론 러브리스, 리치 플라스, 클라우디오 나란호, 안드레아스 에버트, 돈 리소, 러스 허드슨, 마이클 나일러, 비어트리스 체스넛, 헬렌 팔머, 토마스 콘돈, 캐틀린 헐리, 수잔 스태빌, 산드라 마이트리, 수잔 주셔, 그리고 록산느 하워 머피 등 수많은 에니어그램 지도자들이 놓은 토대 위에 세워졌습니다. 처음 에니어그램을 저희에게 소개해 주신 데이비드 다니엘에게 깊은 감사를 전합니다! 또한 로욜라 대학에서 수많은 시간을 가르치며 우리와 이 책에 깊은 영향을 준 제롬 와그너 박사께도 특별한 감사를 전합니다. 이 책에 등장하는 수많은 아이디어, 가르침과 글들은 우리들에게는 마치 선물과도 같았으며, 부디 우리의 글도 많은 사람에게 이런 역할을 할 수 있기를 기대합니다.

머리, 가슴, 장 중심 지능에 대한 개인적인 이야기들을 나누어준 모든 분께 감사의 인사를 전합니다. 여러분의 솔직함과 용기와 너그러움은 하나님이 사랑하시는 많은 사람에게 도움을 줄 것입니다. 여러분들로 인해 이 책이 나올 수 있었으며, 여러분 안에 있는 탁월함은 늘 우리에게 경이로움을 줍니다. 처음으로 원고를 읽고 건설적인 조언을 해준 분들에게 받은 도움과 사랑이 담긴 격려에 감사드립니다. 우리가 하려는 일을 이해하고 지금과 같은 책이 되도록 모든 과정을 이끌어준 편집자 신디 번치와 엘리사 샤우어에게도 감사드립니다. 두 분은 이 책을 위해 하모니 삼각형을 통해 에니어그램을 새롭게 접근하는 모험을 감수해 주었습니다. 이 여정을 함께 걷는 여러분 모두에게 성령께서 여러분 안에 내재한 영광스러운 모습으로 깊은 변화를 이끌어주시기를 기도하며, 하나님께 모든 영광을 돌려드립니다!

저자 클레어와 스캇 러그리지의 감사의 말

이 책을 함께 집필하자고 제안하고, 힘든 시간을 보내는 동안에도 우리를 기다려준 더그와 아델에게 감사를 전합니다. 그리고 지난 27년 동안 공동체 속에서 하모니를 발견하게 해준 Crossroads 교회에도 감사 말씀을 드립니다. 에니어그램의 여정을 열정적으로 항해하며 이 작업의 결과물을 더 넓은 세상에 내어놓을 수 있도록 시간과 공간을 허락해 준 Crossroads 교회의 장로님들과 귀한 친구인 숀과 캐틀린 러그리지, 돈 코포, 찰스와 질 테오도로비치, 자크 쇼트, 맷과 실비아 블러섬, 그리고 우리를 위해 중보기도를 해준 보니 웸플에게도 감사를 전합니다. 우리가 충동적인 거짓 자아로 행동했을 때마저도 잘 자라준 우리의 자녀, 사라, 이안, 조시아와 리비, 그리고 손주 단테, 로렌조, 아드리아나, 커스텐과 포드에게도 감사를 전하며, 앞으로도 가장 멋진 자신의 모습으로 성장해나가길 기도합니다. Transforming Center와 우리에게 영적 리듬과 지도를 제공한 루스 헤일리 바턴 박사님의 도움은 말로 표현할 수 없을 정도입니다. 이 모든 분들께 드립니다. '당신들은 믿음, 소망, 사랑을 전하는 통로입니다.'

저자 아델과 더그 칼훈의 감사의 말

이 책의 집필 과정에서 진실된 조언을 해준 친구들에게 감사를 전합니다. 6유형에 관한 관점을 제공한 애널리스 칼훈, 우리에게 항상 좋은 친구인 미셸 브린과 로스, 에밀리 존스, 우리를 위해 기도해준 마크와 린다 데이비스, 카를라와 로저 피어, 카렌 베어, 줄리 베이어, 아나 시손, 짐과 루스 키스트에게 감사를 드립니다. 또한 우리가 지속적으로 에니어그램을 가르칠 수 있도록 초청해준 루스 헤일리 바턴과 Transforming Center, 그리고 우리에게 이 일을 할 수 있다는 지지를 해준 Highrock 교회와 어떻게 되어가는지 중간중간 확인해 준 앨리스 킴, 수지 스킬렌, 자넷 앤더슨, 애비 라이스, 바바라 싱글턴, 드루 헌터와 카르멘 마이아누에게도 감사를 전합니다. 이 책을 스캇과 클레어와 함께 공동 집필할 수 있는 일 자체가 우리에게는 선물이었습니다. 이렇게 멋진 사람들과 함께 작업하는 경험을 할 수 있어서 감사합니다.

역자의 글

에니어그램을 만난 사람들에게는 마치 신앙의 간증 같은 강렬한 충격과 감동, 기쁨이 있다. 이 책은 공동 저자인 아델과 더그 칼훈, 클레어와 스캇 러그리지가 에니어그램을 활용한 오랜 목회를 통하여 교우들의 변화와 성숙을 보며 얻은 감동과 기쁨의 경험들을 담아 임상의 확신으로 집필했다는 사실이 특별하다. 그동안 대학과 대학원 강단, 교회와 각 단체에서 에니어그램을 가르치며 일상에서 영성훈련을 지도할 책에 대한 요청을 많이 받아온 역자는 이 책을 소개받은 후 '이 책이다!'라고 무릎을 치게 되었다. 이 때문에 함께 작업을 한 선생님들과 실제적인 활용이 가능한 책이 되도록 더 신경을 쓰며 번역하게 되었다.

이 책은 전통적인 에니어그램에서 진일보하여 '하모니'라는 개념을 중심으로 에니어그램을 통한 변화와 성숙을 풀어나가는 저자들이 스스로도 '새롭게 접근하는 모험'이라고 부르는 접근법을 지니고 있다. 이는 '하모니 삼각형'으로 세 그룹1-4-7유형 그룹, 2-5-8유형 그룹, 3-6-9유형 그룹을 구성하면서, 각 유형들이 장 지능GQ, 가슴 지능EQ, 머리 지능IQ으로 연결되어 '하모니'를 이룰 때 더 성숙할 수 있다고 강조한다.

에니어그램은 에니어그램 자체를 위해 존재하는 것이 아니라, 사람의 변화와 성숙을 위한 하나의 도구여야 한다고 믿기에 이 책은 초보자들도 이해하기 쉽도록 가급적 평이한 말로 번역하려고 했다. 이 책에 실린 수많은 에니어그램 경험자들이 삶의 어려움을 에니어그램을 통해 해결한 진솔한 이야기들을 읽다 보면 누구라도 '맞아, 나도 그런데~!' '어쩜 나하고 똑같네~!!'라고 공감하고 그렇게 자기 유형을 찾고 확인하게 될 것이다. 이런 점에서 이 책은 유형 발견에서부터 영성훈련까지를 돕는 훌륭한 안내서가 될 것이다. 또한 이 책은 에니어그램 전문가들에게 실제적이고 구체적인 영성훈련 방향과 방법을 차근차근 제시하는 내용을 풍부하게 담은 워크북 같은 책이다. 그래서 책의 분량이 좀 부담이 되지만 모든 것을 담고자 하는 저자들의 열의와 충심의 결과라고 할 수 있다.

번역이라는 지난한 작업에 함께 한 한병복, 박지애, 김호순 선생님과 기초 번역 작업을 함께한 노신애 선생님과 꼼꼼한 교정으로 수고해주신 (사)좋은교사 에니어그램 코칭 연구회 전문 강사들인 이성심, 강소향, 이미경, 송혜영, 윤은희, 김성환, 황유연, 이은영 선생님께도 깊은 감사를 드린다. 편집을 해주신 신지항 님과 CUP 편집부의 수고에 깊이 감사드린다.

끝으로, '생명을 얻고 더 풍성히 얻게 하려는 것'요 10:10이 예수 그리스도가 이 땅에 오신 목적인 것처럼, 에니어그램을 하는 목적 또한 개인과 사회의 변화와 성숙을 위한 것 외에 다른 무엇이 되어서는 안 된다는 말을 나누며, 도와주신 모든 분들께 진심어린 감사를 드린다.

역자를 대표해서
이재명

라파에니어그램에서는 미자립교회나 기독교 단체를 위해 이 책으로
에니어그램 영성훈련을 하기 원하시는 분들에게 교육의 기회를 드리고자 합니다.
관심 있으신 분은
라파에니어그램 카페인 [에니어그램 하위유형] http://naver.me/GNWTRQTV
으로 문의 주십시오.

서문

저는 1970년대 초 로버트 옥스 신부님에게 처음 에니어그램을 배웠습니다. 그때는 에니어그램에 대해 기록된 자료가 거의 없었기에 우리는 등사판으로 인쇄된 유인물로 공부를 했었습니다. 대학에서 에니어그램을 주제로 심리학 학위논문 자료 조사를 할 때도 기록물은 찾아볼 수가 없었습니다. 에니어그램은 전통적인 구전 방식으로 내려오는 지식이었기에, 논문 심사 위원회에 참고 문헌 목록에서 책 이름 대신 연락처 목록을 기재할 수 있도록 요청했지만, 답을 받을 수 없었던 아이러니한 상황이 벌어졌습니다. 지금은 에니어그램에 관한 책과 자료가 서점과 인터넷상에 넘쳐나지만, 여전히 기록되지 않은 에니어그램 영역이 있습니다.

그래서 과연 또 다른 에니어그램 서적이 필요하냐고 묻는다면, 제 대답은 '그렇다.'입니다. 바로 이 책입니다. 이 책은 다른 책들에서 찾아볼 수 없는 풍부한 내용과 통찰력을 담고 있습니다. 에니어그램은 오래전 돌판에 새겨져 화석화된, 타협 불가능한 학설에 불과할까요? 아니면 지금도 살을 붙이고 발전시키며 새로운 통찰력을 얻을 수 있는 살아있는 지식체계일까요? 저는 후자라고 말하고 싶습니다.

제가 초창기에 들었던 수업에서는 하모니 삼각형에 대해 다루지 않았습니다. 하모니 삼각형은 이 책에서 처음 제시한 개념은 아니지만, 삼각형 사이의 연관성을 섬세하고 알기 쉽게 풀어냈습니다. 장 지능GQ, 가슴 지능EQ, 머리 지능IQ을 통합하는 하모니 삼각형은 우리들의 성향, 주로 사용하는 중심과 다른 중심들 안에 있는 성향과의 관계를 파악하기에 유용합니다. 따라서 이러한 접근은 독자에게 통합적인 시각을 제시합니다. 또한 유형을 찾은 사람은 그 후 어떤 성화의 여정을 걸어가야 할지 궁금할 수 있는데, 이 책을 끝까지 읽으면 알 수 있습니다. 책 속의 다양한 질문들을 통해 자신과 자신의 성향에 대해 성찰하고, 나아가 개인적인 성화의 여정에 이 지식을 어떻게 적용할 수 있는지 생각할 수 있습니다.

아델과 더그 칼훈, 클레어와 스캇 러그리지 부부가 제 프로그램에 함께 할 수 있어 감사하고 기쁩니다. 목사, 작가, 영성 코치로서 그들은 이미 오래전부터 영적 성장을 위한 안내자 역할을 하고 있습니다. 즉, 4세기 사막의 교부이자 영적인 지도자였던 에바그리우스 폰티쿠스로부터, 12세기 프란체스코회 신학자로서 에니어그램을 통해 기독교, 유대교의 개념들을 통합적으로 담아내는 모델을 만든 라몬 룰, 피정 안내자로서 유명한 로욜라의 이냐시오로 이어지는 통찰력과 실천을 이어오고 있습니다.

이 책은 심리학과 영성을 매우 포괄적이고 창의적인 방식으로 엮어낸 책입니다. 과학철학자 칼 포퍼는 과학이 어디까지를 설명할 수 있는지 그 한계가 아직 증명되지 않았다고 말했습니다. 마찬가지로 에니어그램의 최신 이론들도 시간이 흐르면서 더 적절하게 다듬어질 수 있을 것입니다. 과학도 그러하지만, 에니어그램에서도 무엇보다 중요한 것은 겸손한 태도이며, 겸손이야말로 지식인들이 갖추어야 할 자세입니다. 우리는 우리가 얻은 통찰력을 공동체에 제공하고, 공동체는 배움을 깊이 생각하며 헤아려서 실생활에서 적용하고 고찰해 다시 지식의 확장에 이바지할 수 있습니다. 이런 점에서, 아델, 더그, 클레어와 스캇은 이 책을 통해 우리에게 많은 생각할 거리와 적용할 거리를 제공하고 있습니다. 그들의 성실한 작업에서 얻은 유익에 감사를 전합니다.

제롬 와그너

소개

하모니

에니어그램은 자기 성격의 진실을 보는 데에 놀라운 시각을 제시하는 창입니다. 우리 각자의 독특한 멜로디를 보여주는 동시에 내면과의 관계에서 어떠한 불협화음이 발생하고 있는지를 보게 하며, 우리 각자의 속도, 솔로 파트, 자신만의 '곡'을 연주하기 위해 필요한 노력까지도 설명해 줍니다. 하지만 각자의 유형을 찾는다고 해서 우리가 누구인지 다 설명되는 것은 아니며, 우리 자신이나 우리가 맺고 있는 관계가 자동으로 건강하게 변화하는 것도 아닙니다. 관계에서의 회복과 건전한 교류는 세심한 관심과 노력을 기울여야 합니다. 에니어그램을 통한 통찰이 건강한 변화와 조화를 이루기 위해서는 그 발견들이 평범한 일상의 리듬과 리듬의 특성에 따라 적절하게 적용되어야 합니다.

에니어그램은 우리를 안심하게도 하지만 불편하게도 합니다. 왜냐하면 우리 각자가 자신의 자동적인 반응과 자신에 대한 진실을 마주하지 않으려고 어떻게 회피하거나 방어하는지를 보게 하기 때문입니다. 예수님은 하나님 나라와 자기 자신에 대한 새로운 지식을 받아들이지 않으려는 무리와 항상 마주했습니다. 이 땅에서의 마지막 시간 동안에 주님은 제자들에게 '내가 아직도 너희에게 이를 것이 많으나 지금은 너희가 감당하지 못하리라'요한복음 16:12 라고 말씀하셨습니다. 예수님과 가까웠던 사람들조차 자신의 신념과 제한된 자기 이해를 넘어 주님의 가르침을 받아들일 준비가 되어있지 않았습니다. 2천 년의 세월이 지난 지금, 우리가 당시의 제자들보다 진실을 받아들일 준비가 더 잘 되어 있다고 말하기는 어렵습니다.

개인적으로 하나님은 나의 삶에 에니어그램이라는 도구를 허락하셔서 함께 작업하던 우리 팀 모두가 각자 내면의 방어기제와 맹점에 대해 깨달아 진리 가운데 살아가도록 은혜를 주셨습니다. 에니어그램은 우리 내면에서 발생하는 불협화음과 그것이 관계에 어떤 영향을 끼치는가를 객관적으로 마주하도록 했습니다. 자신의 성향을 알게 된 후에 우리는 각자가 생각하는 이미지, 느끼는 상처, 어렸을 때 받았던 거짓 메시지, 어떤 반응을 촉발하는 방아쇠, 무심결에 나오는 자동적인 반응 등이 우리의 믿음만큼이나 우리 자아를 형성하는 데 큰 부분을 차지하고 있음을 깨닫게 되었습니다. 하지만 어떤 성향인지 유형을 찾아내는 것은 그 뒤에 하게 될 모험, 즉 우리가 성장해가고 우리가 우리를 사랑하는 것처럼 하나님과 이웃을 사랑할 수 있게 되는 여정의 시작일 뿐입니다.

사람들은 종종 '이제 내 유형을 찾았으니 어떻게 하면 좋을까요?' 하고 묻습니다. 이 책은 그 물음에 대한 답변이라고 할 수 있습니다. 각 장은 각 유형에 관한 이야기를 차례차례 들려줌으로써 독자 여러분이 스스로에 대해 더 잘 알게 하고, 다른 사람들에 대한 긍휼과 공감의 마음을 가지도록 해줄 것입니다. 성화의 길을 제시하여 패턴이 아닌 하나님, 자신, 이웃과 관계하는 새로운 방식을 계발해 나갈 수 있는 여유를 가지게 해줄 것입니다. 우리는 이제 독자 여러분이 진리의 영과 이 여정을 함께하며 하나님이 우리 각자를 창조하신 영광스러운 참 자아로서 앞으로의 삶을 살기를 바랍니다. 이제 아름답지만 불편한 진실에 뛰어들어 참 자유를 누리시길 바랍니다. 여러분은 분명히 에니어그램 유형 이상의 놀라운 존재입니다!

우리는 우리 자신에 대해 어떻게 진정으로 알게 되는가?

잘랄루딘 루미는 이런 물음을 던졌습니다. '그대는 문이 저렇게 활짝 열려 있는데, 왜 아직도 감옥 안에 머무르는가?' 진리는 감당하기 힘들 수 있고, 받아들이는 데 오랜 시간이 걸리기도 합니다. 특별히 자기 자신에 관해서라면 더 그렇습니다. 그렇다면 단언컨대 우리 각자는 진리에 저항하고 있습니다.

이 책의 저자인 더그와 아델은 수십 년간 함께 목회를 해왔습니다. 당연히 그들은 말씀을 읽고 기도하며 조언하고 상담하며 설교했고, 사람들에게 '진리'에 관해 가르쳤습니다. 하지만 수년 동안 아델은 더그가 거친 표현을 사용하며 매서운 눈빛으로 분노를 표현할 때 그를 이해할 수 없었습니다. 반대로 더그 또한 말하는 중간에 자주 끼어드는 아델을 이해할 수가 없었습니다. 두 사람 모두 상대의 관점을 거부했습니다. 더그야말로 아델을 이 세상에서 누구보다 사랑하고 잘 아는 사람이었지만, 아델은 세 가지 손쉬운 방어책으로 자신에 대한 더그의 조언을 튕겨냈습니다. '난 끼어든 게 아니야.부정 난 그저 대화에 참여하는 것을 좋아할 뿐이야.합리화 당신도 원한다면 좀 더 강하게 말하면 될 거 아니야!'탓하기 사실, 아델은 남의 말을 잘 들어주는 사람이라는 자기 환상을 깨고 싶지 않았고, 더그도 고함을 치거나 누군가를 때리지 않았기에 자신 속에 분노가 있음을 완강하게 거부했습니다. 도대체 분노가 어디에 있단 말인가요? 그들은 둘의 관계 속에 부조화가 있음을 깨달았지만, 불명확하고 불편한 진실을 감당할 자신이 없었습니다.

25년도 더 전에, 이 책의 또 다른 저자인 클레어와 스캇은 매력적인 초교파 교회를 세우려 계획하고 있었습니다. 그들은 젊은 목사들로서 사람들에게 '네 마음을 다하며 목숨을 다하며 힘을 다하며 뜻을 다하여 주

너의 하나님을 사랑하고 또한 네 이웃을 네 자신 같이 사랑하라'누가복음 10:27는 방법을 가르치는 데 전념하고 있었습니다. 클레어는 정말 목숨을 걸고 일했으며 당시의 자신에 대해 이렇게 설명했습니다. "난 행동하기를 선호하고 동기부여를 하며 무언가를 시작하는 사람이었습니다. 나는 하루도 쉬지 않고 일했고, 나중에야 돌아봤습니다. '이게 내 천직이야!', '그냥 해 보는 거야!' 따위의 말들을 하면서, 맹목적 열정이 어떻게 과로와 성급함을 부추기는지 알지 못했습니다." 반면, 스캇은 클레어를 포함해 모든 일의 속도를 늦추는 역할을 했습니다. 그는 온건하고 갈등을 조정하며 클레어를 멈춰 세워 좌절하게도 했습니다. "기다려 봐, 서두르지 말자고. 모두에게 이익이 되는 방법을 생각해 보자고." 그의 이런 '늦추는' 에너지는 '어떠한 대가를 치러서라도 평화를 유지'하거나 '절대로 의견을 바꾸지 않는' 신념의 근간이었습니다. 이렇게 자동적인 반응을 따라 살며 우리는 각자 자신만의 '젊은 날의 열정'으로 달음질하고 환상에 집착하며 불편한 진실은 외면했습니다.

우리 네 사람에게 에니어그램은 삶의 새로운 방식에 대한 가능성을 열어주었습니다. 함께 작업하면서 각자가 지닌 서로 다른 자원과 경험치, 전문성을 합칠 수 있게 해주었습니다. 이로써 각자의 독주 대신에 아델의 4유형, 더그의 1유형, 스캇의 9유형, 클레어의 3유형의 지성을 모아 합주를 할 수 있었습니다. 이런 작업은 창의적이면서 서로 중재가 가능하고, 새로우면서도 효과적인 사중창의 하모니를 만들었으며, 이것이야말로 우리가 에니어그램을 통해 들려주고 싶은 이야기입니다.

클레어가 신학자 로욜라의 이냐시오, 에바그리우스 폰티쿠스, 라몬 룰 사이의 연관성을 찾아내고 하모니 삼각형을 이냐시오 영성으로 풀어내었습니다. 지금 그녀와 스캇은 에니어그램을 가르치고 있습니다. 더그와 아델은 연륜 있는 목회자이자 영성 지도자로서 영적 수행, 이냐시오 영성 실천, 에니어그램 교육을 전파하고 있습니다. 이들 네 사람은 이 책을 함께 집필하기 위해 지성을 모았고, 그 결과 이들은 개인과 기관의 계발과 리더십 계발을 위해 하모니 삼각형을 사용합니다.

머리 지능IQ, 가슴 지능EQ, 장 지능GQ

최근에 인간의 머리, 가슴, 장에 지능이 있다는 흥미로운 연구들이 발표되었습니다. 가슴과 장에도 뇌와 같이 광대한 신경회로가 있다는 뜻입니다. 어떤 상황에서는 가슴이나 장이 머리보다 먼저 알아차리기도 합니다. 이 세 가지 지능을 머리, 가슴, 장 지능이라 합니다. 심리 치료사들은 종종 가슴 지능의 의미를 개인의 공감 능력을 바탕으로 자신의 감정을 알아차리고 조절하며 분별해서 표현하는 능력까지 포함한다고 정의하지만, 이 책에서 가슴 지능은 타인의 반응으로부터 관계를 맺기 위한 단서를 느끼고 취하는 능력을 일컫습니다.

우리는 머리, 가슴, 장 지능이 인간 창조의 방식과 관련이 있다고 생각합니다. 사람은 가슴의 연민으로, 본능의 힘으로, 생각으로 하나님과 자기 자신과 이웃을 사랑하도록 창조되었습니다. 사랑이야말로 모든 사람이 배워야 할 가장 어려운 영적 과제입니다. 사랑은 가까운 의미에서의 이웃과 먼 의미에서의 이웃에게까지 영향을 끼치는 아주 실질적인 과업입니다.

|표1|

  에니어그램에서 이 세 중심은 세상과 관계 맺는 세 가지 다른 방식을 보여줍니다. 5, 6, 7유형은 머리 지능을 사용합니다. 2, 3, 4유형은 느낌을 따르며, 8, 9, 1유형은 몸의 본능으로 움직입니다. 선천적 요인, 후천적 환경과 트라우마에 의해서 우리는 세 가지 방식 중 하나 또는 두 가지 방식을 잃어버리고 한 가지 접근 방식을 고수하게 됩니다. 그때 우리는 하모니를 이룰 수 있는 능력을 더 계발하지 못하거나 간과하고 지나쳐 버리게 됩니다. 어떤 유형이든 우리는 머리 지능의 호기심, 가슴 지능의 감성, 장 지능의 본능을 통합하는 방식을 배워 더욱 풍성하고 건강하며 조화롭게 사랑하며 살 수 있습니다. 에니어그램은 불협화음을 일으킨 요소가 무엇인지를 파악하게 해줍니다. 또한 삶이라는 음악을 온전하게 감상하기 위해서는 자신의 독주 이외에 다른 무언가를 신뢰해야 한다는 사실을 일깨워줍니다.

조화로운 관계란 모두가 자기 자신처럼 생각하거나 행동해야만 형성되는 것이 아닙니다. 진정한 조화는 머리와 장 지능도 우리가 가슴으로 느끼는 마음에 이바지함을 알 때 일어납니다. 그러나 사람들은 이 세 지능 중 하나를 훨씬 더 따르고자 합니다. 당신은 머리, 가슴, 장 지능 중에 어디에 속하는 것 같습니까?

머리 지능

머리 지능의 사람들은 연약한 감정으로부터 자신을 보호하기 위해 머릿속으로 들어갑니다. 그들은 지적 활동, 지식 추구, 만일의 사태에 대비함을 통해 세상과 관계합니다. 이들은 합리적인 사고와 지성을 추구하며 가슴 지능의 사람들을 '가볍다.'고 판단하고, 장 지능의 사람들을 '보수적이다.'라고 생각할 수 있습니다.

가슴 지능

가슴 지능의 사람들은 감정의 연결을 무엇보다 중요하게 여기며, 감정과 관계 중심으로 움직입니다. 관계에 문제가 생겼을 때 스트레스를 받고 애정과 인정을 되찾으려는 동기로 움직입니다. 이들은 장 지능의 반응을 '판단한다.'고 여기고, 머리 지능의 사람들을 '무정하다.'고 느낄 수 있습니다.

장 지능

장 지능의 사람들은 본능적으로 반응합니다. 그들은 몸의 감각을 통해 자신이 누군가를 좋아하는지, 어떤 사물이 좋은지 나쁜지를 판단합니다. 다른 누구보다도 자신의 직감을 믿기에 생각하지 않고 쉽게 행동으로 뛰어들거나 빠져나올 수 있습니다. 이들은 머리 지능 사람들을 '머리를 너무 많이 쓴다.'고 여기고, 가슴 지능 사람들을 '다른 사람이 어떻게 볼지 신경을 너무 많이 쓴다.'고 여길 수 있습니다.

관계에서의 하모니는 머리, 가슴, 장 지능을 모두 수용하고 통합하는 데서 나옵니다.

전통적인 에니어그램 이론

전통적인 에니어그램 이론은 앞서 언급한 세 중심을 바탕으로 하지만, 각 유형이 세 가지 중심에 모두 접근할 수 있는 길까지 제시하지는 않습니다. 표 2를 보면 화살은 머리, 가슴, 장의 세 가지 중심으로 다 연결되어 있지 않음을 볼 수 있습니다. 2, 4, 5, 7유형은 각각 두 가지 중심으로만 연결되었습니다. 5유형과 7유형은 머리 지능으로의 연결은 있지만, 가슴 지능으로의 연결이 없습니다. 2유형과 4유형은 가슴 지능으로 연결되지만, 머리 지능으로의 연결은 없습니다.

|표2|

하모니 에니어그램

|표3|

하모니 에니어그램은 세 가지 중심을 균형 있게 연결하는 8-2-5, 9-3-6, 1-4-7의 세 개의 삼각형으로 이루어진 에니어그램입니다.[표3] 하모니 에니어그램은 각자의 핵심 지능을 나머지 두 지능으로 연결해줍니다.

이로써 각 유형은 자신이 신뢰하지 않는 낯선 영역일지라도 자신의 주요 중심 외의 두 가지 중심으로 연결될 수 있습니다. 장 지능, 가슴 지능, 머리 지능을 통합하면 한 가지 중심을 가지고 살아가는 것보다 훨씬 많은 여유와 전략을 사용할 수 있습니다.

세 가지 지능이 우리 안에서 조화를 이루면, 지금까지 반사적으로 반응했던 습관들을 넘어서서 신선한 방식으로 삶에 접근할 수 있습니다. 어떤 결정을 내리기 전에 잠깐 멈추어 다음과 같은 질문을 해 봅시다.

> 머리는 무슨 생각을 하고 있는가? 머리 지능
> 감정은 무엇을 느끼고 있는가? 가슴 지능
> 몸은 본능적으로 무엇을 감지하고 있는가? 장 지능
> 이 세 가지 지능으로 접근했을 때 어떤 조화를 이룰 수 있는가?

머리, 가슴, 장 지능 모두에 대해 자각하는 것을 연습하면, 새로운 알아차림과 사랑의 능력이 자랍니다. 우리가 한 유형에 갇혀서 살면 남에게도 자신의 방식을 강요하기가 쉽습니다. 또한 다른 사람이 동의하지 않을 때 불편함을 느끼고 통제를 하려 들며 현실을 자기 시각에 맞추도록 강요합니다. 그런 사태가 발생한다면 말 그대로 하나님이 우리에게 주신 조화로부터 멀어져서 자신의 거짓 자아로 살아가게 됩니다.

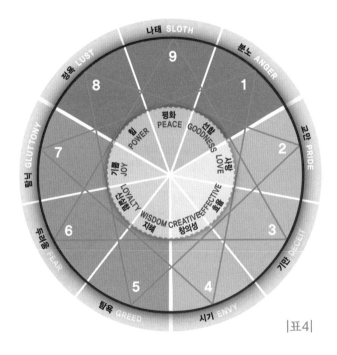

|표4|

미덕과 악덕의 다이어그램[표 4]은 우리가 건강한 의식 수준 상태에 있을 때 아홉 가지 미덕, 즉 하나님의 성품에 접근할 수 있지만, 반대로 자신의 유형에 갇혀 의식 수준이 불건강할 때는 고집스러운 성격을 고수하게 되며 미덕을 잃을 수 있음을 보여줍니다. 하모니 삼각형은 우리가 거짓 자아에서 통합으로 이르는 길, 즉 현실을 있는 그대로 받아들일 수 있는 길을 제시합니다. 또한 각 유형에게 머리, 가슴, 장 지능을 조화롭게 사용하여

진정으로 균형 있는 참 자아로 살아가게 하는 방식을 보여줍니다. 이 하모니 삼각형의 세 유형을 통합하면 하나님, 자신, 이웃을 지성과 감성, 힘을 다해 사랑하는 방식을 배울 수 있습니다.

스탠포드 정신과의사인 데이비드 다니엘 및 국제 에니어그램 협회의 창립 임원들은 '공부하는 것만으로 변화는 불가능하다. 진정으로 성장하기 위해서는 계속해서, 의지적으로 실천하는 연습과 방대한 공부를 병행해야 한다. 하모니 삼각형 에니어그램은 성화를 위한 열쇠와 같다.'고 했습니다.

우리는 [표 5]처럼 각 유형이 하모니 삼각형에 따라 세 가지 중심이 통합된 상태에 대해 이름을 붙였습니다. 이 이름은 각 유형의 사람들에게 온전함과 자유가 어떤 모습인지 보여주는 청사진이라 할 수 있습니다.

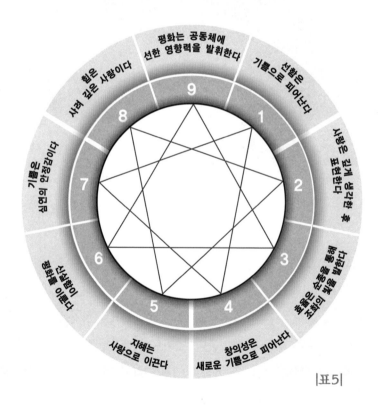

|표5|

하모니 에니어그램의 기원

  하모니 에니어그램은 어디에서 유래하였을까요? 우리는 종교적, 사회적, 심리적 지식을 총동원하여 탐구했던 에니어그램 교사, 멘토, 코치들에게 깊이 감사합니다. 역사적으로 하모니 에니어그램은 에바그리우스 폰티쿠스AD 345~399, 라몬 룰1232~1315, 로욜라의 이냐시오1491~1556로부터 내려온다고 봅니다. 이 세 사람이 자신의 고착된 패턴에서 벗어나 각자가 소명과 목적을 찾을 수 있는 길을 제시했습니다. 이는 매 순간 각자가 하나님의 영을 따르고 있는 것인지 에고에 따라 움직이는지를 분별하도록 했다는 뜻입니다. 우리는 그들이 제공한 통찰력이 오늘날 자기 자신을 더 이해하기를 원하고 전심으로 사랑하기 원하는 사람에게 유효하다고 여깁니다.

지식을 향한 열망보다 겸손한 자기 이해가
우리를 하나님께로 더 가까이 데려갈 수 있다.
- 토마스 A 켐피스

성화와 하모니

삼위일체이신 하나님은 하모니의 근원이라고 할 수 있습니다. 아버지와 아들과 성령의 신적인 교통은 모든 관계에서 서로 주고받고, 영광스럽게 하며 사랑하는 모든 행위의 영원한 표상입니다. 이와 같은 하모니를 이루도록 우리 모두는 창조되었습니다! 더욱 아름다운 소식은 우리가 매일 경험하는 연약함, 깨짐, 실수, 자아에 대한 집착이 이 하모니에 참여할 수 있게 하는 매일의 기회가 된다는 사실입니다.

우리는 모두 후회할 말들을 하고 우리가 의도한 대로 행동하지 못하며, 좋은 관계를 원하면서 실상은 불화를 만듭니다. 달라스 윌라드는 '성장을 위한 우리의 야심은 우연히, 한 번에 또는 계획만으로 성공하는 일은 거의 없다.'고 말했습니다. 성화의 열쇠는 관심과 의식적인 행동이고, 우리는 진리의 영이 우리를 건강하게 변화시키기 위한 공간을 만들어야 합니다.

어떻게 그럴 수 있을까요? 어떻게 하면 우리는 자신이 충분하며 아름답고 유능하며 성공적이고 강하다는 사실을 알 수 있을까요? 나에 대해 스스로 생각하는 모습과 타인이 바라보는 나의 모습 중 어느 것이 나의 모습일까요? 나의 최고의 모습 또는 최악의 모습이 내가 누구인지를 결정합니까? 아침에 일어났을 때 관계를 망치고 갈등을 일으키려고 다짐하는 사람은 아무도 없습니다. 그럼에도 그런 일이 일어날 때 나는 누구입니까? 나는 내가 생각하는 그 사람입니까? 내가 느끼는 감정이 곧 나인가요? 아니면 내가 본능적으로 하는 행동이 나인가요?

우리는 어떻게 하면 하나님이 우리를 창조하신 의도대로 살아갈 수 있으며, 내면의 목소리들과 외부의 관계들을 조화롭게 할 수 있습니까? 예수님이라면 이렇게 말씀하실지도 모르겠습니다.

네 마음을 다하고 목숨을 다하고 뜻을 다하고 힘을 다하여 주 너의 하나님을 사랑하라 하신 것이요 둘째는 이것이니 네 이웃을 자신과 같이 사랑하라 하신 것이라 이보다 더 큰 계명이 없느니라

마가복음 12:30~31

가장 중요한 점은 머리, 가슴, 장 지능 모두를 가지고 열린 마음으로 연약함을 인정하며 이웃과 관계하는 것입니다. 예수님은 이것이 어떻게 가능한지를 알고 계셨습니다. 예수님은 세포 하나하나 모두 동원해 몸, 마음, 머리로 하나님과 이웃과 원수에 대한 사랑을 삶으로 보여주셨습니다. 예수님의 마음EQ은 연민과 사랑으로 넘쳐 흘렀으며, 예수님의 지성IQ은 당당하게 진리를 선포했고, 예수님의 힘GQ은 사랑을 위해 고통과 희생을 감수했습니다. 예수님은 이 땅에서 우리가 서로 사랑하고 조화를 이루며 살도록 자신의 목숨을 바치셨습니다.

하나님의 형상을 지닌 우리는 예수님께서 그러하셨듯이 세 가지 중심을 모두 사용하도록 창조되었습니다. 우리는 때로 자연스럽게 우리의 마음, 생각, 힘을 열어놓을 수 있는 적합한 환경을 만나게 됩니다. 이런 상태에서는 전두엽의 피질에서 사랑, 기쁨, 친절함, 연대 등을 주관하는 신경회로가 만들어집니다. 반대의 경우에는 사람들의 마음에서 멀어지고 배신감을 느끼며 감정적 반응을 일으키는 편도체가 활성화됩니다. 자신을 보호하도록 화학물질이 분비되고 신경회로가 생성되어 자신의 연약함을 부정하게 합니다. 그래서 우리는 자신의 마음을 열기보다 마음을 닫고 싸우거나 도망가거나 마비되어 버립니다. 우리에게 필요한 사랑을 주고받을 수 있는 신경회로는 생성되지 않습니다.

신경회로에 대해서는 다음과 같이 생각해 보십시오. 우리가 숲속에서 날마다 같은 경로로 다닌다면, 그 길은 곧 다져질 것입니다. 습관적인 생각 패턴도 우리 뇌 속의 길을 다집니다. 그래서 스트레스 상황에서 우리는 어떤 길을 택하면 좋을지 고민하지 않고 습관에 따라 자동으로 반응하게 됩니다. 이런 점에서 영성훈련은 진리의 영이 새로운 신경 회로를 만들어 우리의 마음을 새롭게 하도록 로마서 12:2 하는 한 가지 방법입니다. 방어적인 과거의 회로와 습관 대신 우리의 온 존재로서 사랑하게 합니다.

에니어그램 1유형인 더그는 본능에서 느끼는 분노를 넘어 평온함으로 선한 영향력을 끼치는 방식을 배웠습니다. 4유형인 아델은 본능으로 연결하는 방식을 배웠고, 사람들의 반응에 따라 주눅 들지 않고 당당히 표현하기 시작했습니다. 전형적인 3유형인 클레어는 머리 지능을 통합하여 일을 밀어붙이기보다 공동체를 먼저 돌아보게 되었습니다. 평화로운 9유형인 스캇은 가슴 지능에 접근해 습관적으로 갈등에서 숨어버리는 대신, 평화를 위한 협상에 뛰어들 수 있게 되었습니다. 그렇습니다. 우리는 하나님, 이웃, 배우자, 상사, 원수를 사랑하는 데 있어 계속 실패합니다. 하지만 하나님은 우리가 삶에서 신성한 하모니를 구현하기를 원하시기에 우리는 계속 연습해야 합니다. 하나님은 우리가 세상에 조화를 구현하기 원하십니다.

대부분의 분열, 분쟁, 부조화는 우리의 거짓 자아가 행하는 방어적인 반응에서 발생합니다. 우리가 정말로 바라는 바는 거짓 자아의 자동 운행을 멈추고, 창세 이전부터 하나님이 우리를 향해 계획하신 존재로서 살아가는 방식을 배우는 것입니다. 또한 이 책을 통해 독자 여러분이 하나님의 자녀이자 하나님의 형상을 지닌 자로서 다면적인 참 자아를 회복하고 아름다운 하모니를 이루길 원합니다.

역사적 관련성

에바그리우스 폰티쿠스

그는 초대의 교부로서 인간 안의 죄를 벗어버리고 그리스도 안에서 새로운 피조물로 살아가도록 인도하는 안내자 역할을 했습니다. 신학자이자 철학자, 사색가, 과학자였던 그는 피타고라스의 기하학과 천문학을 이해함으로써 영성에서도 진보를 이룰 수 있다고 믿었으며, 숫자를 통해 창조의 질서를 표현하고자 했습니다.

그는 하나님과 이웃을 사랑하는 데 장애가 되는 패턴들 즉, 아홉 가지 죄악의 상징인 분노, 교만, 기만, 시기, 탐욕, 두려움, 탐닉, 정욕, 나태를 도식화하였습니다. 이는 에니어그램에서의 '악덕'에서 찾아볼 수 있습니다.

|표6|

라몬 룰

20세기의 프란체스코회 신학자였던 그는 서로 겹쳐 있는 세 개의 삼각형을 통해 악덕에서 미덕으로 이동하는 경로를 설명했습니다[표 6]. 그의 다이어그램은 하모니 삼각형의 초기 모델이라고 할 수 있으며, 에바그리우스의 죄악의 상징과 이냐시오의 영적 분별을 위한 실천과 같은 맥락에 있습니다.

로욜라의 이냐시오

목회자이자 신학자였던 그는 신앙을 갖기 전에는 군인이었고 세속적인 사람이었습니다. 그의 나이 40대에는 가장 필요한 곳에 믿음, 소망, 사랑을 전파하는 사명을 가지고 활동했습니다. 그는 하나님이 주신 소명을 분별할 수 있는 영적인 훈련을 고안해냈습니다. 이를 통해 지혜로운 분별력은 머리, 가슴, 장 지능을 모두 기반으로 하며, 성령의 움직임을 통해 나온다고 가르쳤습니다.

에바그리우스, 룰, 이냐시오가 집중한 부분은 흩어지고 분절되며 조화롭지 못하고 에고를 따라 움직이는 우리 속에 어떻게 창조주의 하모니를 구현하느냐였습니다. 이들은 우리가 하나님과 자신과 이웃을 지성과 감성과 힘을 다해 사랑하도록 돕고자 했습니다. 역사적으로 이들은 하모니를 지향하는 영적 여정의 아름다운 화음이었습니다.

하모니와 영적 리듬

사랑을 주고받을 수 있는 건강한 마음은 거저 얻어지지 않습니다. 자신의 깨어지고 회피해온 부분들을 통합할 수 있는 건강한 영적 리듬이 없으면 완전한 화음 대신에 하나의 선율만을 낼 수 있을 뿐입니다.

이 책에서 말하는 영적 리듬은 이냐시오가 '성령의 움직임'이라고 불렀던 개념에 집중합니다. 그는 방향성, 성장, 현존은 머리에서의 생각, 가슴에서의 감정, 몸의 본능 속에서 성령의 움직이심을 알아차림으로써 구현할 수 있다고 말했습니다.

만약 우리가 결정을 내려야 할 때 장단점을 따져본다면 그것은 머릿속에서 성령의 움직이심일 수 있습니다. 하나님이 주신 소원과 기쁨은 우리의 감정으로 느낄 수 있습니다. 하나님의 열정과 비전은 우리 속에 깊은 본능적 직관으로 나타날 수 있습니다. 여기서 이냐시오가 '메마름'과 '충만함'이라고 부른 것이 무엇인지를 머리, 가슴, 장 지능에서 알아차려야 합니다. 진정한 충만함은 우리를 하나님과 이웃 사랑으로 이끌어 주며, 거짓자아는 하나님과의 사랑에서 멀어지게 합니다. 메마름을 느낀다면 잘못된 방향으로 나아가고 있다는 신호일 수 있지만 동시에 하나님께로 돌아가도록 결심하는 계기가 될 수도 있습니다.

이냐시오는 메마름과 충만함 둘 다 우리의 맹점, 연약함, 습관적 죄의 패턴과 행동의 촉발점을 드러내 준다고 했습니다. 이 둘은 우리 안의 하모니를 일깨워주거나 동시에 부조화, 수치심, 비판을 일으킬 수도 있습니다. 우리 속에서 움직이시는 성령님은 우리를 하나님, 자신, 이웃을 진정으로 사랑할 내면의 자유로 인도하십니다.

우리를 향한 하나님의 목적은 하나님, 자신, 이웃을 사랑하는 온전한 삶을 사는 것이며, 그 목적을 알아차리기 위해서는 깨어있어야 합니다. 깨어있기 위해서는 어떤 장비나 돈이나 학위가 필요한 것이 아닙니다. 비록 괴로운 느낌이 들지라도 일어나고 있는 일에 대해 민감하게 알 수 있는 몸과, 가장 좋은 일이든 가장 나쁜 일이든 우리에게 일깨워 주는 진리가 있음을 보고자 하는 의지와 소망이 있으면 됩니다.

> 온전하게 사는 삶이 하나님께 영광이다.
> - 리옹의 성 이레네우스

이 책의 구성

각 장은 성령의 움직이심을 머리, 가슴, 장 지능에서 알아차리도록 돕는 질문들과 영성훈련을 제시합니다. 성령님이 우리의 삶에서 어떻게 역사하고 계시는지 깊이 파고들면서 참여하십시오. 성령님은 우리가 아름다움과 추함을 모두 보도록 인도하시며, 우리를 '영광에서 영광에'고린도후서 3:18 이르도록 변화시켜 나갈 것입니다.

성급히 다음 장으로 넘어가고 싶은 욕구를 절제해야 합니다. 각자의 영혼이 숨은 곳에서 나올 수 있도록 안정감을 느낄 만한 시간과 여유가 필요합니다. 다 읽는 것이 중요한 것이 아니라 성령님과 함께 성장과 변형의 과정을 걸어가야 합니다.

각 아홉 유형에서는 7가지의 주제를 다룹니다.

1. 나는 누구인가?

주제 1은 자신에 관한 이야기가 어떤 단어들로 구성되는지 알아봅니다.

2. 참 자아와 거짓 자아 핵심 용어 p.46 부분 참고

주제 2는 에고ego가 행하는 충동적이고 강박적인 반응과 하나님, 자신, 이웃을 사랑하는 반응에 관해 알아차리도록 도와줍니다. 거짓 자아 속에 빠졌다고 느낄 때 다른 건강한 선택을 결심할 수 있으며, 깨어서 건강한 방식으로 대처하도록 배우고 훈련할 수 있습니다.

3. 하모니

주제 3은 자동적 역동과 패턴에서 머리, 가슴, 장 지능 반응을 통합하는 경로를 제시합니다. 하모니는 하나님과 자신과 이웃을 몸의 힘, 마음의 감정, 온 정신으로 사랑할 때 그 흐름FLOW, 핵심 용어 p.37 부분 참고 안에서 어떤 사람이 될 수 있는지에 대한 비전을 제시합니다. 이것이 하모니 삼각형이 우리에게 주는 선물입니다.

4. 어린 시절의 상처 치유하기

리처드 로어 신부는 '우리가 상처를 승화시키지 못한다면 상처에 의해 행동하게 된다.'라고 말했습니다. 주제 4는 과거의 상처, 방어기제, 버려진 부분, 어린 시절에 받았던 거짓 메시지들에 대해 다루도록 도와줄 것입니다. 다룬다는 의미는 그 부분에 몰두하겠다는 뜻이 아니며 자기성찰을 하겠다는 의미도 아닙니다. 성령님의 인도를 따라 과거로의 여정을 떠나야 합니다. 하나님의 치유하시는 영과 함께 작업할 때 여전히 내면에서 발버둥을 치면서 중요한 결정들을 내리려고 하는 내면아이를 연민으로 수용할 수 있습니다. 성령님의 도우심으로 인해 트라우마를 올바르게 다룰 수 있고 잃어버린 영역을 되찾아 자유를 누릴 수 있습니다.

5. 메마름과 충만함을 구분하기

예레미야 6장 16절 말씀은 '여호와께서 말씀하시되 너희는 길에 서서 보며 옛적 길 곧 선한 길이 어디인지 알아보고 그리로 가라 너희 심령이 평강을 얻으리라'입니다. 주제 5는 가슴의 감정, 머리의 생각, 장의 본능 속에서 성령님의 움직임에 귀를 열 수 있도록 도울 것입니다. 이를 통해 우리는 추구해야 할 목적을 분별하고 생명을 살리는 선택을 할 수 있습니다.

6. 영적 리듬

영적 변화는 두 가지 측면에서 동시에 일어납니다. 우리는 의식적으로 성령님과 함께 행동해야 하며, 주의를 기울여 성령님이 우리 내면에서 일하심을 보아야 합니다. 영적인 훈련은 '여기, 이 약을 드세요. 그럼 좀 좋아질 수 있어요.'라는 방식과는 아주 다릅니다. 영성훈련은 구체적인 상황과 현실에 적용을 해야 하며, 현실 속에서 하나님을 위한 공간을 만듭니다. 주제 6은 우리가 예수님을 닮아가는 여정에 부정 승차하려는 각 유형의 충동, 악덕, 상처를 다룰 수 있는 영적 리듬을 제시합니다. 사도 바울은 '오직 사랑 안에서 참된 것을 하여 범사에 그에게까지 자랄지라 그는 머리니 곧 그리스도라 그에게서 온몸이 각 마디를 통하여 도움을 받음으로써 연결되고 결합되어 각 지체의 분량대로 역사하여 그 몸을 자라게 하며 사랑 안에서 스스로 세우느니라'에베소서 4:15~16라고 했습니다. 성령님이 우리의 변화를 위해 함께 하시지만, 우리에게도 할 일이 있습니다. 이 부분에서는 하나님을 위한 공간을 만들고 건강한 성숙에 이르기 위한 과제, 관계, 경험을 제시합니다. 신경회로와 자동적 반응 속에 있는 찌꺼기를 시원하게 제거해줄 훈련이 무엇인지 살펴보고, 제롬 와그너가 '맹점과 분쟁 지점'이라고 부른, 각자를 자극 받게 하는 부분에 대해서 다룹니다.

7. 공감

주제 7은 우리가 각 유형에 대해 공감하고 이해할 수 있도록 구성되었습니다. 자신의 편견을 인지하고 하나님의 관점으로 이웃을 바라볼 수 있도록 사례와 훈련해야 할 점을 제공합니다. 우리가 하나님께서 연민과 사랑으로 바라보는 그 시선으로 다른 사람을 바라볼 수 있다면, 그들에게 더 많이 공감할 수 있습니다.

각 유형에서 자신의 부조화와 상처를 넘어 조화로운 관계를 정립하고자 하는 평범한 사람들의 이야기를 소개할 것입니다. 그들의 이야기는 꾸미지 않은 사실 그대로입니다. 그 이야기들을 읽으면서 개인적인 상처와 아픔이 자극 받을 수도 있습니다. 그럴 때 자신의 반응을 관찰해 보십시오. 언제 무감각해지고 회피하며 판단하려 합니까? 그 순간 느껴지는 상처를 통해 그것이 보여주는 진실을 볼 수 있습니까? 다음의 말이 우리가 건강하게 변화하도록 도울 것입니다.

> 차단과 방어에서 열림과 수용으로. 비판에서 공감으로.
> 거짓 자아에서 참 자아로. 분열에서 통합으로.
> 주의 분산에서 하나님, 자신, 이웃 앞에서의 현존으로.

진리의 영의 도우심이 아니었다면, 우리 네 사람은 아직도 어떻게 각자의 열정과 재능이 오히려 자신과 이웃에게 상처를 줄 수 있는지 깨닫지 못했을 것입니다. 진리의 영인 성령님이 개입하심으로 수치, 죄책감, 자극 받는 부분에 대해 자동적으로 반응하는 대신, 건강한 다른 선택을 할 수 있습니다. 이것은 진실하며 아름답습니다. 하나님의 형상으로 지어진 자신으로 옮겨가는 여정으로, 여기에 들이는 모든 시간과 불편함, 또는 불편한 진실을 감수할 만한 가치가 있습니다. 이것이 우리를 진정으로 자유롭게 하는 길입니다 영혼의 자원 12 p.542 참고.

영혼의 자원

이 유용한 자원은 책의 뒷부분에서 찾아볼 수 있습니다. 이 부분은 우리에게 내면 작업과 사랑의 하모니를 가져다줄 숨겨진 보물이라 생각할 수 있습니다. 꼭 책을 다 읽은 후에 이 부분을 볼 필요는 없으며, 오히려 첫 번째 영혼의 자원인 '하모니를 위한 멈춤'에서부터 시작하기를 권장합니다. 그런 후에, 각 장을 읽어가면서 필요한 자원이 무엇인지 성령의 이끄심을 구하십시오. 어떤 특정한 자원이 도전 의식을 일으키며 필요하다고 느껴진다면 당신이 작업해야 할 지점이라는 뜻일 수 있습니다. 무엇이 와닿고 무엇은 아닌지 살펴보면서 진행하십시오. 그러나 이 자원을 의무처럼 여기지 않도록 합니다. 지금 당장에는 와닿지 않지만, 다음에는 필요하다고 느끼게 될 수도 있습니다. 따라서 성령님의 이끄심을 구하는 것이 중요합니다. 하나님과 함께 혼자 이 작업을 수행해도 좋고, 영적인 친구나 코치와 함께 작업해도 좋습니다.

이 책을 어떻게 사용할 것인가?

이 책은 누구를 위한 것인가?

이 책은 에니어그램을 소개하는 기본서가 아니며, 성장하고 변화하여 더욱 건강하게 사랑하며 살아가고자 하는 사람들을 위한 책입니다. 각 장에서는 위에서 언급한 일곱 가지 주제를 에니어그램 지혜를 사용해서 구체적으로 다룹니다.

이 책은

▷ 자신에게 해당하는 세 가지 하모니 유형들에 대해 배우고 연습에 참여하며 통합하려고 노력하는 사람들을 위한 책입니다. 모든 유형에 대해 읽고 각 유형에서 공감되는 부분에 관한 작업을 하기 바랍니다.

▷ 하모니 삼각형으로 작업하고 싶은 그룹들을 위한 책입니다. '영혼의 자원 12'에 이 책을 어떻게 공동체에 적용할 것인지에 대한 구체적인 도움이 있습니다.

▷ 실습, 질문, 훈련을 통해 내담자들의 의식을 통합하고 성장시키며 그들이 치유 받고, 하나님과 이웃과 자신을 사랑하도록 돕기 원하는 영적 지도자, 의료인, 코치, 목회자들을 위한 책입니다. 또한 관계에서 어려움을 겪는 사람들, 삶의 체계에 하나님의 임재와 공감의 능력이 나타나기를 원하는 사람들을 위해서 썼습니다.

어디서 시작해야 할까?

첫 장은 우리 몸이 우리의 마음과 생각에 대해 많은 단서를 제공해 주기에 장 지능의 세 유형에서 시작합니다. 예를 들어 숨을 고르는 것은 더욱 맑은 머리로 생각하게 하며, 마음을 통해서 하나님과 이웃 앞에 좀 더 현존할 수 있도록 도와 줍니다. 그러나 다른 중심부터 살펴봐도 좋습니다. 만약 기억하는 트라우마가 있다면 먼저 감정을 다루기 위해 가슴 지능부터 시작해도 좋습니다. 혹은 자신의 유형이 속한 중심부터 시작하는 것도 좋은 방법입니다. 어떤 특정한 중심에 대해 거부감을 느낀다면 거기서부터 시작해도 좋습니다. 반면에, 머리와 가슴 지능에서 멀게 느껴진다면 장 지능에서 시작해 단절된 부분을 탐색할 토대를 마련하는 것도 좋습니다. 그래도 모르겠다면, 가장 끌리는 지능부터 시작하면 됩니다.

내 유형을 모른다면 어떻게 할까?

만약 에니어그램에 대한 입문서로 이 책을 선택했는데 자신의 유형에 대해 모르거나 확실하지 않다면, 취할 수 있는 몇 가지 방법이 있습니다. 우리가 추천하는 순서로 나열한다면 다음과 같습니다.

1. 에니어그램은 원래 구전으로 내려오기에 영적 지도자나 친구, 코치 또는 믿을만한 사람과 함께 유형을 탐색할 수 있다면 그 방식이 가장 좋습니다. 머리, 가슴, 장 지능 중 한 가지 중심에서 시작하여 그 중심에 속하는 각 유형을 일주일에서 한 달의 시간을 두고 살펴봅시다. 그 유형과 흡사한 부분은 무엇이고, 그 유형에서 거부감을 느끼고 판단하는 마음이 드는 부분이 어디입니까? 그 유형을 이해한다면 어떤 변화가 생깁니까? 각 유형을 짚고 넘어가면서 성령님께 영적 리듬에 대한 진실을 깨닫게 해달라고 간구해 보십시오.

2. 한 유형을 선택해서 꼼꼼히 읽어봅시다. 그런 후에는 그 장의 첫 표지에 나와 있는 유형 설명을 보고 10점 만점에 어느 정도 부합하는지 기록하고, 다른 유형에 대해서도 같은 작업을 수행합니다.

3. 각 장의 첫 표지에 나와 있는 유형 설명을 먼저 보며 어느 유형이 가장 와닿는지 살펴봅니다. 하나의 유형만을 고르지 말고 최소한 세 유형을 선별해서 각각에 시간을 들여 작업해 보도록 합니다. '영혼의 자원 11' p.540 참고에 이 과정에 도움이 되는 구체적 내용이 수록되어 있습니다.

4. 온라인상에는 에니어그램 유형 테스트가 많이 있습니다. 이 테스트들은 약간의 도움은 될 수 있으나 어떻게 대답하느냐에 따라 정확한 결과를 얻기 힘들 수 있습니다. 그보다는 신뢰할 만한 에니어그램 연수를 참여해볼 것을 추천합니다.

모든 장을 읽기를

한 사람 안에는 각 유형의 악덕과 미덕, 강점과 약점이 모두 존재합니다. 모든 장이 우리 각자가 서로 맺고 있는 관계들에 대해 이해할 수 있도록 도울 것입니다. 자신의 하모니 삼각형에 속하지 않은 유형에서는 그 유형에 속하는 다른 사람들에 대해 이해할 수 있으며, 우리 안에 있는 그 유형의 모습들을 볼 수 있습니다.

각 장은 영혼의 움직임, 말씀의 적용, 기도문 등으로 세분화되어 있습니다. 각 사람은 내면 작업에 대해 각기 다른 능력과 진행 속도를 가지고 있으므로 계속 실험해 보십시오. 자신에게 가장 적합한 방식으로 의식하고 성찰하며 영혼의 리듬에 참여하면 됩니다. 하루에 한 부분 혹은 일주일에 두 부분을 진행해 보십시오. 한 번에 얼마만큼의 과제를 수행할 것인지는 스스로 결정하면 됩니다. 가장 중요한 점은 스스로에 대한 진실을 볼 수 있도록 성령님의 움직이심을 감지하는 것입니다. 책을 완독하는 자체가 목적이 아닙니다.

한 가지 유형이 너무 우세하면 하모니 삼각형이 잘 맞지 않을 수도 있지만, 걱정하지 말고 하모니에 속하는 유형들에 대해 작업해 봅니다. 과거의 경험으로 인해 어떤 지능을 잃었거나 덜 계발되었을 수 있습니다. 혹은 새롭게 깨달은 부분이 있는지 확인해 보십시오.

만약 자신에게 해당하지 않는 부분들을 넘겨버리고 싶을 때, 머리, 가슴, 장 지능 모두를 동원하여 하나님의 공감 능력으로 끝까지 자신의 내면을 살펴보십시오. 만약 모든 유형에 관한 질문에 답할 만한 인내심이 없거든 최소한 각 유형의 이야기들은 모두 읽어봅니다. 그런 후에 하나님을 향한 공간을 만들 수 있도록 설계된 '공감' 부분으로 가서 우리가 다른 사람들을 어떻게 판단했는지 생각해보고 하나님의 시선으로 그들을 바라볼 수 있기를 간구하십시오.

하모니 삼각형은 하나님께서 창조하신 선함이 각자 독특하게 발현될 수 있는 길로 가는 초대장입니다. 우리는 독자 여러분이 하나님, 자신, 이웃에 대한 사랑을 온몸, 마음, 머리로 실천함으로써 관계와 세상 속에서 조화를 이루어가길 바랍니다. 성령님께서 도우셔서 자동적으로 반응하고 결정을 내려왔던 오래된 패턴을 놓아 버리고 여러분이 창조된 원래의 모습을 회복하기를 축복합니다.

핵심 용어

다음은 이 책에서 용어들이 어떤 의미로 쓰이는지를 설명합니다. 이 단어를 이해함으로써 하모니를 구현하고, 의도를 잘 파악하며, 자동적 습관 대신 건강하게 반응하는 방법을 배울 수 있습니다. 연습을 통해 당신은 내면의 흐름을 알아차리고 깨어날 수 있습니다.

충만함

로욜라의 이냐시오는 우리의 머리, 가슴, 장 지능에서 움직이시는 성령님을 언급하기 위해 '충만함'이라는 단어를 사용했습니다. 머리의 생각, 가슴의 감정, 장의 직관으로 우리 안에서 성령님의 움직임을 감지할 때 우리는 분별력을 갖게 되고, 우리의 내면은 성령님의 인도하심을 따라갈 수 있는 상태가 됩니다. 이냐시오는 신자들에게 사도 요한의 조언을 따르라고 권고합니다.

> 사랑하는 자들아, 영을 다 믿지 말고 오직 영들이 하나님께 속하였나 분별하라
>
> 요한일서 4:1

우리 선택이 우리를 하나님과 가까워지게 하고 사랑, 희락, 화평, 오래 참음, 현존, 하나님과의 연합으로 이끈다면 옳은 방향으로 가는 것입니다. 하나님의 선한 영은 사람들을 죄와 불완전한 사랑에서 자유롭게 하여 하나님이 우리에게 생명을 주신 목적에 대해 좀 더 잘 반응할 수 있게 이끕니다.

로욜라의 이냐시오는 생각, 마음, 본능에서 나오는 죄, 고통, 악덕, 그리고 성령님과의 부조화를 설명하기 위해 '메마름'이라는 단어를 사용했습니다. 메마름은 분별을 위해 유용하게 작용하기도 하는데, 그것은 우리가 하나님을 찾아야 할 필요성을 느끼게 해줄 때입니다. 이냐시오는 메마름이 '버릇없는 아이들' 또는 '거짓 애인'과 같은 역할을 할 수 있다고 했습니다. 메마름은 의심, 혼란, 불안, 의지의 과잉 또는 결핍을 낳을 수 있습니다. 중요한 것은 메마름에서 오는 불편함 또한 우리가 하나님께 돌아가 그분을 의지하게 하는 통로가 될 수 있다는 점입니다.

내면아이

어렸을 때 우리 중 많은 사람은 세 지능 중 한 가지를 주로 사용하게 되었습니다. 현명하게 생각하여 칭찬받는 반면, 감정을 격하게 드러낼 때 질책을 받음으로써 감성 지능을 외면해왔을 수 있습니다. 또는 화끈한 장의 반응을 보였을 때 벌을 받아서 조용히 앉아 책을 읽도록 하는 환경에서 자라면서 본능을 나쁜 것으로 인식하여 피해 왔을 수 있습니다. 혹은 호기심을 가지고 질문하는 것에 대해 좋은 반응을 받지 못해서 생각을 숨겨둔 채 감정으로 다른 사람들에게 맞추는 방식을 배웠을 수도 있습니다. 이렇게 우리가 외면했던 어린 내면아이를 통합하면 온몸과 마음, 머리로 사랑하는 방식을 배울 수 있습니다.

거짓 자아

우리의 거짓 자아는 에고대로 행동하는 충동적이고 오래된 습성입니다. 이것은 우리의 역할, 페르소나, 가면, 성취 등에 깊게 뿌리 내린 채 밖으로 드러나는 모습이며, 자동적으로 형성되고, 이기적이며 자아도취적입니다. 거짓 자아는 우리의 몸 상태, 직업, 교육 수준, 입는 옷, 재산, 차, 유능함, 성공 등에 의해서도 형성됩니다. 이 거짓 자아는 경쟁적이고 허위적이며 쓸데없이 거창합니다. 무엇인가에 의해 촉발되었을 때 이 거짓 자아는 그런 척하는 포즈를 취하며, 숨고 방어하며 비판하고 왜곡하며 꾸며내고 조종하며 두려워합니다. 분노, 시기, 나태, 기만, 탐닉, 교만, 탐욕, 두려움, 정욕 같은 악덕이 거짓 자아의 행동을 잘 설명해 줍니다.

흐름 FLOW

흐름은 우리가 머리, 가슴, 장 지능들을 엮어서 하나님과 이웃 사랑을 구현하는 관계와 이를 위한 과제를 잘 설명해 줍니다.

Free   자유하다. ☞ 거짓 자아의 반응을 버릴 수 있습니다.

Loving 사랑한다.

Open   머리, 가슴, 장 지능에 열려 있다.

With   하나님과 함께하며 현실을 그대로 받아들일 수 있다.

예수님은 자신을 믿는 자에게서 흘러나오는 생수의 강에 대해 말씀하십니다요한복음 7:38. 그리고 생수의 강은 우리를 하나님의 임재라는 흐름으로 들어가게 합니다. 흐름은 하나님과 자신 앞에 깨어나고 열려 있다는 의미입니다. 실제 아는 것보다 더 지혜롭게 말할 때, 실제로 느끼는 것보다 더 사랑할 때, 아픔을 느끼더라도 친절을 유지할 때, 불화에서 화합을 구현할 때, 우리는 모두 아버지, 아들, 성령과 같은 흐름에 있습니다. 반면 우리가 경직되고 불안, 두려움, 수치심, 분노, 나태, 시기 등의 자동적 패턴을 고집할 때 미덕과 현존을 향한 흐름은 막힙니다. 우리가 언제 열려 있고 닫히는지 알아차리는 것은 영적 분별력을 갖게 하고 건강한 변화를 위한 발판이 됩니다.

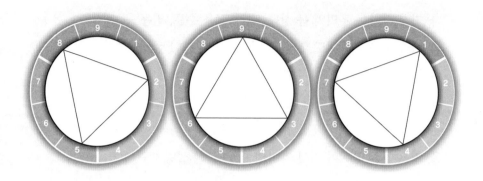

하모니 삼각형

에니어그램 유형은 머리, 가슴, 장 지능 중 하나의 중심을 자연스럽게 사용합니다.

하모니 삼각형은 각자의 지능을, 덜 계발되었거나 버려졌던 다른 두 개의 지능으로 연결해줍니다. 즉, 8유형-2유형-5유형, 9유형-3유형-6유형, 1유형-4유형-7유형의 장, 가슴, 머리 지능이 서로 연결되도록 합니다. 세 중심을 통합하면 지능의 여러 중심과 상호 작용할 수 있는 역량을 구축하며, 삼위일체 되신 하나님의 조화로운 속성을 드러낼 수 있습니다. 하모니는 우리를 충동에서 균형으로, 반사적 반응에서 적절한 반응으로, 고착에서 자유로 이동하게 합니다.

머리, 가슴, 장 지능

세 가지의 지능과 사물을 바라보는 방법으로 머리의 생각, 가슴의 감정, 장의 본능을 나타냅니다. 머리, 가슴, 장 지능은 모두 외부 자극에 반응하는 신경 수용체를 가지고 있습니다. 우리는 이 중 하나 또는 두 개와 더 친숙합니다. 하모니 삼각형은 머리, 가슴, 장 지능을 통합하여 자신과 이웃에게 공감하고 하나님, 자신, 이웃을 사랑할 수 있는 길을 제시합니다.

영혼의 움직임

이냐시오는 머리, 가슴, 장 지능에서 하나님이 일하고 계심을 '영혼의 움직임'이라 표현했습니다. 우리 내면에서 성령님의 움직임은 우리가 하나님과 이웃을 몸, 마음, 생각을 모두 동원해서 사랑할 수 있는 능력을 줍니다. 머리, 가슴, 장의 세 지능을 통합하는 것은 '영들을 분별하는 능력'요한일서 4:1을 얻게 해 줍니다. 장 지능의 직감적인 지혜와 관점, 가슴 지능의 감정과 그것에 의한 영향, 머리 지능의 인지와 상상력 모두에 주의를 기울임으로써 더 넓은 시각과 많은 선택지를 가질 수 있게 됩니다. 만약 우리가 세가지 지능을 통합하게 된다면 '생명을 택하여 우리와 우리의 자손들이 진정으로 살 수 있게'신명기 30:19, 재구성 될 것입니다.

현존

'현재에 존재함'은 머리, 가슴, 장 지능을 사용하여 하나님, 자신, 이웃 앞에 나아갈 수 있는 능력을 뜻합니다. 우리가 누구이고 자신을 어떤 모습으로 드러내는지에서 나오는 반응, 감정, 생각, 동기, 행동은 우리가 스스로에 대해 생각하는 이야기를 만들어갑니다. 이 자동적인 설정을 바꾸려면 먼저 깨어서 자신의 상태를 인지해야 합니다. 인식하지 못하면 변화시킬 수 없습니다. 하나님의 임재 앞에 서는 연습을 함으로써 어떻게 성격이라는 변두리에서 나, 하나님, 이웃과 하모니를 이루게 하는지 살펴보려면 '영혼의 자원 8'p.513을 보십시오.

멈춤 STOP

멈춤은 자동적인 반응을 알아차리도록 도와주며, 하나님의 임재와 이웃 앞에서의 현존으로 돌아가 언제든지 건강한 선택을 할 수 있는 자유를 줍니다.

멈춤은 에니어그램 활용의 핵심이라 할 수 있습니다. 각 부분을 읽으며 '영혼의 자원 1'p.466 참고을 함께 활용해 모든 유형을 작업하면서 멈춤을 연습하기를 권합니다.

멈춤은

See	보다	☞ 자동으로 보고 듣는 것을 넘어서 보는 눈과 들을 귀를 주시기를 성령님께 구함.
Trigger	자극	☞ 판단하려 하지 않고 있는 그대로 봄. 방금 내면에서 무슨 역동이 일어났는가를 물음.
Open	열다	☞ 머리, 가슴, 장 지능을 엶. 숨을 들이쉬며 조화로운 마음에 들어가고, 내쉬며 거짓 자아와 그것을 둘러싼 경직되고 자동화된 반응을 내려놓음.
Presence	현존	☞ 하나님, 자신, 이웃 앞에 깨어있음.

참 자아

참 자아는 우리 안에 계신 그리스도로 인한 진정한 자아이며, 태초부터 하나님이 계획하고 창조하신 아름다운 존재입니다. 참 자아는 하나님과 함께할 때 이루어지므로 우리의 노력만으로는 얻을 수 없으며, 능력이나 역할, 스스로 만들어 내거나 성취하는 이미지와도 무관합니다. 참 자아는 겸손하고 안식을 누리며 열려 있고, 하나님 앞에 연약함을 드러내며, 하나님의 임재 안에 있고, 하나님의 형상을 반영하며, 하나님과 자신과 이웃 앞에 현존하고 수용합니다. 참 자아는 자기 모습 그대로 사랑을 받는 자임을 인식하고 있습니다. 사랑을 주기도, 받기도 할 수 있으며 자유하고 열매 맺는 삶으로 드러나게 됩니다.

이 책에서 장 지능을 먼저 다루는 이유는 현존, 알아차림, 영적인 훈련이 몸에서 시작하기 때문입니다. 우리의 몸은 단순한 신체가 아니며, 몸이 곧 우리이고 우리 영혼의 주소입니다. 잠재의식과 무의식은 몸을 통해 나타나며, 몸은 마음과 머리 안에서 일어나는 역동에 대한 신호를 계속해서 보내고 있습니다. 실제로 몸이 뇌로 보내는 신호가 뇌에서 몸으로 보내는 신호보다 훨씬 많습니다. 우리는 몸을 먼저 자각함으로써 머리와 가슴 지능에 접근할 수 있지만, 외상으로 인해 트라우마를 경험한 경우는 몸을 통합하기가 고통스럽고 어려운 작업일 수 있습니다. 여유를 가지고 머리나 가슴 지능 중에서 편한 지능부터 탐색을 시작해도 좋습니다.

장 지능

장 지능: 본능, 장 지능

8, 9, 1유형은 본능에 의해 세상을 바라보고 걸러내기도 하며 뼛속 깊이 무엇인가를 감지합니다. 이들은 '왠지 ~ 이런 감이 오는군.'이라는 표현을 사용하며 열정적이고 에너지를 강하게 사용하며 힘을 행사하는 독립적인 사람들입니다. 장 지능은 우리에게 '너희 몸은 너희가 하나님께로 받은 너희 가운데 계신 성령의 전'고린도전서 6:19임을 상기하게 합니다. 살아있는 성전으로써 8유형은 하나님의 정의를, 9유형은 하나님의 평화를, 1유형은 하나님의 선하심을 반영합니다. 8유형의 미덕은 '순수'이고 9유형의 미덕은 '행동력'이며 1유형의 미덕은 '평온'입니다.

장 지능GQ

장 지능 사람들이 건강할 때는 특정한 일을 위해 얼마나 많은 힘과 자율성, 열정이 필요한지를 분별할 수 있습니다. 자신의 강렬함에 대해 알고 있으며 본능적 반응을 주시하면서 힘을 친화적으로 사용하며 따뜻한 선함을 지니게 됩니다. 이들은 에베소서 3:20~21의 말씀을 구현합니다. '우리 가운데 역사하시는 능력대로 우리가 구하거나 생각하는 모든 것에 더 넘치도록 능히 하실 이에게 교회 안에서와 그리스도 예수 안에서 영광이 대대로 영원무궁하기를 원하노라 아멘'

장 지능의 방어

장 지능의 사람들이 불건강할 때는 현실을 통제할 수 없다는 불만과 좌절감으로 인해 분노에 휩싸이며, 이 고착된 분노를 통해 힘과 능력을 느낍니다. 8유형은 분노를 표현하며, 9유형은 고집부리거나 수동공격으로 분노를 보이고, 1유형은 자신의 분노를 억누르지만 비판과 분개를 통해 분노가 새어나갑니다.

신성한 경험

장 지능의 사람들은 종종 자기 몸을 통해 하나님과 연결됩니다. 무릎 꿇기, 손을 들기, 걷기, 춤추기, 노래하기, 찬양, 고요함은 이들이 하나님, 생명, 이웃을 향해 열리게 하는 감각입니다. 몸은 '나는 지금 어떤 상태인가?' 또는 '나는 언제 감동하거나 마음이 움직이는가?' 등에 대답할 수 있습니다. 몸은 알고 있습니다! 하나님께 우리의 몸을 드리는 자체가 영적으로 예배를 드리는 방식입니다 로마서 12:1~2.

장 / 지능

PART 1

8유형

나는 독립적이고 강렬하며 자연스럽게 사람들을 이끌 수 있고 힘과 믿음직스러움으로 인해 존중받고 싶다. 사람들이 나를 좋아하는지 아닌지는 그다지 중요하지 않다. 솔직함과 의리를 중요하게 생각하고, 원하는 것이 있으면 호들갑 떨지 않고 당장 쟁취한다. 자신을 위해 무엇인가 노력하지 않는 사람에게는 별로 동정심이 없지만 약자들을 위해서는 언제든 뛰어들 준비가 되어있으며, 특히 내가 아끼는 사람들을 위해서라면 무슨 일이든 할 수 있다. 내가 존경하거나 동의하지 않는 권력은 따르고 싶지 않기에, 내 의견을 주장하고 내 존재감을 드러내며 상황에 정면으로 맞서고 불의를 위해 싸운다. 갈등 상황에서 직설적이고 정면 대립하며 결단력 있고 용기 있게 행동하고, 필요하다면 갈등을 일으키거나 판을 크게 키울 수도 있다. 어떤 사람들은 내가 대장 행세를 하고 통제하려 들며 다른 사람 위에 군림한다고 생각할 수도 있지만, 나는 그저 지배당하기 싫을 뿐이다. 무슨 일에든 결국 내 뜻을 개입시키고 싶다.

8유형
힘은 사려 깊은 사랑이다
Strength Is Contemplative Love

나는 힘 자체보다 도덕적이고
옳으며 선한 힘에 관심이 있다.

- 마틴 루터 킹 주니어

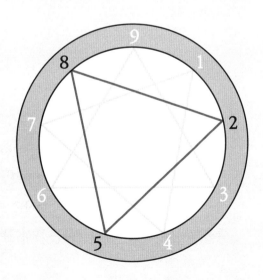

나는 누구인가?

1

8유형은 전능하신 하나님의 형상을 반영합니다. 이들은 이사야 1장 17절의 말씀에 깊이 공감할 것입니다.

선행을 배우며 정의를 구하며 학대받는 자를 도와주며 고아를 위하여 신원하며 과부를 위하여 변호하라 하셨느니라

'힘'은 8유형의 삶을 표현하는 핵심 단어입니다. 우리가 자신이 누구인가를 인식하는 방식은 스스로 왜 그렇게 행동하고, 무엇을 지향하며, 어디서 걸려 넘어지는지를 설명해 줍니다. 8유형은 스스로에 대해 강하고 거칠며 결단력이 있다는 자아상이 있으며, 부드럽고 연약한 부분은 자기 삶에서 지워 버립니다. 8유형을 나타내는 단어들을 살펴봅시다.

▶▶▶ 8유형의 단어들

다음에 설명된 8유형의 단어들을 보면서 생각해 보십시오. 공감되는 단어에 동그라미를, 재능에 해당한다고 여기는 단어에는 별표를 하십시오. 현재 상태에서 하나님의 형상을 드러내지 못하는 단어에는 밑줄을, 자신을 불편하게 자극하는 특성에는 네모 표시를 하십시오.

8유형

강하다	나의 길을 간다	나약하지 않다
힘이 있다	리더십이 있다	만만하지 않다
관대하다	열정적이다	두려워하지 않는다
자급자족한다	에너지가 넘친다	굴하지 않는다
독립적이다	충동적이다	애매모호하지 않다
주장한다	단호하다	차분하지 않다
맞선다	위압적이다	동정심이 적다
도전한다	적극적으로 달려든다	종속되지 않으려 한다
책임을 진다	거칠다	부끄러워하지 않는다
통제한다	즉시 행동한다	겁이 없다

▷ 당신에게서 하나님의 형상을 반영하는 8유형의 단어는 무엇입니까?

▷ 당신은 어떤 단어에 애착을 느낍니까? 또는 강박을 느낍니까?

▷ 당신은 어떤 단어에 거부감이 듭니까? 혹은 비판하는 마음이 듭니까?

▷ 거부감을 느끼는 단어에 마음을 연다면 당신의 삶과 인간관계는 어떻게 달라질 수 있습니까?

▷ 하나님의 힘과 능력이 당신에게 어떤 의미가 되는지 그 단어를 적어 보십시오.

▶▶▶ 8유형에 대해 알아가기

다음 사례에 등장하는 8유형 여성은 자신이 다섯 살 때 세상에 대해 어떻게 알아갔는지를 설명합니다. 그녀는 '그때부터 나는 더 큰 것이 더 나은 것임을 알고 있었다.'고 말합니다. 이런 인식이 그녀에게 어떤 영향을 끼쳤는지 생각해 보십시오.

다섯 살 크리스마스 때 처음으로 나의 신체적인 감각을 인지했습니다. 그해, 큰 인형 하나를 선물로 받았습니다. 그 인형은 거의 내 키만큼이나 컸고, 검은 머리에 검은 눈, 빨간 드레스를 입고 있었습니다. 그 인형에게 '아이'라는 이름을 붙여 줬고 그 외에 다른 이름으로 부른 적이 없습니다. 그때 보통 크기의 아기 인형을 선물로 받았던 언니보다 뭔가 우월함을 느꼈던 기억이 납니다. 언니는 아기 인형이었고 나는 아이 인형이었으니, 당연히 큰 인형이 낫다고 생각했습니다. 언니와 그에 대해 이야기하거나 싸운 적은 없지만, 직관적으로 내 인형이 언니의 것보다 우월함을 알고 있었습니다.

▶ 이 이야기에서 당신은 어떤 부분에 공감합니까?
▶ 가장 먼저 떠오르는 8유형에 대한 경험은 무엇입니까?
▶ 직관적으로 그냥 아는 부분들에 대해 어떻게 설명할 수 있습니까?

호흡 기도

고독과 침묵 가운데 자신에 대해 똑바로 볼 수 있도록
하나님께 도움을 구하십시오.
먼저 깊게 숨을 쉬어보십시오.

들이쉬며 – 나는 하나님의 형상대로 창조되었다.
내쉬며 – 나는 신이 아니다.

이 기도를 하면서 몇 분간 머무십시오.
하나님의 형상대로 창조된 선함과 자유를 경험하십시오.
하나님이 창조주 여호와 되심을 인정하고
주도권을 하나님께 내어 드리는 자유를 누리십시오.

참 자아와 거짓 자아
힘 있는 사람
2

우리는 사용하는 표현이나 말을 통해 자신이 어떤 사람인지를 드러냅니다. 8유형은 태도, 행동, 동기를 통해 강렬한 에너지를 보여줍니다. 하지만 정의를 실현하거나 힘을 축적할 때가 아니라 하나님과 함께할 때 참 자아로 살 수 있습니다. 거짓 자아는 강박적이고 깊게 뿌리 내린 옛사람으로, 완강합니다. 에고 자체는 타고난 기질, 후천적인 양육 환경 등이 복합적으로 혼합된 심리적 자아입니다. 이제 충동적이고 강박적인 거짓 자아의 반응과 하나님, 자신, 이웃을 사랑하는 참 자아의 흐름FLOW에 대해 살펴보십시오.

8유형의 참 자아 신성한 힘

8유형은 하나님의 힘과 능력을 사용하도록 창조되었습니다. 8유형의 참 자아는 자신이 가진 힘과 강렬함을 소외된 자들과 약자들을 위해 선하게 사용하고자 하며, 결단력 있고 적극적이며 이웃과 세상에 공헌할 수 있는 분야가 많습니다. 힘을 다해 일하고 큰 그림을 생각하며, 일을 시작할 때 진취적이고 열정적이며 현실에 깊이 뿌리 내리고 있습니다. 또한 고귀하고 영웅적인 위험을 감수할 수 있으며, '내가 여기에 있다!'라는 존재감을 드러냅니다. 8유형은 자연스럽게 힘을 사용하고 상황을 통제할 수 있습니다. 인정받기보다는 존경받기를 원하며, 리더 자리가 빈다고 해서 공백을 메울 필요를 느끼지는 않습니다. 하나님, 자신, 이웃 앞에 깨어있을 때 이들은 따뜻하면서도 힘이 있고, 독립적이면서도 타인과 공감할 수 있으며, 자신의 연약함을 드러낼 수 있습니다. 리더로서 결단력이 있으며, 어떤 일에 어느 정도의 힘을 사용해야 하는지를 알고 있습니다. 건강한 8유형은 하나님의 신성한 힘을 구현합니다.

8유형의 거짓 자아 통제, 공격, 정욕

8유형의 거짓된 자아는 자신을 강함, 통제와 지나치게 동일시하여 그 힘으로 선한 영향력을 끼치지 못하게 됩니다. 분노와 통제의 반복적인 패턴에 빠져 자신의 연약함을 부정하고 회피하며 자신의 부드러움을 드러내거나 이웃을 신뢰하기 어려워합니다. 또한 자신이 얼마나 공격적, 적대적, 억압적, 이기적, 독선적, 지배적이고 무감각하며 과도할 수 있는지를 알지 못합니다. 8유형의 악덕을 설명하는 '정욕'은 자신의 힘을 확장하여 상황을 지배하고 강렬함을 발휘하며 강압을 행사하는 경향성을 뜻합니다. 이 욕심 많고 거칠며 대장 노릇을 하려는 사람들은 '모 아니면 도'라는 신념으로 살고, 협동하기보다는 다른 사람들을 압도하며 자신이 주도하는 방식으로 원하는 것을 얻습니다. 그룹의 장이 되지 못하는 경우 8유형은 선동을 하거나 뒤로 물러납니다. 이들은 상황을 주도하고 일의 방향을 설정하며 잘못된 점을 바로잡고, 결정권을 행사하지 못한다면 짐을 싸서 떠날 수도 있습니다.

▶▶▶ 참 자아 또는 거짓 자아

자신의 참 자아와 거짓 자아를 생각해 보면서 아래의 질문을 숙고해 보십시오. 그럴 때 자연스럽게 떠오르는 생각이 있습니까? 어떤 질문에 특별히 답을 쓰고 싶은지 살펴보십시오.

▶ 참 자아로서 8유형의 특성은 인간관계에서 어떤 모습으로 나타납니까?

▶ 거짓 자아로서 8유형의 특성은 인간관계에서 어떤 모습으로 드러납니까?

당신은 언제 분노를 표출합니까?

'더는 못 참아!'라고 할 때가 언제입니까?

언제 죄책감을 느낍니까?

'더 잘 할 수 있었는데'라는 마음이 언제 듭니까?

리더 위치에 있지 않을 때 어떤 방식으로 협조를 거부합니까?

▶ 당신은 언제 근육이 경직됨힘을 부리고 통제하려고 하는 순간을 감지합니까?

몸의 경직을 이완해야 한다는 신호는 무엇입니까?

▶ 당신은 참 자아와 거짓 자아의 상태가 다름을 어떻게 구분할 수 있습니까?

통제하기 위한 본능적 반응

다음 이야기는 성경에서 제자들이 자신들이 통제할 수 없는 무리에게 어떻게 반응했는지와 그에 대한 예수님의 대응을 보여줍니다. 예수님이 질책하는 대상이 누구인지 주목해 보십시오.

예수께서 승천하실 기약이 차가매 예루살렘을 향하여 올라가기로 굳게 결심하시고 사자들을 앞서 보내시매 그들이 가서 예수를 위하여 준비하려고 사마리아인의 한 마을에 들어갔더니 예수께서 예루살렘을 향하여 가시기 때문에 그들이 받아들이지 아니하는지라 제자 야고보와 요한이 이를 보고 이르되 주여! 우리가 불을 명하여 하늘로부터 내려 저들을 멸하라 하기를 원하시나이까 예수께서 돌아보며 꾸짖으시고 함께 다른 마을로 가시니라

누가복음 9:51~56

1. 당신에게는 언제 '불을 명하여 내리는' 충동이 일어납니까?
2. 당신이 힘을 행사하고 싶은 사마리아인과 같은 대상은 누구입니까? 그냥 다른 마을로 돌아가기가 어려운 이유는 무엇입니까?
3. 예수님은 자신을 받아들이지 않는 마을을 향하여 질책하기보다 제자들의 '불을 명하여 내려달라는' 반응을 질책하셨습니다. 8유형의 참 자아는 이러한 상황에서 어떻게 다르게 행동하겠습니까?

하모니
힘은 사려 깊은 사랑이다
3

8유형은 종종 힘 있는 사람으로 묘사됩니다. 그러나 우리는 유형 그 이상의 놀라운 존재이며 삼위일체 하나님의 형상으로 창조되었습니다. 8유형이 머리와 가슴 지능을 통합할 수 있다면 힘은 5성향의 깊은 사고와 2성향의 돌봄과 조화를 이룰 수 있습니다. 이제 하모니 삼각형이 주는 특별한 선물인 흐름FLOW을 소개합니다.

하모니 삼각형의 흐름 안에 있을 때 8유형이 추구하는 정의는 사려 깊음 및 연민과 함께 흘러나갈 수 있습니다. 그렇게 할 때 8유형의 행동은 정의가 필요한 곳을 분별하여5성향 불의를 바로잡을 수 있고, 타인을 향해 헌신적인 사랑2성향을 베풀 수 있습니다.

▶▶▶ 유형의 하모니

다음 사례에 등장하는 8유형 여성은 과도하게 힘을 추구하는 상태에서 어떻게 다른 사람의 지혜와 의지에 귀 기울이게 되었는지를 설명합니다. 8유형은 장 지능에만 의존하지 않음으로써 좀 더 분별력을 갖추게 됩니다. 욕망이 넘치고 저돌적인 이들이 자신 안의 연민을 수용할 수 있을 때 좀 더 친근하고 약자를 보호하며 양육하는 사람이 될 수 있습니다. 행동하기 전에 관찰하고 생각함으로써 '준비, 발사, 조준'이 아닌 '준비, 조준, 발사'를 할 수 있게 됩니다. 예화의 여성이 장 지능에 머리와 가슴 지능을 어떻게 통합하는지 살펴보십시오.

나는 어렸을 때 스스로를 보호하고 지켜야 했습니다. 나약함을 보이면 누군가가 나의 말이나 감정을 이용하여 내게 상처로 되돌려 주었습니다. 이런 위협을 겪으며 무의식적으로 사람들이 내게 적대적이라는 신념을 갖게 되어 쉽게 분노했고 곧잘 맞섰으며, 점차 나의 연약한 감정들을 부정했습니다. 그런데 하모니 삼각형은 나의 힘에 2성향의 따뜻함을 더해주었고, 나의 과도한 반응을 진정시키는 5성향의 객관성을 갖추게 해주었습니다. 침묵, 고독, 기도는 나를 분노와 통제에 대한 강박에서 벗어나게 했습니다.

▷ 당신은 어떤 상황에서 부드러움과 연약함을 무시합니까?
  따뜻하게 반응해서 당신이 가진 힘을 좀 더 친근하게 표현할 수 있습니까?
▷ 어떤 이유로, 언제 충분히 숙고하지 않고 직감에 의존해 밀어붙입니까?
  속도를 조금 늦추고 기다리는 것이 우리가 하나님과 이웃의 사랑에 연결되어 일을 마무리하는 데 어떻게 도움이 됩니까?
▷ 정의를 향한 에너지로 화를 내기보다 '사려 깊은 사랑'으로 조절하여 따뜻하게 응대한다면 어떤 결과가 나올까요?

▶▶▶ 장, 가슴, 머리 지능

다음 사례에 등장하는 추진력 있고 도전적인 8유형 여성은 사려 깊은머리 지능 기다림과 사랑가슴 지능을 받아들이는 용기를 냈습니다. 멈추는 의지가 어떻게 이 여성의 행동을 지혜와 돌봄으로 이끌었는지 살펴보십시오.

아버지의 죽음으로 내 안의 깊은 사랑의 감정과 2성향의 마음을 닫아 버리게 되었고, 그후 다시 사랑하고 싶었지만 내 안의 사랑은 바닥이 난 것 같았습니다. 사랑을 얻기 위해 최선을 다했고 다른 사람들에게 손을 뻗으려 했지만, 그들은 떠나갔습니다. 인간관계들이 무너지는 가운데, 하나님께서는 나를 사랑으로가슴 지능 관찰하고 기다리도록머리 지능 초청하셨습니다. 사랑은 억지로 밀어붙여서도 안 되고, 흘러나가는 것을 막아서도 안 됩니다. 반응하기 전에 있는 그대로를 받아들이고 생각해야 합니다. 하모니 삼각형이 내 안에 장, 머리, 가슴 지능들을 모두 사용할 수 있음을 깨닫게 해주었습니다. 하나님께서 나를 완전한 인격체가 되도록 창조하셨다는 사실은 대단히 큰 선물입니다! 나는 어떤 상황에서도 살아낼 수 있는 8유형입니다.

▶ 8유형이 머리 지능5성향을 통합할 때, 사람들과 상황을 관찰하면서 좀더 객관적으로 바라보며, 사안에 대한 정보를 얻음으로써 장 지능의 반응을 조절할 수 있습니다. 당신 안에서 머리 지능은 어떻게 작동합니까?

▶ 8유형이 가슴 지능2성향을 통합할 때 다른 사람을 문제 해결의 대상으로 보기보다는 연민으로 바라볼 수 있게 됩니다. 당신 안에서 가슴 지능은 어떻게 작동합니까?

▶ 당신에게 장, 가슴, 머리 지능이 있다는 것은 어떤 의미가 있습니까?

불의에 대한 반응

다음 이야기에서 예수님은 원수가 와서 가라지를 뿌려놓은 밭의 주인에 관한 비유를 말씀하십니다. 밭의 주인과 하인들의 반응이 어떻게 다른지 살펴보십시오.

예수께서 그들 앞에 또 비유를 들어 이르시되 천국은 좋은 씨를 제 밭에 뿌린 사람과 같으니 사람들이 잘 때에 그 원수가 와서 곡식 가운데 가라지를 덧뿌리고 갔더니 싹이 나고 결실할 때 가라지도 보이거늘, 집주인의 종들이 와서 말하되 주여! 밭에 좋은 씨를 뿌리지 아니하였나이까 그런데 가라지가 어디서 생겼나이까 주인이 이르되 원수가 이렇게 하였구나 종들이 말하되 그러면 우리가 가서 이것을 뽑기를 원하시나이까 주인이 이르되 가만히 두라 가라지를 뽑다가 곡식까지 뽑을까 염려하노라 둘 다 추수 때까지 함께 자라게 두라 추수 때에 내가 추수꾼들에게 말하기를 가라지는 먼저 거두어 불사르게 단으로 묶고 곡식은 모아 내 곳간에 넣으라 하리라

마태복음 13:24~30

1. 이 비유에서 당신은 어떤 사람에 속합니까?
2. 당신은 언제 나서서 불의를 심판하고 싶었습니까?
3. 나쁜 일이 생겼을 때 기다리면서 진행되는 상황을 살펴본다면 어떻겠습니까?
   이 비유에 등장하는 밭의 주인처럼 기다릴 수 있겠습니까?
   기다림에 대해 어떤 마음이 듭니까?

로욜라의 이냐시오 기도문

가슴, 머리, 장 지능을 통합하는 다음의 기도가
우리의 기도가 되기를 축복합니다.

저는 온 세상에서 악을 선으로 이기기를 _{장 지능}
미움을 사랑으로 바꾸기를 _{가슴 지능}
죽음의 모든 세력을 정복하기를 _{장 지능} 원합니다.

주님, 내 모든 자유와 기억과 이해를 _{머리 지능}
내 모든 의지를, 내 것이라 여겼던 모든 것을 드립니다.

주님께서 내게 모든 것을 주셨습니다.
이제는 제가 주님께 모든 것을 돌려드립니다.

어린 시절의 상처 치유하기
순수함을 회복하기

4

아이들은 회복력이 강하지만, 어린 시절의 해결되지 않은 상처는 성인이 된 후에도 그들의 관계에 영향을 끼칩니다. 8유형의 어린이는 '세상은 믿을 수 있다.'라는 메시지를 상실하고, 대신 '세상을 신뢰해서는 안 되고, 내 약점을 보여서도 안 된다.'라는 거짓 메시지를 내면화한 경우가 많습니다. 따라서 살아남기 위해서 거칠어지고 에너지를 확장하는 방식을 터득했을 가능성이 큽니다. 이런 방어 방식은 감성으로의 연결과 사려 깊은 사고를 막고 방해해 왔습니다.

성인이 된 후, 관계 속에서 어린 시절의 상처가 자극 받으면 거칠고 날 것 그대로의 아픔과 분노가 분출되어 8유형의 힘이 흘러나가지 못하게 방해를 합니다. 갑자기 내면의 관심받기 원하는 네 살짜리 아이가 자신을 주장하기 시작하는 것입니다. 8유형의 거짓 자아는 격노하고 힘을 부리며 욕망을 따라 사는 쳇바퀴에 갇히게 됩니다. 이 지배적이고 본능적인 반응은 '감정'과는 다르며, 불시에 나타나서 사람들과 연결되기보다는 그들을 지배하려고 합니다. 8유형은 과거의 상처를 수용하고 방어적 반응에 대해 살펴보며, 어렸을 때 받았던 거짓 메시지를 버리는 노력이 '연약함'이라 여길 수 있기에 이러한 주제들을 다루려면 상당한 용기가 필요합니다. 이 과정은 우리가 치유되고 온전한 자신으로서 머리, 가슴, 장 지능 하나님, 자신, 이웃을 사랑하기 위한 성장 과정입니다.

하모니 삼각형은 8유형이 하나님의 치유하심을 경험하고 자신의 미덕인 '순수'를 되찾아 오는 방식을 안내합니다. 순수란 방어와 연약함을 내려놓고 지배하지 않아도 됨을 뜻합니다. 8유형은 지속해서 순수를 되찾아야 합니다.

▶▶▶ 내면아이를 수용하기

8유형은 내면아이를 수용함으로써 순수와 세상을 향한 신뢰를 회복할 수 있습니다. 강렬하고 배짱이 있는 8유형 안에는 부드럽고 보살핌을 원하는 2성향 내면아이가 있어 다른 사람과 연결하고픈 마음과 자신이 사랑에서 제외되지 않기를 바라는 마음이 있습니다. 자신의 시간과 에너지를 다른 사람에게 내어주고 싶어 하지 않는 조용하고 단절된 5성향 내면아이도 있습니다. 자신이 언제 부드러움가슴 지능과 사려 깊음머리 지능을 못 본 체하고 넘기는지 생각해 보십시오.

다음 사례에 등장하는 여성의 이야기에서 다른 사람 앞에 연약함을 내어놓지 못하는 2성향 내면아이를 보십시오. 그녀가 어떻게 자신의 목소리를 내고 감정을 드러내는 것이 안전하지 못하다고 느껴서 8유형의 참자아를 거부하게 되는지 살펴보십시오.

몸의 직감적인 반응과의 씨름은 다섯 살 때부터 시작되었습니다. 내가 무엇이 좋은지 나쁜지를 직관적으로 파악하고 가감 없이 말할 때, 권위자들부모님, 조부모님, 이모, 삼촌, 목사님, 교회 리더, 선생님들은 도대체 무슨 말을 하는지 알고 있냐고 물었습니다. 그들은 남성이 아닌 여자나 아이로서는 알 수 없는 지혜를 여자아이인 내가 알 리가 없다고 간주한 것입니다. 내 감정을 솔직하게 말하면 핀잔을 듣곤 했습니다. 나는 본능적으로 그들이 틀렸음을 알았지만 화를 내고 맞서면 사람들과 잘 지낼 수 없었기에, 매일의 삶에서 좋은 아이가 되기 위해 나의 본능적 직감에 대해 말하지 않게 되었습니다. 나의 8유형 본성에 억지로 저항하고 거부하는 일은 그 자체로 진을 빼는 일이었고, 가끔은 정말 숨어버리고 싶었습니다.

제시된 사례와 같은 내면의 갈등을 겪는다면 당신의 자아상은 어떤 영향을 받겠습니까?
당신은 어떤 자아상을 취하고 어떤 자아상을 버리겠습니까?
8유형의 내면에는 '내게 이만한 에너지가 있을까?' 하고 숨어서 생각하는 5성향의 내면아이도 있습니다. 이런 메시지가 당신의 삶에서는 언제 나타납니까?
때때로 거칠게 표현하는 8유형 안에는 '나는 사랑을 받을 수 있을까? 혹시 거부당하지 않을까?' 우려하는 2성향의 부드러운 마음도 있습니다. 내면아이가 이와 같은 질문을 할 때 알아차리도록 노력하십시오.

▶▶▶ 상처받은 내면아이와 만나기

8유형이 가슴과 머리 지능을 알아차리고 통합하면 반응의 강도를 조절할 수 있습니다. 마음을 살핌으로써2성향 힘을 좀 더 부드럽고 친화적으로 사용할 수 있고, 생각함으로써5성향 본능적인 반응을 늦출 수 있습니다. 어떤 감정을 느끼고 어떤 생각이 드는지 알아차림으로써 우리는 하모니를 향해 나아가는 여정에 본능 이상의 자원을 얻게 됩니다.

자신의 상처받기 쉽고 연약한 부분을 어떻게 다루어 왔는지를 글로 써 보십시오. 용기를 내어 내면에서 자신을 방어하려는 거짓말이 어떤 식으로 표출되는지 살펴보십시오. 이는 쉬운 작업이 아니므로 다음 중 마음에 와닿는 질문에 먼저 답하고 다른 질문에 도전해 보십시오.

▶ 세상이 믿을 수 없는 곳이라고 생각하는 이유는 무엇입니까?
  내면아이가 지금은 자극에 대해 어떻게 반응하고 있습니까?
▶ 분노나 상처, 트라우마로 인해 언제 위축되고, 언제 과도하게 화를 냅니까?
  그렇게 분노하는 이유는 무엇입니까?
  분노를 누그러뜨리고 당신과 타인을 살핀다면 무엇이 달라지겠습니까?
▶ 당신의 신뢰가 회복되거나 확고해진 때는 언제입니까?

8유형은 어린아이들과 함께 있을 때는 장난스럽고 부드러워집니다. 아이같이 순수한 마음을 회복하면 이웃에게 위협적이지 않게 됩니다. 다른 사람에게서 내면아이가 원하는 말을 듣게 되면 어떤 느낌이 듭니까?

즉각적이고 강렬한 8유형은 '일단 해 보는 거야.'라는 마음이 듭니다. 그래서 기다리라는 하나님의 말씀이 좌절과 어려움으로 다가옵니다. 기다림은 시간 낭비 또는 통제력의 상실처럼 느껴질 수 있습니다. 따라서 좀더 기다리고 속도를 늦추는 영성훈련은 8유형 자신이 모든 상황을 통제할 수 없을 때 어떤 사람인지를 돌아보게 합니다.

내면의 불도저가 밀어붙이며 주도권을 쥐고 마음 먹은대로 추진했을 때, 자신과 타인에게 어떤 부수적인 피해가 발생할 수 있을지를 생각해 보십시오. 주어진 상황에서 정확히 어느 정도의 강렬한 힘을 사용해야 합니까? 조금 속도를 늦추고 뜸을 들인다면 어떤 사실이 새롭게 드러날 수 있습니까? 한 주 동안 속도를 늦추면서 훈련해 보십시오. 차를 좀더 천천히 몰고, 말을 좀더 천천히 하며, 밥을 좀더 천천히 먹어 보십시오. 모든 일에 좀더 여유를 가지고 마음을 열었을 때 어떤 일이 일어납니까? 속도를 늦춤으로 반응의 강도가 어떻게 달라지는지 살펴보십시오.

치유의 기도

8유형은 강렬함, 정욕, 분노까지도 포함한 자신의 모든 부분을 사랑으로 품어 주시는 하나님의 힘에 자신의 상처를 내놓을 때 변화합니다.
치유의 기도는 어린아이와 같은 순수함을 회복하고, 분노 외의 다른 감정에 접근할 수 있게 도와줍니다.

> 자신을 위해 기도할 수 있습니다. 혼자 조용한 장소에서 긴장을 푸십시오. 호흡을 깊이 하고 하나님 앞으로 나아오십시오. 하나님께 치유 받아야 할 부분을 보여달라고 구하십시오. 과거의 아픈 기억들과 상처가 떠오를 때까지 조용히 기다리십시오. 어떤 생각이 떠오른다면, 치유를 위한 아래의 질문들에 답을 하십시오.

◆ 아픈 기억 속으로 당신과 예수님을 초대하십시오.
   예수님은 어디에 계십니까? 당신은 어디에 있습니까?
◆ 당신은 어떤 감정을 느낍니까? 분노, 수치, 연약함, 강함, 외로움 등
◆ 위와 같은 감정을 보였던 때가 생각납니까? 예수님과 함께 그 시간과 장소에 갈 수도 있고, 지금 있는 곳에 머물 수도 있습니다.
◆ 경험에서 느끼는 감정에 이름을 붙여 보십시오. 그 사건으로 인해 당신이 어떤 거짓말을 믿게 되었는지 보여달라고 기도하고, 이름을 붙이십시오.
◆ 예수님은 이 거짓말에 대해 뭐라고 말씀하십니까? 그 말씀을 들을 수 있도록 기다리십시오. 예수님이 보여주시는 이미지 혹은 들려주시는 말씀이나 단어가 있습니까?
◆ 예수님께서 당신에 대해 말씀하신 진실을 부드럽게 자주 말해주십시오.
   말씀의 진리는 상처를 주님 앞에 내려놓고 자유롭게 하는 치유제입니다.

충만함과 메마름을 분별하기
5

    로욜라의 이냐시오는 성령님이 머리, 가슴, 장 지능 모두를 통해 역사하신다고 가르쳤습니다. 그는 우리가 결정을 내릴 때 다음과 같은 질문으로 메마름과 충만함의 상태를 주의 깊게 살피라고 제안했습니다. '어떤 감정을 느끼고 있습니까?' '무슨 생각을 하고 있습니까?' '본능적으로 무엇을 감지합니까?'

    충만한 상태에서 8유형은 밀어붙이거나 강압하지 않으시는 하나님의 힘을 보여줍니다. 이때 다른 사람들과 연대할2성향의 가슴 방법을 고민하며5성향의 머리 행동하는8유형의 장 방향으로 나아갑니다. 메마른 상태에서 8유형은 수치와 정욕, 분노가 가득하여 하나님의 선한 힘을 따르는 흐름에 방해를 받습니다. 이것은 거짓 자아가 주장하고 나와서 올바르게 분별할 수 있는 자유를 상실했기에 돌아가야 한다는 신호입니다. 하모니 삼각형을 이용한 분별은 영혼의 자원 5, p.495 참고

    8유형이 충만한 상태에 있을 때는 방향성 있는 힘, 사려 깊은 추진력, 통찰력 있는 정의, 공감하는 자신감, 따뜻한 지도력, 객관적인 결정, 분별력 있는 용기, 아름다운 연약함 등을 경험하게 됩니다. 8유형은 충만할 때 통제를 내려놓고 하나님께서 지금 이곳에서 일하고 계심을 신뢰하며 진정으로 자유하게 됩니다.

8유형이 메마른 상태에 있을 때는 정욕, 오만함, 지배욕, 폭력, 억지, 독선, 통제, 과도함, 분노 등을 경험합니다. 이는 8유형이 거짓 자아에 묶여 있다는 증거입니다.

▶▶▶ 내면에서 일어나는 역동 알아차리기

메마름과 충만함은 8유형을 하나님, 자신, 이웃을 사랑하는 방향으로 안내해 줄 수 있습니다. 여기서는 8유형의 메마름과 충만함에 대해 살펴봅니다. 이 사례에 등장하는 남성은 에니어그램 영성훈련을 하면서 자신이 분별력을 잃게 만드는 메마름의 신호를 알아차리게 됩니다. 8유형이 메마름과 충만함을 알아차림으로써 어떻게 하나님께로, 치유로 나아가게 되는지 주목해 보십시오.

지금 내 삶은 온통 엉망진창이고, 관계는 깨지거나 팽팽한 긴장 속에 있으며, 이 불편하고 통제할 수 없는 상태메마름가 아주 싫습니다. 그래서 보기 싫은 부분들을 자동으로 차단해 버리는데, 이럴 때는 동시에 하나님께서 주시는 은혜도 보지 못하게 됩니다. 나의 저항 속에 방어기제인 '부인'denial이 깔려있음을 상기하게 될 때마다, 오히려 이 엉망진창인 상황 가운데 내 눈과 귀를 열어 있는 그대로 바라볼 수도 있음충만함을 기억합니다. 현존하면 통제에 대한 모든 욕구를 놓아버리고 더 많은 것을 보게 됩니다. 알아차리는 것 자체가 나에게는 도전이지만 감정과 생각은 나를 성격의 모난 변두리인 무자비한 힘에서 끌어내어, 수용적이고 감사한 마음의 중심을 잡을 수 있도록 도와줍니다.충만함

▶ 상황이 '엉망진창'이라고 느낄 때 자동적인 반응은 무엇입니까?

▶ 지금 경험하고 있는 메마름에 대해 이름을 붙여보십시오. 몸으로 하나님의 움직임을 느껴보십시오. 단지 화가 나서 스스로 메마름으로 밀어내는 상태입니까? 메마름은 당신을 어떻게 하나님께로 돌아갈 수 있게 합니까?

▶▶▶ 메마름과 부인

8유형이 방어적이고 냉담할 때 무의식적으로 사용하는 대응 전략은 '부인'이며, 이는 진실을 인정하기 싫어서 거부하는 상태를 말합니다. 이 전략은 연약한 상태나 책임을 회피하도록 하여 8유형의 내면을 보호합니다. 어린 시절부터 8유형은 타인에 대한 필요를 부정하며, 강하고 자립적으로 행동함으로써 자신을 보호해 왔습니다. 무력감, 약점, 순종, 부드러움 등의 특성이 마치 자신에게는 없는 것처럼 부정했습니다. 그러나 모든 사람 안에는 이러한 연약함이 존재합니다. 언제 부인하는 전략을 사용해서 경직과 메마름을 경험하게 되는지 주목하여 보십시오.

▶ 지금까지의 삶을 돌아볼 때, 중요한 사실을 부인함으로써 앞으로 나아가지 못한 때가 있었습니까? '부인'은 당신의 선택에 어떤 영향을 끼칩니까?

▶ 고통과 좌절을 부인할 때 몸의 어떤 부분이 경직됩니까? 그럴 때 어떻게 하면 좋겠습니까?

▶ 강렬한 에너지가 하나님과 이웃을 사랑하는 흐름에 도움이 되거나 혹은 방해가 되는 때는 언제입니까? 이것을 인식한다면 어떤 선택을 하시겠습니까?

기다림을 향한 기도

하나님은 기다려주시는 분이시기에 우리도 기다려야 합니다.
저항하는 8유형에게 매일의 삶에서 기다림은 특히나 더 어려울 수 있습니다.
기다리거나 상황이 느리게 진행될 때, 숨을 깊이 들이쉬고 내쉬며
시간을 통제할 수 없음을 수용하십시오.

들이쉬며 – 하나님, 성령님은 여기에 저와 함께 계십니다.
내쉬며 – 제게는 기다릴 수 있게 하는 힘이 있습니다.

이 기도를 통해 우리의 몸에 인내심이 훈련되도록 하십시오.
기다리지 않는다고 해서 반드시 원하는 만큼 일이 빨리 진행되지는 않습니다.
하나님을 기다릴 때 아버지의 역사하심을 볼 수 있습니다.

▶▶▶ 충만함과 순수

성령님의 충만함은 우리를 다른 사람의 감정에 공감하며가슴 지능 잠시 멈추고 분별하여 속도를 늦출 수 있도록머리 지능 초청합니다. 8유형이 가슴과 머리 지능을 통합할 때, 놀 줄도 알고 신뢰할 수도 있는 내면의 순수한 아이와 다시 접촉할 수 있습니다. '순수'는 다른 사람이 나보다 더 잘 알 수 있음을 수용하고 배움에 대해 열리게 합니다.

성령님은 8유형이 부인하지 않고 타인을 의지하며 연약함을 보일 수 있는 순수로 초청하십니다. 연약함을 인정하는 태도가 진정한 강함이며, 이것은 나약함과는 다릅니다. 순수를 회복해야 한다는 사실을 부정하지 말아야 합니다. 순수는 세상을 바꾸거나 계약을 체결하거나 법안을 통과시키는 것만큼이나 중요한 일입니다. 세상은 '뱀같이 지혜롭고 비둘기같이 순수한'마 10:16 지도자가 필요합니다.

성령님께서 다른 사람을 신뢰하고 순수를 회복할 수 있도록 초청하신 적이 언제인지 그 상황을 설명해 보십시오. 그때 어떤 일이 있었습니까? 어떤 위로를 받았습니까?

'순수함'이 언제 타인을 신뢰할 수 있고 친화적인 강점을 발휘할 수 있도록 도움을 주었습니까?

8유형을 위한 영적 리듬

6

우리가 그를 전파하여 각 사람을 권하고 모든 지혜로 각 사람을 가르
침은 각 사람을 그리스도 안에서 완전한 자로 세우려 함이니 이를 위
하여 나도 내 속에서 능력으로 역사하시는 이의 역사를 따라 힘을 다
하여 수고하노라

골로새서 1:28~29

8유형은 선천적으로 '강하게 주장할' 능력과 많은 에너지를 은사로 받
았습니다. 바울은 이 은사가 그 자체로 목적이 아니고 혼자만을 위함도 아
니며, 주변에 선한 영향력을 끼치기 위해 주어졌다고 말합니다. 힘을 지혜
롭게 사용하는 방식을 훈련하면 새로운 신경회로가 생깁니다. 건강하게
주장할 때 성령님의 인도하심을 따라 '그리스도 안에서 성숙하게' 됩니다.
성령님과 함께 할 때 강한 에너지를 마구 분출하는 대신 분별력을 갖추어
사용할 수 있게 됩니다. 우리가 매일 성령님의 움직임에 좀 더 민감하게 반
응할 때 사랑과 지혜로 이끄는 힘을 갖추어 좋은 열매를 맺게 됩니다.

다음에 제시되는 영적 리듬은 8유형이 변화를 향한 하나님의 초청에 응
하고 마음을 새롭게 하는 길입니다. 아래 제시된 모든 훈련이 마음에 와닿
지 않더라도 하나님께서 함께하심을 기대하면서 훈련에 참여해 보십시오.

▶▶▶ 현존 훈련: 8유형

'핵심 용어' 부분에서 흐름에 대해 다시 읽어보기를 권합니다.
삼위일체 하나님이 어떻게 공존하시는지를 주목하십시오.

아버지와 아들과 성령이 함께 존재하며 함께 흘러갑니다.
머리와 가슴과 몸이 함께 존재하며 함께 흘러갑니다.
믿음과 사랑과 소망이 함께 존재하며 함께 흘러갑니다.

신성한 하모니는 8유형이 머리와 가슴 지능을 통합하여 하나님의 신령한 힘에 참여하도록 초청합니다. 다음의 묵상 기도는 창조된 존재 전체를 움직여서 8유형을 온전하게 합니다. 이 묵상에 머무른다면 8유형은 가슴과 머리 지능이 계발될 수 있습니다.

편안하고 정신이 맑아지는 장소를 찾아보십시오.
성령님이 내 안에 계시며 나를 위해 기도하고 있음을 기억하십시오.
당신에게 머리, 가슴, 장 지능이 있음을 받아들이고
그것이 열리도록 하나님께 간구하십시오.

몸 현존

성령님과 함께 있도록 자신을 내려놓으십시오. 숨을 들이마시면서 복부에 공기가 차오를 때 몸 안에 어떤 변화가 일어나는지 관찰하십시오. 몸이 무엇을 말하는지 주의를 기울이십시오. 기도 속에서 몸이 하기 원하는 것이 있다면 그대로 하십시오. 힘과 큰 에너지를 느끼고 '강하게 주장'할 수 있는 능력을 주심에 감사하십시오. 연약함을 수용하기보다 몸이 자동적으로 반응을 할 때가 언제입니까? 관찰하기 전에 몰아치거나 밀어붙이는 때는 언제입니까?

마음 현존

예수님과 함께 있도록 마음을 내려놓으십시오. 호흡하면서 부드러움을 느껴보십시오. 보살핌을 받으며 사랑받고 싶은 마음을 보듬어 주고, 숨을 들이쉬며 마음의 공간을 확장하십시오. 내 안의 어린아이 같음과 친절함을 만나고 자신에게 연민을 느끼십시오. 좀더 연약한 감정들과 만나고 그것이 무엇인지 이름을 붙여 보며, '나는 너를 믿을 수 있어.'라고 이야기하십시오. 예수님께 보살핌받고 싶은 부분, 이해받고 싶은 부분, 듣고 싶은 말이 무엇인지 말씀드리십시오. 예수님은 무엇이라고 말씀하십니까?

생각 현존

지혜로운 창조주와 함께 있기 위해서 생각을 내려놓으십시오. 숨을 쉬면서 생각으로 들어가십시오. 숨을 들이쉬며 머리와 어깨를 의식해 보고, 무게와 경직을 느껴보십시오. 숨을 내쉬며 그리스도의 지성으로 들어가십시오. 몸 안의 생명을 느끼고, 머리에서 무엇이라고 말을 하는지 알아차려 보십시오. 본능적인 감각보다 머리가 제공하는 정보와 관점을 신뢰한다면 어떤 느낌입니까? 몸이 '준비, 발사, 조준'으로 반응하는 때가 있습니까?
머리 지능을 사용하여 '준비, 조준, 발사'를 할 방법을 탐색해 보십시오.

하모니를 위한 기도 힘은 사려 깊은 사랑이다

'힘은 사려 깊은 사랑이다.'라는 이 기도는 8유형이 반응하기 전에 5성향처럼 이슈에 대해 더 많이 배우고 사물을 좀 더 떨어져서 관찰하며 통제에 대한 욕구를 내려놓을 수 있도록 합니다. 또한 사랑하며 따뜻하게 보살피고 타인의 감정에 연결될 수 있는 2성향이 참여하도록 도와줍니다.

이 기도를 기억함으로써 실제 상황에서 나의 가장 진실한 부분이 무엇인지에 대해 알아차릴 수 있습니다. 우리는 유형 이상의 놀라운 존재입니다. 야구에서 수비를 맡거나, 산에 오르거나, 사업을 시작하거나, 회의를 소집하거나, 비판받을 때 숨을 크게 쉬십시오. 언제든 무엇인가에 자극 받아서 내가 누구인지 잊어버릴 때 호흡하며 자신에게 말해주십시오. '힘은 사려 깊은 사랑이다.' 힘과 통제를 향해 충동적으로 행동하려고 할 때를 알아차린다면 긴장을 내려놓고 경직된 몸을 이완하십시오. 사랑이 많으신 하나님의 힘의 흐름으로 들어가십시오. 그리고 하나님이 주신 힘의 통로가 되십시오.

인간의 진보는 절대로 자연스럽거나 필연적으로 일어나지 않는다.
정의의 실현을 향한 모든 발걸음에는 희생, 고통, 분투가 필요하다.
헌신적인 사람들의 지속적인 고민과 지칠 줄 모르는 노력이 있어야 한다.
- 마틴 루터 킹 주니어

8유형을 위한 성령님의 인도하심 FLOW 에 대한 훈련

성령님이 인도하시는 8유형은 자유하고Free, 사랑하며Love, 열려있고 Open, 함께합니다With. 삼위일체 하나님의 임재 가운데 서서 강한 의지와 마음과 정신을 통합할 수 있고, 그 힘을 통해 기독교의 미덕인 믿음, 소 망, 사랑으로 흘러 나갑니다. 목적도 없이 힘을 부릴 때, 통제권을 움켜쥐 며 선두로 치고 나갈 때, 이때가 바로 마음과 사고를 열어서 내면의 자유 를 경험하게 해주시기를 성령님께 구할 때입니다. '이 일을 통해 사랑이 흘러나가려면, 나는 얼마만큼의 힘이나 에너지를 사용해야 하는가?'라 고 스스로에게 물으십시오. 생각보다 적은 힘을 들일 수도 있다는 자유 를 감지해 보십시오. 하루를 마무리하면서 이 흐름 속에 있지 않았을 때 어떤 일이 일어났는지 기록해 보십시오. 당신을 통해 이웃에게 하나님의 힘이 흘러갔다면 감사하십시오. 만약 그렇지 못했다면 회개하십시오. 그 리고 내일은 내일, 다시 시작하십시오.

고백 훈련하기

하나님과 이웃 앞에 당신의 연약함을 나누고, 있는 그대로를 투명하게 내어놓을 때 변화하고 온전히 연결됩니다. 다음과 같이 고백하십시오.

▷ 지나친 자기 의존과 정욕 고백하기
하나님께, 내가 신뢰하는 사람에게 연약함을 표현하고 순수의 미덕을 발휘할 수 있도록 요청하십시오.

▷ 분노 고백하기
'할 만큼 했어!'라며 강하게 밀어붙이거나 책임을 던지고 나오려 했던 경험들에 대해 고백하십시오. 하나님께 나의 힘을 '사랑'의 방향으로 사용할 수 있게 해 주시기를 구하십시오.

▷ 죄책감 고백하기
'충분히 잘하지 못했어.'라는 마음이 들면 '이만하면 충분하다.'는 사실을 받아들이는 은혜를 하나님께 요청하십시오.

▷ 수치심 고백하기
'너무 과하고 너무 뻔뻔해. 그냥 확 밀어붙여 복수하고 싶어.'라는 마음이 들면 그 마음을 해결해 달라고 구하십시오.

예수님은 '사랑받는 8유형으로서 너는 온전히 깨끗해졌다.'라고 말씀하십니다.

함께하는 현존 훈련하기

사람들의 말이 끝날 때까지 듣는 데 집중함으로써 자동 반응을 누그러뜨리십시오.

▶ 일을 성사하는 데만 몰두하다가 다른 사람을 들이받을 수가 있으니 함께 하는 사람들을 소중하게 여기십시오. 주의를 전환하고 이웃을 둘러보며 온화한 마음으로 그들의 이름을 마음속으로 불러보십시오.

▶ 당신으로 인해 사람들이 위협을 느끼거나 압도되는 듯한 때를 알아차리십시오. 이것이 당신이 원하는 반응입니까? 반대편에 있는 사람들은 어떤 마음이 들지 신뢰하는 사람들이나 동료에게 물어보십시오.

▶ 대화 중에 끼어들어 반박하거나 바로잡고 싶을 때 먼저 물어보십시오. "제가 바로 이해한 게 맞습니까? 더 하실 말씀이 있으신가요?" 상대의 말을 끝까지 다 들었다면 현재, 깨어있는 연습을 한 것입니다.

▶ 다른 사람을 대할 여유가 없을 때는 상대에게 이유를 설명하십시오. "제가 지금 집중할 일이 있습니다", "지금 일이 생겼습니다. 내일 다시 말씀드려도 괜찮겠습니까?" 또는 "갑작스럽게 죄송합니다. 제가 다른 일에는 신경을 쓸 수 없는 상황입니다. 제가 급히 끝내야 하는 일이 있습니다."

신뢰 훈련하기

자신과 자신의 직감 외에 다른 사람이나 상황을 신뢰하는 위험을 감수하십시오. 위험과 신뢰는 동전의 양면과 같습니다.

▶ 하나님께 가슴 지능 사람들의 감정을 신뢰하고 감사할 수 있는 은혜를 구하십시오. 다른 사람의 감정을 인정하십시오.

- 직감이 아닌 지식으로 세상을 보는 머리 지능의 사람들로부터 배울 수 있는 겸손을 구하십시오. 다른 사람의 생각을 인정하십시오.
- 통제를 내려놓고 참여하십시오. 당신이 이끌지 않아도 하나님께서 하실 때 선한 일이 될 수 있음을 신뢰하십시오.
- 차라리 혼자 일하고 싶거나 누구의 지시도 따르기 싫어하는 순간을 알아차린다면 자신만을 신뢰하는 메마른 상태에 있다는 신호입니다. 하나님은 이에 대해 뭐라고 말씀하십니까? 혼자서 하기보다 다른 사람들과 협업하려면 어떻게 해야 합니까?

공감과 이해 훈련하기

소외되며 억압받고 궁핍한 사람들을 위해 봉사하는 나의 힘과 은사는 공감과 연민으로 나타날 때 더 강력해집니다.

- 대의를 위해 나설 때 다른 사람들을 향한 관심을 마음으로 표현하십시오. 연민과 공감 없이는 관계가 성립할 수 없습니다.
- 당신의 에너지나 과도함으로 상대의 생각과 감정을 무시하는 때가 있다면, 그렇게 세게 말할 의도는 아니었다고 사과한 후 내가 놓치고 있는 것이 무엇인지 물어보십시오.
- 다른 사람의 이야기나 의견을 들을 때 머리, 가슴, 장 지능을 모두 동원하여 관심을 가지십시오. 이의를 제기하며 토론하고 싶은 충동을 관찰하십시오. 힘을 부리지 않고 다른 사람을 위협하지 않으면서도 좋은 대화를 어떻게 할 수 있을지 생각해 보십시오.

거리 두기 훈련하기

당신의 일, 계획, 방식에서 조금 떨어져 보십시오.

▷ 거리 두기는 머리 지능이 주는 선물입니다. 당신의 아이디어, 기대치, 통제권
   에만 집착해서 대안을 보지 못할 때 이렇게 기도하십시오. '하나님, 하나님
   아버지의 뜻이 이루어지길 원합니다.' 이 기도를 통해 통제하려는 마음이 이
   완될 수 있습니다.

▷ 거리를 둘 때, 색다른 것을 보고 새로운 생각을 할 수 있는 여유를 얻게 됩
   니다.

▷ 한 걸음 물러서서 자신의 계획들을 추진해야 할 필요성에 대해 생각해 보십시
   오. 더 적게 일하는 것이 더 좋을 수도 있습니다.

▷ 모든 사람이 성공을 원하고 진실을 추구하며 끈기를 갖고 있다는 기대를 내려
   놓으십시오. 그들은 그들만의 관심이 있을 수 있습니다.

8유형을 향한 축복

아래의 기도를 기억하면서 우리의 영혼이 확장되기를 축복합니다.

삼위일체 하나님께서 8유형의 여정을 축복하시고,
8유형이 연약함을 향한 진정한 존재의 본향을 찾을 수 있도록.

아버지 되신 하나님께서 약할 때 오히려 온전히 강하게 됨을
볼 수 있는 지혜 주시기를.
예수님의 마음이 8유형의 마음에 열정을 불어넣어
자신을 부드럽게 대하도록 도와주시기를.
성령님께서 8유형을 향한 모든 계획이 성취되기까지
스스로 기다릴 수 있는 인내를 주시기를.

삼위일체 하나님의 신성한 강함이
8유형에게 힘과 사랑을 주시며 모든 길을 인도하시기를 기도합니다.

호흡을 통한 기도

호흡의 경이로움을 충분히 느끼십시오. 산소가 허파를 채우며 흉곽이 벌어지는 것을 느껴보십시오. 숨을 들이쉬고 내쉬면서 느껴보십시오. 마음에서 어떤 변화가 일어나는지 천천히 관찰하십시오.

창조된 삶의 힘을 느끼십시오.

하나님 아버지께서 내 안의 모든 장기를 만드셨습니다.
저를 힘 있고 경이로운 존재로 만드셨습니다.
내 영혼이 내가 이런 존재임을 잘 알게 해주십시오.

이 기도를 몇 분 동안 하십시오. 나는 피조물이기에 전능하지 않아도 됨을 기억하십시오. 몸을 통해서 숨을 쉬십시오. 발바닥, 복부, 정수리를 통해 계속 숨을 쉬십시오. 이 경험을 온전히 느끼십시오. 머리, 가슴, 몸을 통해 호흡하십시오. 무엇이든 떠오르는 것을 알아차리십시오. 떠오른다면 사랑과 지혜로 그것을 맞이하며 잠시 머무십시오. 자신의 마음을 사랑으로 보듬고 내면에 머무십시오.

들이쉬며 - 하나님의 형상대로 창조되었습니다.
　내쉬며 - 저는 하나님이 아닙니다.
들이쉬며 - 하나님 아버지는 여기 계십니다.
　내쉬며 - 저는 기다릴 힘이 있습니다.
들이쉬며 - 힘은
　내쉬며 - 사려 깊은 사랑입니다.

8유형 공감하기

7

모든 아이는 양육자에게서 신뢰를 느껴야 합니다. 어떤 8유형은 어린 시절에 양육자를 신뢰하기가 어렵다는 느낌을 받아서 생존하려고 스스로가 강해져야겠다고 결심했을 수도 있습니다. 강압적이고 힘을 부리는 8유형이 왜 그렇게 행동하게 되었는지를 이해할 때, 우리는 그들에게 공감할 여유를 가질 수 있습니다. 이 장에서는 우리가 8유형을 어떻게 대하는지 살펴보고, 어떻게 하면 그들을 하나님이 바라보는 시선으로 공감할 수 있을지 생각해 보십시오.

공감은 하모니를 이루게 하는 참 자아의 반응으로 '우리'와 '그들'의 경계를 허뭅니다. 8유형이 들이받고 질주해버리는 뺑소니 운전자처럼 느껴집니까? 아니면 그들의 강렬함, 기업가 정신, 직접적인 방식이 마음에 듭니까? 그들의 강렬함과 힘을 추구하는 정욕이 어디에서 시작되었는지를 이해한다면, 관계 속에서 연민을 느끼고 수용할 수 있을 것입니다.

다음 사례에 등장하는 8유형 여성은 본능적인 반응에 대한 수치심이 왜 자신을 진정으로 수용할 수 없게 만들었는지 말하고 있습니다. 이 이야기를 통해 힘이 있으면서도 연약한 8유형에 대해 어떤 감정, 생각, 반응이 올라오는지 주목해 보십시오.

유치원에 다니던 시절, 내 단짝이 살해당한 일이 있었습니다. 부모님은 나를 따로 불러서 무슨 일이 있었는지 설명하시고는 그 일에 대해 말하지 말라고 하셨습니다. 그뿐 아니라 그 친구의 장례식에도 가지 못하게 했습니다. 작별 인사도 하지 못하고, 무슨 일이 일어났는지 이해하지도 못했는데 친구는 떠나갔습니다. 여전히 나의 가슴에는 사랑했던 친구에게 마땅히 해야 할 바를 하지 못했다는 응어리가 남아 있습니다. 그때 나는 슬프고 화가 나고 어이가 없었지만, 그 감정을 어찌해야 할지도 몰랐습니다.

나의 아버지는 건강하지 못한 8유형이셨고, 나는 커서 아버지처럼 될까 두려웠습니다. 8유형 남동생의 장 지능 반응들은 용인되고 환호를 받기까지 했지만 나는 8유형이 되기가 싫었습니다. 심하게 뻔뻔하며 직감적인 그들의 행동 때문에 내가 갖고 있던 8유형의 강한 특성에 대해 죄책감이 들었습니다. 나는 생존을 위해 삼십 대 중반이 될 때까지 어색한 2성향처럼 행동했으며, 가부장적이고 성차별주의적이었던 가정 환경은 8유형 여성으로서 나의 특성들을 철저히 억압했습니다. 그래서 힘 있는 8유형으로 태어남을 하나님이 주신 선물이라고 받아들이는 데 오랜 시간이 걸렸습니다.

1. 이 이야기를 읽고 어떤 생각이 듭니까?

   어떤 감정을 느낍니까? 어떤 반응이 나타납니까?

2. 언제 정당하지 않은 일에 대해 분노했습니까?

   그 일을 어떻게 바로잡고 싶었습니까?

3. 8유형의 강렬함은 어떻게 그들이 관계를 맺고 상대를 신뢰하는 데 장애가 될 수 있습니까? 이 사실이 8유형에 대해 어떤 연민을 느끼게 합니까?

8유형의 방어기제 '부인' 이해하기

다음 사례에 등장하는 8유형 여성은 자신의 방어 기제가 어떻게 생겨났는지에 대해 말합니다.

내가 여덟, 아홉 살 때, 아빠가 음주 운전을 하는 차의 뒷좌석에 앉아 있었습니다. 그때 나는 두려움을 느낄 수도 있었지만 두려움에 굴복하기를 거부했습니다. 이후 나는 연약한 감정을 부인하고 무의식적으로 '다른 사람이 나를 보호해 주기를 기대해서는 안 돼.'라며 갑옷을 장착했습니다. 나는 자신을 보호해야 한다고 느꼈고, 나의 연약함을 부인하며 모든 상황을 통제할 만큼 강해지려고 했습니다. 십 대가 되자 아버지에 대한 존경심을 잃고 많이 대들었습니다. 갈등이 계속해서 고조될 때마다 마음을 차단했고 단단히 무장했습니다. 사랑을 주지 않는 사람에게 사랑을 기대하는 일은 너무 마음 아팠습니다.

1. 이 이야기의 주인공은 '상황을 통제 아래 두기 위해' 자신의 연약함을 부정했습니다. 그에게 어떻게 말하고 싶습니까?
2. 이 이야기의 주인공이라고 생각해 보십시오. 두려움을 느끼거나 상처를 받을까 봐 감정을 차단한 적이 있습니까? 어떤 경험이었습니까?
3. 당신이 아는 8유형을 위해 성령님의 인도하심에 따라 기도합시다.

8유형과 관계 맺기

우리는 8유형의 강함 이면에 자신을 보호하고자 애쓰는 부드러운 내면 아이가 있음을 기억함으로써 그들의 관점으로 볼 수 있게 됩니다.

- 8유형이 무뚝뚝하게 대하더라도 그것을 개인적으로 받아들이지 마십시오. 그들은 누군가에게 상처를 주려고 하는 것이 아니며, 종종 자신이 그렇게 보인다는 것조차 모릅니다.
- 이들에게 상처받았다면 사실대로 이야기하십시오. 이들은 의견을 솔직하고 분명하게 말하는 사람들을 존중하고 신뢰합니다.
- 8유형이 부드러운 모습과 연약함을 꺼내놓을 때 그들이 많은 용기를 냈음을 알고 존중하십시오. 알려주어서 고맙다고 말하되 가식적인 칭찬은 삼가십시오.
- 8유형은 종종 애정을 원하거나 필요로 하지 않는 것처럼 보이지만 구체적이고 간결하게 애정을 전할 때 좋아합니다.
- 8유형은 자신이 온 세상에 대항한다고 느낍니다. 8유형의 계획에 따르고 책임감 있게 임하면서 그들과 같은 편임을 보여주십시오.
- 핑계를 대거나 빙빙 둘러서 말하지 마십시오. 8유형은 무엇이 거짓인지 알아차리는 본능적인 감각을 갖고 있습니다.
- 8유형은 불의에 맞서고자 합니다. 그들은 진실한 연약함과 한계는 동정하지만 자기연민은 참지 못합니다. 다른 사람들에게 정말로 무엇이 필요하다면 8유형은 기꺼이 도울 수 있습니다.

다음은 8유형의 전형적인 특성입니다. 어떤 생각이 듭니까?

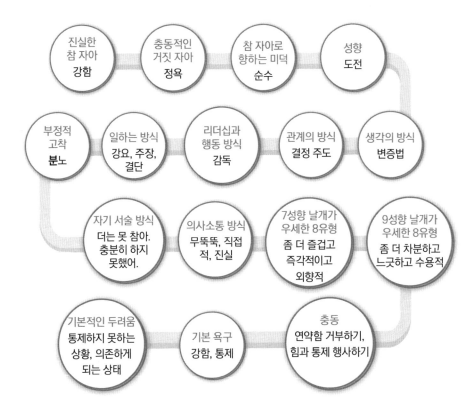

1. 당신이 8유형으로 산다면 어떨 것 같습니까?

   위에서 8유형과의 관계에 도움이 되는 설명은 무엇입니까?

2. 8유형의 성격에 대해 말할 때 위에 있는 특성들보다 더 적합한 말이 있습니까?

3. 8유형은 강렬하고 왕성한 에너지를 주고받는 것을 좋아합니다. 우리가 갖고
   있는 장 지능의 강렬함과 힘으로 8유형의 힘을 만날 때 어떤 느낌이 듭니까?

4. 8유형은 자신이 주도하여 일을 성사시키는 능력을 인정받고 싶어 합니다.
   그들에 대한 감사를 어떤 방식으로 표현할 수 있겠습니까?

9유형

나는 평화롭고 조화로운 상태에서 사람들과 함께할 때 가장 편안하고, 갈등 상황에서 모든 사람의 의견을 이해하고 모두의 관점이 가치 있다고 여기는 중재자이다. 다른 사람의 생각과 의견을 인지하고 모두에게 좋은 방식으로 평화적인 결론이 나도록 돕는다. 협상을 하거나 무엇을 수용할 때, 내 감정보다는 남을 더 중요하게 여기며 내 아이디어, 의견, 감정을 뒤로 하기에 소극적이거나 우유부단한 것처럼 보인다. 분노를 억제하는 경향이 있지만, 한 번 분노를 표출할 때는 크게 화를 낸다. 인간 관계에서 불편과 대립을 싫어하고 적응력이 좋으며 어떤 상황이든 침착하게 있는 그대로 받아들이고 지지를 잘한다. 아홉 가지 유형 모두에서 나의 모습을 발견할 수 있다.

9유형

평화는 공동체에
선한 영향력을 발휘한다

Peace Effects Team

내면이 평화로운 상태가 될 때까지는
외부에서 평화를 결코 맛볼 수 없다.

- 달라이 라마

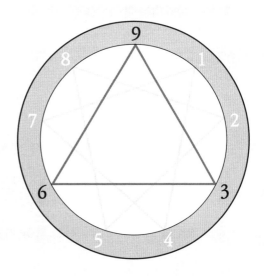

나는 누구인가?
1

9유형은 평화로우신 하나님의 형상을 반영합니다. 이들은 이사야 26장 3절의 말씀에 깊이 공감할 것입니다.

주께서 심지가 견고한 자를 평강하고 평강하도록 지키시리니 이는 그가 주를 신뢰함이니이다

'평화와 안정감'은 9유형의 삶을 표현하는 핵심 단어입니다. 우리가 자신을 인식하는 방식은 자신이 왜 그렇게 행동하고, 어디서 무감각해지며, 어떤 행동을 하거나 하지 않는지를 설명해 줍니다. 9유형은 자신이 수용적이고 선량하며 여유롭고 중재 능력이 있다고 여기며, 자신이 수동적 공격을 하거나 멍해지는 상태에 있음을 인지하지 못합니다. 9유형을 나타내는 단어들을 살펴보십시오.

▶▶▶ 9유형의 단어들

다음에 설명된 9유형의 단어들을 보면서 생각해 보십시오. 공감되는 단어에 동그라미를, 재능에 해당한다고 여기는 단어에는 별표를 하십시오. 현재 상태에서 하나님의 형상을 드러내지 못하는 단어들에 밑줄을, 자신을 불편하게 자극하는 특성에는 네모 표시를 하십시오.

평화롭다	인내심이 있다	쉽게 흥분하지 않는다
조화롭다	연합한다	서두르지 않는다
우유부단하다	태평하다	바로 해결하지 않고 미룬다
편안하다	차분하다	갈등을 일으키지 않는다
평온하다	수용적이다	선입견이 없다
이완되어 있다	관성적이다	밀어붙이지 않는다
느긋하다	안정적이다	의욕적이지 않다
균형잡혀 있다	여유롭다	관여하지 않는다
연연하지 않는다	다양한 관점에서 본다	감정에 동요가 없다
한결같다	상황을 쉽게 본다	화를 잘 내지 않는다

▶ 당신에게서 하나님의 형상을 반영하는 9유형의 단어는 무엇입니까?

▶ 당신은 어떤 단어에 애착을 느낍니까? 또는 강박을 느낍니까?

▶ 당신은 어떤 단어에 거부감이 듭니까? 혹은 비판하는 마음이 듭니까?

▶ 거부감을 느끼는 단어에 마음을 연다면 당신의 삶과 인간관계는 어떻게 달라질 수 있습니까?

▶ 하나님의 평온하심을 반영하는 단어를 적어 보십시오.

▶▶▶ 9유형에 대해 알아가기

다음 사례에 등장하는 9유형 남성은 일찌감치 직감적으로 자신에게 어떤 일이 좋은지 안 좋은지를 알았다고 합니다. 그는 소속감과 평화를 느낄 때 내적으로 만족스럽고 외적으로도 힘이 난다고 했습니다. 중재와 평화의 경험으로 인해 그는 부목사 역할을 잘해나가고 있습니다.

나는 자라면서 운동을 잘했고 팀 주장이 되어 원하는 선수들을 뽑기를 좋아했습니다. 마지막에 선택되는 아이들이 불안과 두려움을 느낀다는 것을 알기에 아무도 원하지 않는 선수들을 뽑은 기억이 납니다. 도전은 즐겁지만, 무엇보다도 이런 불편한 경험을 하는 아이들의 마음을 편하게 해주는 것을 더 좋아했고 그들의 공포와 동요를 잠재워야 할 책임을 느꼈습니다. 나는 경기장 안에서 아무도 힘들지 않기를 원했고, 소외된 아이들을 우리 팀에 데리고 오는 것이 옳아 보였습니다. 선수 선발이 평등하고 순조롭게 진행될 때는 그 느낌을 내 몸으로 감지할 수 있었으며, 그럴 때면 상대 팀도 평화롭게 보였고 갈등이나 문제도 없어 보였습니다.

▶ 이 이야기는 9유형을 이해하는 데 어떤 도움이 됩니까?

▶ 가장 먼저 떠오르는 9유형에 대한 경험은 무엇입니까?

▶ 모든 사람을 모일 수 있게 하는 에너지가 당신에게 있다는 것을 알고 있습니까? 이것을 안다면 어떤 점이 달라질 수 있습니까?

호흡 기도

고독과 침묵 가운데 자신에 대해 똑바로 볼 수 있도록
하나님께 도움을 구하십시오.
먼저 깊게 숨을 쉬어보십시오.

들이쉬며 – 나는 하나님의 형상대로 창조되었다.
내쉬며 – 나는 회피하지 않는다.

이 기도를 하면서 몇 분간 머무십시오.
하나님의 형상대로 창조된 선함과 자유함을 경험하십시오.
적극적으로 참여하고 깨어있는 자유를 느끼십시오.
하루 중에 이 기도를 반복해 보십시오.

참 자아와 거짓 자아
평화로운 사람

2

    우리는 사용하는 표현이나 말을 통해 자신이 어떤 사람인지를 드러냅니다. 9유형은 태도, 행동, 동기를 통해 평화를 보여줍니다. 하나님과 함께할 때 중재 능력을 잘 발휘하고 이를 통해 하나님과 이웃을 섬기는 참 자아로 살 수 있습니다. 거짓 자아는 강박적이고 깊게 뿌리 내린 옛사람입니다.

    9유형의 거짓 자아는 움직여야 하는데 꾸물거리며 고집을 부리고 그대로 있으려 하는 관성의 패턴으로 들어갑니다. 에고 자체는 타고난 기질, 후천적인 양육 환경 등이 복합적으로 혼합된 심리적 자아입니다. 이제 충동적이고 강박적인 거짓 자아의 반응과 하나님, 자신, 이웃을 사랑하는 참 자아의 흐름FLOW에 대해 살펴보십시오.

9유형의 참 자아 신성한 평화

9유형은 하나님의 평화를 보여줍니다. 9유형은 사람들을 신뢰하며 안정적이고 마음이 선하며 친절하고 느긋하며 지지를 잘합니다. 자신을 뽐내지 않고 판단을 내려놓으며 이웃을 수용하고 편안함을 느끼게 합니다. 갈등 상황에서 9유형의 참 자아는 자기 생각과 의견을 말하면서 서로에게 좋은 결과를 만들도록 일하며 편한 태도로 자연스럽게 협력하도록 합니다. 9유형이 하나님과 함께할 때, 은혜가 있고 타인을 도와주며 긍휼한 마음으로 업무와 인간관계에서 인내합니다. 깨어 있는 9유형은 갈등과 평화 이슈에서 중재의 힘을 발휘하고 자신의 감정을 느끼며 우유부단하지 않고 안정된 상태로 머리 지능과 연결됩니다. 이들은 불굴의 의지를 가지고, 모두를 아우르는 신성한 하모니로 성스러운 평화를 가져오며, 고요하고 화합하며 갈등을 치유하는 미덕의 행동을 합니다.

9유형의 거짓 자아 회피, 나태, 수동적 공격

깨어있지 않은 9유형은 연결이 끊어진 상태로 안이나 밖에서의 갈등을 너무 버겁게 느끼며 책임에서 물러납니다. 자신과의 연결고리를 상실하거나 대가를 치르더라도 남의 생각이나 의견에 따라가며 자신의 필요, 느낌, 분노에는 주의를 기울이지 않습니다. 하나님과 이웃에게 무감각한 상태로 있을 때, 우유부단하고 멍하며 무관심하고 자기 훈련이 되지 않으며 의견을 내세우지 않고 고집을 부리는 수동 공격을 합니다. 거짓 자아는 욕구와 감정을 닫아버려 사라지게 하며, 모든 것이 괜찮다고 행동하면서 꾸물거림과 나태라는 악덕에 빠지게 됩니다. 이들은 자동적으로 '무엇이든 괜찮아.'라고 말함으로써 자신의 참 자아를 잃어버립니다.

▶▶▶ 참 자아 또는 거짓 자아

자신의 참 자아와 거짓 자아를 생각해 보면서 아래의 질문을 숙고해 보십시오. 그럴 때 자연스럽게 떠오르는 생각이 있습니까? 어떤 질문에 특별히 답을 쓰고 싶은지 살펴보십시오.

▷ 참 자아로서 9유형의 특성은 인간관계에서 어떤 모습으로 나타납니까?
▷ 거짓 자아로서 9유형의 특성은 인간관계에서 어떤 모습으로 나타납니까?
   분노는 어떤 형태로 나타납니까?
   '에너지가 부족해, 할 만큼 했어.'라고 할 때는 언제입니까?
   위축되는 마음에서 벗어나려면 어떻게 해야 합니까?
▷ 당신은 자신의 힘과 스스로 선택할 수 있는 의지를 축소하고 사용하지 않는 이유는 무엇입니까?
   언제 당신이 생각과 의견을 표현하고 드러내야 함을 느낍니까?
▷ 참 자아와 거짓 자아의 상태가 다름을 어떻게 느낄 수 있습니까?

회피하거나 참여하거나

때로는 회피나 행동하지 않는 것이 평화인 것처럼 가장할 수 있습니다. 다음 성경 구절에서 예수님은 행동을 회피하도록 변명을 대는 거짓 자아에 대해서 말씀하십니다. 어떤 상황에서 참여하지 않으려 하거나 움직이지 않는지 생각해 보십시오.

예수께서 말씀하시되 어떤 사람이 큰 잔치를 베풀고 많은 사람을 청하였더니 잔치할 시각에 그 청하였던 자들에게 종을 보내어 이르되 오소서 모든 것이 준비되었나이다 하매 다 일치하게 사양하여 한 사람은 이르되 나는 밭을 샀으매 아무래도 나가 보아야 하겠으니 청컨대 나를 양해하도록 하라 하고 또 한 사람은 이르되 나는 소 다섯 겨리를 샀으매 시험하러 가니 청컨대 나를 양해하도록 하라 하고 또 한 사람은 이르되 나는 장가 들었으니 그러므로 가지 못하겠노라 하는지라 종이 돌아와 주인에게 그대로 고하니 이에 집주인이 노하여 그 종에게 이르되 빨리 시내의 거리와 골목으로 나가서 가난한 자들과 몸 불편한 자들과 눈이 먼 사람과 저는 자들을 데려오라 하니라 종이 이르되 주인이여 명하신 대로 하였으되 아직도 자리가 있나이다 주인이 종에게 이르되 길과 산울타리 가로 나가서 사람을 강권하여 데려다가 내 집을 채우라 내가 너희에게 말하노니 전에 청하였던 그 사람들은 하나도 내 잔치를 맛보지 못하리라 하였다 하시니라

누가복음 14:16~24

1. 예수님의 말씀을 읽으면서 무엇이 떠오릅니까?
2. 중요한 순간에 상반되는 두 마음을 갖거나 무관심하게 된 때가 언제입니까?
3. 기회가 왔을 때 얼마나 적극적으로 참여할 수 있습니까?
   결단을 피하기 위해 어떤 변명을 합니까?

하모니
평화는 공동체에 선한 영향력을 발휘한다

3

9유형은 종종 평화로운 사람으로 묘사됩니다. 그러나 우리는 유형 그 이상의 놀라운 존재이고 삼위일체 하나님의 형상으로 창조되었습니다. 9유형이 머리와 가슴 지능을 통합할 수 있다면 평화는 3성향의 효율성과 6성향의 공동체 구축 능력과 조화를 이룰 수 있습니다. 이제 하모니 삼각형이 주는 특별한 선물인 흐름FLOW을 소개합니다.

하모니 삼각형의 흐름 안에 있을 때 9유형의 화합을 위한 본능은 충성과 헌신으로 효율을 높입니다. 그렇게 할 때 평화는 동맹을 맺고6성향 효과적으로 조화를 이루는 방식3성향으로 사람들을 아우릅니다.

►►► 유형의 하모니

다음 사례는 9유형인 여성이 가슴, 머리, 장 지능을 통합해서 호기심과 떠오르는 질문을 신뢰하고6성향 자신을 나타내는3성향 방식을 설명합니다. 가슴과 머리 지능을 통합할 때 지나치게 의존하는 9유형인 그에게 자기 의견과 행동하는 능력이 나타납니다. 예화를 읽어가면서 얼마나 공감할 수 있는지 살펴보십시오.

오랫동안 내 인생의 목표는 평화롭게 사는 것으로, 모두를 행복하게 만들려고 주위 사람을 고통, 좌절이나 문제로부터 보호하려 했습니다. 그들의 필요가 우선이었고, 내 곁에 있는 사람들을 행복하게 만들려는 시도를 하며 자신을 부인했고 나에 대해서는 잊었습니다. 내가 무엇을 원하는지 몰라서 남들을 쳐다보게 됩니다. 내 생각을 물어볼 때도 가만히 있어서 그 의견에 동의한다는 인상을 줍니다. 남편은 날 온화하다고 말하는데 나는 9유형 모습 그 이상이 되고 싶습니다! 그런데 하모니 삼각형이 내 머리와 가슴 지능을 받아들이도록 도왔습니다. 이제는 나에게 이미 있는 생각과 감정에 연결되는 길을 찾고자 합니다. '이 부분에 대해 어떻게 느끼고 있어?'라고 가슴 지능에게 물어봅니다. '이 부분에 대해 어떤 생각을 하고 있어?'라고 머리 지능에게 질문합니다. 마음과 사고를 확장해서 진실한 삶을 살도록 성령님께 기도합니다. 나는 더 이상 멍한 상태로 살고 싶지 않습니다. 호흡을 하고 훈련을 해서 통합하기를 원합니다. 의지를 갖고 훈련하는 것은 처음이라서 쉽게 나태와 부정과 저항으로 빠지기에 성령님 안에서 살고자 하는 노력이 필요합니다. 이제 나는 9유형의 모습만이 아니라 6성향의 헌신과 3성향의 효율성으로도 접근할 수 있습니다.

▷ 당신은 주장하기를 회피할 때가 언제입니까?
  효율적이고 자신감이 생기는 가슴 지능을 활용하면 무슨 이익을 얻습니까?
▷ 생각, 마음에 관심을 두지 않고, 낙심할 때도 그냥 지나치는 이유가 무엇입니까? 머리 지능의 경각심이 어떻게 당신을 나태에서 깨우고 공동의 선한 일을 완수하는 데 주의를 기울이도록 도와줄 수 있습니까?
▷ 6성향의 충실한 참여와 3성향의 효과적인 에너지로 현상 유지에 대한 집착을 누그러뜨릴 수 있음을 상상해 보십시오. 무엇을 볼 수 있습니까?

▶▶▶ 장, 가슴, 머리 지능

　다음 예화는 지금까지 살아온 거짓 자아에서 어떻게 깨어났는지에 대한 9유형의 이야기입니다. 그는 인생에서 6성향의 지속성과 3성향의 적극성을 의도적으로 통합합니다. 이 이야기를 통해 머리와 가슴 지능이 어떻게 작용하는지 볼 수 있습니다.

　저의 형은 목소리가 크고 덩치가 있으며 요구가 많았고, 동생은 칭얼대서 저는 존재감이 없는 아이로 자랐습니다. 아무것도 원하거나 필요하지 않는 것처럼 보이려고 조용히 지냈습니다. 혼란과 갈등이 있을 때면 제 존재감을 없애고 모두와 잘 지내려고 했습니다. 제 욕구를 말하거나 표현하는 대신에 감추고 참았습니다.
　지난 15년간 에니어그램으로 내면작업을 하면서 갈등을 회피하지 않고 멍해지지 않으며 미루지 않으려면 가슴과 머리 지능을 사용해야 함을 알았습니다. 그래서 일할 때 의도적으로 3성향의 영향력과 업적에 대한 욕구를 끌어내며, 6성향의 공동체를 위한 인내와 신실함을 활용합니다. 또한 아내에게 수동적으로 공격하는 나 자신을 알아차리면, 분노를 포함해 과거에는 표현하지 못했던 내 감정들을 표현하고 나눕니다. 하모니 삼각형은 저로 하여금 일이 마무리 될 때까지 성실하게 임하게 하고 저를 나타낼 줄도 알게 합니다.

▶ 9유형이 머리 지능6성향과 통합할 때, 본능을 누그러뜨리고 관찰하며 깨어서 상황을 견디게 합니다. 당신은 언제 머리 지능을 알아차릴 수 있습니까?
▶ 9유형이 가슴 지능3성향과 통합할 때, 뒤로 물러나지 않으며 효율적으로 행동하고 자신감을 발휘합니다. 당신은 언제 가슴 지능을 알아차릴 수 있습니까?

산만함 다루기

9유형은 쉽게 산만해집니다. 다음 성경 구절에는 여러 가지로 인해 행동에서 벗어나 다른 곳으로 따라가고 지나친 약속을 하며 산만해지는 9유형의 모습이 나타납니다. 하나님 나라를 섬기기 위해 결정과 행동이 언제 필요한지 살펴보십시오.

길 가실 때 어떤 사람이 여짜오되 어디로 가시든지 나는 따르리이다 예수께서 이르시되 여우도 굴이 있고 공중의 새도 집이 있으되 인자는 머리 둘 곳이 없도다 하시고 또 다른 사람에게 나를 따르라 하시니 그가 이르되 나로 먼저 가서 내 아버지를 장사하게 허락하옵소서 이르시되 죽은 자들로 자기의 죽은 자들을 장사하게 하고 너는 가서 하나님의 나라를 전파하라 하시고 또 다른 사람이 이르되 주여 내가 주를 따르겠나이다마는 나로 먼저 내 가족을 작별하게 허락하소서 예수께서 이르시되 손에 쟁기를 잡고 뒤를 돌아보는 자는 하나님의 나라에 합당하지 아니하니라 하시니라   누가복음 9:57~62

1. 사람은 누구나 산만해질 수 있지만, 9유형은 특히 쉽게 주의가 산만해집니다. 집중력이 흐트러지거나 책임을 무시하여 귀중한 기회들을 놓친 적이 있다면 언제입니까?
2. 이 성경 구절에서는 남의 욕구를 먼저 돌보다가 자신이 손해를 입은 사람이 나옵니다. 이웃의 필요에 초점을 맞추다가 당신의 필요와 욕구를 충족하지 못했던 때는 언제입니까?
3. 예수님의 어떤 말씀이 당신으로 하여금 깨어나서 적극적으로 삶에 참여하도록 초대합니까?

로욜라의 이냐시오 기도문

머리, 가슴, 장 지능을 통합하는 다음의 기도가
우리의 기도가 되기를 축복합니다.

뜻, 마음, 힘을 다해서 삼위일체 하나님께 기도합니다.

하나님의 가장 거룩한 뜻을 알고 머리 지능
그 뜻이 온전히 이루어질 수 있도록 장 지능
하나님이 우리 모두에게 풍성한 은혜를 베푸시길 가슴 지능

위대하고 신성한 하나님을 기쁘시게 할 수 있기를 기도합니다.

어린 시절의 상처 치유하기
행동하기

4

아이들은 회복력이 강하지만, 어린 시절의 해결되지 않은 상처는 성인이 된 후에도 그들의 관계에 영향을 끼칩니다. 9유형의 어린이는 '나의 존재는 중요해.'라는 메시지를 상실하고, 대신 '자신을 위해 주장하면 안 된다.'라는 거짓 메시지를 내면화한 경우가 많습니다. 따라서 자신이 살아남기 위해서 갈등을 회피하고, 뒤로 물러나며, 문제를 일으키지 않으려고 합니다. 이런 방어 방식은 참여하려는 마음과 열정을 사그라뜨렸습니다. 이런 상황을 공감하십니까?

성인이 된 후, 관계 속에서 어린 시절의 상처가 자극 받으면 거칠고 날것 그대로의 아픔과 분노가 표출되어 9유형의 평화가 흘러나가지 못하게 방해할 수 있습니다. 자신감이 없는 네 살짜리 내면아이가 나와서 힘이 빠지게 만드는 것입니다. 9유형의 거짓 자아는 나태, 우유부단, 분노에 사로잡히게 합니다. 하나님의 치유 안에 들어온 9유형은 삶의 중심으로 나아가서 행동합니다. 그 행동은 주변을 치유하고 평안을 가져오도록 힘을 줍니다.

하모니 삼각형은 트라우마, 방어기제, 충족되지 못한 욕구가 9유형에게 현재까지 인간관계에 어떤 영향을 끼치는지 살펴보게 하며, 침착하게 행동하도록 가르쳐 줍니다.

▶▶▶ 내면아이를 수용하기

9유형은 내면아이를 수용함으로써 깨어나서 삶에 참여하게 하는 자유를 회복할 수 있습니다. 협동하는 9유형 안에는 에너지가 많고 경쟁적이며 능력을 보여 박수받고 앞에 나서길 원하는 3성향의 내면아이가 있습니다. 위험한 세상에서 안전한 방식을 찾고 내면의 권위를 신뢰하기 어려워하며 불안하고 두려워하며 의심하는 6성향의 내면아이도 있습니다. 3성향의 행동력과 6성향의 용기를 무시한 모습이 언제 나타나는지에 주의를 기울이면서, 내면아이를 왜 돌보지 못했는지 살펴보십시오.

다음 사례의 9유형은 성취하고 생산적인 3성향의 내면아이와 충실하고 참을성 있는 6성향의 내면아이를 통합하기 시작합니다.

큰형이 문제를 많이 일으키는 상황에서 엄마는 나를 임신했습니다. 엄마는 매우 불안했으며 다루기 어려운 아이를 원하지 않았기에 종교적인 신념에도 불구하고 임신 중절 수술을 생각해 볼 정도로 걱정은 극에 달했습니다. 엄마는 평화로운 성향의 아이가 태어나자 안심했고 환호했습니다. 어린 시절에 안전띠 없이 차 뒷좌석에 네 명의 아이들이 앉아서 긴 시간 이동을 해야 하는 경우가 많았는데, 내가 얼마나 조용했으면 할아버지는 종종 내가 어디 있는지 찾으실 정도였습니다. 그것은 그분이 평화롭게 앉아있는 저에 대해 격려와 칭찬을 하는 방식이었습니다.

반면 집 밖에서는 가슴 지능이 발휘되도록 격려받았고, 그로 인해 성공하고 리더의 자리에 오르게 되었습니다. 팀의 주장이 되고 트로피를 모으며 우등상을 받고 챔피언 시합에서 이겼습니다! 그러나 저녁

에 집으로 올 때면 아무 일 없었던 것처럼 조용히 들어왔습니다. 머리
지능의 충직함 또한 우리 가족 안에서는 중요한 가치였으나, 6성향에
서 나오는 두려움은 가족 안에서 말할 수 없었습니다. 하지만 9, 3, 6
성향을 통합하려고 행동할 때 변화와 자유가 있습니다. 저는 바울의
빌립보서 3장 13~14절축약 "내가 이미 그것을 성취한 것이 아니라 예
수 그리스도의 높은 부르심의 푯대를 향해 나아가고 있습니다."라는
말씀에 공감합니다.

아래에 제시된 질문들을 읽으면서 내면아이를 더 깊게 수용할 수 있도
록 하나님의 부르심에 주의를 기울이십시오. 새로운 통찰력과 알아차림을
글로 적어 보십시오. 이는 매우 중요하고 통합적인 작업입니다.

▶ 예화에 등장하는 가족은 9유형 주인공이 자라면서 많은 에너지를 쓰고 행동
하는 것을 원하지 않았습니다. 이 이야기에서 공감되는 부분은 무엇입니까?

▶ 숨는 9유형 안에는 에너지가 있고 주장하는 3성향의 '무엇인가를 얻을 수 있
을까? 할 일을 다 했나?'라는 마음이 있습니다. 당신의 삶에서 이런 메시지는
어떤 상황에서 나타납니까? 어디에서 이런 마음을 잃어버렸습니까?

▶ 무감각한 9유형 안에는 경계심을 갖고 두려워하는 6성향이 있어서 '다음에
는 무슨 일이 생길까?' 또는 '이곳은 안전한가?'라는 질문을 합니다. 언제 내
면아이가 이런 질문을 하는지 살펴보십시오. 어디에서 이런 생각을 잃어버렸
습니까?

▶▶▶ 상처받은 내면아이와 만나기

9유형이 가슴과 머리 지능을 알아차리고 통합하면 가만히 있을 때와 표현해야 할 때를 구별하고 깨어날 수 있습니다. 능력3성향과 자신감에 익숙해진다면 잠재된 에너지를 어떤 일이든 되게 하는 힘으로 사용할 수 있으며, 이웃을 위해 준비하고 신경 쓰는 마음6성향을 통합한다면 공동의 선을 추구하는 충실한 흐름으로 들어갈 수 있습니다.

기억나는 분노와 방어에 대해 이름을 붙이고 글을 써보십시오. 사라지거나 꾸물거리거나 이웃에게서 멀어졌을 때를 생각해보고 표현해 보십시오. 가슴과 머리 지능을 사용해서 자신을 이해해 보십시오. 다음 질문에 자유롭게 선택하여 답하고, 나중에 남은 질문으로 돌아와도 좋습니다.

▶ 세상을 혼란스럽다고 여겼던 적이 있습니까? 혼돈에 어떻게 저항했습니까?
  당신이 원하지 않는 일을 해야만 한다고 했을 때 수동 공격은 어떤 방식으로 나타납니까?

▶ 어린 시절에 자극 받았던 상처와 습관적인 반응이 지금까지 어떻게 작동하고 있습니까?
  분노나 과거의 상처로 인해 욕구나 에너지를 잃어버린 적이 있습니까?

▶ 하나님께 당신의 미덕인 행동을 회복하게 도와달라고 구하십시오. 삶에 몰입할 수 있는 열정을 누리도록 마음을 열어보십시오. 이번 주에 계속 미루는 대신 힘을 내서 행동했던 부분을 적어 보십시오. 무엇을 알아차릴 수 있습니까?

▶ 있는 모습 그대로 회복되거나 존재감을 더욱 견고하게 드러내게 된 경우가 있습니까?

깨어있지 않은 9유형은 '다 괜찮아.' 또는 '난 움직이지 않을 거야.'라고 말합니다. 거짓 자아에 갇혀있을 때 일어나서 뛰기는 어려울 것입니다. 하나님은 이웃과의 지나친 융합을 깨고 자신의 욕구나 의지를 자각하여 말할 수 있는 지유와 용기를 주십니다. 9유형이 변화하기 위해서는 자신이 치유 받는 이 과정에 직접 참여하는 것이 가장 중요합니다.

어떤 사람이 나를 통제하려고 할 때 본능적으로 고집을 피우지 말고 마음을 열어보십시오. 본능이 가슴, 머리 지능과 함께 있는지를 확인해 보십시오. 상대가 실제로 통제하려고 하는 것이 확실합니까? 이에 대해 어떤 대화로 시작할 수 있습니까? 하나님께 이 대화를 하면서 깨어있도록 은혜를 구하십시오. 마음을 잘 설명하고 타인과 함께한다면, 어떤 일이 일어납니까?

치유의 기도

9유형이 평화의 성령님께 은혜를 구하고 세상에 참여할 때, 원하지 않는 일에 대해 무감각해지기, 미루기, 멍한 상태를 멈추는 은혜를 받습니다. 행동하는 미덕으로 하나님과 함께 치유와 자유의 길로 갈 수 있습니다.

자신을 위해 기도할 수 있습니다. 혼자 조용한 장소에서 긴장을 푸십시오. 호흡을 깊이 하고 하나님 앞으로 나아오십시오. 하나님께 치유받아야 할 부분을 보여달라고 구하십시오. 과거의 아픈 기억들과 상처가 떠오를 때까지 조용히 기다리십시오. 어떤 생각이 떠오른다면, 치유를 위한 아래의 질문들에 답을 하십시오.

◆ 아픈 기억 속으로 당신과 예수님을 초대하십시오.
  예수님은 어디에 계십니까? 당신은 어디에 있습니까?
◆ 당신은 어떤 감정을 느낍니까? 멍함, 분노, 무감각, 고집, 움직이지 않는, 압도당한 감정 등
◆ 위와 같은 감정을 보였던 때가 생각납니까? 예수님과 함께 그 시간과 장소에 갈 수도 있고, 지금 있는 곳에 머물 수도 있습니다.
◆ 경험에서 느끼는 감정에 이름을 붙여 보십시오. 그 사건으로 인해 당신이 어떤 거짓말을 믿게 되었는지 보여달라고 기도하고, 이름을 붙이십시오.
◆ 예수님은 이 거짓말에 대해 뭐라고 말씀하십니까? 그 말씀을 들을 수 있도록 기다리십시오. 예수님이 보여주시는 이미지 혹은 들려주시는 말씀이나 단어가 있습니까?
◆ 예수님께서 당신에 대해 말씀하신 진실을 부드럽게 자주 말해주십시오.
  말씀의 진리는 상처를 주님 앞에 내려놓고 자유롭게 하는 치유제입니다.

충만함과 메마름을 분별하기

5

로욜라의 이냐시오는 성령님이 머리, 가슴, 장 지능 모두를 통해 역사하신다고 가르쳤습니다. 그는 우리가 결정을 내릴 때 다음과 같은 질문으로 메마름과 충만함의 상태를 주의 깊게 살피라고 제안했습니다. '어떤 감정을 느끼고 있습니까?' '무슨 생각을 하고 있습니까?' '본능적으로 무엇을 감지합니까?'

충만한 상태에서 9유형은 폭풍 속에서도 평화로, 하나님 앞으로 나아갑니다. 이때 3성향의 일을 시작하는 능력과 협업하는 능력을 활용하며, 6성향의 타인을 돌보고 섬기는 능력을 사용할 수 있습니다. 반대로 꾸물거리거나 사라지거나 '아무래도 상관없어.'와 같은 생각이 든다면 신성한 평화를 따라가는 흐름을 방해하는 거짓 자아로 떨어진 상태를 의미하기에 돌아가야 한다는 신호입니다. 하모니 삼각형을 이용한 분별은 영혼의 자원 5, p.495 참고

9유형이 충만한 상태에 있을 때는 개방적 적응성, 적극적인 평화, 대담한 지원, 인내, 미루지 않고 참여하기, 팀의 조화, 이타적인 성취 등을 경험합니다. 이것이 9유형의 자유로움입니다!

9유형이 메마른 상태에 있을 때는 나태, 우유부단, 멍함, 연결이 끊어진 상태, 무관심, 자기 훈련 부족, 수동성, 고집, 움직이지 않음 등을 경험합니다. 이는 9유형이 거짓 자아에 묶여 있다는 증거입니다.

▶▶▶ 내면에서 일어나는 역동 알아차리기

메마름과 충만함은 9유형을 하나님, 자신, 이웃을 사랑하는 방향으로 안내해 줄 수 있습니다. 다음 예화에서 9유형은 에니어그램 영성훈련을 하면서 자신이 현실에서 멍해지고 메마른 상태에 있음을 알아차립니다. 깨어나도록 하는 그의 여정에서 어떤 반응이 그를 막습니까?

저는 어렸을 때부터 조용하고 평온하며 적응을 잘하고, 안정적이며 책임감이 있다는 말을 들었습니다.충만함 그때나 지금이나 편안한 상태로 있기를 좋아하지만, 이제는 제 안에 있는 분노를 무시하고 멍한 상태로 있거나 수동적 공격을 한다는 사실을 알게 되었습니다. 화가 나기 시작하는 것이 언제부터인지 잘 모르기에 잘 있다가도 어느 순간 갈등이 고조되면 저는 사라집니다.메마름 계속되는 책임감에 압도당한다고 느낄 때, '할 만큼 했어! 다른 사람이 하겠지!'라고 말하고 뒤로 물러나기를 원합니다. 제가 저항하고 싶은 분노가 있음을 감지한다면, 저에게 선택권이 있음을 알아차릴 수 있습니다. 이제 저는 표현할 수 있고 갈등 속에서도 참여할 수 있으며, 인간관계 또는 하기 싫은 일에 에너지를 쓸 수 있습니다. 이렇게 의식적으로 선택할 때 제 마음과 상황은 더 좋아집니다.충만함

▶ 갈등이 너무 강렬하게 다가와 당신 안의 메마름을 촉발하는 때가 언제입니까?

▶ 가슴과 머리 지능에서 성령님의 움직임에 주의를 기울이십시오. 어떤 행동을 할 때 당신은 산만해져서 메마름으로 갑니까? 갈등의 다른 면인 평화로움의 충만함을 어떻게 얻을 수 있습니까?

▶▶▶ 메마름과 마취

9유형은 현실에서 어려운 상황을 만났을 때 마취상태로 들어갑니다. 현실에서 마김해야 하는 일, 원하지 않는 기대, 갈등으로 인해 궁지에 몰리게 되면 9유형은 본능적으로 멍한 상태에 들어가 자신의 불편함을 회피합니다. 이런 방어기제를 마취라고 부릅니다. 이들은 어떤 대가를 지불하고서라도 마취상태로 긴장을 완화합니다. 이는 수동 공격에서도 나타나는데 앞에서는 '알겠습니다.'라고 한 후에 아무것도 하지 않고 모든 것을 피하는 전략입니다. 물론 9유형도 다른 방법이 없으면 평화를 얻기 위해 갈등 상황으로 들어갈 수 있습니다. 자신이 어떻게 회피하고 탈출구를 찾으며, 멍한 상태를 보이는지 살펴보십시오. 아래 질문 중에 한두 가지를 생각하며 진실을 볼 수 있도록 기다리십시오.

▷ 평화를 유지하기 위해 현실을 무시하거나 아무것도 안 할 때는 언제입니까? '다 좋아', '괜찮아', '아무거나', '내가 안 해도 되겠지?'라는 나태한 모습이 언제 나타납니까?
▷ 메마른 상태에서는 몸의 어느 부분이 경직됩니까? 하고 싶지 않은 무엇인가를 다른 사람 때문에 해야만 할 때 분노를 느낍니까?
▷ 이 방어기제로 인해 올바른 분별력을 갖지 못하는 때가 언제입니까?
▷ 다른 방어기제로 분별을 막는 부분이 또 있습니까?

갈등을 해결하기 위한 훈련기도

9유형은 특히 갈등을 싫어합니다.
오해가 저절로 풀리거나 없어지기를 바라지만,
이런 전략은 현실에서는 통하지 않습니다.
그러므로 갈등에 있을 때 저항감과 불쾌감이 들더라도
의도적으로 다음과 같이 기도하십시오.

들이쉬며 – 하나님 아버지는 참여하십니다.
내쉬며 – 하나님, 저도 참여할 수 있습니다.

이 기도가 이 순간에 하나님과 하나가 되게 합니다.
만일 깨어있다면 생각지 못한 놀라운 일이 생깁니다.

▶▶▶ 충만함과 행동

성령님의 충만함은 9유형이 가슴과 머리 지능을 통합해 책임감 있는 행동을 하는 자리로 이끄십니다. 9유형은 머리, 가슴, 장 지능을 사용해 충직함, 행동력, 힘을 통합하여 갈등을 헤쳐 나갈 능력을 지니고 있습니다. 성령님께서 내게 평화를 만들 수 있는 충만함의 자리로 초청하실 때가 언제인지 알아차려 보십시오.

9유형은 성령님을 따라 나태에서 벗어나 행동함으로써 충만함을 얻게 됩니다. 행동은 9유형이 실제로 세상을 건강하게 만들 수 있도록 깨어나게 합니다. 평화는 크고 작은 결단력을 발휘해 신성한 샬롬_{하나님의 평화}으로 들어갑니다. 이것은 방 안의 분위기 또는 역사의 흐름까지도 변화시킬 수 있습니다.

▷ 무관심에서 벗어나 '하나님의 평화의 도구'로 성령님께서 인도하신 상황을 설명해 보십시오. 어떤 일이 생겼습니까? 어떤 위로를 받았습니까?

▷ 당신이 행동함으로 인해 마음, 뜻, 힘을 다해 하나님과 이웃을 사랑하는 흐름 속에 있게 된 때가 언제입니까?

9유형을 위한 영적 리듬

6

모든 사람과 더불어 화평함과 거룩함을 따르라 이것이 없이는 아무도 주를 보지 못하리라

히브리서 12:14

9유형은 나서고 행동하는 데 시간이 걸릴 수 있습니다. 하지만 위의 성경 말씀은 평화가 긴장의 부재보다 더 큰 의미를 지니고 있음을 가르칩니다. 평화는 '악을 버리고 선을 행함'시편 34:14을 선택하고 추구하는 노력에서 비롯됩니다. 평화로운 삶을 살도록 매 순간 노력한다는 의미는 영성훈련에 참여해서 자동적인 반응과 본능에서 벗어나 새로운 반응방식으로 들어가는 신경 회로를 만드는 것입니다.

매일 성령님의 움직임에 함께 하면서 9유형은 나서야 할 때, 격려해야 할 때, 중재해야 할 때가 언제인지 알아차릴 수 있습니다. 성령님과 함께할 때 9유형은 공동체에서 효과적으로 평화를 이룰 수 있습니다.

다음에 제시되는 영적 리듬은 9유형이 변화를 향한 하나님의 초청에 응하고 마음을 새롭게 하는 길입니다. 아래 제시된 훈련이 모두 와닿지는 않더라도 하나님께서 함께하심을 기대하면서 훈련에 참여해 보십시오.

▶▶▶ 현존 훈련: 9유형

'핵심 용어' 부분에서 흐름에 대해 다시 읽어보기를 권합니다.
삼위일체 하나님이 어떻게 공존하시는지를 주목히 십시오.

아버지와 아들과 성령이 함께 존재하며 함께 흘러갑니다.
머리와 가슴과 몸이 함께 존재하며 함께 흘러갑니다.
믿음과 소망과 사랑이 함께 존재하며 함께 흘러갑니다.

신성한 하모니는 9유형이 하나님의 임재 안에서 평화를 추구하고 매 순간 노력하도록 합니다. 9유형이 머리, 가슴, 장 지능으로 하나님과 이웃과 함께 있도록 훈련할 때 온전함을 이루어 갑니다. 다음의 묵상 기도는 우리의 존재 전체를 움직이며 온전하게 하며, 9유형이 가슴과 머리 지능으로 연결되어 본능적인 반응에 안정감을 가져올 수 있도록 합니다.

편안하고 정신이 맑아지는 장소를 찾아보십시오.
성령님이 내 안에 계시며 나를 위해 기도하고 있음을 기억하십시오.
당신에게 머리, 가슴, 장 지능이 있음을 받아들이고
그것이 열리도록 하나님께 간구하십시오.

몸 현존

평화의 성령님과 함께 있도록 자신을 내려놓으십시오. 몸 안에 어떤 변화가 일어나고 있는지 주의를 기울이십시오. 몸이 알아차린 부분을 표현하십시오. 기도 속에서 몸이 하기 원하는 것이 있다면, 그대로 하십시오. 타고난 평온한 성격에 감사하면서 평화를 느끼십시오. 언제 사랑을 받아들이기보다 위축되고 몸의 감각을 닫아버립니까? 의견, 필요, 욕구에 주목하지 못하고 희미해지는 것이 언제입니까?

마음 현존

예수님과 함께 있도록 자신의 마음을 내려놓으십시오.

호흡하면서 부드러움을 느끼십시오. 수용되며 사랑받고 싶은 욕구를 알아차리고 숨을 들이쉬며 마음의 공간을 더 확장하십시오. 자신의 필요를 살피고 스스로에 대해 연민을 느끼십시오. 의견을 표현하고 드러내며, 친절한 말을 듣고, 부드러운 손길을 느끼며, 건강한 경계선을 만들기 위해 내면에서 무엇을 필요로 합니까? 이것을 내 가슴에 품을 수 있기를 바라십시오.

예수님께서 나를 어떻게 대하고 계십니까?

생각 현존

내 편에 계신 신실하신 창조주와 함께 있기 위해서 생각을 내려놓으십시오.

숨을 들이쉬며 머리와 어깨를 의식해 보고, 무게와 경직을 느껴보십시오.

숨을 내쉬며 그리스도의 지성으로 들어가십시오. 몸 안의 상태를 관찰하고 머리에서 뭐라고 말하는지 알아차려 보십시오. 본능보다 시각, 정보, 질문들을 신뢰한다면 어떤 느낌입니까? 마음에 어떤 질문을 하길 원하십니까?

어떤 일을 하기 위해서 가슴 지능을 신뢰한다는 것은 무엇을 의미합니까?

하모니를 위한 기도 평화는 공동체에 선한 영향력을 발휘한다

'평화는 공동체에 선한 영향력을 발휘한다.'는 이 기도는 9유형이 자신감을 가지고 효과직으로 일하며 매력적인 행동을 하도록 히는 3성향의 마음으로 연결합니다. 그리고 올바르고 선한 것을 충직하게 따르며, 질문하고 관찰하는 6성향의 지성으로 연결합니다.

이 기도를 기억함으로써 실제 상황에서 나의 가장 진실한 부분이 무엇인지에 대해 알아차릴 수 있습니다. 우리는 유형 이상의 존재입니다. 회피하고 싶어서 전략을 쓰고 싶거나 도전적인 대화에 직면하거나 혼자 하고 싶거나 어려운 문제에 대해 행동해야 할 때 숨을 크게 쉬십시오. 언제든 무엇인가에 걸려서 자율성의 갈망이 제한되고 위축될 때 '평화는 공동체에 선한 영향력을 발휘한다.'고 말하고 호흡하십시오. 그런 다음 하나님이 주신 선물로 신성한 평화를 실현하도록 삶을 누리십시오.

9유형을 위한 성령님의 인도하심FLOW에 대한 훈련

성령님이 인도하는 9유형은 자유하고Free, 사랑하며Love, 열려있고Open, 함께합니다With. 삼위일체 하나님의 임재 가운데 서서 사랑으로 머리, 가슴, 장 지능을 통합할 수 있고, 이는 기독교의 미덕인 믿음, 소망, 사랑으로 흘러나갑니다. 갈등을 피하려고 애쓰고 위축될 때, 연결을 끊으려고 뒤로 숨을 때, 바로 이때가 숨을 쉬면서 성령님께 평화로운 사람으로 회복되고 자신을 드러낼 수 있도록 내면의 자유를 달라고 구할 때입니다. '동의합니다.'라고 말을 하는 것처럼 '동의하지 않습니다.'라고 말할 때, 무엇인가를 하고 있을 때 오는 자유로움을 느껴보십시오. 하루를 마무리하며 흐름을 놓쳤을 때 어떤 일이 일어났는지 기록해 보십시오. 흐름 속에 있

었다면 어떤 일이 발생했겠습니까? 당신을 통해 이웃에게 하나님의 평화가 흘러갔다면 감사하십시오. 만약 그렇지 못했다면 회개하십시오. 그리고 내일은 내일, 다시 시작하십시오.

당신의 필요를 말하는 훈련하기

만일 '어떤 대가를 치르더라도 평화'가 좌우명이라면 욕구와 필요를 아는 것은 어렵습니다. 삶에 대해 무감각하다면 살아있음을 느끼는 것이 힘듭니다. 당신의 욕구를 알아차리고 말하는 훈련은 남과 융합하는 것을 멈추고 당신의 참된 모습대로 살 수 있게 합니다.

▶ 누군가 '~ 하고 싶어?'라고 물어볼 때, 원하는 것을 알아차리도록 돕는 간단한 방식을 사용하십시오. '아니오'는 마이너스 1이고, '상관없어'는 0이며, '그래'는 더하기 1로 숫자를 계산하고 욕구를 표현하십시오.

▶ 하고 싶은 것을 측정하기 위해 10점을 척도로 사용해 보십시오. 숫자 1이 가장 낮은 것이고 10은 가장 높습니다. 어떤 점수를 선택하고 싶습니까? 친구나 동료와 함께 작업해 보십시오. 하고 싶은 것의 점수가 높은 사람의 계획을 실행해 보십시오.

▶ 하고 싶은 것을 알아차렸을 때 무시하지 마십시오. 이것을 하나님 앞에 올려드리고 온몸과 마음, 생각으로 성령님의 움직임에 귀를 기울여 보십시오. 당신을 충만하게 하는 욕구는 무엇입니까? 그것에 대해 하나님께 감사하십시오. 그리고 실제로 당신에게 에너지를 주고 방향성을 제시하는 필요는 어떤 것입니까?

평화란 9유형 점진적으로 의견을 바꾸고, 천천히 오래된 장벽을 무너뜨리며, 조용히 새로운 구조를 만들어 나가는 3성향 매일, 매주, 매달의 과정이다. 6성향

- 존 F. 케네디

고백 훈련하기

하나님과 이웃 앞에 당신의 연약함을 나누고, 있는 그대로를 투명하게 내어놓을 때 변화되고 온전히 연결될 수 있습니다. 다음을 고백하십시오.

▷ 나태 고백하기

꾸물거리거나 주의를 산만하게 하는 행동을 반복하거나 좋은 것과 나쁜 것 모두 회피하고 있음을 고백하십시오.

▷ 마취와 무관심 고백하기

자신의 에너지를 억누르는 상태임을 알아차릴 수 있도록 요청하십시오.

▷ 분리 고백하기

불편함, 갈등, 현실을 회피하는 방식으로 자신을 외부와 분리하고 해야 할 일을 하지 않으려고 다른 것에 집착하는 상황을 볼 수 있도록 간구하십시오.

▷ 회피 고백하기

갈등과 힘든 대화를 피하는 마음에 힘을 달라고 구하십시오.

▷ 사라짐 고백하기

그 순간에 진심으로 있기보다는 마음이 흐트러져 숨게 됨을 고백하십시오.

▷ 분노 고백하기

수동적이거나 폭발하는 상태일 때 도움을 구하십시오.

▶ 융합 고백하기

다른 사람의 삶과는 달리 자기의 삶은 대단하지 않다고 여기는 태도를 고백하십시오.

▶ 고집 고백하기

당신만의 동굴을 파고 들어가서 움직이기를 거부하는 상황에서 벗어나도록 구하십시오.

평화의 하나님이 당신을 보시고 들으시며 숨기는 부분을 용서하시고 돌아오기를 기다리십니다.

자신으로 있는 훈련하기

자신이 스스로를 분리하고 있음을 알아차리십시오. 하루 전체를 통해서 얼마나 자신을 인식하는지, 무엇에 에너지를 쓰는지, 얼마나 깨어 있고 참여하는지에 주의를 기울이십시오.

▶ 하루에 몇 번이나 깨어있고 경각심을 느끼고 있습니까?

그렇지 않을 때는 얼마나 됩니까?

▶ 어떤 사람들이나 어떤 상황에서 분리됩니까? 혼자만의 일에 빠지십니까?

누구와 혹은 무엇과 융합하십니까?

▶ 9유형은 자신의 필요에 대해 잘 모를 수 있습니다. 언제 감정이나 생각을 잃어버렸습니까?

▶ 당신 안에 계시는 성령님은 지금 일어나는 모든 일에 참여하고 계십니다.

성령님께서 당신을 초대해서 깨어날 수 있도록 요청하십시오.

자신의 상처가 낫도록 참여하는 훈련하기

　　예수님께서 사람들을 치유하실 때, 치유 받는 사람이 본인의 상처가 치유되는 과정에 동참하도록 질문을 하시곤 했습니다. 어떤 메마른 손을 가진 남자에게는 '손을 펴라.'고 말씀하셨습니다. 38년 동안 못 움직인 병자에게도 '낫기를 원하는가?'라고 질문하셨습니다. 무엇을 원합니까? 그대로 살기를 원합니까, 아니면 더 정서적으로 건강해지고 온전해지기를 원합니까? 그렇다면 성령님과 함께 참여하십시오.

　하나님의 형상으로 만들어진 특성 중에 사용하지 않고 있는 부분을 적어 보십시오. 건강한 변화를 원하십니까?

　그렇다면 치유의 과정으로 들어가도록 어떤 방식을 선택해야 합니까? 기도, 코칭, 영적 방향 설정, 상담, 영적 친구, 정의로운 일 등

　직감을 발휘해서 자신의 여정에 참여하도록 선택하십시오. 건강하게 변화되고 치유가 되는 상황에서 방관자가 되기를 거부하십시오.

　감정과 두려움을 치유자이신 하나님께 가지고 나오십시오. 예수님께서 나의 감정, 두려움, 거짓말에 대해 진실을 말씀하신다고 상상해 보십시오. 무엇을 들을 수 있습니까? 치유자이신 하나님과 함께 건강하게 반응하도록 참여하십시오.

충실과 주장을 훈련하기

본래 지닌 힘과 외교적 수완과 수용 능력은 가슴 지능의 주장과 머리 지능의 충실함을 통합할 때 더 강력해질 수 있습니다.

▶ 9유형의 마음과 행동을 볼 수 있도록 스스로 위축되지 마십시오.
▶ 통찰력을 표현하십시오. 격려하고 이웃을 응원해 주십시오.
▶ 당신과 이웃이 성장하도록 어려운 일을 끝까지 해내십시오.
▶ 머리, 가슴, 장 지능을 사용해서 상황과 사람들을 볼 수 있도록 '평화는 공동 체에 선한 영향력을 발휘한다.'는 기도를 기억하십시오.

영적 방향 훈련, 또는 영적 친구 훈련

영적 친구나 영성 코치에게 자신의 욕구가 무엇인지, 감정에 주의를 기울이며 뒤로 물러나려는 동기가 무엇인지 알아차릴 수 있도록 도움을 요청하십시오. 하나님과 자신을 더 알아가는 과정에 동행하도록 요청하십시오. 코치나 친구들은 성령님의 음성을 듣도록 도와줄 수 있습니다. 그래야 하나님께서 나에게 주시는 모든 것이 살아납니다. 안정된 장소에서 알아차리며 새로운 은혜로 열릴 수 있습니다. 남과 연합하거나 가장 저항이 적은 길을 선택하기보다 새로운 건강한 반응 방법을 연습하십시오.

9유형을 향한 축복

아래의 기도를 기억하면서 우리의 영혼이 확장되기를 축복합니다.

삼위일체 하나님께서 진정한 존재로 본향을 향해가는
모든 여정을 축복하시길.

하나님 아버지께서 가는 걸음걸음마다 통찰력과 용기를 가르쳐 주시길.
예수님의 충만함으로 변화를 이루고자 하는 제 욕구를 끌어내 주시길.
성령님께서 내 안에서 성취해야 할 모든 일을 행동으로 옮기도록
나를 지지하고 힘을 실어주시길.

인간의 이해를 뛰어넘으시는 삼위일체 평화의 하나님이
이 여정을 가는 동안 우리를 이끌고 안아주며
사랑으로 인도하시길 기도합니다.

호흡을 통한 기도

호흡의 경이로움을 충분히 느끼십시오. 산소가 허파를 채우며 흉곽이 벌어지는 것을 느껴보십시오. 숨을 들이쉬고 내쉬면서 느껴보십시오. 마음에서 어떤 변화가 일어나는지 천천히 관찰하십시오.
창조된 삶의 힘을 느끼십시오.

하나님 아버지께서 내 안의 모든 장기를 만드셨습니다.
저를 평화롭고 훌륭한 존재로 창조하셨습니다.
내 영혼이 내가 이런 존재임을 잘 알게 해 주십시오.

이 기도를 몇 분 동안 하십시오. 나를 모든 상황에서 평화로운 사람이 되라고 하지 않으셨음을 기억하십시오. 몸을 통해서 숨을 쉬십시오. 발바닥, 복부, 정수리를 통해 계속 숨을 쉬십시오. 이 경험을 온전히 느끼십시오. 머리, 가슴, 몸을 통해 호흡하십시오. 무엇이든 떠오르는 것을 알아차리십시오. 떠오른다면 그것을 맞이하며 잠시 머무십시오. 자신의 마음을 사랑으로 보듬고 내면에 머무십시오.

들이쉬며 – 전능하신 하나님
　내쉬며 – 평화의 왕
들이쉬며 – 저는 하나님의 형상대로 창조되었습니다.
　내쉬며 – 저도 회피하지 않겠습니다.
들이쉬며 – 하나님은 참여하십니다.
　내쉬며 – 저도 참여할 수 있습니다.

9유형 공감하기
7

모든 아이는 자신의 존재가 중요하다는 것을 느껴야 합니다. 어떤 9유형은 어린 시절에 양육자에게 자신을 주장하는 것은 좋지 않다는 메시지를 받았을 수도 있습니다. 이들은 생존하기 위해서 자신의 욕구가 드러나는 것을 억압하고 가족 중에서 없는 듯이 조용히 지냈습니다. 이 장에서는 우리가 9유형을 어떻게 대하는지 살펴보고, 어떻게 하면 하나님이 바라보는 시선으로 그들을 공감할 수 있을지 생각해 보십시오.

공감은 하모니를 이루게 하는 참 자아의 반응으로 '우리'와 '그들'의 경계를 허뭅니다. 9유형이 아닌 사람들은 9유형이 관계상의 문제 해결을 거부하고 떠난다고 여길 수도 있고, 어떤 유형보다 편하게 지낼 수 있다며 그들을 좋아할 수도 있습니다. 9유형이 왜, 어떻게 지나치게 평화적으로 행동하게 되는지 이해한다면 관계 속에서 연민을 느끼고 수용할 수 있을 것입니다.

다음 예화로 9유형의 여정을 이해하는 마음으로 볼 수 있기를 바랍니다.

어렸을 때 우리 집에서 아이들은 항상 조용히 지내야만 했습니다. 갈등이 생기면, 나는 집안 구석에 있기를 원했습니다. 나는 한 번도 3성향의 에너지를 드러낼 수 있는 자유를 느끼지 못했습니다. 뽐내지 않았고 주목받지 못했으며, 감정을 표현하고 인정받지도 못했습니다.

생각, 꿈, 소망, 두려움에 대해 누구도 물어봐주지 않았습니다. 그 자리에 있었으나 진정으로 그들 안에 있지 못했습니다. 학교에서 다양한 집단에 어울렸지만 소속감을 느끼지는 못했고, 스포츠나 동아리에도 참여하지 않았습니다. 수업 중에는 답을 알고 있어도 대답하지 못했고 조용히 지냈습니다. 내 의견을 내기가 괴로웠으며 반대 의견을 표현하는 것은 불가능했습니다. 다섯 살 때 처음으로 무용 수업에 참여했는데, 선생님으로부터 재능이 있다며 주목을 받자 바로 그만두었습니다. 당시 나는 어떤 사람의 주목도 받고 싶지 않았는데, 지금에서야 왜 그랬는지 의아해하며 내 자신에게 실망을 느낍니다.

위 예화의 9유형은 존재감을 드러내지 않고 활동에 참여하지 않으며 흥미를 추구하지 않고 생각을 나누지 않는 법을 스스로 익혔습니다. 그는 전면에 나서지 않기 위해 미묘한 메시지를 내면화해서 스스로 행동하지 않게 되었습니다.

1. 이 9유형을 긍휼한 마음으로 보십시오.

   이 이야기를 읽고 어떤 생각이 듭니까?

   어떤 감정을 느낍니까? 어떤 반응이 나타납니까?

2. 언제 나의 존재가 사라진다고 느꼈습니까?

   그룹에서 재능이나 정체성을 드러내지 못할 때 어떤 마음이 들었습니까?

3. 9유형은 자신이 종종 사라지며 자신을 빛나게 하는 대신 다른 사람이 빛나게 하는데, 왜 그렇게 한다고 생각하십니까?

9유형의 방어기제 '마취' 이해하기

다음은 9유형의 통합과 공감 여정의 예화입니다. 이 여성이 평화를 지키기 위해 어떻게 자신의 재능을 억압했는지 살펴보십시오.

내가 기억하는 한 나는 어렸을 때 평화롭지 못한 환경에서 자랐기에, 늘 침착하게 평화를 지키기 위해 애를 썼습니다. 아버지는 열심히 일하시고 줄곧 같이 지냈으나 애정 표현은 잘 하지 않으셨습니다. 학대는 하지 않았지만 짧게 소리쳐 분노를 표현했고, 엄마는 그것을 힘들어했습니다. 아버지가 화를 내지 않게 하기 위해 엄마는 우리에게 착하고 조용히 살라고 애원하셨습니다. 결국 엄마는 아버지의 폭발 때문에 나와 여동생을 데리고 나왔고, 나는 엄마가 행복하기를 바라면서 평화로움을 지키기 위해 무엇이든 했습니다. 우리는 좋고 나쁨, 무관심 등 감정에 대한 표현은 절대 하지 않았습니다. 아무도 우리가 얼마나 잘 지내는지, 문제가 있는지 물어보지 않았습니다. 은연중에 '아이들은 조용해야 하고 말을 잘 들어야 한다.'라는 메시지를 받아온 나는 절대 드러내지도, 말하지도 않아야겠다고 생각했습니다. 화를 내는 것이 허락되지 않았기에, 분노는 많았지만 멍한 상태에서 아무것도 느끼지 않으려고 했습니다.

1. 이 이야기의 주인공에게 어떤 동질감 또는 이질감을 느낍니까?
2. 이 이야기 속에서 이 여성이 주목받지 못하는 것에 대한 분노를 다루기 위한 전략으로 어떻게 멍한 상태에 들어가게 되었는지 생각해 보십시오.
3. 9유형이 어떻게 행동해야 하나님의 적극적인 평화를 드러낼 수 있습니까?
4. 당신이 아는 9유형을 위해 성령님의 인도하심에 따라 기도합시다.

9유형과 관계 맺기

9유형이 차분하게 중재력을 발휘하는 모습 뒤에, 살아남기 위해 흘러가는 대로 살다가 돌보지 않은 내면아이가 있음을 기억함으로써 세상을 9유형의 시각에서 볼 수 있는 은혜를 발견합니다.

- 9유형은 자주 남의 생각에 부합하기에, 그들의 개성을 존중하며 그들의 생각, 의견, 욕구에 대해 질문을 해주십시오.
- 9유형은 평화로운 환경을 원하므로, 혼란스럽고 예측 불가능한 상황을 최소화하십시오.
- 회의나 행사 중에 9유형은 뒤로 사라질 수 있습니다. 9유형이 말할 때 반응하며 고맙게 여기십시오.
- 9유형이 지금 해야만 하는 일을 피하려고 하지 않아도 되는 일을 하면서 시간을 낭비하는 것처럼 보일 때, 잔소리하면 더 늦어질 수 있습니다. 9유형의 시간표에 대해 직접적이면서도 부드럽게 물어봐 주고 일을 다 했을 때는 격려해 주십시오.
- 신체적으로 에너지 사용하기를 귀찮게 생각할 수 있습니다. 움직임을 포함해서 무엇인가 함께하자고 제안해 보십시오.
- 9유형이 분노를 억누르거나 혼자만의 공간으로 사라지는 것을 느끼면 무슨 일이 있는지 이해하고 싶다고 말하면서 대화해 보십시오.

다음은 9유형의 전형적인 특성입니다. 어떤 생각이 듭니까?

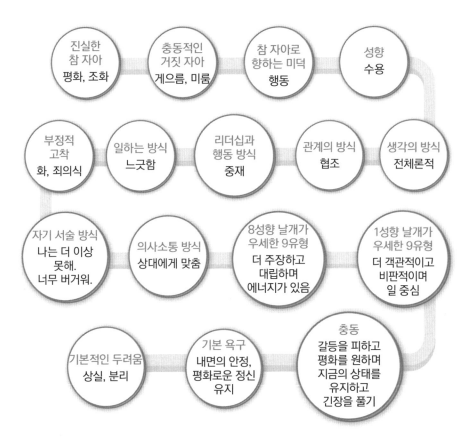

1. 당신이 9유형으로 산다면 어떨 것 같습니까?

   위에서 9유형과의 관계에 도움이 되는 설명은 무엇입니까?

2. 9유형의 성격에 대해 말할 때 위에 있는 특성들보다 더 적합한 말이 있습니까?

3. 9유형은 마음을 편하게 하고 평화 유지하기를 좋아합니다. 우리가 갈등을 해
   결하려고 할 때 9유형의 평온함을 사용한다면 어떨 것 같습니까?

4. 중재를 통해 이끄는 이들의 능력을 인정해주고 감사를 표현하십시오.

   9유형의 평화적인 중재에 대한 고마움을 어떻게 표현할 수 있겠습니까?

1유형

나는 양심적이고 좋은 사람이 되려고 노력하며, 도덕적이고 질서정
연하며 주위 사람들의 이익을 위해서 일한다. 내가 좋은 상태일 때는
통찰력과 분별력이 뛰어나고 기준이 높으며, 무엇인가 잘못되는 부
분을 찾아내서 더 낫게 만든다. 올바르게 일을 처리하고 가능한 최선
의 방식으로 일이 되도록 내 필요는 뒷전으로 미루고 일이 개선되도
록 최선을 다한다. 자기 일에 대해서 나와 같은 기준이 없는 사람들을
볼 때 마음이 힘들고 누군가의 지시만을 기대하거나 책임감이 없을
때 분개한다. 내게는 '해야만 한다.'라는 강한 내면 비평가의 목소리가
들리기에 화가 났다거나 실수를 했다는 사실을 인정하고 연약함을 드
러내는 것이 매우 힘든 일이다. 나는 화를 내거나 실수하는 것은 좋지
않다고 여긴다. 어떤 사람은 내가 통제를 잘하고 엄격하며 완벽주의
자라고 말하지만 사실 나는 스스로에 대해서도 매우 엄격하다. 공정
함과 정확함은 가장 중요한 가치이며, 무엇인가 옳지 않다면 개선하고
정리하며, 구조 조정을 해서라도 그것을 더 좋게 만들기 위해 할 수
있는 모든 일을 한다.

1유형

선함은 기쁨으로 피어난다

Goodness Creates Joy

남의 습관을 개혁할 필요는 없다.

- 마크 트웨인

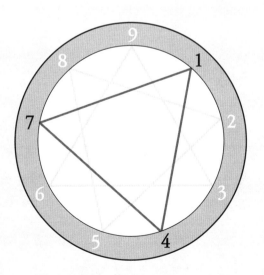

나는 누구인가?

1

1유형은 선하신 하나님의 형상을 반영합니다. 이들은 누가복음 18장 19절의 말씀에 깊이 공감할 것입니다.

하나님 한 분 외에는 선한 이가 없느니라

'선함'은 1유형의 삶을 표현하는 핵심 단어입니다. 우리가 자신을 인지하는 방식은 자신이 왜 그렇게 행동하고, 무엇을 지향하며, 어디서 걸려 넘어지는지를 설명해 줍니다. 1유형은 일반적으로 더 나은 방식이나 옳은 방향으로 나아가고 공정함을 중요하게 여깁니다. 이들은 규칙을 깨는 사람들에 대해 자신도 모르게 분노하고 분개하며 비판하려 한다는 사실을 잘 알지 못할 수 있습니다. 1유형을 나타내는 단어들을 살펴보십시오.

▶▶▶ 1유형의 단어들

다음에 설명된 1유형의 단어들을 보면서 생각해 보십시오. 공감되는 단어에 동그라미를, 재능에 해당한다고 여기는 단어에는 별표를 하십시오. 현재 상태에서 하나님의 형상을 드러내지 못하는 단어들에 밑줄을, 당신을 불편하게 자극하는 특성에는 네모 표시를 하십시오.

올바르다	책임감이 강하다	무례하지 않다
꼿꼿하다	의지할 만하다	중도에 그만두지 않는다
양심적이다	전문적이다	법을 위반하지 않는다
정의롭다	비판적이다	충동적이지 않다
원칙적이다	확실한 의견이 있다	융통성이 없다
강직하다	철저하다	타협하기 어렵다
확고하다	기준을 만든다	대충하지 않는다
공정하다	믿을 만하다	변덕스럽지 않다
도덕적이다	신중하다	빈틈이 없다
이상적이다	엄격하다	현실에 안주하지 않는다

당신에게서 하나님의 형상을 반영하는 1유형의 단어는 무엇입니까?

당신은 어떤 단어에 애착을 느낍니까? 또는 강박을 느낍니까?

당신은 어떤 단어에 거부감이 듭니까? 혹은 비판하는 마음이 듭니까?

거부감을 느끼는 단어에 마음을 연다면 당신이 보는 시각과 반응은 어떻게 달라질 수 있습니까?

당신의 결점을 보시고도 받아들여 주시는 하나님을 반영하는 단어를 적어 보십시오.

▶▶▶ 1유형에 대해 알아가기

    다음 사례에 등장하는 1유형 남성은 어릴 때 모든 부분이 남에게 평가되었기에 올바른 방식으로 살아야 한다고 배웠습니다. 이 남성은 쏟아지는 비판을 받지 않으려고 완벽을 추구하게 되었으며 남의 잘못된 점을 보는 습관이 생겼습니다.

    나는 할아버지, 할머니, 고모들, 삼촌들과 가깝게 살았습니다. 한 달에 한 번은 다 함께 점심을 먹고 함께 어울렸습니다. 집으로 돌아오는 자동차 안에서 처음에는 부모님이 내 사촌의 행동에 대해서 비난을 했고 나는 듣다가 그 이야기에 합류하게 되었습니다. 사촌의 잘못된 행동은 부모의 잘못으로 연결되었고, 이 대화를 통해 나는 모든 면에서 올바른 착한 아이, 착한 사람, 착한 부모가 되기를 소망했습니다. 남을 판단하고 그들을 어떻게 개선할 수 있는가를 상상하는 사고의 틀이 생겼고, 그로 인해 그들이 더 나은 사람이 되도록 돕는 방법을 볼 수 있는 점은 재능이자 동시에 나를 가두는 올가미가 되었습니다.

▶ 이 이야기에서 당신은 어떤 부분에 공감합니까?

▶ 가장 먼저 떠오르는 1유형에 대한 경험은 무엇입니까?

▶ 어떤 사람이나 사물이 더 나아질 수 있는 방법을 직감적으로 압니까? 그것을 어떻게 내 몸으로 느낄 수 있습니까?

호흡 기도

고독과 침묵 가운데 자신에 대해 똑바로 볼 수 있도록
하나님께 도움을 구하십시오.
먼저 깊게 숨을 쉬어보십시오.

들이쉬며 – 나는 하나님의 형상대로 창조되었다.
내쉬며 – 나는 재판관이 아니다.

이 기도를 하면서 몇 분간 머무십시오.
하나님의 형상대로 창조된 선함과 자유함을 경험하십시오.
하나님이 주권자이심을 마음으로 받아들이십시오.
하루 중에 이 기도를 반복해 보십시오.

참 자아와 거짓 자아
좋은 사람

2

우리는 사용하는 표현이나 말을 통해 자신이 어떤 사람인지를 드러냅니다. 1유형은 태도, 행동, 동기를 통해 다른 사람들을 위해 세상을 더 낫게 만들고자 하는 개혁의 의지를 보여줍니다. 1유형이 하나님과 함께할 때 선함을 인정하며 개선이 필요한 부분에서 자신과 이웃을 있는 그대로 보는 참 자아로 살 수 있습니다. 거짓 자아는 강박적이고 깊게 뿌리 내린 옛사람으로, 모든 사람이 모든 것을 올바르게 해야 한다며 스스로를 옭아맵니다. 에고 자체는 타고난 기질, 후천적인 양육 환경, 완벽주의와 자유의지가 복합적으로 혼합된 심리적 자아입니다. 이제 충동적이고 강박적인 거짓 자아의 반응과 하나님, 자신, 이웃을 사랑하는 참 자아의 흐름FLOW에 대해 살펴보십시오.

1유형의 참 자아 신성한 선함

1유형은 하나님의 선하심을 행하도록 창조되었고 그 선함은 이웃의 타고난 존엄성을 인정하고 그들을 위해 봉사하도록 주어진 자질입니다. 1유형의 참 자아는 자신의 야망을 위해 살지 않고 이타적이며 이웃이 가진 잠재력을 키워갈 수 있도록 영감을 주고 세계가 더 발전하도록 다방면으로 지지합니다. 건강한 1유형은 양심적이고 책임감이 있으며 진실과 섬김의 삶에 헌신합니다. 결함을 넘어 무엇이 정말 중요한지를 볼 수 있는 선함이 있고, 열심히 일하며 세상과 사람을 이해하는 능력이 높습니다. 완벽함이란 이슬처럼 잠시임을 알기에 자신과 이웃의 불완전함을 이해하고 수용할 의지가 있습니다. 불완전한 현실을 더 나은 곳으로 만들려는 헌신은 하나님의 선함과 축복을 이웃에게 가져다줍니다. 1유형의 참 자아는 내면 작업을 통해 모든 만물에서 선함을 봅니다.

1유형의 거짓 자아 분노, 판단, 분개

스트레스 상황이 되면, 1유형은 자신과 이웃 안에 있는 선함과의 연결을 상실합니다. 그들은 세상이 불완전함과 불완전한 사람들로 가득하다고 여기며, 그런 오류들이 1유형을 자극하면 그들은 본능적으로 그 오류들을 통제하고 바르게 고치려고 반응합니다. 널리 알려진 마크 트웨인의 말처럼, 이들은 잘하려고 하지만 결과적으로 좋지 않은 상태가 되고 맙니다. 세세하게 관리하고 꾸짖으며 통제하고 유연함이 없이 틀에 박혀서 '해야 한다.'는 말에 매달려 삽니다. 건강하지 못한 1유형은 실수를 받아들이지 못하고, 내면의 비평가는 분개하며 죽을 것처럼 심각하게 반응합니다. 자신 때문이든 상황의 문제 때문이든 '잘못'을 받아들일 수 없어 방어하다가 결국 화를 냅니다. 분노를 드러내는 자체가 '좋은' 것이 아니라고 스스로 생각하기에, 화가 나도 '나쁘게' 보이지 않도록 숨기지만 외부 자극이 오면 바로 비판과 판단이 담긴 명확한 지적을 함으로써 억누르려 했던 화가 새어 나옵니다.

▶▶▶ 참 자아 또는 거짓 자아

당신의 참 자아와 거짓 자아를 생각해 보면서 올바른 방식에 대한 열정과 그것을 실현하기 위해 상황을 통제하려는 열망을 살펴보십시오. 아래 질문들에 대해 판단하려고 하지 말고 자연스럽게 떠오르는 생각을 기록해 보십시오.

▷ 참 자아로서 1유형의 특성은 인간관계에서 어떤 모습으로 나타납니까?
▷ 거짓 자아로서 1유형의 특성은 인간관계에서 어떤 모습으로 드러납니까?
　당신은 분노를 어떤 형태로 표현합니까?
　'이것은 옳지 않아! 공정하지도 않아!'라고 할 때는 언제입니까?
　언제 당신은 죄책감이 듭니까?
　'마음에 안 들어. 내가 뭘 망쳤나봐!'라는 마음은 언제 생깁니까?
　자신의 방식대로 되지 않거나 통제가 되지 않을 때 어떤 행동을 합니까?
▷ 화를 낼 때 당신은 몸의 어느 부분이 경직됩니까?
　있는 그대로 수용하고 편안한 상태로 이완할 때 어떤 느낌이 듭니까?
▷ 참 자아와 거짓 자아의 상태가 다름을 당신은 어떻게 느낄 수 있습니까?

보상을 기대하면서

예수님은 두 형제에 대해서 말씀하십니다. 첫째는 해야 할 일을 하고 의무감으로 살며, 둘째는 아버지를 존중하지 않고 자신의 유산을 달라고 해서 집을 떠난 뒤 모든 재산을 날려버리고 바닥을 친 후 정신을 차리고 집으로 돌아옵니다. 돌아온 아들은 아버지 앞에 무릎 꿇고 말합니다.

아들이 이르되 아버지 내가 하늘과 아버지께 죄를 지었사오니 지금부
터는 아버지의 아들이라 일컬음을 감당하지 못하겠나이다 하나 아버
지는 종들에게 이르되 제일 좋은 옷을 내어다가 입히고 손에 가락지
를 끼우고 발에 신을 신기라 그리고 살진 송아지를 끌어다가 잡으라
우리가 먹고 즐기자 이 내 아들은 죽었다가 다시 살아났으며 내가 잃
었다가 다시 얻었노라 하니 그들이 즐거워하더라 맏아들은 밭에 있다
가 돌아와 집에 가까이 왔을 때 풍악과 춤추는 소리를 듣고 한 종을
불러 이 무슨 일인가 물은대 대답하되 당신의 동생이 돌아왔으매 당
신의 아버지가 건강한 그를 다시 맞아들이게 됨으로 인하여 살진 송
아지를 잡았나이다 하니 그가 노하여 들어가고자 하지 아니하거늘 아
버지가 나와서 권한대 아버지께 대답하여 이르되 내가 여러 해 아버
지를 섬겨 명을 어김이 없거늘 내게는 염소 새끼라도 주어 나와 내 벗
으로 즐기게 하신 일이 없더니 아버지의 살림을 창녀들과 함께 삼켜
버린 이 아들이 돌아오매 이를 위하여 살진 송아지를 잡으셨나이다
아버지가 이르되 너는 항상 나와 함께 있으니 내 것이 다 네 것이로되
네 동생은 죽었다가 살아났으며 내가 잃었다가 얻었기로 우리가 즐거
워하고 기뻐하는 것이 마땅하다 하니라

누가복음 15:21~32

1. 당신은 언제 올바른 일을 하고도 보답이나 인정을 받지 못했다고 느꼈습니까?
2. 다른 사람의 결함과 자신의 모습을 비교함으로써 당신이 더 낫다고 느낀 적이
   있습니까?
3. 이미 사랑받고 있으며 잔치에 참여할 수 있는데도 그 사랑을 받아들이기를
   방해하는 것은 무엇입니까?

하모니
선함은 기쁨으로 피어난다

3

1유형은 종종 선함을 추구하는 사람으로 묘사됩니다. 그러나 우리는 유형 그 이상의 놀라운 존재이며 삼위일체 하나님의 형상으로 창조되었습니다. 1유형이 머리와 가슴 지능을 통합할 수 있다면 선함은 4성향의 창의성과 7성향의 기쁨과 조화를 이룰 수 있습니다. 이제 하모니 삼각형이 주는 특별한 선물인 흐름FLOW을 소개합니다.

하모니 삼각형의 흐름 안에 있을 때 1유형의 무언가를 더 좋게 만드는 본능은 창의성에 대해 열려 있는 섬세한 4성향과 이웃에게 활기와 즐거움을 어떻게 줄지 생각하는 7성향의 기쁨을 지닐 수 있습니다.

▶▶▶ 유형의 하모니

다음 사례는 4성향의 창의성과 7성향의 기쁨을 연결하는 방식을 배우는 1유형의 이야기입니다. 경직되고 옳아야 한다고 생각하는 1유형 남성은 이웃을 보는 다른 시각을 수용하면서7성향 신성한 선함 안에 있는 자유와 신뢰로 향합니다. 그리고 모든 부분에 대해서 정확하고 명료해야 한다는 생각을 내려놓으면서4성향 좀더 편하게 선함을 받아들입니다. 예화를 읽어가면서 얼마나 공감이 되는지 살펴보십시오.

수십 년 동안 나는 나뿐만 아니라 남도 알아차리지 못한 내면의 분노와 긴장을 가지고 살았습니다. 어린 시절에 내가 했던 행동에 부모님은 비판과 지적을 했고, 모든 순간 그들의 실망과 판단, 그에 따른 분노에 사로잡혀 살았습니다. 결혼 후 사랑하는 아내는 내 삶에 있는 분노를 하나씩 인내하면서 친절하게 알려주었지만, 나는 나처럼 '좋은' 사람이 화를 내는 자체가 불가능하다고 믿었기에 그것을 인정하지 않았습니다. 큰소리를 내거나 성질을 부리지 않았고 거친 행동을 하지 않았기에 당연히 화가 난 것이 아니라고 생각했습니다. 그러다가 에니어그램을 통해서 하나님이 나의 베일을 벗기고 내 안에 있는 분노의 구덩이를 볼 수 있는 용기를 주셨습니다. 이 알아차림을 시작으로 모든 부분이 변화했습니다.

하모니 삼각형으로 연결된 4성향과 7성향 또한 도움이 되었습니다. 4성향은 진실성을 잃지 않으면서도 좋고 나쁨, 밝음과 어두움 사이의 긴장을 완화했으며 불편함 속에서도 관계를 유지할 수 있었습니다. 4성향이 가진 창의성과의 통합은 저에게 엄청난 사건입니다. 나 자신을 창의적이라고 생각한 적은 거의 없었는데, 음식을 하면서 4성향의 창의성이 나타났습니다. 요리할 때, 요리에 맞는 칼이나 냄비를 사용하지만, 조리하는 방식은 따르지 않습니다. 가족과 친구들을 위해서 맛있는 식사를 나만의 스타일로 만들어 나를 표현할 수 있는 자유로움을 느낍니다. 7성향의 재능으로 나 자신을 심각하지 않게 바라보고 이웃의 의견을 궁금해합니다. 이렇게 함으로써 내 직관적인 판단을 넘어서게 됩니다. 나는 4성향과 7성향을 통합하면서 영적으로 많이 성장했고 나를 창조하신 하나님께 더 온전히 기댈 수 있게 되었습니다.

▶ 당신이 현실을 직관으로 단순히 판단하고 깊게 생각하기를 거절할 때가 언제입니까?

당신이 비판적 판단으로 이웃에 대한 이해와 연민을 완전히 없애버릴 때가 언제입니까?

▶ 당신은 언제 올바르게 해야만 한다는 마음에 갇힙니까? 당신에게 7성향의 가벼움이 어떻게 다른 의견들에 열린 마음을 갖게 하며 선함의 균형을 맞추게 합니까? 머리 지능의 호기심과 가슴 지능의 연민으로 옳고 그름의 이원론을 넘어서는 것을 상상해 보십시오.

▶ 자신이 틀릴 수 있다고 인정하면 어떻게 관계와 연결을 위한 기회를 열어줍니까?

▶▶▶ 장, 가슴, 머리 지능

다음 예화는 1유형이 4성향과 7성향을 통합하면서 발견한 이야기입니다. 그녀는 하모니 삼각형으로 1유형에 4성향의 독창성과 7성향의 장난기 있는 부분을 수용함으로써 빛을 발했습니다.

1유형이 4성향, 7성향의 하모니 삼각형을 통해 얻은 큰 발견은, 그동안 피아노 치기, 춤추기, 사진첩 만들기 등 내가 원하는 일들을 뒷전으로 미루었었다는 사실입니다. 스크랩 책을 만들기 시작할 때 친구들을 모아서 사진을 찍고 주말에는 스크랩 책을 만들었습니다. 7성향의 모험 정신과 색깔, 제목, 내용 등에 4성향의 창의성을 발휘하고 1유형의 조직과 시스템으로 보완했습니다. 당연히 이 취미가 마음에 들었으며, 통합으로 가면서 살아있음을 느끼고 '아~하'를 깨닫는 엄청난 순간이었습니다.

▷ 1유형이 머리 지능7성향과 통합할 때 협동, 모험의 정신, 즐거움에 기대며 장 지능의 선호와 판단을 유연하게 합니다. 당신 안에 있는 머리 지능을 언제 알아차릴 수 있습니까?

▷ 1유형이 가슴 지능4성향과 통합할 때, 완벽주의 때문에 화내기보다는 그 정도면 충분하다고 받아들일 수 있으며, 더 마음을 열어 올바름의 기준에 대해 부드러워지고 더 창의적이게 됩니다. 당신 안에 있는 가슴 지능을 언제 알아차릴 수 있습니까?

▷ 당신에게 머리, 가슴, 장 지능이 있다는 것은 어떤 의미입니까?

판단하거나 판단하지 않거나

1유형이 통제하려 하고, 매사에 옳아야 한다는 스트레스를 지나치게 받으면 탐닉하는 7성향의 강박으로 이어질 수 있습니다. 반면에 계획대로 되지 않았을 때, 대단한 결점이 있다고 생각하며 오해하는 4성향의 모습이 나타날 수 있습니다. 아래 성경 말씀은 1유형이 즐거움에 들어가기를 거부하고 경직된 모습에 대한 통찰을 줍니다.

> 이 세대를 무엇으로 비유할까 비유하건대 아이들이 장터에 앉아 제 동무를 불러 이르되 우리가 너희를 향하여 피리를 불어도 너희가 춤추지 않고 우리가 슬피 울어도 너희가 가슴을 치지 아니하였다 함과 같도다. 요한이 와서 먹지도 않고 마시지도 아니하매 그들이 말하기를 귀신이 들렸다 하더니 인자는 와서 먹고 마시매 말하기를 보라 먹기를 탐하고 포도주를 즐기는 사람이요 세리와 죄인의 친구로다 하니 지혜는 그 행한 일로 인하여 옳다 함을 얻느니라
>
> 마태복음 11:16~19

1. 세례 요한과 예수님은 그 당시 문화에서 볼 때 거룩한 사람으로의 기준을 갖고 있지 않아서 모두에게 비판받았습니다. 다른 사람이 당신의 기준에 부합하지 못할 때 어떻게 반응합니까?
2. 당신이 갖고 있는 올바름의 기준에 맞추어 사람들이 춤을 추거나 울지 않는다고 불평을 하는 까닭은 무엇일까요?
3. 당신은 판단을 보류하고 다른 사람에게 다른 의견이 있는지 살펴볼 수 있습니까?

자기 뜻에 맞추어 춤을 추거나 애도하지 않는다고 비판하는 장 지능에 어떻게 균형을 맞출 수 있습니까? 이 말씀을 읽으면서 다른 성향의 사람과 관계하는 데 어떤 도움을 받을 수 있습니까?

어떤 사람은 모든 것을 먹을 만한 믿음이 있고 믿음이 연약한 자는 채소만 먹느니라 먹는 자는 먹지 않는 자를 업신여기지 말고 먹지 않는 자는 먹는 자를 비판하지 말라 이는 하나님이 그를 받으셨음이라 _로마서 14:2~3

네가 어찌하여 네 형제를 비판하느냐 어찌하여 네 형제를 업신여기느냐 우리가 다 하나님의 심판대 앞에 서리라 _ 로마서 14:10

하나님의 나라는 먹는 것과 마시는 것이 아니요 오직 성령 안에 있는 의와 평강과 희락이라 이로써 그리스도를 섬기는 자는 하나님을 기쁘시게 하며 사람에게도 칭찬을 받느니라 _로마서 14:17~18

1. 당신이 1유형의 판단을 내려놓으며, 다른 방식으로 먹고 마시는 이웃을 연민으로 볼 수 있는 4성향을 사용한다면 어떻게 될 것 같습니까?
2. 하나님의 나라는 규칙으로 만들어진 곳이 아니라 성령님과 함께하는 기쁨의 장소입니다. 7성향의 기쁨을 당신 안에 하나님의 나라를 만드는 데 어떻게 통합할 수 있습니까?
3. 거룩한 은혜와 기쁨을 깨뜨리는 판단은 어디에서 생깁니까?

토마스 아 켐피스 기도문

가슴, 머리, 장 지능을 통합해서 이 기도를 올려드립니다.

제가 알아야 할 것을 알게 해주소서 머리 지능
사랑해야 할 것을 사랑하게 해주소서 가슴 지능
아버지를 가장 기쁘시게 하는 찬양을 올려드립니다.

아버지가 소중하게 바라보는 것을 가치 있게 여기게 하소서.
눈에 들어오는 겉모습만 보고 직감으로 판단하지 않도록 도와주소서. 장 지능

귀로 들은 무지한 자의 말을 옮기지 않게 하소서.
눈에 보이는 것과 영성 사이에서 참된 판단으로 분별하게 하소서. 장 지능

무엇보다도, 아버지의 선한 기쁨이 무엇인지를 항상 묻게 하소서.

어린 시절의 상처 치유하기
평온함을 회복하기
4

아이들은 회복력이 강하지만, 어린 시절의 해결되지 않은 상처는 성인이 된 후에도 그들의 관계에 영향을 끼칩니다. 1유형의 어린이는 '나는 좋은 아이다.'라는 메시지를 상실하고, 대신 '실수하면 안 된다.'라는 거짓 메시지를 내면화한 경우가 많기에 살아남기 위해서 올바르게 하고, 완벽하게 되려고 애써 왔습니다. 이런 방어 방식은 하는 일에서 창의성을 발휘하지 못하고 즐거움을 느끼지 못하게 합니다.

성인이 된 후, 관계 속에서 어린 시절의 상처가 자극 받으면 거칠고 날것 그대로의 아픔과 분노가 표출되어 1유형의 선함이 흘러나가지 못하도록 방해를 합니다. 이 때 수치심이 들고 비판적인 네 살짜리 내면아이가 튀어나와서 올바르고 완벽한 결정을 내리려 하기에 이 상황에서 분노, 판단, 분개에 사로잡히게 됩니다.

하모니 삼각형은 1유형의 마음을 자극하는 트라우마, 방어기제, 어린 시절의 잘못 인식한 거짓 메시지 및 무시된 선함에 관해 탐색할 계기를 마련해줍니다.

▶▶▶ 내면아이를 수용하기

1유형이 내면아이를 수용하면 다시 마음을 열고 평온함을 누리는 자유를 회복할 수 있습니다. 모든 일에 성실하고 개선적이며 안정적인 1유형은, 자신이 특별하다는 느낌을 받지 못하고 이웃과 연결을 원하는 우울하며 깊은 통찰이 있는 4성향의 내면아이도 있습니다. 즐거운 삶을 위해 더 많은 것을 원하면서도 불편함을 마주하기 싫어하는 모험적이고 산만하며 상상력이 풍부한 어린 7성향도 있습니다. 4성향의 감정과 7성향의 즉흥성을 무시한 부분이 어디에서 나타나는지에 주의를 기울이면서, 내면아이를 언제 돌보지 못했는지 알아보십시오.

다음 사례에서 장난스럽고 행복한 7성향의 특성이 어떻게 1유형인 그녀를 곤경에 빠뜨렸는지 살펴보십시오.

초등학교 때 몇 명의 여학생들과 학교 화장실에서 장난쳤던 일을 생생하게 기억합니다. 이런 잘못된 행동에 대한 기억은 이것이 처음이자 마지막입니다. 젖은 화장실 휴지를 천장에 던져 붙게 했는데 각자 3~4개 정도를 던지며 배꼽을 잡고 웃었습니다. 처음으로 바보 같고 제멋대로인 재미를 느꼈는데 그때 관리인이 들어와서 저희를 붙잡았습니다. 그 후 지금까지 무언가에 재미를 느끼거나 긴장을 풀고 이완하기 어렵다고 느낍니다. 딱 한 번, 삶에서 규칙을 깬 그 순간에 잡혔다는 점이 참 신기할 따름입니다.

다음 예화에서 1유형이 그의 가족에 의해서 4성향의 특징이 닫히게 된 지점이 어디인지 살펴보십시오.

내가 여덟 살 때 할아버지께서 돌아가셨습니다. 장례식이 끝난 후 차를 타고 묘지로 향했는데, 비록 할아버지와 친하지는 않았지만 슬픔에 압도되어서 울기 시작했습니다. 그런데 형과 여동생은 아무렇지 않아 했고 어머니도 감정을 드러내 보이지 않았습니다. 부모님은 제가 우는 것을 나무라며 그치라고 말했으며 저는 그때 이후로 감정을 깊이 느끼고 표현하면 안 된다는 결론을 내렸습니다. 그들의 감정적인 무감각으로 인해 내 감정이 나쁘다고 여기게 되었습니다.

아래의 제시된 질문들을 읽으면서 내면아이를 더 깊게 수용할 수 있도록 마음을 여십시오. 어디에서 머리와 가슴 지능이 닫혔습니까? 새로운 통찰력과 알아차림을 글로 적어 보십시오. 이것은 매우 중요하고 통합적인 작업입니다.

▷ 첫 번째 제시된 사례에서 규칙을 어겼을 때 잡힌 경험이 이후 삶의 여정에서 '재미'에 대한 불신으로 자리 잡았습니다. 매사에 끊임없이 선을 긋고 재미를 불신한다고 상상해 보십시오. 이 이야기 중 공감되는 점은 무엇입니까?
▷ 두 번째 사례를 보면, 1유형이 자란 환경에서는 그의 예민함이 수치심으로 여겨졌습니다. 그 일이 하나님의 형상대로 살고 깨어있을 수 있는 그의 능력에 어떤 영향을 끼쳤습니까?
▷ 민감하고 완벽을 추구하는 1유형 안에 있는 4성향의 내면아이가 묻습니다. '저를 버리시나요? 저는 사랑받는 자와 거절 받는 자 중 누구입니까?' 당신의 삶에서 이런 메시지가 나타나는 상황은 언제입니까?

▶ 질서를 따르고 통제하는 1유형의 마음에는 한계가 없는 삶을 살기 원하고 기회를 놓치는 것을 두려워하며 '인생은 즐거운 거야.'라고 외치는 7성향의 내면 아이도 있습니다. 당신의 삶에서 이런 성향이 나타나는 상황은 언제입니까?

▶▶▶ 상처받은 내면아이와 만나기

1유형이 돌보지 않은 내면아이를 수용하면 가슴과 머리 지능을 어디에서 잃어버렸는지 알 수 있습니다. 이 두 지능에 접근하고 통합하면 불완전할 때 비참하고 심각해지는 면을 이완해주고, 주어진 시간 안에 실제로 개선에 필요한 에너지가 어느 정도인지 파악하도록 도와줍니다. 가슴 지능은 비난보다는 따스함과 격려의 마음을 열어주고, 머리 지능의 낙천성은 각자가 하나님과 이웃 사랑을 실천할 때 무엇이 더 나아질 수 있는지 볼 수 있게 해줍니다.

기억나는 상처에 이름을 붙여보고, 내면의 비평가의 '만약 ~하면 더 좋을 텐데.'라는 말에 본능적으로 반응함으로써 자신을 방어하게 된 계기에 대해 살펴보십시오.

머리 지능을 사용해 어디까지가 당신의 책임인지 점검해 보십시오. 이 상황에서 완벽하지 못해도 충분히 좋을 수 있는지 가슴 지능에 질문해 보십시오. 아래 질문 중 자유롭게 선택해서 답을 해보고 남은 질문들에 대해서는 다른 시간에 답을 해도 좋습니다.

이 세상이 가혹하고 비판적이라고 여기는 것에 대해 당신은 어떻게 생각합니까? 과거의 고통이나 현재 남을 판단해서 생기는 분개나 비판을 내려놓는다면 당신에게 무슨 일이 생길 것 같습니까?

어린 시절에 자극 받았던 부분과 습관적인 반응이 지금까지 어떻게 작동해오고 있습니까? 만일 자신도 남도 완벽하지 않음을 인정하고 받아준다면 무슨 일이 생깁니까?

하나님께 평온의 미덕을 회복하게 도와달라고 구하십시오. 당신 안에 있는 어린아이 같은 민감함과 즐거움을 누릴 수 있도록 마음을 열어보십시오. 만약 당신이 그렇게 한다면, 다른 사람도 그렇게 마음을 열고 사랑할 수 있습니다.

있는 모습 그대로 회복되거나 견고해질 수 있음을 당신은 어떻게 알 수 있습니까?

비판적인 1유형은 '양심이 당신을 안내하도록' 즉각적으로 반응하고, 거짓 자아는 자신과 모든 사람 위에 판단자의 자리에 앉습니다. 자신이 틀릴 수 있음을 인정하는 훈련은 1유형의 경직성을 부드럽게 하고 이웃과 함께 긍정적이고 공동의 경험을 하게 합니다.

내면 비평가가 무대 중앙에 서서 큰 목소리로 세상을 비판하려고 한다면, 이번 주부터는 그 사람이나 그 상황에 대해서 마음을 열어보십시오. 자신이 틀릴 수 있음을 기꺼이 인정하는 시간을 계속 가지십시오. 자기 생각과 의견만이 아니라 남의 의견도 존중함으로써 판단하려는 충동과 강도를 조절하는 방법을 배우십시오.

치유의 기도

하나님과 이웃에 대한 수용적이고 조건 없는 사랑은 1유형 내면 비평가의 대안이 됩니다. 감사는 자신을 덜 심각하게 받아들이고 분노에서 평온으로 나아갈 수 있도록 도와주며, 마음을 치유합니다. 평온 안에서 우리는 자신이 붙잡아야 할 것은 무엇인지, 놓아야 하는 일이 무엇인지를 분별할 수 있고, 지금의 현실도 충분히 좋다는 사실을 인정할 수 있습니다.

> 자신을 위해 기도할 수 있습니다. 혼자 조용한 장소에서 긴장을 푸십시오. 호흡을 깊이 하고 하나님 앞으로 나아오십시오. 하나님께 치유받아야 할 부분을 보여달라고 구하십시오. 과거의 아픈 기억들과 상처가 떠오를 때까지 조용히 기다리십시오. 어떤 생각이 떠오른다면, 치유를 위한 아래의 질문들에 답을 하십시오.

◆ 아픈 기억 속으로 당신과 예수님을 초대하십시오.
  예수님은 어디에 계십니까? 당신은 어디에 있습니까?
◆ 당신은 어떤 감정을 느낍니까? 불안, 분노, 바보 같음, 어리석음, 안전하지 못함, 분개 등
◆ 위와 같은 감정을 보였던 때가 생각납니까? 예수님과 함께 그 시간과 장소에 갈 수도 있고, 지금 있는 곳에 머물 수도 있습니다.
◆ 경험에서 느끼는 감정에 이름을 붙여 보십시오. 그 사건으로 인해 어떤 거짓말을 믿게 되었는지 보여달라고 기도하고, 이름을 붙이십시오.
◆ 예수님은 이 거짓말에 대해 뭐라고 말씀하십니까? 그 말씀을 들을 수 있도록 기다리십시오. 예수님이 보여주시는 이미지 혹은 들려주시는 말씀이나 단어가 있습니까?
◆ 예수님께서 당신에 대해 말씀하신 진실을 부드럽게 자주 말해주십시오.
  말씀의 진리는 상처를 주님 앞에 내려놓고 자유롭게 하는 치유제입니다.

충만함과 메마름을 분별하기

5

로욜라의 이냐시오는 성령님이 머리, 가슴, 장 지능 모두를 통해 역사하신다고 가르쳤습니다. 그는 우리가 결정을 내릴 때 다음과 같은 질문을 통해 메마름과 충만함의 상태를 주의 깊게 살피라고 제안했습니다. '어떤 감정을 느끼고 있습니까?' '무슨 생각을 하고 있습니까?' '본능적으로 무엇을 감지합니까?'

충만한 상태에서 1유형은 하나님의 자비로운 선함과 은혜로 나아갑니다. 1유형이 여러 대안의 장점을 알고 마음을 여는 방향으로 향한다는 증거입니다. 메마른 상태에서 1유형은 분개와 화로 인해, 하나님의 사랑을 따라가는 흐름에 방해를 받습니다. 이것은 모든 사람과 상황이 완벽할 필요가 없는 내면의 자유와 선함에서 거짓 자아로 떨어진 상태이며 회복해야 한다는 신호입니다.하모니 삼각형을 이용한 분별은 영혼의 자원 5, p.495 참고

1유형이 충만한 상태에 있을 때는 친화적인 선함, 거룩한 소망, 부드러운 자기 훈련, 정돈된 휴식, 깊은 아름다움, 품위 있는 분별력, 통찰력 있는 격려, 현실적인 낙관주의, 고결한 정신, 적절한 모험, 공감된 정의 등을 경험합니다. 이것이 1유형의 자유로움입니다!

1유형이 메마른 상태에 있을 때는 화남, 완벽하지 않음에 대한 두려움, 내면의 거친 비평가, 경직된 완벽주의, 융통성 없는 판단, 조급함, 독선, 자책, 심각한 비난 등을 경험합니다. 이러한 모습은 1유형이 거짓 자아에 묶여있다는 증거입니다.

▶▶▶ 내면에서 일어나는 역동 알아차리기

메마름과 충만함은 1유형을 하나님, 자신, 이웃을 사랑하는 방향으로 안내해 줄 수 있습니다. 1유형의 자동적인 패턴은 메마름과 충만함을 알아차리기보다는 즉각적으로 반응하게 합니다. 다음 예화에서 1유형이 어떻게 패턴에 갇혀 메마른 상태와 비판으로 시야가 가려져 이웃과 멀어지게 되는지를 살펴보십시오. 반면에 충만함은 1유형으로 하여금 은혜에 대한 마음을 열게 합니다. 아래의 1유형이 어떻게 메마름과 충만함을 통해 하나님 앞으로, 치유를 향하여 나아가는지 살펴보십시오.

나는 내 기준에 도달하지 못하는 사람들에게는 친밀하게 다가가기 어렵습니다.메마름 내 기대에 부응하지 못하는 동료들을 은혜로 받아 주는 것이 힘듭니다. 내 배우자는 상황이 어떻게 돌아가는지에 대한 나의 완벽한 설명을 이해하지 못합니다. 물론, 나도 나 자신에게 별로 연민을 베풀지 않기에 인내는 곧 바닥이 납니다. 있는 그대로 받아들이지 못하고 불만을 품기에 마음이 무척 힘듭니다.메마름

그러나 하모니 삼각형은 내면 비평가를 수용하여 자책하기보다 은혜로 나아갈 수 있도록 도와주었습니다. 셀 수 없이 많은 내적 싸움을 경험하였기에 나는 자기비판으로 몸부림치면서 힘들어하는 사람들에게 격려와 공감을 하며 실제로 도움을 주었습니다.충만함 지금은 그 어느 때보다 자주 사람들이 나를 초대해서 결혼, 자녀 양육, 사역을 도와달라고 해서 기쁩니다. 누군가의 중대한 일을 인식하고 그들의 삶이 하나님 안에서 변화되도록 실질적인 도움을 주는 것이 진정한 충만함입니다.

당신은 메마른 상황에서 몸의 어느 부분이 경직됩니까?

당신은 일이 제대로 되지 않을 때 좌절과 고통의 느낌이 어떻게 나타납니까?

당신은 잘못된 부분과 완벽하지 못함을 느낄 때 어떤 메마름을 경험합니까?

당신이 메마름 속에 있을 때 가슴과 머리 지능에서 성령님의 움직임에 주의를 기울이십시오. 메마름 안에 당신만 혼자 희생자가 된 기분입니까? 7성향의 아이디어를 활용할 때, 어떻게 메마름을 이해하고 희망을 느낄 수 있습니까?

1유형의 방어기제는 반동형성으로 이는 통제하면서 자기가 원하는 상태로 있기 위해서 생각이나 감정을 반대로 표현하는 것입니다. 예를 들어서 만일 자신이 비판을 받게 되면 일을 더 열심히 해서 그 판단이 잘못되었음을 증명하려고 하며, 자신은 포르노를 보면서도 다른 사람의 성에 관해서는 매우 도덕적인 표현을 할 수 있습니다. 만약 나쁜 감정이 든다면 더 좋은 행동을 하려고 노력할 것입니다. 반동형성은 '이것은 정말 옳지 않거나 공정하지 않아.'와 같은 판단을 내면에 불러일으키거나 '나는 충분하게 선하지 않아.'와 같은 죄의식을 일으키는 말을 자신에게 합니다. 아래 질문 중에 한두 가지를 생각하며 마음 속에 진실이 떠오르기를 기다리십시오.

반동형성이 어디에서 나타나는지 판단을 내려놓고 살펴보십시오.

▶ 당신은 반동형성 이외의 어떤 방어기제로 분별을 막고 있습니까?
▶ 당신이 메마른 상태에 있음을 알아차림으로써 하나님의 크신 헌신과 용서, 받아들이심을 볼 수 있습니까?

성령님은 잘못된 상황에서도 웃을 수 있도록 마음을 가볍게 하는 재치를 주시며, 이웃을 향한 깊은 감정과 연합을 이루게 하십니다. 깊이 들어가고 높이 날 수 있게 하는 이 능력은 당신이 신성한 기쁨과 모험을 향해서 움직이게 합니다. 성령님께서 높고 낮음이 있는 현실을 수용하도록 당신을 충만함으로 초대할 때 반응하십시오.

자기 비판을 내려놓는 기도

1유형은 특히 틀리기를 싫어하는데 그럴 경우,
자신을 나쁜 사람으로 느끼기 때문입니다.
그렇기 때문에 실수해서 실망과 분노를 느낄 때
의식적으로 호흡해 보십시오.

들이쉬며 – 하나님 아버지는 선하십니다.
내쉬며 – 하나님, 충분히 저도 선합니다.

이 기도로 지금 하나님 앞으로 나아갑니다.
만일 있는 그대로 당신의 선함을 받아들인다면,
무엇인가 기대하지 않았던 역사가 일어날 수 있습니다.

▶▶▶ 충만함과 평온

1유형이 반동형성에서 벗어나서 죄, 실수, 잘못을 덮고 은혜를 향해서 성령님을 따라갈 때 충만함을 경험합니다. 긍휼은 심판을 이길 수 있음야고보서 2:13을 알아차릴 때, 자신의 성격 패턴에서 자유롭게 됩니다. 이 자유로 인해 계속 나아지고자 하는 의지의 쓴 뿌리와 완고함을 제거하고, 남의 문제를 다른 건강한 방식으로 수용하는 평온함을 경험할 수 있습니다.

▷ 당신이 판단이나 비판의 자리에서 내려와 성령님의 초대를 따라 평온을 누리게 된 상황에 관해 설명해 보십시오. 어떤 일이 생겼습니까? 어떤 위로를 받았습니까?

▷ 당신에게 평온함이 언제 어떻게 찾아와 마음, 뜻, 힘을 다해서 하나님과 이웃을 사랑하도록 도와주었습니까?

1유형을 위한 영적 리듬

6

나는 좋고 나쁨, 흑과 백으로 사물을 분명하고 확실하게 함으로써
개선하거나 개선하려고 노력하는 데 긴 세월을 보냈습니다.
연약함을 온전히 경험하지 못하는 나의 무력함이
불확실성을 수반한 사랑, 소속감, 신뢰, 기쁨, 창의력 등의
중요한 경험을 온전히 받아들일 수 없게 했습니다.

- 브레네 브라운

1유형은 매일 마음에 주의를 기울임으로써 거짓 자아의 판단과 분노에서 벗어나 있는 그대로 받아들이고 용서하는 내면의 자유를 얻게 됩니다. 성령님의 인도하심 안에 있을 때 1유형은 통합되고, 선함은 기쁨으로 피어나게 됩니다.

다음에 제시되는 영적 리듬은 1유형이 영적으로, 관계적으로 성장하는 길입니다. 다음에 제시한 훈련이 와 닿지 않더라도, 지금 당신이 하나님과 함께하고 싶은 소망을 잘 드러내는 질문에 답을 해보십시오.

▶▶▶ 현존 훈련: 1유형

'핵심 용어' 부분에서 흐름에 대해 다시 읽어보기를 권합니다.
삼위일체 하나님이 어떻게 공존하시는지를 주목하십시오.

> 아버지와 아들과 성령이 함께 존재하며 함께 흘러갑니다.
> 머리와 가슴과 몸이 함께 존재하며 함께 흘러갑니다.
> 믿음과 소망과 사랑이 함께 존재하며 함께 흘러갑니다.

신성한 하모니는 1유형을 하나님 앞으로 나아오도록 하는데, 그래야만 한다는 생각이 아닌, 있는 그대로를 수용하도록 배웁니다. 하나님과 이웃과 함께하는 1유형은 머리, 가슴, 장 지능을 통합하고 자신과 이웃 안에 있는 불완전함과 불협화음을 이해할 수 있게 됩니다. 다음 묵상 기도는 1유형의 존재 전체를 움직이며 온전하게 합니다. 이 기도는 1유형이 보다 큰 시각으로 감정과 개방성을 향해 접근하도록 도와줍니다.

> 편안하고 정신이 맑아지는 장소를 찾아보십시오.
> 성령님이 내 안에 계시며 나를 위해 기도하고 있음을 기억하십시오.
> 당신에게 머리, 가슴, 장 지능이 있음을 받아들이고
> 그것이 열리도록 하나님께 간구하십시오.

몸 현존

성령님과 함께 있도록 당신을 내려놓으십시오.
몸 안에 어떤 변화가 일어나고 있는지 주의를 집중하십시오. 몸이 알아차린 부분을 표현하십시오. 몸이 삶의 결함에 대해 어떻게 반응합니까? 당신 몸이

결함이 무엇인가를 알고 있으며 이 기도를 통해 무엇인가를 하려고 합니까? 어디에 제약을 가하고 판단하며 현재 일어나는 일에 저항하려 합니까? 그 부분에 대해서 몸이 아는 것을 표현하도록 하십시오. 자책할 때 당신 몸의 어느 부분이 수축이 되는 걸 느낍니까?

마음 현존

예수님이 함께 하시도록 당신의 마음을 내려놓으십시오.

호흡하면서 부드러움을 느끼십시오. 수용되며 사랑받고 싶은 욕구를 알아차리고 숨을 들이쉬며 마음의 공간을 더 확장하십시오. 이웃과 관련하여 마음이 연결된 부분과 단절된 부분이 어디인지 알아차리고, 그들에게 인정받고 싶은 욕구가 있는 스스로에 대해 연민을 느끼십시오. 기쁨, 이해, 부드러운 손길 등이 필요한 부분은 당신에게 어디입니까? 하나님이 당신 편임을 받아들이도록 마음을 여십시오. 진실한 사랑의 하나님 아버지께서 당신을 어떻게 보시며 무슨 말씀을 하고 계십니까?

생각 현존

지혜로운 창조주와 함께 있기 위해서 생각을 내려놓으십시오.

숨을 들이쉬며 머리와 어깨를 의식해 보고, 무게와 경직을 느껴보십시오. 숨을 내쉬며 예수 그리스도의 지성으로 들어가십시오. 몸 안의 생명을 느끼고, 본능적인 반응들에 대해 생각해 보십시오. 몸은 우리가 놓칠 수 있는 어떤 정보를 줍니까? 사고 체계와 새로운 생각에 대해 열려있다는 의미는 무엇입니까? 옳거나 그르다고 판단했던 부분을 객관적인 정보로 재조명해 본다면 어떨까요? 모든 부분에서 명확하지 않은 점과 항상 답을 다 알지 못하는 애매모호함을 받아들이십시오. '나는 열려있고 괜찮다.'라고 지금 말해 보십시오.

하모니를 위한 기도 선함은 기쁨으로 피어난다

'선함은 기쁨으로 피어난다.'는 이 기도는 1유형이 판단하기 전에, 사안에 대해 가볍게 보고 다양한 가능성을 고려하며 관찰하고 여유롭게 하도록 하는 7성향의 지성으로 연결합니다. 그리고 이웃을 밀어내기보다는 마음으로 가까이 다가가며 따뜻하고 관계를 소중히 느끼며 감동하는 4성향의 마음으로 연결합니다.

이 기도를 기억함으로써 실제 상황에서 당신의 가장 진실한 부분이 무엇인지에 대해 알아차릴 수 있습니다. 우리는 유형 이상의 놀라운 존재입니다. 통제하고 싶을 때, 자신에게 무엇을 하라고 할 때, 저항하거나 이웃보다 더 옳다고 여겨질 때 숨을 크게 들이쉬십시오. 언제든 무엇인가에 자극받아서 당신이 누구인지 잊어버리려고 할 때 '선함은 기쁨으로 피어난다.'라고 말하며 호흡하십시오. 판단, 개선, 개혁은 장 지능에 갇혀 있음을 알고 마음을 열고 성령님의 인도하심을 따라가십시오. 그 후 머리, 가슴, 장 지능의 선함 모두를 열어달라고 하나님께 구하십시오.

그러므로 너희는 하나님이 택하사 거룩하고 사랑받는 자처럼 긍휼과 자비와 겸손과 온유와 오래 참음을 옷 입고 누가 누구에게 불만이 있거든 서로 용납하여 피차 용서하되 주께서 너희를 용서하신 것 같이 너희도 그리하고 이 모든 것 위에 사랑을 더하라 이는 온전하게 매는 띠니라

골로새서 3:12~14

1유형을 위한 성령님의 인도하심FLOW에 대한 훈련

　성령님이 인도하시는 1유형은 자유하고Free, 사랑하며Love, 열려있고 Open, 함께합니다With. 삼위일체 하나님의 임재 가운데 서서 머리, 가슴, 장 지능을 통합할 수 있고, 이는 기독교의 미덕인 믿음, 소망, 사랑으로 흘러나갑니다. 당신이 얼마나 많은 것들이 더 나아져야만 하는지를 생각하며 고통스러워할 때, 이때가 바로 숨을 쉬면서 내면의 자유를 달라고 성령님께 구할 때입니다. 머리, 가슴, 장 지능을 열고 하나님과 함께 있으면서 '이것으로 충분합니까?' 또는 '더 나아지게 만드는 일이 제 사명입니까?'라고 질문을 하십시오. 어떤 일에 대해 승낙할 수도 있지만 거절할 수도 있다는 자유를 느껴보십시오. 하루를 마무리하며 흐름 속에 있지 않았을 때 어떤 일이 일어났는지 기록해 보십시오. 당신이 흐름FLOW 속에 있었다면 어떤 일이 생겼습니까? 당신을 통해 이웃에게 하나님의 선함이 흘러갔다면 감사하십시오. 만약 그렇지 못했다면 회개하십시오. 그리고 내일은 내일, 다시 시작하십시오.

틀릴 수 있음을 인정하는 훈련하기

　어떤 상황에 대해 권위적이고 단정적으로 말하는 대신 '이 사안에 대해 내가 전부 알 수는 없지만, 이것을 제안합니다.' 또는 '내가 잘못 생각하거나 틀릴 수도 있습니다.'라고 해 보십시오. 이런 표현을 통해 다른 관점에서도 볼 수 있게 마음을 열면 종종 더 쉽게 타인을 통해 나의 시각이 옳았음을 인정받을 수 있습니다.

고백 훈련하기

1유형은 하나님과 이웃 앞에 자신의 연약함을 나누고 있는 그대로를 투명하게 내어놓을 때 변화하고 온전히 연결될 수 있습니다. 다음을 고백하십시오.

▶ 분노, 판단, 분개 고백하기

하나님과 신뢰하는 사람에게 평온과 은혜의 여정으로 나아갈 수 있도록 도움을 구하십시오.

▶ 비난, 교정 고백하기

'왜 그렇게 하십니까? 여기, 어떻게 하는지 보여드리겠습니다.'라고 하기보다는 하나님께 자신과 이웃을 강박적으로 확인하는 마음을 풀어달라고 구하십시오.

▶ 죄책감 고백하기

'나는 또 실패했어.'라 하지 말고 하나님께 '지금도 충분히 좋습니다.'라고 말할 수 있는 은혜를 구하십시오.

▶ 불안정 고백하기

항상 옳아야 한다는 생각과 실수에 대한 두려움이 있음을 인정하십시오.

▶ 독선적 합리화 고백하기

'내가 제일 잘 알아.', '나는 의견을 절대 바꾸지 않아.', '난 잘못한 것이 없어.' 등을 내려놓을 수 있도록 간구하십시오.

▶ 비난 고백하기

'그들 잘못이야.'라고 비판하는 자신을 인정하고 용납하십시오.

즐겁게 놀아보기

1유형은 모든 상황이나 사물에 대해 심각한 경향이 있고 일을 제대로 하고자 하는 강한 마음이 있습니다. 이럴 때 7성향의 즐거움을 수용하면 옳게 하려고만 하는 충동보다 좀더 가벼운 마음을 가질 수 있습니다.

▷ 당신에게 즐거움을 주는 것이 무엇인지 목록을 작성해 보십시오. 그 내용을 주간 계획에 넣고 실행해 보십시오.
▷ 당신을 웃게 하고 즐겁게 하는 이웃들과 시간을 보내십시오.
▷ 회의에서 당신의 의제를 관철하려 할 때 함께 웃을 수 있는 상황을 불편해하거나 막지 마십시오. 오히려 그런 상황을 편하게 여기고 기쁨을 누리십시오.
▷ 개혁하려는 본능적인 마음이 있음을 인정하면서 기쁨과 즐거움을 달라고 성령님께 간구하십시오.

고마움을 표현하는 훈련하기

이 훈련이 중요한 까닭은 결함과 개선사항에만 집중해서 보는 경향이 있는 당신의 거짓 자아에서 벗어날 수 있도록 돕기 때문입니다.

▷ 하나님께 당신과 당신 안에 있는 모든 선함을 볼 수 있는 시각을 달라고 구하십시오.
　하나님께서 주시는 삶의 좋은 면에 감사하면서 그 이름을 적어 보십시오.
▷ 감사는 경험에 감정을 연결하고 실제로 있는 것에 대한 시각을 더 넓게 확장함으로써 마음을 재구성합니다.

은혜를 베푸는 훈련하기

당신의 좋고 나쁨을 구별하는 능력은 이웃 안에 있는 재능을 볼 수 있게 합니다. 다른 사람을 칭찬하여 그들에게 은혜와 자유를 베푸십시오. 은혜를 나누려는 마음이 판단하는 성향을 누그러뜨립니다.

거리 두기 훈련하기

당신이 잘 안다고 여기거나 자기 생각에 집착해서 내려놓을 수 없는 상황이 오면 기도할 때입니다. '하나님 아버지의 뜻이 이루어지길 원합니다.' 이 기도는 어떤 상황에 반응하기 전에 마음에 여유 공간을 주고 당신 주위에 있는 긴장감을 느슨하게 합니다.

그러므로 이제 그리스도 예수 안에 있는 자에게는 결코 정죄함이 없나니

로마서 8:1

호흡을 통한 기도

호흡의 경이로움을 충분히 느끼십시오. 산소가 허파를 채우며 흉곽이 벌어지는 것을 느껴보십시오. 숨을 들이쉬고 내쉬면서 느껴보십시오.

마음에서 어떤 변화가 일어나는지 천천히 관찰하십시오.

창조된 삶의 힘을 느끼십시오.

하나님 아버지께서 내 안의 모든 장기를 만드셨습니다.

나를 완벽하고 경이로운 존재로 창조하셨습니다.

내 영혼이 내가 이런 존재임을 잘 알게 해 주십시오.

이 기도를 몇 분 동안 하십시오. 당신은 피조물이기에 온 세상을 판단할 필요가 없음을 기억하십시오. 몸을 통해서 숨을 쉬십시오. 발바닥, 복부, 정수리를 통해 계속 숨을 쉬십시오. 이 경험을 온전히 느끼십시오. 머리, 가슴, 몸을 통해 호흡하십시오. 무엇이든 떠오르는 것을 확인해 보십시오. 떠오른다면 즐거움과 선함으로 그것을 받아들여 잠시 머무십시오. 자신의 마음을 사랑으로 보듬고 내면에 머무십시오.

들이쉬며 – 하나님의 형상대로 창조되었습니다.

내쉬며 – 저도 판단하지 않습니다.

들이쉬며 – 하나님 아버지는 선하십니다.

내쉬며 – 저도 충분하게 선합니다.

들이쉬며 – 선함은

내쉬며 – 기쁨으로 피어납니다.

1유형 공감하기
7

미덕은 하모니다.

- 피타고라스

모든 아이는 양육자의 지지를 받아야 합니다. 1유형은 양육자가 자신감을 떨어뜨리고 완벽하기를 요구하며 비판하고 판단한다고 생각했을 수도 있습니다. 민감한 아이는 그런 메시지를 내면화하여 착하고 순종적이며 올바르게 행동하기 위해 최선을 다했지만, 결국은 짜증을 내고 분노하며 오해를 받았을 수 있습니다. 이 장에서는 우리가 1유형을 어떻게 대하는지 살펴보고, 어떻게 하면 하나님이 바라보시는 시선으로 그들을 공감할 수 있을지 생각해 보십시오.

공감은 하모니를 이루게 하는 참 자아의 반응으로 '우리'와 '그들'의 경계를 허뭅니다. 다른 사람이 1유형을 사랑하려고 할 때 비판적인 성향과 끓어오르는 분노와 부딪치면 어려울 수 있습니다. 그러나 우리는 1유형의 안정감, 조직력, 분별력을 신뢰할 수 있습니다. 우리가 1유형이 어떻게 해서 일을 올바르게 하는 데 초점을 맞추게 되었는지를 이해한다면, 그들과의 관계 속에서 연민을 느끼고 받아들일 수 있습니다.

아래 사례의 1유형 여성은 통합을 향한 여정을 보여주고 있습니다.

나는 시끄럽고 문제와 요구가 많은 형제 중에 자라나서, 부모님은 나만이라도 좋은 아이이기를 바랐습니다. 그래서 실수와 실패는 즉시 가혹한 비판과 처벌을 받았고 내가 화를 내면 상황은 더 안 좋아졌습니다. 격려 한 마디 들을 수 없는 환경에서 비판의 목소리가 언제 내면화가 되었는지 잘 알지 못했지만, 그 목소리는 안 좋은 영향을 주었습니다. 그 결과 나는 지나치게 심각했고, 분개했습니다! 그런데 에니어그램은 내가 깨어나도록 도와주었습니다. 내가 부정해오던 분노를 대면할 수 있었고 하모니 삼각형은 비판에 대한 죄책감을 느끼는 대신 성령님께 기댈 수 있게 도와주었습니다. 7성향을 사용해 인생이 그렇게 무겁고 심각하지 않으니 밝게 대할 수 있음을 경험했고, 4성향을 통해 감정을 좀더 느낄 수 있었습니다. 무언가를 볼 때 한 방식만이 아니라 다양한 관점이 있다는 사실을 인정하면서 이웃과 깊은 관계를 맺게 되었습니다. 머리와 가슴 지능이 통합되면서 내 삶과 결혼 생활에 빛이 들어왔습니다.

1. 이 이야기를 듣고 당신은 어떤 생각이 듭니까?
   당신은 어떤 감정을 느낍니까? 당신 몸에서는 어떤 반응이 나타납니까?
2. 언제 당신의 행동으로 인해 비난을 받거나 실수로 인해 혼이 났습니까?
   그것이 어떻게 느껴집니까?
3. 당신이 완벽해지려고 노력하지만 계속해서 비판을 받은 적이 있습니까?
   그럴 때 어떤 마음이 듭니까?
4. 1유형이 왜 심각하고 분개하는지 생각해 보십시오.

1유형의 방어기제 '반동형성' 이해하기

1유형은 자신이 나쁘다고 생각하는 방식대로 생각하고 느끼며 행동하기를 원치 않기에 그와 정반대가 되는 생각, 느낌, 행동을 과장함으로써 이를 보상합니다. 이를 반동형성이라 하며, 1유형의 예화에서 이것이 어떻게 작동하는지 살펴보십시오.

나는 비난을 받거나 결핍을 발견하면 고통스럽고, 내면의 비평가는 내 실수와 결점이 노출될 때 나를 공포에 질리게 하며 굴욕감을 줍니다. 실수를 수용하기보다는 내가 결점이 없음을 증명하려고 몇 배로 애씁니다. 내 자신의 실수를 인정하기보다, 다른 사람의 나쁜 행동을 크게 나무라서 누구도 내 안에서 일어나는 굴욕과 공포를 눈치채지 못하게 합니다. 에니어그램에서 반동형성을 배우기 전까지 나는 내가 굉장히 좋은 사람이라고 생각했습니다. 실제의 나보다 나은 사람인 척하면서 좋은 변화의 기회를 얼마나 많이 회피해왔는지 알게 되어 깜짝 놀랐습니다. 거짓 자아는 종종 내 안에서 끓고 있는 분개나 화를 조금이나마 숨기기 위해 통제된 반응으로 진실을 외면했습니다. 은혜 덕분에 나는 내면의 싸움을 멈추었고 결점을 가지고도 하나님 앞으로 가게 되어 건강한 반응을 끌어내는 첫 걸음을 떼었습니다.

1. 이 이야기의 주인공에게 당신은 어떤 동질감 또는 이질감을 느낍니까?
2. 당신이 1유형의 내면 비평가와 함께 있다고 상상을 해 보십시오. 그들이 흠 잡힐 것이 없게 보여야 한다는 강한 압박 속에서 누군가에게 수용되기를 바라는 괴로움을 느낀다는 것을 알아차릴 수 있습니까?

3. 당신은 1유형인 이웃에게 불완전해도 사랑을 받을 수 있다고 격려해 주실 수 있습니까?

4. 당신이 아는 1유형을 위해 성령님의 인도하심에 따라 기도합시다.

사랑받는 1유형을 향한 축복

아래의 기도를 기억하면서 1유형인 당신의 영혼이
확장되기를 축복합니다.

삼위일체 하나님이
진정한 존재로 본향을 향해가는 모든 여정을 축복하시길.

하나님 아버지께서 다양한 기쁨과 즉흥성을 가르쳐주시길.
예수님의 위로로 완벽하지 않아도 죄책감을 느끼지 않기를.
성령님께서 하나님의 선하심과 하나님의 주권을 나타내시도록.

삼위일체의 선하신 하나님이 이 여정을 가는 동안
당신을 소중히 여기고 사랑으로 인도하시길 기도합니다.

1유형과 관계 맺기

우리는 겉모습이 경직되는 1유형 안에는 내면 비평가를 조용하게 만들려고 애쓰는 상처 받은 내면아이가 있다는 것을 알게 될 때, 1유형을 은혜로운 관점으로 볼 수 있게 됩니다.

- 높은 기준, 안정감, 도와주고 열심히 일하는 점을 긍정적으로 바라보십시오. 1유형의 가치를 알아주십시오.
- 1유형인 그들에게 격려가 비판보다는 더 좋은 결과를 낸다는 것을 알게 하십시오. 다른 사람들에게 1유형의 격려가 필요하다고 알려주십시오. 의외로 1유형이 격려를 잘할 수 있습니다.
- 1유형은 이웃의 진심 어린 사과를 좋아합니다. 각자의 실수를 인정하십시오.
- 1유형은 부정적인, 아주 작은 단서도 잘 본다는 점을 기억하십시오. 합당한 충고나 지적이라도 이들의 마음이 열려 있고 스트레스를 받지 않을 때 표현하면 더 좋습니다. '어떤 말을 하고 싶은데 내가 너를 존중하고 사랑함을 기억하면서 들어줘.'라고 말하며 준비시키십시오.
- 1유형은 놀림에 대해 참을 수 있지만, 아무렇지 않게 받아들이기는 어렵습니다.
- 1유형의 완벽주의는 더 나아지길 원하는 것이니 1유형인 그에게 개선할 수 있는 여지를 주십시오.

다음은 1유형의 전형적인 특성입니다. 어떤 생각이 듭니까?

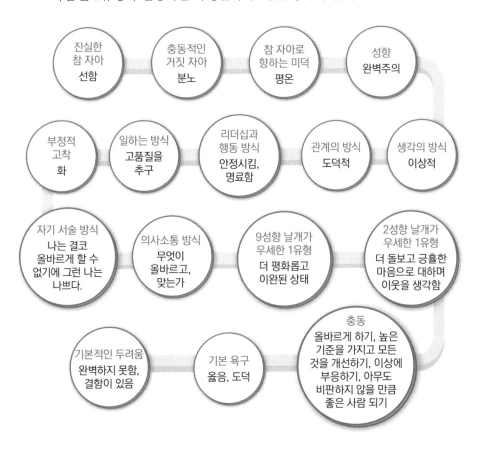

1. 당신이 1유형으로 삶을 산다면 어떨 것 같습니까?

   위에서 1유형과의 관계에 도움이 되는 설명은 무엇입니까?

2. 1유형의 성격에 대해 말할 때 위에 있는 특성보다 더 적합한 말이 있습니까?

3. 1유형의 개선하려는 마음은 그를 단단히 휘감아버립니다.

   당신의 장 지능과 선함으로 1유형의 에너지를 만나면 어떻겠습니까?

4. 1유형은 더 나아지는 방법을 알고 있는 자신에게 다른 사람들이 고마워하기

   를 바랍니다. 당신이 가슴과 머리 지능을 통합하도록 1유형을 격려하며, 그에

   게 고마움을 어떻게 표현할 수 있겠습니까?

가슴 지능

가슴 지능: 감정적 알아차림, 감정 지능

2, 3, 4유형은 타인의 반응, 타인의 필요, 자신의 감정에 따라서 세상을 바라보고 걸러내기도 합니다. 이들은 인간관계에서 에너지를 얻고 관계를 형성하며, 이들의 타고난 개인적 성향은 매력적이고 공감과 참여를 잘합니다. 2유형은 하나님의 사랑을, 3유형은 하나님의 효율을, 4유형은 하나님의 창의성을 반영합니다. 2유형의 미덕은 겸손이고 3유형의 미덕은 진실이며 4유형의 미덕은 평정입니다.

감정 지능 EQ

가슴은 자체적인 신경 시스템을 가지고 있으며, 뇌에서 가슴으로 정보를 보내는 신경세포보다 가슴에서 뇌로 정보를 보내는 신경세포가 더 많습니다. 가슴 지능 사람들이 건강할 때는 상대의 반응이 없어도 진심으로 돌보고 선한 일을 할 수 있습니다. 조건 없는 사랑, 노력, 창의성을 나누며 예수님의 희생적인 보살핌과 사랑을 구현합니다. 이들은 요한복음 15장 13절 '사람이 친구를 위하여 자기 목숨을 버리면 이보다 더 큰 사랑이 없나니'의 말씀을 기억합니다.

가슴 지능의 방어

사람의 반응을 중요하게 여기는 2, 3, 4유형은 자신을 향한 좋은 반응에 목말라 있습니다. 이들은 구하는 반응을 얻지 못하면 타인과 연결이 끊어지고 자신이 유능하지 못하며 부적절하다고 느낍니다. 이러한 감정은 수치심과 불안에 대한 집착과 내면의 고통으로 이어집니다. 수치심과 불안을 경험하지 않기 위해 이들은 인정받고 가치를 증명하며 연결을 강화하는 '행위'를 합니다.

신성한 경험

가슴 지능의 사람은 종종 관계, 이미지, 하나님이 가까이 계심을 각인시키는 상징물을 통해 하나님과 연결됩니다. 민감한 가슴 지능 유형들은 자신의 갈망과 원함을 채울 수 있는 하나님과 성경, 아름다운 시, 건축, 음악, 예술을 통해서 연결됩니다. 성경에서 시편은 인간이 느끼는 모든 감정, 한탄, 찬양을 풀어내 2, 3, 4유형이 가슴 지능에서 느끼는 경험을 대변하며 이들을 하나님과 이웃과 연결되게 합니다.

가슴 / 지능

2유형

나는 친절하고 희생적이며 타인의 필요를 알아차리고 그 부분을 채워주기를 좋아한다. 다른 사람들의 상태에 대해 매우 직관적이고 민감하며, 하고 있는 일로 인정받고 사랑받고자 하는 강한 열망이 있다. 나보다는 이웃을 더 챙기고, 상황이 요구하는 것 이상으로 돕기 원하며, 내 자신을 다 내어줄 수 있다. 이렇게 다른 사람들의 필요에 집중하다 보면 정작 나를 잘 돌보지 못하게 된다. 거절을 잘하지 못하고 사람들을 실망시키기 싫어하며, 나보다 다른 사람을 사랑하는 데 더 많은 에너지를 사용한다. 혹자는 내가 치근대고 상호 의존적이며 소유욕이 강하다고 여길 수 있다. 하지만 만약 사람들이 내가 보살피는 행동으로 그들을 통제하려 한다고 생각한다면 매우 슬플 것이다. 사람들이 나를 발랄하고 자급자족하며 마음이 따뜻하고 희생적인 사람으로 봐주기 원하며, 진심으로 마음이 연결되려고 노력한다. 보살핌을 제공하고 공감을 잘하지만 상처받을 때면 가끔 '순교자' 행세'를 하고 '너한테 어떻게 했는데!'와 같은 말을 하며, 마음이 상하면 앙심을 품고 복수를 하기도 한다.

2유형

사랑은 깊게 생각한 후 표현한다

Love Contemplates Then Decides

세상이 보아야 할 것을 보여주고 싶다.
바로, 내 안에 있는 사랑이다.

- 캣 스티븐스

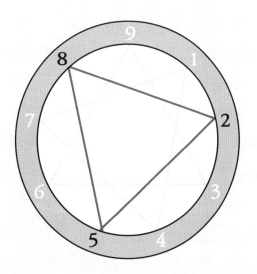

나는 누구인가?

1

2유형은 사랑이신 하나님의 형상을 반영합니다. 이들은 마태복음 25장 35절의 말씀에 깊이 공감할 것입니다.

> 내가 주릴 때 너희가 먹을 것을 주었고 목마를 때에 마시게 하였고 나그네 되었을 때 영접하였고

'사랑과 돌봄'은 2유형의 삶을 표현하는 핵심 단어입니다. 우리가 자신을 인식하는 방식은 자신이 왜 그렇게 행동하고, 무엇을 지향하며, 어디서 걸려 넘어지는지를 설명해줍니다. 2유형은 이웃을 도와주고 용기를 주며 사랑한다고 말하지만, 자신이 무언가를 받기 위해 주었거나 반응을 기대했다는 사실을 놓칠 수 있습니다. 다음에서 2유형을 나타내는 단어들을 살펴보십시오.

▶▶▶ 2유형의 단어들

다음에 설명된 2유형의 단어들을 보면서 생각해 보십시오. 공감되는 단어에 동그라미를, 재능에 해당한다고 여기는 단어에는 별표를 하십시오. 현재 상태에서 하나님의 형상을 드러내지 못하는 단어들에 밑줄을, 당신을 불편하게 자극하는 특성에는 네모 표시를 하십시오.

도와준다	배려한다	이기적이지 않으려 한다
타인의 필요를 잘 본다	반응을 잘 한다	도와달라고 하지 않는다
부드럽다	잘 섬긴다	쌀쌀맞지 않다
눈치를 본다	희생적이다	공격적이지 않다
지원한다	따뜻하다	냉담하지 않다
사랑한다	환대한다	미워하지 않는다
사랑스럽다	친절하다	인색하지 않다
잘 보살핀다	감정을 잘 느낀다	자신을 돌보지 못한다
공감을 잘 한다	이타적이다	무심코 지나치지 않는다
동정심이 있다	세심하다	둔감하지 않다

▷ 당신에게서 하나님의 형상을 반영하는 2유형의 단어는 무엇입니까?

▷ 어떤 단어에 애착을 느낍니까? 또는 강박을 느낍니까?

▷ 어떤 단어에 거부감을 느낍니까? 혹은 비판하는 마음이 듭니까?

▷ 거부감을 느끼는 단어에 마음을 연다면 당신의 삶과 인간관계는 어떻게 달라 질 수 있습니까?

▷ 하나님의 사랑을 반영하는 단어를 적어 보십시오.

▶▶▶ 2유형에 대해 알아가기

다음 사례에 등장하는 2유형 여성은 타고 난 성향과 양육 환경이 어떻게 자신을 사랑의 관계로 이끌었는지 보여줍니다. 발달장애를 지닌 남동생을 돌보는 일은 어떤 이들에게는 쉽지 않지만, 이 2유형 여성은 이러한 환경에서도 기쁘고 풍요로운 삶을 살아냈습니다.

2유형인 나의 성향은 어린 시절부터 나타났습니다. 부모님은 사랑이 넘치셨고 집안은 화목했으며, 이웃들과 가족같이 지냈고 보살핌도 잘 받았습니다. 내 환경은 내 성향과 잘 맞았으며 남녀노소 누구와 함께라도 편하게 대화할 수 있는 친절하고 따뜻한 마음을 가진 아이로 자랄 수 있었습니다. 남동생은 발달장애가 있었는데 감사한 마음으로 그를 보살피면서 돌봄의 방식들을 배웠습니다. 나의 어린 시절을 회상하면 공감을 잘하고 성실하며 관대하고 따뜻하며 항상 관계 맺기를 바라는 예쁜 어린아이가 생각납니다.

▶ 이 이야기에서 당신은 어떤 부분에 공감합니까?
▶ 가장 먼저 떠오르는 2유형에 대한 경험은 무엇입니까?
▶ 이웃에게 도움이 되며 필요한 사람이라고 느낄 때 어떤 마음이 들고, 마음에서는 어떤 역동이 일어납니까?

호흡 기도

고독과 침묵 가운데 자신에 대해 똑바로 볼 수 있도록
하나님께 도움을 구하십시오.
먼저 깊게 숨을 쉬어보십시오.

들이쉬며 – 나는 하나님의 형상대로 창조되었다.
내쉬며 – 나는 하나님의 사랑을 반영한다.

이 기도를 하면서 몇 분간 머무십시오.
하나님의 형상대로 창조된 선함과 자유를 경험하십시오.
자기 사랑을 주기보다는 하나님의 임재로 자유를 누리십시오.
하루 중에 이 기도를 반복해 보십시오.

참 자아와 거짓 자아
사랑스러운 사람

2

우리는 사용하는 표현이나 말을 통해 자신이 어떤 사람인지를 드러냅니다. 2유형은 태도, 행동, 동기를 통해 사랑과 섬김을 보여줍니다. 하나님과 함께할 때 보상을 바라지 않고 돌보는 참 자아로 살 수 있습니다. 거짓 자아는 강박적이고 깊게 뿌리 내린 옛사람으로, 다른 사람이 자신을 필요로 하는지, 사랑하는지를 거듭 확인하려고 합니다. 에고 자체는 타고난 기질, 후천적인 양육 환경, 욕구와 자유의지 등이 복합적으로 혼합된 심리적 자아입니다. 이제 충동적이고 강박적인 거짓 자아의 반응과 하나님, 자신, 이웃을 사랑하는 참 자아의 흐름FLOW에 대해 살펴보십시오.

2유형의 참 자아 신성한 사랑

2유형은 하나님의 사랑과 돌보심을 반영하도록 창조되었습니다. 이들은 신성한 사랑의 구현에 공감할 것이고 사람들을 따뜻한 마음으로 공감해 주는 사람입니다. 건강한 2유형은 편하게 관계를 맺고 관대하게 돌보며 조건 없이 사랑합니다. 다른 사람들의 필요와 욕구를 살피며 관심을 보이고 얼마나 많은 도움이 필요한지도 알 수 있습니다. 2유형의 참 자아는 이웃의 필요만큼이나 자신의 필요도 중요하게 여깁니다. 무엇을 해야 하는지, 하지 않아야 하는지를 분별하여 적절하게 주고 또한 자신의 한계도 인정합니다. 하나님, 자신, 이웃에 대해 깨어있을 때는 격려의 말이나 보답을 기대하지 않고, 성령님의 인도하심에 따라 내면의 필요를 채웁니다. 이들은 하나님께서 우리를 사랑하시기에 하나님의 아들이 겸손하게 예수님이 되셔서 직접 사람으로 이 땅에 오심을 나타냅니다.

2유형의 거짓 자아 교만, 환심을 사려고 함, 사랑받지 못함을 두려워함

2유형의 거짓된 자아는 자신의 사랑과 베풂으로 자신이 이웃에게 없어서는 안 되는 사람이라는 교만을 가집니다. 이 사랑의 중독은 '나처럼 사심 없이 사랑을 베푸는 사람이 없다.'고 자랑하게 됩니다. 교만한 2유형은 이웃의 경계를 침범하고 대가를 바라면서 베풉니다. 치근거리고 소유욕이 많으며 원하는 반응이 오지 않을 때는 순교자처럼 행세하는 자신을 깨닫지 못합니다. 깨어있지 않은 2유형은 자신이 한 좋은 일에 대해 감사의 편지, 보답하는 저녁 식사 등의 보상을 원하고 이웃의 삶에 영향을 주기를 바랍니다. 그들은 상대가 화답하는지에 주의를 기울이며 타인의 인정에 매달리고 불안해하며 소심한 양심을 품기도 합니다.

▶▶▶ 참 자아 또는 거짓 자아

자신의 참 자아와 거짓 자아를 생각해 보면서 아래의 질문을 숙고해 보십시오. 그럴 때 자연스럽게 떠오르는 생각이 있습니까? 어떤 질문에 특별히 답을 쓰고 싶은지 살펴보십시오.

▶ 참 자아로서 2유형의 특성은 인간관계에서 어떤 모습입니까?

▶ 거짓 자아로서 2유형의 특성은 인간관계에서 어떤 모습입니까?

　당신에게 교만은 어떤 형태로 나타납니까?

　'내가 가치가 있음을 증명해야 해!'라고 느낄 때가 언제입니까?

　언제 수치심을 느낍니까?

　'충분하지 못했어!'라는 마음은 언제 듭니까?

　단절로 인해 괴로움을 느낍니까?

　불안감을 낮추기 위해서 무엇을 합니까?

▶ 무엇 때문에 마음이 닫히고 상합니까?

　이웃에게 마음을 열 수 있는 신호는 무엇입니까?

▶ 참 자아와 거짓 자아의 상태가 다름을 어떻게 느낄 수 있습니까?

받기 위해 주는

2유형은 이웃을 돌보는 것이 이기적인 동기에서 비롯된다는 것을 알아차리기 어려울 수 있습니다. 예수님께서는 얻기 위해 주는 거짓 자아에 대해 말씀하십니다. 초대받기를 바라며 미끼를 던지듯, 어떤 경우에 어떤 사람에게 환대와 보살핌을 주는지 살펴보십시오.

> 예수께서 청한 자에게 이르시되 네가 점심이나 저녁이나 베풀거든 친구나 형제나 친척이나 부한 이웃을 청하지 말라 두렵건대 그 사람들이 너를 도로 청하여 네게 갚음이 될까 하노라 잔치를 베풀거든 차라리 가난한 자들과 몸 불편한 자들과 저는 자들과 눈먼 자를 청하라 그리하면 그들이 갚을 것이 없으므로 네게 복이 되리니 이는 의인들이 부활 시에 네가 갚음을 받겠음이라 하시더라
>
> 누가복음 14:12~14

1. 예수님의 말씀을 읽으면서 무엇이 떠오릅니까?
2. 성 빈센트 드 폴은 사랑과 섬김에 대한 감사를 기대하지 말고 '오직 사랑으로 빵을 줄 때만 가난한 자들이 우리를 용서할 것입니다.'라고 사제들에게 말했습니다. 당신이 베푸는 자선에 대해 인정받고 감사 인사를 원하며 되돌려 받고 명예롭게 되는 것이 섬기는 동기가 되었습니까?
3. 당신에게 갚을 수 없고 도움을 줄 수 없는 사람과 어떻게 친구가 되고, 그들을 격려하며 베풀 수 있습니까?

하모니
사랑은 깊게 생각한 후 표현한다
3

2유형은 종종 사랑이 많은 사람으로 묘사됩니다. 그러나 우리는 유형 그 이상의 놀라운 존재이며 삼위일체 하나님의 형상으로 창조되었습니다. 2유형이 머리와 장 지능을 통합할 수 있다면 사랑은 5성향의 지혜와 8성향의 독립성과 조화를 이룰 수 있습니다. 이제 하모니 삼각형이 주는 특별한 선물인 흐름FLOW을 소개합니다.

하모니 삼각형의 흐름 안에 있을 때 2유형의 사랑은 다른 사람에게 실제로 도움이 되는 돌봄은 무엇인지 5성향처럼 숙고할 수 있으며, 또한 다른 사람에게 의존하지 않는 8성향의 자립성을 가질 수 있습니다.

▶▶▶ 유형의 하모니

다음 사례는 2유형, 5성향, 8성향을 통합하는 여정의 이야기입니다. 이 2유형 남성은 경계를 잘 세우며, 장 지능을 사용해서 상대에게 '예'가 아닌 '아니오'라고 분별하여 대답하는 것을 배우고 있습니다. 또한 머리 지능을 사용해서 사람들을 기쁘게 하려는 충동에서 벗어나면 자유를 누릴 수 있음을 깨달아가고 있습니다. 지나치게 관여하는 2유형인 그가 어떻게 5성향과 8성향을 통합해서 자신이 할 일과 그렇지 않은 일을 선택하는 능력을 계발하는지 살펴보십시오.

어머니는 막내인 나에게 친밀감을 느끼고 대화 상대로 여겼으며, 때로는 동료 의식을 갖고 계셨기에 나를 가장 좋아하셨고 의지하셨습니다. 4살 터울의 형은 내가 고등학생이 되었을 때 대학 진학을 해서 집을 떠났습니다. 그때 집에는 어머니와 93세 할머니가 계셨습니다. 그 기간에 강한 남성의 부재로 8성향 어머니의 간섭과 방해가 나를 분개하게 했습니다. 나는 2유형의 도와주는 역할을 했고 갈등을 회피했으며 기쁨을 주려고 노력했습니다. 또한 나를 보호하기 위해서 5성향의 '동굴'로 들어가기도 했습니다. 에니어그램을 공부하면서, 내 안의 계발되지 않은 8성향과 인정받지 못한 5성향을 이해하게 되었고 내 삶을 받아들이기 시작했습니다. 2, 5, 8 하모니 삼각형이 누군가 내게 친밀감을 요구했을 때 왜 즉각적으로 반응했는지 설명해 주었습니다. 내가 나 자신에 대해 숨겨진 욕구와 감정을 드러냈을 때 사람들이 애정 어린 반응을 보였습니다. 이제야 성화의 여정을 발견했습니다.

▶ 어떤 상황에서 단절된 기분이 들어 괴로워합니까? 어떻게 한계와 경계선을 무시합니까?

어떻게 신중한 반응이 실제로 다른 사람과의 연결을 더 낫게 만듭니까?

▶ 인정받지 못한 느낌이 들 때 어떤 힘을장 지능 행사할 수 있습니까?

단절에서 비롯된 상처를 생각으로머리 지능 전환하면 어떻게 보입니까?

▶ 타인과 연결되고자 하는 욕구 뒤에 숨겨진 동기를 곰곰이 생각한 뒤머리 지능, 자신감 있게장 지능 남을 돌보는 에너지를 절제하는 모습을 상상해 보십시오. 무엇을 기대할 수 있습니까?

▶▶▶ 장, 가슴, 머리 지능

다음 이야기는 2유형의 통합을 향한 여정을 보여줍니다. 그는 자신의 배려심과 이기적이지 않은 마음을 잘 살핀 뒤 8성향의 단호함으로 진로를 선택했고 5성향이 가지고 있는 배움에 대한 열정을 끌어냈습니다. 하모니 삼각형을 통한 접근이 어떻게 그의 관계에 열정, 경계선, 지혜를 가져다주었는지 관찰해 보십시오.

고등학교 때, 나는 골프에 열정이 생겨서 여러 해 동안 프로 골프 선수가 되기를 희망했고, 홀로 하는 스포츠라는 점에서 더 깊이 빠지게 되었습니다. 결과는 전적으로 나에게 달려 있었고, 이제 생각해 보니 내 안의 개인주의적인 5성향이 나타났음을 알았습니다. 프로 골퍼는 이웃을 위한 봉사와 관련이 없다고 느껴져서 고민했습니다. 그런 망설임 끝에 골프를 떠났고, 대신 공부를 했습니다. 학문적으로 깊어질수록 8성향으로 인해 자신감이 커졌고 판단력이 생기며 관계에서 상처를 덜 받게 되었습니다. 교사가 되었을 때, 장 지능을 사용하여 자원을 잘 활용하며 강하고 결단력 있게 행동하게 되었습니다. 내 감정 지능은 공감, 따뜻함, 학생들과 친구들에 대해 사랑하는 마음을 가지게 했습니다.

▶ 2유형은 머리 지능5성향과 통합할 때 한발 물러나서 인정받지 못한 괴로움을 누그러뜨립니다. 당신 안에 있는 머리 지능을 어떻게 알아차릴 수 있습니까?

▶ 2유형은 장 지능8성향과 통합할 때 갈등과 힘든 관계 문제에 대처하기 위해 나섭니다. 당신 안에 있는 장 지능을 어떻게 알아차릴 수 있습니까?

▶ 당신에게 머리, 가슴, 장 지능이 있다는 것은 어떤 의미가 있습니까?

나의 섬김을 지켜봐 주길

다음 이야기는 지나친 섬김과 좋은 인상을 주려는 의도가 실제로는 타인과의 연결과 자신의 현존을 방해한다는 것을 보여줍니다. 무엇이 더 좋은지 선택할 수 있는 내면의 자유를 가지도록 예수님이 마리아와 마르다 두 사람 모두를 어떻게 돌보시는지 살펴보십시오.

> 그들이 길을 갈 때 예수께서 한 마을에 들어가시매 마르다라 이름하는 한 여자가 자기 집으로 영접하더라 그에게 마리아라 하는 동생이 있어 주의 발치에 앉아 그의 말씀을 듣더니 마르다는 준비하는 일이 많아 마음이 분주한지라 예수께 나아가 이르되 주여, 내 동생이 나 혼자 일하게 두는 것을 생각하지 아니하시나이까 그를 명하사 나를 도와주라 하소서 주께서 대답하여 이르시되 마르다야 마르다야 네가 많은 일로 염려하고 근심하나 몇 가지만 하든지 혹은 한 가지만이라도 족하니라 마리아는 이 좋은 편을 택하였으니 빼앗기지 아니하리라 하시니라
>
> 누가복음 10:38~42

1. 당신이 섬기느라고 진정으로 타인과 함께 있지 못할 경우는 어떤 때입니까?

2. 마르다는 이웃을 환대하려는 의도를 갖고 시작했지만, 손님들이 그녀가 하는 섬김에 대해 고마워하지 않자 결국 화가 났습니다. 그녀는 예수님께 "마리아에게 저를 도우라고 말해주세요!"라고 명령조로 말합니다. 당신을 필요하다고 여기지 않을 때, 어떤 상황에서 8성향의 강렬함으로 움직이면서 사람들을 비난합니까? 섬김에 대한 교만이 어떻게 스스로 주인공이 되게 만듭니까?

3. 예수님의 말씀이 당신으로 하여금 과한 인정을 얻으려 하기보다는 깨어있고 현존하여 더 나은 선택을 하도록 어떻게 인도합니까?

로욜라의 이냐시오 기도문

가슴, 머리, 장 지능을 통합하는 다음의 기도가
우리의 기도가 되기를 소망합니다.

한 주 동안 삶과 관계 속에 삼위일체 하나님이 역사하시기를
마음과 뜻과 힘을 다해 기도하십시오.

여호와 하나님, 저의 자유, 기억, 이해, 머리 지능
모든 의지, 내 것이라 여기는 모든 것을 받아주시옵소서.

아버지께서 모든 것을 다 주셨기에 주님께 모두 돌려드립니다.
모든 만물은 아버지의 창조물이니 아버지의 뜻대로 사용하시옵소서. 장 지능
하나님의 사랑가슴 지능과 은혜면 충분합니다.

어린 시절의 상처 치유하기
겸손한 마음 갖기

4

아이들은 회복력이 강하지만, 어린 시절의 해결되지 않은 상처는 성인이 된 후에도 2유형의 관계에 영향을 끼칩니다. 2유형의 어린이는 '너는 사랑받는 아이야.'라는 메시지를 상실하고, 대신 '너는 욕구가 있으면 안 된다.'라는 거짓 메시지를 내면화한 경우가 많습니다. 따라서 살아남기 위해서 남을 챙겨주고 즐겁게 하며 필요한 존재가 되려고 했고 이런 방어로 인해 한계를 인정하지 못하고 자기 인식을 제대로 할 수 없었습니다.

성인이 된 후, 관계 속에서 어린 시절의 상처가 자극 받으면 거칠고 날것 그대로의 아픔과 분노가 표출되어 하나님이 주시는 사랑을 알지 못하고 받지도 못합니다. 이런 상황에서 충족되지 않은 네 살짜리 내면아이가 나와서 제멋대로 하려고 하며 관심을 받고자 하고, 교만, 소유욕, 불안정함의 거짓 자아에 사로잡히게 됩니다.

하모니 삼각형은 2유형이 지금의 관계에 영향을 주는 트라우마, 방어기제, 어린 시절 잘못 인식한 거짓 메시지, 충족되지 않은 욕구에 대해 의구심을 갖게 합니다.

2유형은 내면아이를 수용함으로 겸손함과 통찰, 결단을 할 수 있는 자유를 회복할 수 있습니다. 모두에게 따뜻하고 공감을 잘하며 도움을 주는 2유형 안에는 취약성과 민감함이 약함의 표시라고 믿으며 독립적이고 지배적이며 통제하는 어린 8성향이 있습니다. 또한 주변의 요구로 인해 자신이 고갈될까 두려워 거리를 두고 숨는 어린 5성향도 있습니다. 어떤 상황에서 행동과 생각을 무시하는지에 주의를 기울이면서, 자신의 욕구를 언제, 어떻게 잃어버렸는지 알아보십시오.

다음 사례에 등장하는 남성은 연민을 가지고 했던 일들이 인정받지 못하고 격려받지 못하는 환경에서 성장했습니다. 그가 머리, 가슴, 장 지능을 어떻게 통합시켰는지 살펴보십시오.

할아버지와 아버지는 사업장을 운영하셨는데, 남자들은 당연히 사업을 해야 한다고 여겼고 형들도 그 길을 따랐습니다. 부모님은 대공황을 경험하셨기에 경제적 안정을 중요한 가치로 여기셨습니다. 가족들은 인간관계나 베풂을 중요하게 여기는 나의 성향을 이해하지 못하고, 필요한 돈을 벌 수 없다고 걱정하면서, 아버지는 '너를 사랑하지만, 네가 왜 그러는지 모르겠다.'라고 말하셨습니다. 결혼하고 자녀가 생긴다면 내가 부모로부터 받은 기회들을 내 자녀에게 제공할 수 없다고 암시하는 아버지의 말들로 인해 차라리 성당의 신부가 되어야 할까를 고민하기도 했습니다. 부모님은 내가 강하고 기업가적인 정신을 발휘하기를 바라면서 8성향의 성과를 원하셨고 2유형과 5성향의 특징은 무시했습니다. 하지만 그 이후 지금까지 친구들, 영적 지도자들, 특히 아내의 도움으로 회복하고 있으며 2유형을 안아주면서 5성향과 8성향을 통합하려고 애쓰고 있습니다.

다음의 질문들을 읽으면서 내면아이를 더 깊게 수용하도록 하나님께서 초청하시는 부분이 어디인지 찾아보십시오. 새로운 통찰력과 알아차림을 글로 적어 보십시오. 중요하고 통합적인 이 작업에 도전해 보십시오.

▷ 제시된 사례에서 주인공의 가족들은 그가 왜 그러는지 온전히 이해하지 못했습니다. 이 이야기가 어떻게 다가옵니까? 얼마나 공감하십니까?
▷ 관대하고 민감한 2유형이 자신에게 충분한 에너지가 없다고 두려워하는 5성향의 내면아이처럼 동굴에 숨어있습니다. 당신의 삶에서도 비슷한 경험을 한 적이 있습니까?
▷ 부드러운 마음을 가진 2유형 안에는 '이제 응석을 그만 부리고 실제로 행동하면 안 될까?'라고 하는 주도권을 잡고 책임지는 어린 8성향이 있습니다. 언제 내면아이가 이런 반응을 하는지 알아차려 보십시오.
▷ 어떤 상황에서 머리와 장 지능을 잃어버렸습니까?

▶▶▶ 상처받은 내면아이와 만나기

2유형이 머리, 장 지능을 알아차리고 통합할 때, 다른 사람이 아닌 자신을 돌보기 위해 무엇을 해야 하는지 알 수 있습니다. 2유형이 장 지능과 다시 연결되면 경계선을 유지하는 힘을 갖고 진지하게 자신의 욕구도 돌아볼 수 있습니다. 머리 지능을 통합하면 관계에서 생기는 어려움에 대한 시각이 열립니다. 몸의 감각과 머리의 인지를 알아차리면 우리는 하모니를 향한 여정에 있어 감정 이상의 자원을 얻을 수 있습니다.

당신의 상처들에 이름을 붙여보고 그것을 글로 써보십시오. 또한 다른 사람과 자신의 사랑하는 방식을 비교하면서, 스스로를 방어하기 시작할 때 나타나는 상처들에 대해 조심스레 살펴보십시오. 머리 지능을 사용하여 곰곰이 생각할 시간을 갖고, 장 지능의 힘을 가지고 반응하는 것을 살펴보십시오. 아래 질문 중에서 자유롭게 선택해서 답을 해보고 남은 질문들에 대해서는 다른 시간에 답을 해도 좋습니다.

▶ 당신의 감정과 필요가 억압되었던 상황이 있었습니까? 과거의 상처로 인해, 또는 타인을 기쁘게 하려고 당신의 필요와 욕구를 계속해서 무시했던 경험이 있습니까? 현재까지 자극이 되는 어린 시절의 상처는 무엇이고, 이때 나타나는 자동적인 반응은 무엇입니까?

▶ 당신이 베푸는 사랑에 대해 교만해지고 돌봄이 부족한 다른 사람들을 비판하기 시작한 것은 언제부터입니까? 언제부터 베푸는 사랑을 통해 타인을 조종하기 시작했습니까? 당신의 가치를 느끼기 위해 희생하기 시작한 때를 주의 깊게 살펴보십시오.

▶ 미덕인 겸손을 회복하기 위해서 하나님께 도움을 요청하십시오. 아이 같은 마음으로 이유 없이, 순수하게 이웃을 사랑하려는 마음을 열어보십시오.

◈ 어떻게 존재의 중요성이 회복되고 치유되었습니까? 혹은 더 견고해지고 좋아졌습니까?

'네게 필요한 것은 사랑이야!'라거나 '내가 떠나면 나를 그리워하겠지.'라는 2유형의 생각은 잘못된 것입니다. 거짓 자아는 순교자 역할에 사로잡혀있지만, 하나님은 2유형이 자신을 필요로 하지 않는 사람을 향해 갖고 있는 냉담한 마음과 교만에서 벗어나도록 초대하십니다. 용서를 통해 냉담한 마음을 푸는 영성훈련은 2유형이 자기가 원하는 모습이 아닌, 있는 그대로 타인을 받아들이게 합니다.

마음이 굳어지고 그 마음이 심술궂은 말로 표현될 때 마음의 문을 여십시오. 상대는 상처를 주려고 하지 않았을 가능성이 큽니다. 그에게 마음이 아프다고 표현하십시오. 그의 반응과 상관없이, 내가 원하는 대로 반응하지 않아도 상대를 수용할 수 있도록 하나님께 은혜를 구하십시오. 용서는 화해와는 다르며, 쓴 뿌리와 순교자 역할에서 자유롭게 합니다. 이번 주를 돌아보면서 하나님의 용서하심에 의지하여 상처받은 마음이 부드럽게 되게 해 달라고 구하십시오.

치유의 기도

2유형은 하나님의 조건 없는 사랑과 사랑하는 사람들 앞에서 자신이 느끼는 상처를 내보임으로써 좀 더 자신을 사랑하고 소중하게 여깁니다. 내면 작업을 통해 꼭 필요한 사람이 되려는 욕구와 지나치게 베풀려는 마음을 내려놓고 적절한 관대함과 이타심을 가지고 사랑하게 됩니다. 교만은 겸손이라는 미덕으로 변화합니다.

자신을 위해 기도할 수 있습니다. 혼자 조용한 장소에서 긴장을 푸십시오. 호흡을 깊이 하고 하나님 앞으로 나아오십시오. 하나님께 치유받아야 할 부분을 보여달라고 구하십시오. 과거의 아픈 기억들과 상처가 떠오를 때까지 조용히 기다리십시오. 어떤 생각이 떠오른다면, 치유를 위한 아래의 질문들에 답을 하십시오.

◆ 아픈 기억 속으로 당신과 예수님을 초대하십시오.
  예수님은 어디에 계십니까? 당신은 어디에 있습니까?
◆ 당신은 어떤 감정을 느낍니까? 불안, 수치, 인정, 애정, 가치 없음 등
◆ 위와 같은 감정을 보였던 때가 생각납니까? 예수님과 함께 그 시간과 장소에 갈 수도 있고, 지금 있는 곳에 머물 수도 있습니다.
◆ 경험에서 느끼는 감정에 이름을 붙여 보십시오. 그 사건으로 인해 어떤 거짓말을 믿게 되었는지 보여달라고 기도하고, 이름을 붙이십시오.
◆ 예수님은 이 거짓말에 대해 뭐라고 말씀하십니까? 예수님이 보여주시는 이미지 혹은 들려주시는 말씀이나 단어가 있습니까?
◆ 예수님께서 당신에 대해 말씀하신 진실을 부드럽게 자주 말해주십시오.
  말씀의 진리는 상처를 주님 앞에 내려놓고 자유롭게 하는 치유제입니다.

충만함과 메마름을 분별하기
5

로욜라의 이냐시오는 성령님이 머리, 가슴, 장 지능 모두를 통해 역사하신다고 가르쳤습니다. 그는 우리가 결정을 내릴 때 다음과 같은 질문을 통해 메마름과 충만함의 상태를 주의 깊게 살피라고 제안했습니다. '어떤 감정을 느끼고 있습니까?' '무슨 생각을 하고 있습니까?' '본능적으로 무엇을 감지합니까?'

충만한 상태일 때 2유형은 받기 위해서 주기보다 진실한 사랑을 보이며 하나님 앞으로 나아갑니다. 충만함은 사랑의 방향이며, 무엇이 최선인지 생각하고 힘있게 행동한다는 증거입니다. 메마른 상태일 때 2유형은 하나님의 사랑을 왜곡시키는 단절과 수치심을 느낍니다. 메마름은 2유형이 거짓 자아로 떨어진 상태입니다. 사랑을 얻기 위해 주지 않아도 되는, 내면의 자유로 돌아가기 위해 하나님의 은혜를 구하도록 일깨우는 신호입니다. 하모니 삼각형을 이용한 분별은 영혼의 자원 5, p.495 참고

2유형이 충만한 상태에 있을 때는 조건 없는 사랑, 세심한 힘, 연민 어린 확신, 따뜻한 리더십, 공감하는 객관성, 이타적인 용기, 사려 깊은 반응, 신성한 연약함, 배려하는 지혜 등을 경험합니다. 이것이 2유형의 자유로움입니다!

2유형이 메마른 상태에 있을 때는 교만, 조종, 치근댐, 인정에 목마름, 계산적이 됨, 소유욕, 지나치게 예민함, 불안정, 순교자 역할, 의존성 등을 경험합니다. 이것은 2유형이 거짓 자아에 묶여있다는 증거입니다.

▶▶▶ 내면에서 일어나는 역동 알아차리기

메마름과 충만함은 2유형을 하나님, 자신, 이웃을 사랑하는 방향으로 안내해 줍니다. 아래 여성은 에니어그램 영성훈련을 통해 메마름과 충만함의 신호를 알아차리고 어떻게 다른 사람의 말과 표현을 통해 자신의 가치를 찾으려 했는지 깨닫고 있습니다. 2유형인 이 여성은 다른 사람의 반응으로 인정을 받으려하고, 자존감을 높이기 위해 자신이 고갈될 때까지 주는 이 과정에서 자신을 잃어버립니다. 다음 사례의 2유형이 어떻게 메마름과 충만함을 통해 하나님 앞으로, 치유를 향하여 나아가는지 보십시오.

얼마 전, 친구는 나에게 나의 좌우명이 마치 '내가 나를 알듯 네가 나를 안다면, 내가 나를 수용하지 못하듯이 너도 나를 거절할 것이다.' 와 같다고 말했습니다. 사랑받지 못해서 상처 받은 나를메마름 그 친구는 본 것입니다. 그 말이 진심이기에충만함 나 자신에게 의도적으로 묻기 시작했습니다. '나는 무엇을 원하지?' 내가 사람을 얼마나 사랑했는지 떠올렸고, 나 자신에게 그 친절한 사랑을 베풀기 시작했습니다. 내가 얼마나 지쳤는지, 나도 얼마나 필요한 것이 많은지를 알게 되었고, 그 부분에 대해서 하나님께 고백하며 친구에게 말할 용기를 구했습니다. 어려운 작업이었지만 그로 인해 큰 회복을 느꼈습니다.

▶ 당신을 괴롭게 하는 사랑받지 못한 감정이 어떤 상황에서 나타나며, 그로 인해 어떤 메마름이 나타납니까?

▶ 메마름을 느낄 때, 머리와 장 지능을 통한 성령님의 움직임에 집중하십시오. 당신은 화가 나서 스스로 메마름으로 밀어내고 있습니까? 머리 지능이 모든 사람에 대한 책임감에서 오는 메마름을 알아차리는 데 어떤 도움을 줍니까?

▶▶▶ 메마름과 억압

불안정하고 애정에 굶주린 2유형의 방어 전략은 '억압'입니다. 이는 받아들이기 어려운 감정을 억누르고 보다 수용될만한 형태의 감정 에너지를 사용하도록 변환하는 것입니다. 2유형의 억압은 타인이 필요로 하는 부분에 초점을 맞추고 자신의 욕구는 무시할 때 일어납니다. 자신의 솔직한 상태를 부인하는 섬김과 사랑을 통해 '나는 필요한 존재야.'라는 의미를 만들어냅니다. 판단을 내려놓고 자신의 필요와 욕구를 언제 눌러버리는지 알아차리고, 한두 가지 질문에 머무르며 진심을 살펴보십시오.

▷ 사람들이 당신을 좋아하도록 만들기 위해 언제 거짓말, 선물 공세, 아첨 등을 합니까?

8성향의 분노와 심술이 어떤 방식으로 나타납니까?

언제 '내가 너를 위해서 한 모든 것들을 봐.'라고 하면서 순교자 행세를 합니까?

어디에서 '나는 아무것도 필요하지 않아.'라고 하면서 교만을 드러냅니까?

▷ 사람들이 당신을 좋아하지 않는다고 느낄 때 어떻게 몸이 경직되고 옥죄어옵니까? 이런 고통과 좌절을 어떻게 해결합니까?

▷ 당신의 힘으로 하는 사랑이 하나님 사랑의 흐름과 충만함을 어떻게 차단했습니까?

▷ 분별을 막아버리는 '억압' 이외에 다른 방어기제는 무엇이 있습니까?

인정받지 못했다는 느낌이 들 때의 기도

2유형은 사람들이 어떻게 사랑하지도 않으며
고마워하지도 않는지 의아해 합니다.
되돌아와야 하는 감사가 없어서 괴로울 때 그 공허함 속에서
의식적으로 숨을 깊게 쉬십시오.

들이쉬며 – 하나님 아버지는 나를 사랑하십니다.
내쉬며 – 나는 필요한 존재입니다.

이 기도를 통해 하나님 앞에 마음을 열어보십시오.
만일 사람들을 있는 그대로 받아들이고 하나님의 역사하심을 기다린다면,
생각하지 못한 놀라운 일이 생길 수 있습니다.

▶▶▶ 충만함과 겸손

충만함을 향한 성령님의 초대는 주는 것이 받는 것보다 더 중요하다고 여기는 자신의 에고를 인식하도록 합니다. 겸손이란 이웃이 나에게 주는 것을 받고 도움도 받을 수 있다는 것을 뜻합니다. 2유형이 겸손하면 다른 사람이 메마름의 상태에 있는 경우 실제로 어떤 도움이 필요한지를 분별하기 위해 뒤로 물러설 수 있습니다. 또한 자신의 메마름 속에서 도움받을 필요가 있음을 생각해 볼 수도 있습니다. 현명한 머리 지능과 역동적인 장 지능은 2유형이 충분히 생각해보고 도울 수 있도록 안내합니다. 성령님의 충만함을 통해 내가 원하는 대로 베풀기보다는 상대의 원함을 알아차리십시오.

2유형은 성령님을 따라 교만에서 벗어나 자신의 한계와 필요를 인식하는 겸손으로 옮겨감으로써 충만함을 경험할 수 있습니다. 겸손은 2유형이 자신이 탈진될 때 본인을 포함한 모든 사람에게 좋은 영향을 끼치지 못한다는 사실을 인지하게 합니다. 또한 하나님의 눈으로, 하나님의 돌보심으로, 자기 자신을 바라보는 관점을 가질 수 있습니다. 모두를 위해 모든 것을 다 할 필요는 없습니다. 신성한 사랑은 다른 사람의 한계와 나의 인간적 한계를 통해서도 흘러나갈 수 있습니다.

▶ 성령님께서 2유형이 자신의 이미지를 좋게 보이기 위해 이웃을 사랑하고 돌보는 부분을 내려놓으라고 하실 때, 어떤 감정이 들었는지 설명해 보십시오. 어떤 일이 생겼습니까? 어떤 위로를 받았습니까?

▶ 2유형의 마음은 이웃에게 하나님의 사랑이 흘러가도록 어떻게 도왔습니까? 당신이 사랑하는 것, 또는 다른 사람이 마음과 뜻과 힘을 다해 당신을 사랑하도록 하는 것에 대해 어떻게 생각합니까?

2유형을 위한 영적 리듬

6

그러므로 형제들아 내가 하나님의 모든 자비하심으로 너희를 권하노니 너희 몸을 하나님이 기뻐하시는 거룩한 산 제물로 드리라 이는 너희가 드릴 영적 예배니라 너희는 이 세대를 본받지 말고 오직 마음을 새롭게 함으로 변화를 받아 하나님의 선하시고 기뻐하시고 온전하신 뜻이 무엇 인지 분별하도록 하라

로마서 12:1~2

2유형은 하나님께 쉽게 마음을 드리는 경향이 있습니다. 하지만 바울은 우리에게 마음의 오래된 패턴에서 새롭게 변화되어서 몸으로 제물을 드리 듯 실제적인 예배를 드리도록 강력히 권합니다. 몸을 하나님께 드린다는 것은 2유형이 하나님께 드릴 몸을 잘 보살펴야 함을 생각하게 합니다. 몸을 드리는 것은 2유형으로 하여금 어떻게 이타적으로 행동해야 하는지를 알게 하고, 또한 어떻게 이웃을 위한 행동이 나를 힘들게 하는지, 또는 활기차게 하는지를 알게 합니다. 자신의 몸을 잘 드릴 때 2유형은 섬김의 경계선을 세우며 적절한 거절을 하게 됩니다. 그럼으로써 2유형은 인식을 새롭게 하여 자신을 향한 하나님의 뜻이 무엇인지 분별하게 됩니다.

성령님의 일 하심에 집중하면 2유형은 상호 의존적이거나 필요한 존재가 되기 위해 돕는 대신, 내적 자유에 기반하여 언제 도와주어야 하는지를 알아차릴 수 있습니다. 성령님은 2유형이 사랑받는 자라고 느끼게 해

주셔서, 깊은 생각과 사람들을 조종하지 않겠다는 결단에서 나오는 사랑을 통합할 수 있도록 인도합니다.

다음에 제시되는 영적 리듬은 2유형이 변화를 향한 하나님의 초청에 응하고 마음을 새롭게 하는 길입니다. 제시된 모든 훈련이 마음에 와닿지 않더라도 하나님과 함께할 수 있는 감동이 되는 훈련에 참여해 보십시오.

그대가 다른 이유 없이머리 지능
오직 나를 위해장 지능 나를 좋아했다고 믿기에
그대를 더욱 사랑가슴 지능합니다.

- 존 키츠

▶▶▶ 현존 훈련: 2유형

'핵심 용어' 부분에서 흐름FLOW에 대해 다시 읽어보기를 권합니다.
삼위일체 하나님의 하나 되심에 주목하십시오.

아버지와 아들과 성령이 함께 존재하며 함께 흘러갑니다.
머리와 가슴과 몸이 함께 존재하며 함께 흘러갑니다.
믿음과 사랑과 소망이 함께 존재하며 함께 흘러갑니다.

신성한 하모니는 2유형이 자신 안에 이미 있는 진실에 대해 깨어있으라고 부르십니다. 2유형은 사랑과 소속의 가치를 증명하지 않아도 되며, 마음과 힘과 뜻을 가지고 하나님 그리고 이웃과 함께 할 때, 마음에 국한된 자신의 존재를 창조된 온전한 형상으로 통합할 수 있습니다. 다음의 묵상 기도가 머리의 관찰, 가슴의 감정, 장의 복원력을 통합할 수 있게 합니다. 또한 자신의 장과 머리 지능에 접근하면 매번 생기는 관계의 문제가 자신의 부족함 때문이 아님을 알 수 있습니다. 머리, 가슴, 장 지능의 통합은 감정, 불안, 욕구에 안정을 가져다줍니다.

편안하고 정신이 맑아지는 장소를 찾아보십시오.
성령님이 내 안에 계시며 나를 위해 기도하고 있음을 기억하십시오.
당신에게 머리, 가슴, 장 지능이 있음을 받아들이고
그것이 열리도록 하나님께 간구하십시오.

몸 현존

성령님과 함께 있도록 자신을 내려놓으십시오.

숨을 들이마시면서 복부에 공기가 가득 찰 때 몸 안에 어떤 변화가 일어나는지 관찰하십시오. 몸이 무엇을 말하는지 주의를 기울이십시오. 기도 속에서 몸이 하기 원하는 것이 있다면, 그대로 하십시오. 대접할 수 있는 마음에 감사하며 강점인 돌봄의 능력을 경험하십시오. 온전하지 않은 사랑과 몸의 경직을 어디에서 알아차릴 수 있습니까? 한계, 피곤함, 욕구에 관해 몸이 무엇을 말하는지 살피지 않은 채 이웃에게 먼저 관심을 줄 때가 언제입니까?

마음 현존

예수님의 함께 하심을 느끼도록 자신의 마음을 내려놓으십시오.

호흡하며 부드러움을 느끼십시오. 보살핌을 받으며 사랑받고 싶은 마음을 보듬어 주십시오. 숨을 들이쉬며 마음의 공간을 확장하십시오. 자신의 필요를 알아차리고 연민 어린 마음으로 수용하십시오. 보살핌, 친절한 말, 안아주는 손길이 필요한 부분은 어디입니까? 선한 목자이신 예수님께 말하면 어떤 반응을 하실까요?

생각 현존

창조주 하나님의 지혜 안에 있기 위해서 생각을 내려놓으십시오.

숨을 들이쉬며 생각으로 들어가고 숨을 내쉬며 머리와 어깨를 의식해 보고, 무게와 긴장을 느껴보십시오. 또 숨을 들이쉬며 예수 그리스도의 지성으로 들어가 몸 안의 상태를 관찰하십시오. 머리 지능이 무엇을 말합니까? 마음의 직관보다 머리에서 나오는 정보와 관점을 신뢰한다면 어떤 느낌이 듭니까? 언제 '먼저 행동하고, 생각은 나중에 해.'라는 마음이 듭니까? '먼저 생각하고, 행동은 나중에 해.'가 의미하는 바가 무엇인지 생각해 보십시오.

하모니를 위한 기도 사랑은 깊게 생각한 후 표현한다

'사랑은 깊게 생각한 후 표현한다.'는 이 기도는 2유형이 패턴대로 반응하기 전에, 사안에 대해 더 많이 배우고 사물을 좀 더 떨어져서 관찰하며 냉정하게 바라볼 수 있는 5성향의 지성으로 연결해 줍니다. 또한 직접적으로 대화하며 이끌고 자신감 있게 행동하는 8성향의 강한 힘으로 연결해 줍니다.

이 기도를 기억함으로써 자신과 현실 세계에 대해 무엇이 진실인지를 더욱 잘 알아차릴 수 있습니다. 우리는 유형 이상의 놀라운 존재입니다. 스트레스를 많이 받은 날이나, 중역 회의를 준비하거나, 도전적인 대화를 할 때 숨을 크게 한 번 들이쉬십시오. 애정과 인정의 욕구로 인해 옥죄일 때, 경직될 때, 언제 혹은 무엇인가로 인해 감정이 자극되었을 때, 호흡하면서 '사랑은 깊게 생각한 후 표현한다.'라고 하십시오. 감정에 사로잡히지 말고, 사랑이 많으신 하나님의 흐름 속으로 들어가십시오. 그런 후, 하나님이 주시는 모든 사랑의 보살핌을 깊이 생각하고 행동하십시오.

2유형을 위한 성령님의 인도하심FLOW에 대한 훈련

성령님이 인도하시는 2유형은 자유하고Free, 사랑하며Love, 열려있고 Open, 함께합니다With. 삼위일체 하나님의 임재 가운데 사랑 안에서 머리, 가슴, 장 지능을 통합할 수 있고, 이는 기독교의 미덕인 믿음, 소망, 사랑으로 흘러나갑니다. 2유형이 대가를 얻기 위해 주는 상황에 사로잡힐 때, 필요한 사람이 되고 싶을 때, 자신을 무시한 채 다른 사람들을 돌볼 때, 이때 바로 숨을 깊게 쉬십시오. 성령님께 생각과 의지를 통해 있는 그대로를 받아들이며 내면의 자유를 경험하게 해 달라고 구하십시오. 그리고 '내가

해야할 것은 무엇이고, 내게 요구되는 것은 무엇이며, 내게 그것을 할 만한 힘과 에너지가 있는가?'라고 물으십시오. 승낙하거나 거절할 수도 있는 자유를 느끼십시오. 하루를 마무리하며 흐름 속에 있지 않았을 때 어떤 일이 일어났는지 기록해 보십시오. 흐름 속에 있을 때 어떤 일이 일어났습니까? 당신을 통해 이웃에게 하나님의 사랑이 흘러갔다면 감사하십시오. 만약 그렇지 못했다면 회개하십시오. 그리고 내일은 내일, 다시 시작하십시오.

고백 훈련하기

우리 자신 안에 있는 죄와 진정으로 필요한 것에 대해 창조주 하나님께 말씀드리십시오. 다음을 고백하십시오.

▶ 교만 고백하기
내가 사랑하는 방식을 다른 사람에게도 기준으로 삼았습니다. 당신이 겸손의 여정으로 갈 수 있도록 하나님과 신뢰하는 친구에게 도움을 요청하십시오.

▶ 불안과 괴로움 고백하기
관계의 단절과 인정받지 못할 때의 감정을 고백하십시오.

▶ 심술궂고 순교자 행세를 하는 행동 고백하기
상대로부터 원하는 반응을 얻지 못했을 때 어떻게 반응했는지 고백하십시오.

▶ 수치 고백하기
사랑받지 못하고 소속될 가치가 없다고 느꼈을 때를 고백하십시오.

▶ 받기 위해 주는 행동 고백하기
사람들이 나를 좋아하고 나를 위해 무엇인가를 해주기를 바라며 도왔을 때를 돌아보십시오.

▶ 환심을 사려는 노력 고백하기

내게 중요한 사람에게서 환심을 사려고 애썼을 때를 고백하십시오.

우리는 이미 죄를 용서받았고 사랑과 소속감을 느낄 수 있는 충분한 자격이 있다고 하나님께서 말씀하셨습니다.

자기 돌봄 훈련하기

자기 돌봄은 나의 필요와 욕구를 인정하고, 마음, 정신, 몸을 돌보고 보호함으로써 하나님을 경외하는 행위입니다.

▶ 예수님께서는 '네 이웃을 자신과 같이 사랑하라'마가복음 12:31고 말씀하셨습니다. 이웃을 사랑하는 당신의 방식을 생각해 보십시오. 이웃을 사랑하듯이 어떻게 나를 사랑할 수 있습니까?

▶ 걷고, 뛰고, 운동하면서 몸에 좋은 느낌이 들도록 해보십시오.

▶ 당신 자신을 위한 공간을 주기 위해서 사랑과 돌봄의 경계를 정하고 작성해 보십시오.

▶ 다른 사람들이 당신을 사랑하도록 기회를 주고, 그들의 사랑도 받아들이십시오. 인생이란 무언가를 갚는 일이 전부가 아닙니다.

▶ 즉흥적으로 '예'라고 대답하지 마십시오. 지금 상황에서 도움이 되지 않는 제안은 거절하십시오. 때로는 적은 만남이 더 좋을 수 있습니다.

▶ 적절히 쉴 수 있도록 시간을 내십시오.

▶ 자신을 즐겁게 하는 흥미나 취미를 계발해 보십시오.

▶ 혼자만의 시간을 가지고 자신만을 위한 내면의 풍성함을 채우십시오.

이웃을 위한 기도 훈련하기

다른 사람을 위한 염려를 기도로 바꾸어 보십시오.

- 하나님 앞에서 상대의 이름을 조용히 올려드리십시오. 성령님께서 그 사람을 위해 어떻게 기도하실지 들어보십시오. 성령님의 인도하심을 구하십시오.
- 사람들을 만날 때, 먼저 그들을 위해 기도하십시오.
- 사람들이 모이는 자리에서는 먼저 하나님께 사람들의 필요가 무엇인지를 알게 해달라고 기도하십시오.
- 어떤 사람의 필요를 너무 많이 채워주고 싶은 충동이 올라올 때, 그를 위해 기도하십시오. 기도 자체가 그 사람을 위해 무엇인가를 해주는 것입니다.

긍휼함을 훈련하기

삼위일체 하나님은 긍휼함을 갖고 계십니다. 하나님은 우리 편이시고 성령님은 우리 안에 계십니다. 예수님은 우리에게 자비를 베풀며 친근하게 다가오십니다. 2유형은 하나님의 돌보심을 실천하는 방법을 알고 있습니다.

- 이웃, 학교, 직장에서 격려가 필요하거나 교제가 필요한 사람은 누구입니까? 병원에 함께 가주어야 할 사람이 있습니까? 그들을 도와주십시오.
- 도와주지 않는다고 누군가를 비판하고 싶은 마음이 생길 때, 그 사람을 이해한다고 표현하십시오.
- 시간과 에너지가 있을 때, 당신이 모르는 곳이나 고맙다는 인사를 하지 않을 곳에서 자원봉사를 하십시오.
- 당신이 원하는 만큼 섬세함이 없는 가족에게 친절과 인내를 보여주십시오.

환대하는 훈련하기

환대는 서로가 사랑받고 있음을 경험할 수 있는 개방적이면서도 안전한 공간을 만듭니다. 사도 바울은 예수님이 우리를 환영해 주듯이 서로 환영하라고 했습니다.

▶ 하나님의 환영을 받아본 경험을 생각해 보십시오. 다른 사람의 환영을 받아본 경험을 생각해 보십시오.

▶ 환대는 즐겁게 노는 것과는 질적으로 다릅니다. 손님을 가족처럼 부담 없이 대하십시오. 손님이 집에 올 때, 어떻게 하면 그들이 자기 집처럼 편안함을 느끼게 할 수 있습니까?

▶ 모르는 사람이나 불편한 사람에게도 환대하십시오.

▶ 친구가 아닌 사람도 저녁 식사에 초대하십시오.

▶ 어디를 가든지 하나님께서 환대하시는 것처럼 마음을 열고 받아주며 누구든지 친절하게 대하십시오.

분리를 위한 기도 훈련하기

특정한 방식으로 도움을 주거나 필요한 사람이 되고자 지나치게 신경을 쓸 때 5성향을 사용하십시오. 예수님의 기도를 기억하십시오.

아버지, 내 원대로 마시옵고 아버지의 원대로 되기를 원하나이다.

누가복음 22:42

이 기도는 이웃에 대한 기대로 인해 경직되고 옥죄는 부분을 풀어줍니다. 이런 분리는 새로운 무언가를 할 수 있는 공간을 만듭니다.

2유형을 향한 축복

아래의 호흡기도를 통해 2유형의 영혼에
쉴 공간이 열리기를 축복합니다.

삼위일체 하나님께서 진정한 존재로 본향을 향해가는
겸손의 여정을 축복하시길.

하나님 아버지께서 자유롭게 사랑하는 방식에
깊이 생각하는 통찰력으로 지도하시길.
예수님의 마음이 우리 마음에 열정을 불어넣어서 자연스럽게 스며들기를.
성령님께서 어려운 사람들을 돌볼 때 힘을 주셔서 잘 감당하게 하기를.

삼위일체 하나님의 신성한 사랑이 우리를 안내하고 소중히 여기며
이 여정을 가는 동안 인도하시길 기도합니다.

호흡을 통한 기도

호흡의 경이로움을 충분히 느끼십시오. 산소가 허파를 채우며 흉곽이 벌어지는 것을 느껴보십시오. 숨을 들이쉬고 내쉬면서 느껴보십시오.

마음에서 어떤 변화가 일어나는지 천천히 관찰하십시오.

아래의 기도를 통해 창조된 삶의 힘을 느껴보십시오.

하나님 아버지께서 내 안의 모든 장기를 만드셨습니다.

나는 힘차고 경이로운 존재로 창조되었습니다.

내 영혼이 내가 이런 존재임을 잘 알게 해 주십시오.

이 기도를 몇 분 동안 하십시오. 나는 피조물이기에 내가 모든 것을 채워주지 않아도 됨을 기억하십시오. 몸을 통해서 숨을 쉬십시오. 발바닥, 복부, 정수리를 통해 계속 숨을 쉬십시오. 이 경험을 온전히 느끼십시오. 머리, 가슴, 몸을 통해 호흡하십시오. 무엇이든 떠오르는 것을 생각하고, 떠오른다면 사랑과 지혜로 그것을 맞이하며 잠시 머무십시오. 자신의 마음을 사랑으로 보듬고 내면에 머무십시오.

들이쉬며 – 하나님의 형상대로 창조되었습니다.

내쉬며 – 저도 사랑을 나타냅니다.

들이쉬며 – 하나님 아버지는 나를 사랑하십니다.

내쉬며 – 저도 필요한 존재입니다.

들이쉬며 – 사랑은

내쉬며 – 깊게 생각한 후 표현합니다.

2유형 공감하기
7

모든 아이는 자신의 필요가 중요함을 알아야 합니다. 어떤 2유형은 어린 시절에 양육자가 자신의 필요에 반응해 주지 않았을 수도 있습니다. 이들은 생존하기 위해 타인의 인정과 필요에 주의를 두고 자신의 감정과 욕구는 억압했을 수 있습니다. 이 장에서는 우리가 보통 2유형을 어떻게 대하는지 살펴보고, 어떻게 하면 그들을 하나님이 바라보는 시선으로 공감할 수 있을지 생각해 보십시오.

공감은 하모니를 이루게 하는 참된 자아의 반응으로 '우리'와 '그들'의 경계를 허뭅니다. 2유형이 애정을 갈구하고 지나치게 돌봐주거나 과하게 민감하다고 느낍니까? 아니면 그들을 인생에서 가장 친한 친구라고 생각합니까? 2유형이 어떻게 지나치게 타인을 돌보게 되었는지 이해한다면 관계 속에서 그들에게 연민을 느끼고 수용할 수 있을 것입니다.

아래 2유형 남성의 여정을 이해할 수 있는지 살펴보십시오.

나는 어렸을 때 부모님이 나를 보호하고 지켜줄 수 있기를 원했지만, 그것이 되지 않았기에 나는 내 감정과 욕구에 침묵했습니다. 8성향처럼 약함을 보이길 꺼리며 상처를 부인하고, 위협을 느꼈을 때 나를 보호하기 위해 맞섰으며, 무의식적으로 강한 척하는 방어적인 행동이 삶과 관계에 영향을 주었습니다. 사람들과 연결을 원했지만 내 감정은 묵인된 채, 거칠게 보여서 많은 내면 작업을 해야 했습니다. 침묵, 고독, 호흡 기도와 하모니 삼각형이 내 인생을 보다 더 대단한 힘장지능과 부드러운 2유형의 모습을 받아들이도록 도왔습니다. 나는 가고 싶은 대학이면 어디든 갈 수 있는 뛰어난 부분도머리 지능 있음을 인정하게 되었습니다. 만약 진정으로 친구와 연결되기를 원한다면 단지 생각이 아니라 자신의 연약함을 드러낼 수 있어야 함을 압니다.

1. 이 이야기를 듣고 어떤 생각이 듭니까?
   어떤 감정을 느낍니까? 어떤 반응이 나타납니까?
2. 언제 감정과 욕구들을 잃어버렸습니까? 그때 마음이 어떠했습니까?
3. 어떤 사람을 진심으로 사랑했지만, 그 사랑을 되돌려 받지 못해서 상처받았을 때 어떤 마음이 들었습니까?

2유형의 방어기제 '억압' 이해하기

이번 사례는 2유형 여성의 통합과 공감의 여정입니다. 이 여성에 대해 우리가 어떻게 생각하고 느끼며 반응하는지 살펴보십시오.

아버지가 돌아가셨을 때, 나는 따뜻하고 사랑스러운 2유형의 모습을 닫아 버렸습니다. 아! 더 깊이 온전하게 사랑해야 함을 알고 있었지만, 내 안에 있는 그 마음을 잃어버렸습니다. 누군가를 사랑하기 위해 다가갈 때마다 그들은 나를 원하지 않는다고 느꼈습니다. 마음의 상처로 괴로웠고 과연 누가 나를 사랑할 수 있을까 생각했습니다. 때로는 내가 다른 사람에게 너무 기댈 것만 같은 염려에 나의 필요와 관심을 차단해버렸습니다. 하모니 삼각형을 알게 된 뒤, 알지 못했던 두 가지 굉장한 선물을 받았습니다. 하나님이 나를 온전한 사람으로 창조하셨음을 알게 되었습니다. 하나님은 나에게 머리와 장 지능을 주셨습니다. 이웃의 필요처럼 내 욕구도 볼 수 있는 시각을 주셨고, 매달리지 않으며 사랑하는 법을 배우고 있습니다. 하나님의 형상으로 창조된 진정한 나 자신으로 살 수 있고, 모든 것이 가능함을 알게 되었습니다.

1. 사랑의 은사를 억압한 이 여성에게 어떤 점이 공감이 되고 거부감이 드는 것은 무엇입니까?
2. 이 이야기 속으로 들어가 보십시오. 연결의 부재를 괴로워하고, 자신을 위한 욕구를 가지면 사랑받지 못할까 불안해하는 내면아이를 발견할 수 있습니까?
3. 2유형에게 하나님의 사랑과 인정을 어떻게 보여줄 수 있습니까?
4. 지금 생각나는 2유형을 위해 성령님의 인도하심에 따라 기도합시다.

2유형과 관계 맺기

　2유형의 너그러운 겉모습 이면에 자신의 필요가 중요하지 않다고 여기는 여린 내면아이를 기억할 때 우리는 2유형의 관점에서 볼 수 있는 은혜를 발견합니다.

- 2유형은 계속되는 자원봉사와 힘든 상황에서도 '문제 없어요!'라며 무조건 '예'라고 대답합니다. '진짜 할 수 있는 시간과 여유가 있습니까?'라는 질문을 통해 그들의 한계와 필요를 확인해 보십시오.
- 2유형은 우리와 함께 삶을 이야기하고 싶어 하고, 그렇게 함으로써 자신이 필요한 사람이라고 느낍니다. 그들은 말하는 중에 상대에게 집중하면서 자신에 관련된 질문과 대답은 회피합니다. 그때 미소를 지으며 '만약 네가 내 질문에 답을 하면 나도 네 질문에 답을 할게.'라고 화답하십시오.
- 2유형은 관계가 깨지면 원인을 자신에게서 찾고 괴로워합니다. 관계는 단순한 갈등이나 상대의 의견에 동의하지 않아서 끝나는 것이 아님을 알게 하십시오. 2유형의 도움을 거절할 경우에는 부드럽게 하십시오.
- 2유형은 자신이 받아야 할 감사를 받지 못하면 기운이 빠집니다. 그들이 하는 일들에 대해서 아낌없이 칭찬해주고 친절하게 대하며 그들이 하는 일에 감사하십시오.
- 2유형은 침묵이 연결의 부재라 느끼기에 힘들어할 수 있습니다. 회의나 이벤트를 계획할 때 그들에게 이야기할 시간을 주면 더 즐겁게 참여할 것입니다.
- 2유형은 사랑의 에너지가 당신과 통하는 것을 느끼면 좋아합니다.

다음은 2유형의 전형적인 특성입니다. 어떤 생각이 듭니까?

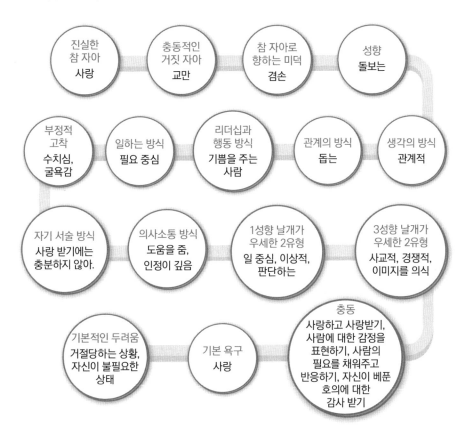

1. 2유형으로 삶을 산다면 어떨 것 같습니까?

   위에서 2유형과의 관계를 위해서 도움이 되는 설명은 무엇입니까?

2. 2유형의 성격에 대해 말할 때 위의 특성들보다 더 적합한 내용이 있습니까?

3. 2유형은 연결되는 것과 사랑의 느낌을 좋아합니다. 당신이 연민의 마음을 가지고 2유형의 돌봄과 감정을 받아들인다면 어떤 느낌이 듭니까?

4. 우리가 알고 있는 2유형이 스스로 자립하고 필요를 요청할 수 있도록 어떻게 격려할 수 있겠습니까? 우리의 격려가 2유형이 머리와 장 지능을 통합하도록 도울 수 있습니다.

3유형

나는 무슨 일이든 성공적으로 해내고 싶고, 성취를 지향하며 효율적으로 일하기를 선호한다. 잘 돌아가지 않는 부분을 고쳐서 일이 되게 하는 것은 나의 두 번째 본능과도 같다. 나는 사람들 앞에 빛나고 싶으며 유능하고 성과를 내기 원하며, 그래서 사람들에게 보이는 이미지도 매우 중요하다. 또한 다른 사람들이 나를 대단한 성취를 한 사람으로 존중해주기를 원한다. 내가 하는 일이나 성취한 결과를 나의 정체성이라 여기고, 때로는 스스로에 대한 나 자신의 가치를 나의 존재가 아니라 내가 하는 일에서 찾는다. 나에게 삶이란 과업, 목표, 성취를 향해 고속으로 질주하는 경주이다. 나는 무슨 일이 있어도 실패는 피하고 싶다! 사람들에게 동기부여를 잘하고, 협동을 통해 지도하는 역할을 좋아하며, 일을 끝마치기 위해 내 감정과 필요는 덮어 둔다. 언제나, 무슨 일에나 최고가 되기를 바라며, 무능력하고 일의 속도를 늦추는 사람들을 봐줄 수가 없다. 속도가 늦어지는 그 자체가 비생산적이며 패배라고 느끼기에 압박감이 들면 지름길을 택하기도 하는데, 그 길이 조금 피상적이거나 기만하는 일일지라도 그렇게 한다.

3유형

효율은 순종을 통해 조화의 빛을 발한다

Effective Loyalty Harmonizes

하나님이 이르시되 빛이 있으라
하시니 빛이 있었고

창세기 1장 3절

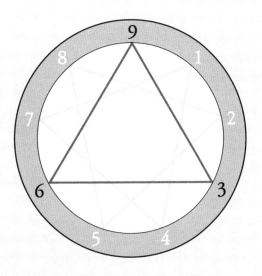

나는 누구인가?

1

3유형은 효율적으로 일하시는 하나님의 형상을 반영합니다. 이들은 창세기 1장 3절의 말씀에 깊이 공감할 것입니다.

하나님이 이르시되 빛이 있으라 하시니 빛이 있었고

'효율성과 생산성'은 3유형의 삶을 표현하는 핵심 단어입니다. 우리가 자신을 인식하는 방식은 자신이 왜 그렇게 행동하고, 무엇을 지향하는지, 어디서 걸려 넘어지는지를 설명해줍니다. 3유형은 삶에서 실패, 일 중독, 연약함 등을 간과하고 지나가려고 합니다. 이제 3유형을 나타내는 단어들을 알아봅시다.

▶▶▶ 3유형의 단어들

다음에 설명된 단어들을 보면서 3유형에 대해 생각해 보십시오. 공감되는 단어에 동그라미를, 재능에 해당한다고 여기는 단어에는 별표를 하십시오. 현재 당신의 상태를 돌아보면서 하나님의 형상을 드러내지 못하는 모습을 표현하는 단어들에 밑줄을, 자신을 불편하게 자극하는 특성에는 네모 표시를 하십시오.

성공적이다	결과론적이다	주저앉아 있지 않는다
생산적이다	리더십이 있다	방황하지 않는다
효율적이다	인맥을 관리한다	순진하지 않다
영특하다	지적이다	게으르지 않다
유능하다	말솜씨가 뛰어나다	시간을 낭비하지 않는다
잘 이룬다	매력적이다	무기력하지 않다
체계적이다	당당하다	기다리면서 지켜보지 않는다
일이 되게 한다	자신감이 넘친다	부끄러워하지 않는다
빠르다	사교적이다	미루지 않는다
기획한다	열심히 일한다	따라다니지 않는다

당신에게서 하나님의 형상을 반영하는 3유형의 단어는 무엇입니까?

당신은 어떤 단어에 애착을 느낍니까? 또는 강박을 느낍니까?

당신은 어떤 단어에 거부감이 듭니까? 혹은 비판하는 마음이 듭니까?

거부감을 느끼는 단어에 마음을 연다면 당신의 삶과 인간관계는 어떻게 달라질 수 있습니까?

당신을 향한 하나님의 보살핌을 반영하는 단어를 적어 보십시오.

▶▶▶ 3유형에 대해 알아가기

다음 사례의 3유형 여성은 자신이 경쟁적이고 지나치게 성취 지향적이었음을 돌아봅니다. 그녀의 이야기를 통해 어떻게 앞만 보고 달려가듯 살았는지 살펴보십시오.

우리 부부는 젊었을 때 교회를 개척했습니다. 우리는 자정이 넘는 시간까지 일을 추진하고 꿈을 꾸며 전략을 짜고 실무적인 일을 보며 상담도 했습니다. 과로로 잠이 부족했지만, 나는 오히려 그것을 자랑스럽게 여겼습니다. '늦게 자고 일찍 일어나 불꽃처럼 일하고 홍보하자.' 이것이 내 생활의 신조였습니다. 그로부터 십 년 후, 마흔 살에 다발성 경화증을 진단받았지만, 이것을 열심히 일한 시간에 대한 영광의 상처라고 여겼습니다! '내가 너무 일을 열심히 해서 그만 신경 수초가 닳았지 뭐야.' 또는 '그래도 골골하기보다는 탈진하는 게 낫지!'라는 농담을 하기도 했습니다. 의사가 치료를 위해서 쉬어야 한다고 했을 때 웃으면서 '일을 계속 하다 보면 결국은 일이 잘 풀려요.'라고 대답했습니다.

가톨릭 전통의 이탈리아계 가정에서 자라면서 나는 자연스럽게 일 중독이 되었습니다. 위에 있는 다섯 명의 언니와 오빠들은 나보다 체격도 더 좋고, 더 똑똑하며, 더 빠르고, 더 재능이 많았기에 나도 기꺼이 그들처럼 되고 싶었습니다. 처음부터 그들의 기준에 따라 경쟁하며 나를 증명하려고 노력했습니다. 그들이 듣는 음악을 들으며, 그들이 주고받는 농담을 이해했고, 그들과 함께 베트남전에 관해 이야기했습니다. 하지만 아무리 잘하고, 칭찬과 인정을 받아도 나는 늘 그들보다 뒤떨어진다는 느낌을 지울 수 없었습니다. 나보다 열 살이나 많은 언니처럼 행동하려고 하다 보니 중고등학생 때 담배나 술을 하고 가끔 환각제를 먹는 나쁜 선택을 하기도 했습니다.

어머니는 모델이셨는데 아주 멋지고 매력적이셨습니다. 아버지는 마틴 루터 킹 목사와 함께 행진하기도 하셨으며, 디트로이트에서 대주교님과 함께 인종 간 갈등에 대해 토론하기도 하셨습니다. 아버지는 여러 위원회의 의장을 역임하셨고, 상도 많이 받으셨으며, 사회에 기부도 하셨습니다. 부모님에 대한 존경심과 사랑으로 인해 나는 더욱 빛나고 유능한 사람이 되며, 중요한 사람들에게 감동을 주고 세상을 변화시키고 싶어 했습니다.

➤ 이 이야기에서 당신은 어떤 부분에 공감합니까?

➤ 가장 먼저 떠오르는 3유형에 대한 경험은 무엇입니까?

➤ 당신은 어떤 이유로 무언가를 성취할 필요를 느낍니까?

➤ 마음속에 있는 내가 진짜 누구인지를 안다는 것은 당신에게 어떤 의미입니까?

호흡 기도

고독과 침묵 가운데 자신에 대해 똑바로 볼 수 있도록
하나님께 도움을 구하십시오. 먼저 깊게 숨을 쉬어보십시오.

들이쉬며 – 나는 하나님의 형상대로 창조되었다.
내쉬며 – 페르소나는 내가 아니다.

이 기도를 하면서 하루를 보내보십시오.
하나님의 형상대로 창조된 선함을 느끼십시오.
빛나는 이미지를 벗어버리고 자신이 진정 누구인지에 대해
진실할 때 오는 내면의 자유를 느끼십시오.

참 자아와 거짓 자아
효율적인 사람

2

　우리는 사용하는 표현이나 말을 통해 자신이 어떤 사람인지를 드러냅니다. 3유형은 태도, 행동, 동기를 통해 유능함을 보여줍니다. 3유형은 하나님과 함께할 때, 성취나 업적 또는 지위에서 자신의 정체성을 찾지 않는 참 자아로 살 수 있습니다. 3유형의 거짓 자아는 강박적이며 옛사람의 습관에 깊게 뿌리 내린 에고입니다. 이 에고 자체는 타고난 기질, 후천적인 양육 환경, 업적, 이미지 구축, 자유의지가 복합적으로 혼합된 심리적 자아입니다. 이제 충동적이고 강박적인 거짓 자아의 반응과 하나님, 자신, 이웃을 사랑하는 참 자아의 흐름FLOW에 대해 살펴보십시오.

3유형의 참 자아 　신성한 자신감

　3유형은 다른 사람들에게 동기를 부여하고, 연결을 잘하며, 효율성을 반영하도록 창조되었습니다. 이들은 '내가 여기 있고, 나는 할 수 있다!'라고 여깁니다. 성화의 여정에 있는 건강한 3유형은 다른 사람들에게 동기부여를 하며 그들이 빛날 수 있게 도와줍니다. 이들은 적응력이 뛰어나고 진정성을 가지며, 성취를 지향하고 자신감이 충만하며, 매력적이고 야망이 있으며 유능합니다. 행동 지향적인 3유형은 생산적인 일만 하는 것이 아니라 하나님과의 친밀한 관계로 들어감으로써 열매를 맺습니다. 이 럴 때 3유형은 섬기는 지도자가 되며, 할 일 목록을 조절할 수 있는 여유를 가지고 있습니다. 3유형의 참 자아는 일을 멈추고 쉴 줄도 알며, 신성한 자신감을 구현하고 자신의 모든 부분을 인정합니다. 3유형은 하나님과 함께할 때 거룩한 영감을 구하며 지름길을 택하지 않고, 사람들을 간과하지 않으시는 하나님의 효율적 능력을 드러냅니다.

3유형의 거짓 자아 기만, 허영, 일 중독

3유형의 거짓 자아는 보이는 이미지, 성과지향, 경쟁, 더 열심히 일하고자 하는 충동에 따라 행동하며, 자신을 깊은 감정으로부터 단절시키고 한계를 무시하며, 중요한 사람들과 피상적인 관계를 맺습니다. 조화를 잃은 3유형은 '내가 얼마나 유능하고 활력이 넘치게 이 일을 해내는지 봐!'라는 태도로 살아갑니다. 그들은 다른 사람을 감동시키고 그들의 칭송을 받기 위해 과업, 이미지, 성취라는 가면을 씀으로써 자신을 옥죄입니다. 그들은 실패를 수치스럽게 여기고 성공을 도덕적 기준으로 삼으며 자신이 누군지에 대해 자신과 타인 모두를 속일 수 있습니다. 그들은 한계를 무시하고, 자신이 할 수 있는 것보다 많은 일을 떠안은 뒤에는 일이 되도록 하려고 거짓으로 꾸며내거나, 될 때까지 달려듭니다. 결국 이들은 기만에 빠집니다. 3유형은 지도자가 되지 못하거나, 효율적인 사람들과 함께 자신의 속도에 맞추어 일을 진행하지 못하면 괴로워합니다. 그들은 지름길을 택하고 어떤 방법을 사용해서라도 이기려고 하는 태도로 일을 해나가기에, 결국 그들의 삶과 관계에서 존재는 사라지고 행동만 남을 수가 있습니다.

▶▶▶ 참 자아 또는 거짓 자아

자신의 참 자아와 거짓 자아를 생각해 보면서 아래의 질문을 숙고해 보십시오. 그럴 때 자연스럽게 떠오르는 생각이 있습니까? 어떤 질문에 특별히 답을 쓰고 싶은지 살펴보십시오.

▷ 참 자아로서 3유형의 특성들은 당신의 인간관계에서 어떤 모습으로 나타나고 있습니까?

▷ 거짓 자아로서 3유형의 특성들은 당신의 인간관계에서 어떤 모습으로 나타나고 있습니까?

당신은 언제 수치심을 느끼며, 스스로 '나는 아직 멀었어.'라고 할 때가 언제입니까?

당신이 '나의 가치를 증명해야 해!' 혹은 '나는 절대 실패하면 안 돼!' 등의 스트레스를 느낄 때 당신은 그 불안을 어떻게 다룹니까?

▷ 언제 당신의 마음이 굳어지고 다른 사람에게 인정받기 위해 일합니까?

당신으로 하여금 자기기만을 내려놓고 진실을 대면하도록 하는 내면의 신호는 무엇입니까?

▷ 참 자아와 거짓 자아의 상태가 다름을 어떻게 느낄 수 있습니까?

성공을 향한 달음질

성공만을 향해 달려가면 인생에서 가장 중요한 점이 무엇인지를 보지 못할 수 있습니다. 아래의 성경 말씀에서 예수님은 최고가 되는 것에만 전념하는 거짓 자아에 대해 말씀하십니다. 각자는 예수님께 '내가 요구하는 대로 해주세요.' 하며 밀어붙이고 있는지 생각해 보십시오.

세베대의 아들 야고보와 요한이 주께 나아와 물어보되 선생님이여 무엇이든지 우리가 구하는 바를 우리에게 하여 주시기를 원하옵나이다 이르시되 너희에게 무엇을 하여 주기를 원하느냐 물어보되 주의 영광중에서 우리를 하나는 주의 우편에, 하나는 좌편에 앉게 하여 주옵소서 예수께서 이르시되 너희는 너희가 구하는 것을 알지 못하는도다 내가 마시는 잔을 너희가 마실 수 있으며 내가 받는 세례를 너희가 받을 수 있느냐 그들이 말하되 할 수 있나이다 예수께서 이르시되 너희는 내가 마시는 잔을 마시며 내가 받는 세례를 받으려니와 내 좌우편에 앉는 것은 내가 줄 것이 아니라 누구를 위하여 준비되었든지 그들이 얻을 것이니라

마태복음 10:35~40

1. 당신이 높은 자리에 오르기 위한 목적으로 사람의 마음을 얻으려고 한 적이 있습니까?
   힘 있고 높은 지위에 있는 사람들과 인맥을 맺으려고 한 적이 있습니까?
2. 당신은 '내 방식대로' 일이 진행되지 않아도 그냥 두고 보는 것에 대해 어떻게 생각합니까?
3. 당신이 어떤 상황에서 이기거나 인정받고자 하는 마음이 없이 다른 사람들에게 주목받거나 유능함을 드러내려는 욕구를 내려놓습니까?

하모니
효율은 순종을 통해 조화의 빛을 발한다

3

3유형은 종종 효율적이고 성공한 사람으로 묘사됩니다. 그러나 우리는 유형 그 이상의 놀라운 존재이며 삼위일체 하나님의 형상으로 창조되었습니다. 3유형이 머리와 장 지능을 통합할 수 있다면 효율성은 6성향의 순종과 9성향의 평화로 더 조화롭게 빛을 발할 수 있습니다. 이제 3유형을 위해 하모니 삼각형이 주는 특별한 선물인 흐름FLOW을 소개합니다.

하모니 삼각형의 흐름 안에 있을 때 3유형의 효율은 진실과 공공의 선6성향을 위해 행동하며, 자신을 높이지 않고 중재의 역할9성향을 잘 감당할 수 있습니다.

▶▶▶ 유형의 하모니

다음 사례는 3유형 남성이 항상 무엇인가를 하면서 자신의 가치를 증명하려는 강박에서 벗어나 거룩한 자신감을 가지게 된 이야기입니다. 그는 속이고 성취하고자 하는 자신의 마음에 머리 지능과 장 지능을 통해 진실을 추구하는 6성향과 인내하는 9성향을 껴안을 수 있었습니다. 두 지능을 통합함으로써 그는 속도를 늦추고 정신없이 바쁜 일상에서 분별력을 갖추게 되었습니다. 그가 분주한 에너지를 머리와 장 지능으로 조절함으로써 일과 인간관계가 어떻게 더 나아지는지를 살펴보십시오.

나는 '굳이 멈추어서 피곤함을 느끼는 시간을 갖지 않는 한 당신은 결코 피로를 느끼지 않는다.'는 밥 호프의 말을 완전히 내 것으로 만들었습니다. 나는 누군가가 나를 앞지르는 것을 두고 볼 수 없었기에 절대 쉬지 않았고, 이길 수 없는 일은 애초에 시작하지도 않았습니다. 매 순간 나 자신을 채찍질하기 위해 '아직 충분하지 않아.'라는 말을 달고 살았습니다. 성공적인 이미지를 만드는 데 전념했고 사람들 앞에 좋아 보이기 위해서라면 무엇이든 했습니다. 또한 무의식적으로 성공을 향한 열망을 부추기는 사람들과만 관계를 맺었습니다. 그러다가 하모니 삼각형을 통해 하나님, 자신, 이웃에게 헌신하는 6성향을 배웠고 그 덕분에 이제 일과 인간관계에 진실한 질문을 던질 수 있게 되었고, 굳이 앞장서는 자리가 아니라도 따라가는 역할을 잘 감당할 수 있습니다. 내 안의 9성향은 매일 일을 끝마칠 시간이 있음을 일깨워 줍니다. 그 덕분에 일에서 손을 놓고 가족들과 함께 시간을 보내며 평안을 누릴 수 있게 되었습니다. 신실한 6성향과 쉼을 가지는 9성향을 통합하는 훈련은 내가 누군지에 대해 매일 기억하도록 합니다.

▶ 당신은 이 이야기의 어떤 부분에 공감이 됩니까?

▶ 당신은 언제 어느 상황에서 한계와 진실을 무시합니까? 한계와 진실을 솔직하게 마주하는 것이 당신으로 하여금 어떻게 진정으로 중요한 일과 사람들에게 집중하도록 도와주고 관계를 강화합니까?

▶ 당신은 언제 공공의 선에 대해 고민하는 시간을 가지지 않은 채 '내 일'만을 하려고 합니까? 당신은 헌신과 휴식이 어떻게 하나님의 나라와 이웃을 이롭게 하는 생산성을 가져 온다고 생각합니까?

▶ 당신이 성취를 향한 에너지를 조절하여 충성과 헌신을 향한 에너지와 평화를
위한 에너지로 분배한다고 생각해 보십시오. 당신이 그 유형 이상이라는 말이
당신에게 기대감을 줍니까? 아니면 두려움이나 불안을 줍니까?

▶▶▶ 장, 가슴, 머리 지능

다음 사례의 3유형 남성은 드러나는 성과를 내고자 하는 욕구를 내려
놓고 의식적으로 머리와 장 지능을 통합함으로써 다른 사람들을 위한 공
간을 마련했습니다. 그가 걸음을 걸으며 땅과 자기 몸에 대한 감각에 어떻
게 주의를 기울이는지를 살펴보십시오. 그가 어떻게 자신의 유형에 매여
답을 정해놓고 생각하기보다 자신 안의 호기심을 표현하고 개방형 질문들
을 던지기 시작하는지 그 변화를 살펴보십시오.

나에게는 4유형 멘토가 있었습니다. 그분과 10년 동안이나 관계를
유지했음에도 그분을 만날 때마다 나는 목록을 작성하고 화려한 성
취를 드러내고 준비된 모습을 보이려고 했습니다. '무슨 말을 하고 어
떻게 행동해야, 내가 알고 있다는 것을 그에게 확신시킬 수 있을까?',
'어떤 성취를 가장 부각해야 할까?' 등의 생각을 했습니다. 그분은 나
에게 다른 사람에게는 주지 않는 기회들을 주었지만, 나는 여전히 부
족하다고 생각했고 그분께 내가 어떤 존재인가를 의심했습니다. 어쩌
면 그분은 도저히 따라잡을 수 없을 만큼 특별했던 4유형 어머니를
생각나게 했던 것일까요? 이제 나는 자동적으로 성취를 향해 눈을 돌
리고 할 일의 목록을 작성하는 나의 유형적 특성을 인지하고 깨어나
려고 노력하고 있습니다. 이제는 멘토의 사무실에 들어갈 때마다 의

식적으로 호흡에 집중하며, 성취하려고 애쓰는 자아를 내려놓고 자신을 너무 내세우지 않으려고 노력합니다.장 지능 또한 그가 말하는 중에 내가 다음에 할 말을 생각하기보다 그의 말에 진심으로 관심을 가지고머리 지능 주의 깊게 들으려고 합니다. 사람들에게 감명을 주고 싶다는 유혹이 올 때면, 감명을 주려고 신경을 쓸수록 그 순간을 놓친다는 점을 기억하며, 호흡을 의식하면서 그 순간 그 자리에 있는 현존을 연습하려고 합니다. 마치 새로운 존재 방식을 발견한 느낌입니다. 장과 머리 지능을 개입시킴으로 속도를 늦추고 자신을 진정으로 좋아할 수 있게 되었습니다.

▶ 3유형이 머리 지능6성향과 통합할 때 일 중심에서 한 걸음 물러서서 사람들을 돌아볼 수 있게 됩니다. 당신 안에서 머리 지능은 어떻게 작동합니까?

▶ 3유형이 장 지능9성향과 통합할 때 그들은 분주한 내면을 가라앉히고 휴식할 수 있게 됩니다. 당신 안에서 장 지능은 어떻게 작동합니까?

▶ 당신에게 장, 가슴, 머리 지능이 있다는 사실은 어떤 의미가 있습니까?

최고가 되어야 해

아래 성경 말씀은 자식에 대한 편애, 형제간 경쟁, 가장 많은 복을 받고 중요한 자가 되고자 하는 욕구를 잘 보여줍니다. 쌍둥이 중 동생이었던 야곱은 아버지가 형 에서만 편애한다고 여기고, 에서로부터 장자의 축복을 가로채기 위해 최선을 다했습니다. 그러나 속여서 얻은 축복이 도리어 그의 목숨을 위태롭게 했습니다. 이 이야기에서 당신의 모습을 찾을 수 있습니까?

리브가가 그의 아들 야곱에게 말하여 이르되 네 아버지가 네 형 에서에게 말씀하시는 것을 내가 들으니 이르시기를 나를 위하여 사냥하여 가져다가 별미를 만들어 내가 먹게 하여 죽기 전에 여호와 앞에서 네게 축복하게 하라 하셨으니 그런즉 내 아들아 내 말을 따라 내가 네게 명하는 대로 염소 떼에 가서 거기서 좋은 염소 새끼 두 마리를 내게로 가져오면 내가 그것으로 네 아버지를 위하여 그가 즐기시는 별미를 만들리니 네가 그것을 네 아버지께 가져다 드려서 그가 죽기 전에 네게 축복하기 위하여 잡수시게 하라 야곱이 어머니 리브가에게 이르되 내 형 에서는 털이 많은 사람이요 나는 매끈매끈한 사람인즉 아버지께서 나를 만지실진대 내가 아버지의 눈에 속이는 자로 보일지라 복은 고사하고 저주를 받을까 하나이다 어머니가 그에게 이르되 내 아들아 너의 저주는 내게로 돌리리니 내 말만 따르고 가서 가져오라 그가 가서 끌어다가 어머니에게로 가져왔더니 그의 어머니가 그의 아버지가 즐기는 별미를 만들었더라 리브가가 집 안 자기에게 있는 그의 맏아들에게서 좋은 의복을 가져다가 그의 작은 아들 야곱에게 입히고 또 염소 새끼의 가죽을 그의 손과 목의 매끈매끈한 곳에 입히고 자기가 만든 별미와 떡을 자기 아들 야곱의 손에 주니 야곱이 아버지에게 나아가서 내 아버지여 하고 부르니 이르되 내가 여기 있노라 내 아들아 네가 누구냐 야곱이 아버지에게 대답하되 나는 아버지의 맏아들 에서로소이다 아버지께서 내게 명하신 대로 내가 하였사오니 원하건대 일어나 앉아서 내가 사냥한 고기를 잡수시고 아버지 마음껏 내게 축복하소서

창세기 27:6~19

1. 당신이 있는 그대로의 자기 모습을 두려워한 적은 언제였습니까?

2. 다른 사람에게 무엇인가를 얻기 위해 속인 적이 있습니까?

    당신은 언제 하나님을 제쳐두고 자기 생각대로 하려고 했습니까?

3. 자신의 전략을 신뢰하기보다 속도를 늦추고 진실이 자신의 길을 열어가도록

    기다리는 일에 관해 당신은 어떤 생각이 드나요?

로욜라의 이냐시오 기도문

가슴, 머리, 장 지능을 통합하는 아래와 같은 기도가
우리의 기도가 되기를 축복합니다.

아버지, 오늘 이 새로운 하루를 주께 올려드립니다.
내가 일을 통해 만나는 사람들을 축복해 주시기를 원합니다. 가슴 지능

주님, 생계를 위해 일하는 모든 사람을 위해 기도드립니다.
그들이 자신이 하는 일에서 만족을 얻게 하여 주옵소서. 장 지능

성령 하나님, 일자리가 없는 사람과 그들의 가족들을 위해 기도드립니다.
그들은 하나님의 자녀요 저의 형제이고 자매입니다. 머리 지능
그들이 일할 거리를 곧 찾도록 도와주소서.

어린 시절의 상처 치유하기
진실을 마주하기

4

아이들은 회복력이 강하지만, 어린 시절의 해결되지 않은 상처는 성인이 된 후에도 그들의 관계에 영향을 끼칩니다. 3유형의 어린이는 '너는 있는 그대로의 모습으로 사랑받는다.'라는 메시지를 상실하고, 대신 '지금 너의 감정과 정체성으로는 부족해.'라는 거짓 메시지를 내면화한 경우가 많습니다. 이로 인해 3유형은 살아남기 위해서 그들 스스로 사람들이 보기에 좋은 이미지를 만들어내는 법을 터득했을 것이고, 이런 자기방어 방식인 경쟁은 3유형의 신실함과 휴식을 방해해왔습니다.

성인이 된 후 관계 속에서 어린 시절의 상처가 자극 받으면 거칠고 날것 그대로인 아픔이 표출되어 3유형의 효능감이 흘러나가지 못하도록 방해할 수 있습니다. 그럴 때 인정 받고 싶은 네 살짜리 내면아이가 자신의 노력과 성과가 주목받지 못해서 괴로워합니다. 3유형이 거짓 자아를 따라서 산다는 것은 자신의 가치를 증명하기 위해 더욱 치열하게 경쟁하며 일 중독, 헛된 영광, 기만이라는 성격의 모난 자아에 갇힌다는 의미입니다.

하모니 삼각형은 트라우마, 방어기제, 자신이 가치가 없다고 어린 시절에 잘못 인식한 거짓 메시지가 3유형의 인간관계에 현재에도 어떤 영향을 끼치는지 탐색할 수 있는 길을 살펴보게 합니다.

▶▶▶ 내면아이를 수용하기

3유형은 내면아이를 수용함으로 치유 받을 수 있고, 진실하며 진정한 자신으로 회복할 수 있습니다. 당당하고 에너지가 많으며 카리스마 있는 3유형 안에는 두려워하고 자신을 의심하며 신뢰하지 못하고, 안전하지 않은 세상에서 최악의 상황에 대비하기를 원하는 어린 6성향이 있습니다. 갈등을 피하고 주목받기를 회피하며 어려운 일을 미루고 싶어 하는 어린 9성향도 있습니다. 3유형이 돌보지 않은 내면아이를 받아주기 위해서는 자신의 장 지능과 머리 지능을 어떻게 간과했었는지 돌아봐야 합니다.

다음 사례에 등장하는 3유형 여성은 평화와 휴식을 향한 욕구가 어떻게 무시되어 왔는지를 깨닫습니다. 6성향의 생각을 신뢰하는 것이 어떻게 그녀의 가치관을 바꿀 수 있었는지 호기심을 가지고 살펴보십시오.

우리 가족은 대대로 알코올과 약물 중독, 정신 질환, 자살, 이혼, 살인 등의 무거운 문제들을 안고 있었습니다. 할아버지는 자기 아내와 아이들을 언어적, 성적, 신체적으로 학대했던 정신이 병들고 심성이 뒤틀린 사람이었습니다. 나는 어린 시절의 트라우마로 인해 6성향처럼 세상은 두렵고 적대적인 곳이라 여기게 되었습니다. 이미지가 중요한 3유형인 나는 가족의 비밀을 숨겼고, 내 세계는 경쟁으로 물들게 되었습니다. 나는 체조를 통해 3유형의 성취를 드러냈는데, 일곱 살에는 올림픽에 출전하겠다는 꿈을 품었고, 체조를 통해 모든 아픔을 딛고 일어서서 이기는 놀랍고 매력적인 사람이 되기를 원했습니다. 우리 가정이 붕괴됐을 때 체육관은 나의 집이자 유일한 출구가 되었고, 내가 더 많이 성취할수록 더 많은 관심을 받을 수 있었기에 감정적, 신체적, 정신적 에너지가 고갈되었을 때도 예외 없이 학교 가기 전과 마친 후에 체육관에 들렀습니다. 나는 더 주목받고 사랑받으며 탁월함을 증명하기 위해 부단히 노력했습니다. 그러는 가운데 나는 휴식과 평화를 원하는 내 안의 9성향의 내면아이를 놓치게 되었습니다.

다음 질문들을 통해 당신은 돌보지 않은 내면아이를 더 깊이 수용하도록 부르시는 하나님의 초대를 어디에서 느낄 수 있을지 생각해보고, 새로운 깨달음이나 통찰이 있으면 기록해 보십시오. 당신은 지금 중요하고 통합적인 작업을 하고 있습니다.

- 굉장한 압박을 받으며 자랐던 환경과 자신의 가치에 대해 확신하지 못한 이 3유형 여성은 자기 삶을 경쟁이라고 여겼습니다. 이런 태도는 그녀가 현존하는 것과 하나님이 창조하신 형상의 흐름FLOW에 어떤 영향을 주었겠습니까?
- 질주하듯 살며 허영심이 강한 3유형의 주인공에게는 자신에게 필요한 부분에 대해, 멍한 상태로 수동공격적인 태도를 보이는 9성향이 숨어 있습니다. 이와 같은 몸의 메시지가 당신의 삶에서 언제 드러나는지, 조용한 가운데 천천히 걷거나 누워서 기억해 보십시오.
- 열심히 하면서도 불안해하는 3유형 안에는 '내가 똑바로 하고 있나? 나는 안전할 수 있을까?'라고 염려하는 6성향도 있습니다. 당신 안의 내면아이가 언제 이런 질문들을 하거나 무시합니까?
- 당신은 언제 머리와 장 지능을 간과합니까?

3유형이 머리와 장 지능에 접근하고 통합함으로써 치유되며, 이미지와 성취를 향한 강박을 내려놓고 진실한 자신으로 살아갈 수 있도록 어떻게 해야 하는지를 알게 됩니다. 3유형이 머리 지능을 통합하면 관계의 고통에서 벗어날 새로운 관점을 가지게 됩니다. 장 지능의 감각을 회복하면 경계를 세우고, 거절하며, 자신의 진정한 욕구에 따라 행동할 힘을 가질 수 있습니다. 머리가 무엇을 인지하는지, 몸이 무엇을 감지하는지 파악하게 되면 3유형이 단순히 성취하는 방식을 넘어 통합되고 조화를 이룰 수 있는 길을 제시합니다.

자신의 상처들에 대해 이름을 붙이고 적어보십시오. 그리고 당신이 언제부터 자신과 다른 사람의 가치를 비교함으로써 자신을 방어하기 시작했는지 탐색해 보십시오. 머리 지능을 통해 자신에게 생각할 여유를 주고, 장 지능이 반응하는 힘을 느껴보십시오. 머리와 몸이 알려주는 진실을 통해 당신은 끊임없이 인정받고 싶어 하는 욕구에서 진정으로 놓임을 받을 수 있습니다. 이 작업은 쉬운 작업이 아니므로 다음 중 끌리는 질문에 먼저 답하고 다른 질문에 도전해 보십시오.

▷ 당신에게 성공과 감명을 주고 싶어하는 욕구는 언제 드러납니까? 어떤 상황에서 '나는 실패했고 거절당할 것이다.'라는 잘못된 신념을 가지게 됩니까? 당신의 내면아이는 지금도 여전히 방어적 태도를 갖고 있습니까? 그렇다면 이유가 무엇이겠습니까?

▷ 당신이 과거의 트라우마나 수치로 인해 과로하거나 기만하는 때는 언제입니까?

지금 마음을 괴롭게 하는 부분은 무엇입니까? 만약 당신이 휴식을 취하면서 자신을 돌보고 여유를 가져도 일은 자연스럽게 풀릴 수 있음을 신뢰한다면 어떤 일이 일어날까요?

당신의 신뢰가 어디에서 회복됩니까? 언제 신뢰가 확고해졌습니까?

즉각적이고 절대 지기 싫어하는 3유형의 기본적인 태도는 '되게 만든다.'입니다. 거짓 자아는 당신으로 하여금 다른 사람의 지시를 따르는 일은 위험하고 좌절감을 주며 비효율적이고 재능의 낭비라고 여기게 합니다. '나를 따르라.'고 하신 하나님의 초청은 3유형이 치유되고, 헛된 영광을 내려놓으며, '내가 이끌지 않을 때 나는 과연 누구이고 하나님은 어떤 분이시지?'라는 질문을 던지는 기회가 됩니다.

만약 당신이 따르는 역할에 불만을 느끼고 리더가 되고 싶은 열망을 느낀다면 마음을 열 필요가 있습니다. 리더에게는 따르는 사람들이 필요하고, 당신도 함께 참여하고 당신을 지지해주는 사람을 필요로 합니다. 만약 당신이 지휘하고 싶은 마음을 내려놓고 편안한 마음으로 순종한다면 당신의 내면에서 무엇이 성숙해질까요? 한 주 동안 다른 사람의 지시를 기꺼이 따르는 훈련을 해보고 기록을 남겨보십시오. 당신이 현존할 때 어떻게 다른 사람들에게 선한 영향력을 끼치고 자기 자신은 자유로워질 수 있을지 생각해 보십시오.

치유의 기도

3유형이 자신을 잘 알고 조건 없이 받아주시며 쉼을 주시는 하나님 안에서 자신의 상처를 내놓을 때, 속도를 늦추고 내면을 돌아보며 행위보다 존재로 살게 됩니다. 무언가를 이루지 못하고 아무도 자신을 지켜봐 주지 않을 그때, 자신이 진정으로 누구인지에 대한 진실을 알 수 있는 기회가 됩니다. 3유형은 의식적으로 침묵과 고독으로 들어가야 합니다. 쉼을 주시는 하나님의 보살핌을 통해서 3유형은 내면의 자유를 얻고 참 자아의 효율적인 흐름FLOW으로 선한 영향력을 끼칠 수 있으며, 헛된 영광은 진실이라는 미덕으로 변화합니다.

자신을 위해 기도할 수 있습니다. 혼자 조용한 장소에서 긴장을 푸십시오. 호흡을 깊이 하고 하나님 앞으로 나아오십시오. 하나님께 치유받아야 할 부분을 보여달라고 구하십시오. 과거의 아픈 기억들과 상처가 떠오를 때까지 조용히 기다리십시오. 어떤 생각이 떠오른다면, 치유를 위한 아래의 질문들에 답을 하십시오.

◆ 아픈 기억 속으로 당신과 예수님을 초대하십시오.
  예수님은 어디에 계십니까? 당신은 어디에 있습니까?
◆ 당신은 어떤 감정을 느낍니까? 불안, 수치, 인정받지 못함, 외로움 등
◆ 위와 같은 감정을 보였던 때가 생각납니까? 예수님과 함께 그 시간과 장소에 갈 수도 있고, 지금 있는 곳에 머물 수도 있습니다.
◆ 예수님께서 당신에 대해 말씀하신 진실을 부드럽게 자주 말해주십시오.
  말씀의 진리는 상처를 주님 앞에 내려놓고 자유롭게 하는 치유제입니다.

◆ 예수님은 이 거짓말에 대해 뭐라고 말씀하십니까? 그 말씀을 들을 수 있도록 기다리십시오. 예수님이 보여주시는 이미지 혹은 들려주시는 말씀이나 단어가 있습니까?

◆ 예수님께서 당신에 대해 말씀하신 진실을 부드럽게 자주 말해주십시오. 말씀의 진리는 당신의 상처를 주님 앞에 내려놓고 자유롭게 하는 치유제입니다.

충만함과 메마름을 분별하기

5

로욜라의 이냐시오는 성령님이 머리, 가슴, 장 지능 모두를 통해 역사하신다고 가르쳤습니다. 그는 우리가 결정을 내릴 때 다음과 같은 질문을 통해 메마름과 충만함의 상태를 주의 깊게 살피라고 제안했습니다. '어떤 감정을 느끼고 있습니까?', '무슨 생각을 하고 있습니까?', '본능적으로 무엇을 감지합니까?'

충만한 상태에서 3유형은 하나님의 임재와 쉼을 누리고 일과 사람에 대하여 신뢰할 수 있는 효율성을 갖게 됩니다. 이럴 때 3유형은 속도를 줄이고 머리로 충분히 고민하며머리 지능 실질적으로 취해야 할 가장 필요한 행동이 무엇인지 결정하고 그것이 사람들에게 어떤 영향을 끼치는지장 지능 고려할 수 있습니다. 불안, 수치심, 헛된 영광의 메마른 상태는 3유형이 성공한 사람으로 보이기 위해 지나친 실행에 빠지는 것과 조화로운 결과를 낼 수 없음을 알아차리게 하는 신호입니다.하모니 삼각형을 이용한 분별은 영혼의 자원 5, p.411 참고

충만한 상태에 있을 때 3유형은 조화로운 관계, 평화로운 낙관주의, 무조건적 가치, 겸손한 유능함, 섬기는 리더십, 힘을 주는 존재감, 사려 깊은 행동 등을 경험합니다. 이것이 3유형의 자유로움입니다.

메마른 상태에 있을 때 3유형은 헛된 영광을 위한 경쟁, 일 중독, 기만, 이미지 만들기, 무능함에 대한 두려움, 과도한 공포를 경험하게 됩니다. 실패하는 것을 두려워할 때 자화자찬하며 스스로를 격려합니다. 이것이 3유형을 속박하는 굴레입니다.

▶▶▶ 내면에서 일어나는 역동 알아차리기

메마름과 충만함은 3유형을 하나님, 자신, 이웃을 사랑하는 방향으로 안내해 줄 수 있습니다. 이제 3유형에게 특별히 나타나는 메마름과 충만함을 살펴봅시다. 아래 사례의 3유형 남성은 에니어그램 영성훈련을 하면서 슬픔, 실패, 생산적이어야 한다는 강박 등 메마름의 신호들을 알게 되었습니다. 그는 자신의 속임이 어떻게 분별력을 잃게 하는지, 페르소나가 어떻게 사람들을 이용하고 효율 추구로 그들을 앞질러 나가는지 인식합니다. 메마름과 충만함을 알아차리는 것이 3유형을 어떻게 하나님의 임재로 이끄는지 살펴보십시오.

> 나는 AA알코올 중독자들의 갱생의 첫 단계에 대해 곰곰이 생각해 보곤 합니다. '우리는 알코올 앞에서 무력하며 우리의 인생이 통제의 범위를 벗어났다는 것을 인정합니다.' 나는 비록 알코올 중독자는 아니지만 일 중독자입니다. 사실 나는 3유형의 '동일시'라는 방어기제 덕택에 지금의 직업을 얻을 수 있었습니다. 겉을 잘 포장하는 기질로 인해 뛰어난 영업사원이 될 수 있었지만, 삶이 힘들어져 감당할 수 없게 되면 비참한 실패자처럼 느끼게 됩니다.메마름 지금도 취미 삼아 하는 일에 과하게 몰두한 나머지, 프로젝트 기한을 놓쳤습니다.메마름 이런 경우

나의 자동적인 반응은 그 부분에 대해서 생각하지 않고, 전속력으로 질주해서 어쨌든 결과가 만들어질 때까지 포장하는 것입니다.메마름 자꾸만 슬픔, 피로 등의 신호를 무시한 채 가족과 동료 앞에 조급하고 잘난 체하는 모습을 보입니다. 또한 나 자신을 잃어버리고 내 마음이 진정으로 원하는 진실한 연결을 잃어버릴까봐 걱정이 됩니다.메마름 압박감을 느낄 때면 나는 자동적으로 '사람들에게 그들이 듣고 싶은 말을 해 주면 돼.' '좋아 보이면 되는 거야.'라고 생각합니다. 내가 이것을 알아차린다는 것은 이제 속도를 늦춰야 할 때임을 뜻합니다. 그때 나는 심호흡을 하고 '지금 나에게 필요한 에너지는 무엇이지?'라고 묻습니다.충만함 나는 균형 잡힌 삶을 원합니다. 이를 위해 '현존'을 훈련하는 것은 무섭고 정말로 비효율적이라고 생각되지만, 깨어나고 싶습니다. 그래서 고통 받는 마음을 바로 잡아주는 현존하기를 배우고 있습니다.충만함

▷ '감당할 수 없다.'는 생각이 당신을 불편하게 하고 메마름을 가져올 때는 언제입니까?

▷ 당신이 메마른 상태에 있을 때 머리와 몸속에서 성령의 움직이심에 주의를 기울이십시오. 당신은 메마름을 억지로 충만함으로 전환하려고 노력합니까? 머리 지능을 동원하면 당신이 메마름을 이해하고 적절하게 대응하는 데 어떤 도움을 줍니까?

▶▶▶ 메마름과 동일시

　　3유형이 알아차리지 못하고 앞으로 질주하면서 무슨 대가를 치러서라도 성취하기 원할 때, 무의식적으로 사용하는 방어기제는 '동일시'입니다. 동일시는 이미지에 너무 빠진 나머지 자기 자신을 잃어버리고, 다른 사람의 특성이나 일의 속성을 자신의 속성으로 취하는 것입니다. 이들이 자신을 성공과 지나치게 동일시하고, 실패처럼 보이는 것이나 그런 사람과의 관계를 거부할 때 이 전략을 사용합니다. 당신이 자신에 대한 진실을 감추려고 하는 부분이 무엇인지 살펴보십시오. 아래 질문 중 한두 가지에 먼저 집중해서 답을 하십시오. 그리고 진실한 마음이 들도록 기다리십시오.

- 당신은 언제 거짓을 말하거나 실패를 성공인 것처럼 포장하거나 다른 사람의 호감을 얻기 위해 과장했습니까? 언제 당신이 좋게 보이기 위해 인간관계에서 발뺌을 하거나 자신의 의견에 동의하도록 합니까? 인정받고 싶은 마음 때문에 당신이 머리 지능의 질문과 장 지능의 평화적인 반응을 무시하고 지나친 적은 언제입니까?
- 당신이 메마름을 경험할 때 몸의 어느 부분이 경직됩니까? 사람들이 반응을 보이지 않을 때 느끼는 괴로움과 좌절감에 당신은 어떻게 대처합니까?
- 하나님의 효율적인 흐름 속에서 성취하지 않고, 거짓 자아와 에고가 원하는 대로 성취했을 때 당신은 충만함으로부터 어떻게 멀어지는 것을 느낍니까?
- 동일시 외에도 당신으로 하여금 분별력을 상실하게 하고 경직되게 하는 방어 전략은 무엇입니까?

할 일이 너무 많아서 힘들 때를 위한 기도

3유형은 일을 놓아버리고 하나님, 자신, 이웃 앞에 현존을 연습하는 일이
비효율적이라고 느끼기에 속도를 늦추고 싶어 하지 않습니다.
일정, 기한, 타협 불가능한 지점들에 대해 스트레스를 받을 때
다음과 같이 기도하십시오.

들이쉬며 – 하나님의 계획대로,
내쉬며 – 내가 하는 일이 아니다.

이 기도가 당신을 현재의 순간과 하나님께로 향하게 하십시오.

▶▶▶ 충만함과 진실

성령님은 3유형에게 머리 지능을 사용하여 '충성스러움이 무슨 일을 할 수 있을지'를 자문하도록 초청하십니다. 3유형이 6성향의 신실함과 9성향의 평안을 회복할 때 공동체와 속도를 맞추며 함께 갈 수 있습니다. 오늘 하루 동안에 성령님이 당신으로 하여금 어떻게 메마름에서 충만함으로 옮겨가서 하나님과 이웃에게 더 가까이 가게 하시는지 알아차려 보십시오.

3유형은 동일시와 이미지 추구를 내려놓고 성령님을 따라 진실과 진정성의 미덕으로 옮겨갈 때 충만함을 경험하게 됩니다. 진실은 3유형으로 하여금 분별 있는 자기평가를 하도록 하며, 충만함을 경험할 때 에너지가 자신의 헛된 영광을 향하고 있는지 아니면 다른 사람을 세우기 위해 사용되고 있는지를 분별할 수 있습니다.

▷ 성령님이 당신을 거짓과 기만에서 나오도록 부르셨던 경험을 말해 보십시오. 당신에게 무슨 일이 일어났었습니까? 당신은 어떤 위로를 받았습니까?

▷ 진실함이 당신으로 하여금 온 마음과 뜻과 힘을 다해 하나님을 사랑하고 섬기는 효율적인 흐름으로 들어가게 한 것은 언제입니까?

3유형을 위한 영적 리듬

6

> 너희는 유혹의 욕심을 따라 썩어져 가는 구습을 따르는 옛사람을 벗어
> 버리고 오직 너희의 심령이 새롭게 되어 하나님을 따라 의와 진리의 거
> 룩함으로 지으심을 받은 새 사람을 입으라
>
> 에베소서 4: 22~24

3유형은 행동이 빠르며, 그 행동이 성공적이지 않을 때도 아주 성공적으로 보이도록 꾸며낼 수 있습니다. '기만적인 욕구'는 우리의 참 자아를 부패하게 합니다.

바울은 우리가 의식적으로 진실과 참 자아를 택해야만 변화가 일어날 수 있다고 말합니다. 참 자아는 성공과 실패, 이미지의 실체와 '참된 의'가 무엇인지 알고 있습니다. 3유형이 성령님의 인도를 따라 성화의 과정에 있을 때, 에고에 따라 행동하는 옛사람인 거짓 자아에서 떠나 참 자아의 리듬을 따라 새로운 신경회로를 만들고 건강한 선택을 할 수 있습니다.

매일 성령님에게 주의를 기울임으로써 3유형은 행위의 중독과 갈채를 갈망하는 데서 벗어나 자신의 한계와 실패, 주목받고 싶은 마음에 대해 솔직하게 인정하는 내면의 자유를 얻을 수 있습니다. 3유형 안에 계신 성령님도 통합되도록 도우셔서 3유형으로 하여금 신실한 팀워크와 조화를 효과적으로 이루게 하십니다.

다음에 제시되는 영적 리듬은 3유형이 변화를 위한 하나님의 초청에 응하여 마음을 새롭게 하는 길입니다. 아래에 언급한 모든 훈련이 지금은 와닿지 않을 수 있으나, 하나님과 함께 하길 원하는 당신의 마음에 가장 좋은 내면의 훈련을 선택해 참여해 보십시오.

▶▶▶ 현존 훈련: 3유형

'핵심 용어' 부분에서 흐름에 대해 다시 읽어보기를 권합니다.
삼위일체 하나님이 어떻게 공존하시는지 주목하십시오.

아버지와 아들과 성령이 함께 존재하며 함께 흘러갑니다.
머리와 가슴과 몸이 함께 존재하며 함께 흘러갑니다.
믿음과 사랑과 소망이 함께 존재하며 함께 흘러갑니다.

신성한 하모니는 3유형이 스스로 하는 행동 자체가 곧 자기 자신이 아님을 깨닫도록 합니다. 머리, 장, 가슴 지능을 통합한 3유형은 하나님과 사람들 앞에 진실하게 현존할 수 있습니다. 다음의 묵상 기도를 통해 충동을 조절하고 균형을 맞출 수 있습니다. 이 기도를 묵상하면서 참 자아를 수용할 수 있기를 축복합니다.

편안하고 정신이 맑아지는 장소를 찾아보십시오.

성령님이 내 안에 계시며 나를 위해 기도하고 있음을 기억하십시오.

당신에게 머리, 가슴, 장 지능이 있음을 받아들이고

그것이 열리도록 하나님께 간구하십시오.

몸 현존

성령님과 함께 있도록 자신을 내려놓으십시오. 숨을 깊게 쉬십시오.
몸 안에 어떤 변화가 일어나는지 주의를 집중하십시오. 몸으로 느끼는 것을
표현해 보십시오. 당신의 몸이 무엇을 알고 있으며 이 기도를 통해 무엇인가를
하려고 합니까? 이끌고 성취하는 능력과 효율성을 받았음에 감사하십시오.
일을 해내려고 할 때 몸의 어느 부분이 경직되고 진실을 어떻게 왜곡합니까?
한계, 기다림, 무능함에 대해 몸은 뭐라고 하는지 살펴보십시오.

마음 현존

예수님의 함께 하심을 느끼도록 자신의 마음을 내려놓으십시오.
천천히 호흡하며 부드러움을 느끼십시오. 자신의 연약함과 성취하고 인정받
고 싶은 마음의 욕구를 느껴보십시오. 숨을 깊이 들이쉬며 마음의 공간을 확
장하십시오. 자신의 욕구와 능력을 관찰하십시오. 감정을 꾸며내는 대신 진
실한 마음을 갖는 것은 어떤 느낌입니까? 자신을 연민의 마음으로 바라보십
시오. 어떤 면을 내려놓고 '어머니 품에 있는 젖 뗀 아이'시 131:2와 같이 되어야
합니까? 당신은 어떤 부분에서 격려의 말이나 품어 주시는 손길을 느끼십니
까? 예수님의 사랑 안에서 그 부분들을 이야기하십시오. 예수님은 무엇이라
고 말씀하십니까?

하늘에 계신 아버지 앞에 현존하기 위해서 당신의 생각을 내려놓으십시오. 고개를 한 바퀴 돌리며 긴장을 풀고 머리가 느끼는 두려움과 통찰력을 느껴보십시오. 숨을 들이쉬며 생각 속으로 들어가십시오. 머리 속 생각에서 일어나는 일들을 살펴보십시오. 머리 지능은 당신에게 뭐라고 말합니까? 본능의 충동대로 '당장 움직여서 되게 만들기'보다 당신의 생각이 주는 질문과 관점을 신뢰하면 어떨까요? 당신이 일을 사람보다 우선순위에 두는 것은 언제입니까? 당신의 머리 지능에게 사람들을 먼저 생각하고 그 다음 행동에 나서면 어떨지 물어보십시오.

젊은 사람들은 '한 사람이 무슨 좋은 일을 할 수 있지?' '나의 조그만 노력이 도대체 무슨 소용이란 말이지?'**장 지능**라는 질문을 한다. 그들은 우리가 반드시 한 번에 하나의 벽돌을 쌓아 올리고 한 번에 한 걸음을 떼야 한다는 것을 보지 못하고 있다. 우리는 현재의 순간에, 지금 하는 단 하나의 행동에 대한 책임**머리 지능**만을 질 수 있을 뿐이다. 그 외에 할 수 있는 것은 우리 마음에 사랑이 많아져서**가슴 지능** 그 사랑이 우리를 소생시키고 각자의 행동을 변화시키도록 구하는 것이다. 그리고 예수님이 떡과 물고기를 가지고 축도하실 때 기하급수적으로 늘어났듯이 하나님이 우리의 행동을 받으시고 사랑을 늘리실 수 있음을 믿으면 된다.

- 도로시 데이, 빵과 물고기

하모니를 위한 기도 효율은 순종을 통해 조화의 빛을 발한다

'효율은 순종을 통해 조화의 빛을 발한다.'는 이 기도는 평화, 조화, 이타주의 등의 9성향의 본능과 연결합니다. 또한 이 기도는 행동을 하기 전에 공공의 선에 대해 고려하고 질문하는 6성향의 지성에 접근할 수 있도록 도와줍니다.

이 기도를 기억함으로써 당신은 유형 이상의 놀라운 존재임을 알아차릴 수 있습니다. 우리는 유형 이상의 놀라운 존재입니다. 당신이 회의를 준비할 때, 마감 기한을 맞출 때, 계약을 체결할 때, 또는 팀을 이끌 때 심호흡을 하며 이 기도를 드리십시오. 당신이 언제든지 무엇으로든지 자극을 받아 내가 누구인지 잊으려 할 때면 호흡을 하면서 다음과 같이 말하십시오. '효율은 순종을 통해 조화의 빛을 발한다.' 효율성과 이미지에 잡혀서 살 필요가 없습니다. 하나님이 당신에게 주신 거룩한 효율성을 온전히 수용하고 사용하십시오.

3유형을 위한 성령님의 인도하심FLOW에 대한 훈련

　　성령님의 인도를 받는 3유형은 자유하고Free, 사랑하며Love, 열려있고 Open, 함께합니다With. 삼위일체 하나님의 임재 가운데 있을 때, 3유형은 성취의 기반인 가슴에 장과 머리 지능을 통합할 수 있고, 그럴 때 관계를 통해 기독교의 미덕인 믿음, 소망, 사랑이 흘러나가게 됩니다. 당신이 성취에 목숨을 걸고 성공에 대해 목말라 할 때, 이때가 바로 성령님께 머리와 장 지능을 열고, 성령님과 함께할 내면의 자유를 달라고 호흡하며 간구할 때입니다. '내가 너무 빨리하느라 못 보고 놓친 것이 뭐지?' 또는 '지금 나는 얼마의 에너지가 필요하지?'라고 스스로에게 질문을 하십시오. 하루를 마무리할 때는 모든 걸 멈추고 좀 더 깊이 성찰하며 흐름 속에 있을 때와 그렇지 않을 때 어떤 일이 일어났는지 기록해 보십시오. 당신을 통해 이웃에게 하나님의 효율적인 능력이 흘러갔다면 감사하십시오. 만약 그렇지 못했다면 회개하십시오. 그리고 내일은 내일, 다시 시작하십시오.

고백 훈련하기

성공적인 이미지를 내려놓는 것은 3유형이 변화되고 마음이 연결되는 과정의 한 부분입니다. 다음을 고백하십시오.

▶ 기만 고백하기

거짓말, 업적 과시, 더 좋아 보이기 위해 부풀리기, 진실을 그대로 말하지 않기 등을 버리고, 하나님께 그리고 영성 코치에게 휴식과 진실로 가는 여정을 갈 수 있도록 도움을 요청하십시오.

▶ 일 중독 고백하기

직업상의 역할만이 자신의 정체성이라고 착각하는 것을 인정하십시오.

▶ 불안 고백하기

사람들이 자신에 대해 어떻게 생각할지에 대해 과하게 신경을 쓰고 있음을 고백하십시오.

▶ 죄책감 고백하기

실제와는 다른 사람인 척하거나 자신에 대한 이미지를 만드는 것을 고백하십시오.

▶ 반칙 고백하기

결과와 성과를 빠르고 효율적으로 얻어 내기 위해 규칙을 깨는 부분은 없는지 살펴보십시오.

▶ 좌절 고백하기

자신이 주도적인 역할을 맡지 못할 때 좌절하는 마음을 내려놓으십시오.

▶ 평가절하 고백하기

성공적이지 않거나 능력이 없는 사람들을 낮추어 보는 부분을 고백하십시오.

'모든 일에 역사하시는 하나님 앞에, 나는 이미 성취된 십자가 아래서 쉼을 얻으리.'

자신이 누구인지에 대한 진실 훈련하기

당신의 마음이 진정성과 진실한 관계를 맺고 싶어 하는 갈망을 느껴보십시오.

- 3유형은 자신이 하는 말을 통해 자신의 현실을 만들어냅니다. 당신이 타인에게 감동을 주기 위해 꾸며내고 과장하며 거짓말하는 것이 언제인지 주의 깊게 살펴보십시오. 이때 당신의 내면에서는 어떤 일이 일어납니까?
- 당신이 현실을 근사하게 지어내고 싶을 때 진실을 말할 수 있는 은혜를 구하십시오. 그리고 진실을 말할 때 어떤 일이 일어나는지 주목해 보십시오.
- 잠재력 있는 묵직한 에너지를 가지고 있는 9성향의 사람들에게서 당신이 배워야 할 점은 무엇입니까?
- 자신이 부풀려서 말하고 있음을 알아차릴 때, 물러서서 이렇게 하십시오. "제가 가끔 말하다 보면 실제보다 좋게 말하기를 잘하는데, 다시 정확하게 짚어보면……"

드러내지 않는 훈련하기

아무도 모르게 행동함으로써 당신은 자신을 나타나지 않게 하는 훈련을 할 수 있습니다. 자신을 드러내지 않고 베풀며 섬기는 것은 주목받고자 하는 3유형의 마음을 해결합니다.

▷ 당신이 가장 최근에 이룬 성취를 자랑하고 싶은 충동을 느낄 때, 침묵하십시오. 당신이 무엇을 이루었는지에 관해 떠올리며 하나님이 당신을 어떻게 보시는지 묵상하십시오.
▷ 당신의 성취에 대해서는 최소화해서 이야기하십시오. 잘난 척하지 마십시오. 그럴 때 당신의 내면에서 어떤 일이 일어나고 있습니까?
▷ 당신에 관해 소개해야 할 일이 있을 때는 가장 중요하다고 생각하는 것 서너 개 정도만 간추리십시오. 그 정도면 충분할 것 같은지, 하나님께 잠시 기도해 보십시오.

자신의 감정에 현존하는 훈련하기

3유형은 다른 사람들의 감정을 읽어내고, 자기가 맡은 역할에 따라오는 감정과 자신을 동일시합니다. 당신의 내면에서 어떤 일이 일어나는지 발견해나가기 위해서는 심호흡을 하며 가슴에서 나오는 리듬을 경청해 보십시오. 쿵, 쿵, 쿵 하는 심장박동을 느끼며 모든 속도를 늦추어 보십시오.

▷ 침묵, 고독, 속도 늦추기를 통해 당신은 자신의 감정과 만날 수 있습니다.
▷ 당신 안에 성공하고자 하며 이기려고 하는 감정들에 이름을 붙여 보십시오. 이 감정이 몸의 특정 부위와 연결되었습니까? 그 감정들이 당신에게 무엇이라

고 말합니까?

당장 행동에 나서기 전에 지금 감정이 당신에게 무슨 말을 하는지 먼저 물어 보십시오.

'감정이 나에게 뭐라고 하는지 내가 제대로 이해하고 있나?'

이런 감정들이 하나님의 초대를 받아들이게 합니까? 만약 그 초대를 알아차 릴 수 있다면 당신은 지금 감정 앞에 현존하는 상태입니다. 하나님께서 당신 에게 뭐라고 말씀하시는지 귀 기울여 보십시오.

인내하고 속도를 늦추는 훈련하기

3유형이 가진 효율적인 영향력의 은사는 인내심을 가지고 담금질을 할 때 더 부드럽고 친절하게 흘러나갈 수 있습니다. 성경은 '사랑은 오래 참는 다.'고전 13:4고 말씀합니다. 인내를 통해 더 멀리, 평화롭게 갈 수 있으며, 속 도를 줄임으로써 현존할 때 일뿐만 아니라 사람을 존중하게 됩니다.

당신이 너무 빨리 움직이고 목적을 달성하는 데 너무 집착한다면 반드시 무엇 인가를 놓치게 됩니다. 당신이 놓치고 있는 부분이 무엇인지 알기 원하면 잠 시 멈추고 쉬십시오. 그 후 인내심을 가지고 다른 사람들의 질문과 걱정을 다 들어주십시오.

궁금한 마음으로 하나님 앞에서 물으십시오. '진정 제가 누구와 함께 어떻게 일해야 할까요?', '제가 일을 빨리 끝내기보다 조화를 이루기 위해서는 어떻게 해야 하나요?', '일과 삶의 균형을 제가 잘 맞추고 있는 걸까요?'

3유형을 향한 축복

아래의 기도를 통해 긴 호흡을 하며 당신의 영혼이 확장되기를 축복합니다.
삼위일체 하나님이 정직함을 향한 우리의 여정을 축복하시고,
우리가 진정한 존재의 본향을 찾기를.

창조주 되신 하나님께서 우리의 호기심을 인도하셔서
인생의 다음 단계에 대해 신실하게 질문을 하게 되기를.
예수님의 마음이 우리의 마음속에 스며들어
우리의 마음의 소망을 일깨워 주시기를.
성령님께서 진실한 사람이 되어 가는 과정을 잘 감당하게 하시길.

삼위일체 하나님의 신성한 진실이 우리를 붙드시고 사랑하시며
이 여정을 인도하시기를 기도합니다.

호흡을 통한 기도

호흡의 경이로움을 충분히 느끼십시오. 산소가 허파를 채우며 흉곽이 벌어지는 것을 느껴보십시오. 숨을 들이쉬고 내쉬면서 느껴보십시오.
마음에서 어떤 변화가 일어나는지 천천히 관찰하십시오.
숨을 들이쉬며 하나님의 창조하신 삶의 생산성을 느끼십시오.

하나님이 지으셨기에 나는 효율적이고 경이롭게 창조되었습니다.
내 영혼이 내가 이런 존재임을 잘 알게 해주십시오.

이 기도를 몇 분 동안 하십시오. 당신은 피조물이기에 모든 일을 성취할 필요가 없는 자유를 누리십시오. 몸을 통해서 숨을 쉬십시오. 발바닥, 복부, 정수리를 통해 계속 숨을 쉬십시오. 이 경험을 온전히 느끼십시오. 머리, 가슴, 몸을 통해 호흡하십시오. 무엇이든 떠오르는 것을 알아차리십시오. 무언가 떠오르면, 사랑과 지혜의 힘으로 그걸 맞이하며 잠시 머무르십시오. 자신의 마음을 사랑으로 보듬고 내면에 머무십시오.

들이쉬며 – 하나님의 형상대로 창조되었습니다.
내쉬며 – 페르소나는 내가 아닙니다.
들이쉬며 – 모든 일을 할 수 있습니다.
내쉬며 – 주님을 통해, 주님과 함께, 주님 안에서.
들이쉬며 – 하나님 아버지의 계획입니다.
내쉬며 – 내가 하는 일이 나는 아닙니다.

3유형 공감하기
7

    모든 아이는 양육자로부터 인정을 받고자 하는 욕구가 있습니다. 3유형은 양육자가 있는 그대로의 가치를 인정해주기보다 그들의 성과에만 관심을 준다고 생각했을 수 있습니다. 이들은 생존하기 위해서 인정받을 만한 가치가 있어 보이는 이미지를 만들기 위해 최선을 다했습니다. 이 장을 통해 우리가 3유형을 어떻게 대하는지 살펴보고, 어떻게 하면 이들을 하나님이 바라보시는 시선으로 공감할 수 있을지 생각해 보십시오.

    공감은 하모니를 이루게 하는 참된 자아의 반응으로 '우리'와 '그들'의 경계를 허뭅니다. 솔직하지 못하고 과도하게 포장하며 관심을 끌려고 하는 3유형의 페르소나에 거부감을 느낍니까? 아니면 그들의 매력, 활기, 지도력에 끌립니까? 우리는 그들이 왜, 어떻게, 경쟁적이고 속이는 존재가 되는지를 이해함으로써 그들을 연민의 마음으로 받아들일 수 있습니다.

    아래에 등장하는 3유형 여성은 그녀가 자신의 감정을 묵살하고, 사실을 숨기며, 행위 중심적으로 살게 된 트라우마와 수치심에서 벗어나기 위해 내면 작업을 하고 있습니다. 당신의 머리, 장, 가슴 지능을 통해 연민을 가지고 이해할 수 있기를 바랍니다.

내가 태어난 지 6개월이 되었을 때, 할머니는 나를 돌보는 중에 자살 시도를 했습니다. 정말 끔찍한 경험이었습니다. 할머니는 농약을 삼킨 후에 곧 마음을 고쳐먹고 119를 부르셨습니다. 3일간의 힘든 시간 끝에 할머니는 돌아가셨고, 어머니는 그 일에 대해 단 한마디도 하지 않았습니다. 부모님은 이 일에 어떻게 대응해야 할지 몰랐고 나는 그냥 괜찮은 척 했습니다. 그 일로 9년 후에 어머니는 결국 신경 쇠약을 얻게 되었습니다.

어머니가 신경 쇠약을 앓던 무렵 처음으로 나는 내 안의 어린 6성향의 모습을 버리게 되었습니다. 두려움이 고개를 들 때면 바로 그것을 눌러버렸습니다. 학교와 집에서 일어나는 일들에 대해 아픈 감정을 느끼게 될까 두려워서 나의 감정도 같은 방식으로 닫아버렸습니다. 친구들은 나도 엄마처럼 될 거라며 상처를 주는 말들을 했고, 나는 그 상황에 대처하기 위해 성공지향적이고 과도하게 행동하는 인간이 되었습니다.

그 후 내가 외면했던 내면아이에 대한 작업을 통해 치유를 얻게 되었습니다. 하나님은 나에게 반복되는 수치심이 아버지와 있었던 일에 뿌리를 두고 있음을 알게 하셨습니다. 하나님과 함께 기억을 다루는 이 작업은 큰 효과가 있었고 나를 자유롭게 했습니다. 이제 나는 매일 6성향의 신뢰와 9성향의 내려놓음을 훈련함으로 진정한 3유형의 거룩한 자신감을 가질 수 있도록 기도합니다. 머리, 가슴, 장 지능 기도의 핵심은 신뢰, 내려놓음, 거룩한 자신감입니다. 나는 이 기도를 통해 '실패해서는 안 돼.'라는 거짓 메시지를 물리치고, 자유를 얻으며 있는 그대로의 진정한 모습으로 빛날 수 있습니다.

다음의 질문들을 읽고 가장 끌리는 질문들에 대하여 답을 해 보십시오. 이 질문들은 3유형과 함께 작업할 때 더 유용합니다.

1. 이 이야기를 읽으며 어떤 생각이 듭니까? 어떤 감정을 느낍니까? 어떤 본능적 반응이 나타납니까?
2. 당신이 행동하고 성취하면서 감정과 상처를 밀어내 버린 것은 언제입니까? 수치와 헛된 영광이 당신의 공감 능력을 망가뜨린 적이 있습니까?
3. 당신 안에 불안한 3유형의 이미지 뒤에 숨어있는 단절되고 조심스러운 어린 6성향을 찾을 수 있습니까?
4. 수치심을 감추고 인정받고 싶어 하는 3유형의 이야기를 들어보십시오. 3유형이 머리와 장 지능을 통합하지 못할 때, 진실, 현존, 속도 늦추기, 타인 돌보기로부터 어떻게 멀어지는지 진지하게 생각해 보십시오.

3유형의 방어 기제 '동일시' 이해하기

아래의 3유형 여성은 자신이 동일시를 통해 어떻게 자신을 방어해 왔는지 설명합니다.

우리 집안은 성취와 큰 업적을 이루는 것을 매우 중요하게 여겼습니다. 잘한 정도로는 칭찬받을 수 없었으며, 그래서 나는 그 누구보다 뛰어나야 했습니다. 집안 벽난로 위에는 '끝없이 전진!'이라는 가훈이 붙어 있었고 그에 따라 살아야 했습니다. 내 가치를 증명하기 위해 성과를 만들어내고, 학급 임원 선거에 나갔으며, 스포츠 경기에서 우승했고, 아이비리그 대학을 세 개나 다녔습니다. 이렇게 나는 나 자신을 '승리자'와 완전히 동일시했습니다. 나는 갈채와 인정을 받는 매력적이고 의욕 넘치는 페르소나 뒤에 내가 중요한 사람이 아닌 것 같은 불안을 숨기고 살았습니다. 나를 승리자의 이미지와 너무 동일시한 나머지 내 자신이 진짜 누구인지를 알고 싶다는 욕구를 느끼게 되기까지는 실패의 경험과 어느 정도의 시간이 필요했습니다.

1. 이 3유형 여성은 자신을 성공과 성취와 동일시했습니다. 당신은 이 3유형에 대해 어떤 동질감 또는 이질감을 느낍니까?
2. 당신은 3유형이 어떻게 자신의 한계를 인정하고 창조된 선한 모습 그대로 살아가도록 격려할 수 있습니까?
3. 당신이 아는 3유형을 위해 성령님의 인도하심에 따라 기도합시다.

3유형과 관계 맺기

우리가 빠르게 행동하는 3유형의 내면에 사랑받고 싶어서 성과를 내려는 부드럽고 불안에 떠는 내면아이를 기억한다면, 그들을 3유형의 시각에서 볼 수 있는 은혜를 발견할 수 있습니다.

- 3유형이 자기가 할 수 있는 양보다 더 많은 부분을 떠맡으려고 할 때 다음과 같이 질문하십시오. "일이 좀 어때요?", "많지 않아요?", "일을 나누어서 할까요?"
- 3유형의 내면 비평가는 '할 일 목록을 작성하고 인맥을 늘려야 해!'라고 말합니다. 3유형에게, '카르페 디엠오늘을 붙잡으라!'보다는 '살베 디엠오늘을 환영하라!'을 제안해주세요.
- 3유형이 자신의 감정에 귀 기울일 수 있도록 격려하십시오. 그들의 욕구, 바쁜 일정, 목표에 대해 생각해보게 하는 질문을 던지십시오.
- 3유형의 놀라운 역량과 에너지에 관해 관심을 가지고 그들의 성취를 축하해 주십시오. 3유형은 지지를 받고 싶어 하며, 말을 하든 말하지 않든 자신들에 대한 거부감을 재빠르게 눈치챌 수 있습니다.
- 3유형은 미래에 관한 생각으로 가득 차 있습니다. 그들이 타인의 말 중에 놓친 부분이 있다면 다음에 해야 할 일에 관해 생각하고 있었기 때문입니다.
- 3유형은 누군가의 부정적인 접근이나 열정이 없어서 속도가 느려지는 상황을 싫어합니다. 그들의 계획에 대해 좋은 점은 받아들이고, 비판은 조심스럽게 하십시오.

다음은 3유형의 전형적인 특성입니다. 어떤 생각이 듭니까?

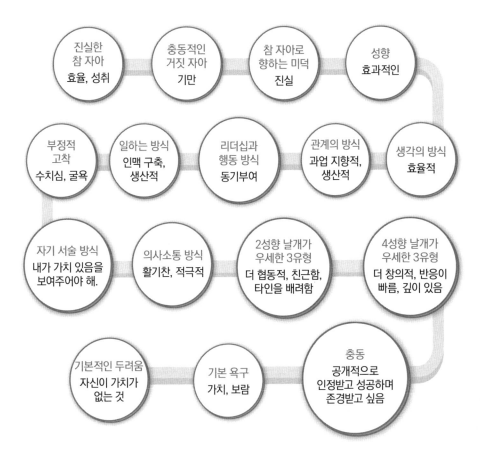

1. 당신이 3유형으로 삶을 산다면 어떨 것 같습니까?

   위에서 3유형과의 관계에 도움이 되는 설명은 무엇입니까?

2. 3유형의 성격에 대해 위에 있는 특성들보다 더 적합한 말이 있습니까?

3. 열심히 일하는 3유형을 연민의 마음으로 받아들인다면 어떤 느낌이 들까요?

4. 3유형인 친구에게 속도를 늦추고, 쉼을 가지며, 자신 안에 있는 선함을 경험
   하도록 당신이 어떻게 격려할 수 있습니까? 그들이 머리와 장 지능을 사용할
   때 더 격려해주십시오.

4유형

나는 깊이 있는 감성과 생기 있고 창의적인 상상력을 가진 세심하며 민감한 사람이다. 뭇 사람과는 다른 복합적인 감정을 느끼고, 사람들이 나를 이해하지 못하거나 가까워지지 않으려고 할 때 슬프고 우울한 감정을 느낀다.

깊이와 의미, 감정과 표현의 진실함을 추구하며, 아름다움과 사랑, 슬픔, 갈망이 내 안에서 울려 퍼진다. 미술 작품이나 일몰을 바라보거나, 음악을 듣는 것은 나에게 신성한 경험이 될 수 있다. 나는 아름다움을 사랑하기에 내면에서 생기는 감정을 표현하기 위해 옷과 환경 등을 얼마든지 바꿀 수 있다. 어떤 사람들은 내가 너무 극적이라고 말하기도 하지만, 나는 다양한 차원에서 삶을 바라보며, 깊은 관계 맺기를 갈망한다. 지속적으로 감정적인 연결을 추구하기에 사람들이 나를 떠날 때 매우 괴롭다. 나는 종종 삶에서 무언가를 잃어버렸다고 느끼며, 색다른 것이나 원하는 것을 좀 더 많이 가질 수 있다면 내 삶은 만족스러울 것 같다고 느낀다. 그 부족한 부분을 채우기 위해 계속 찾아 헤매고 있고, 남이 가진 재능과 능력에 시기심을 느끼며, 만약 그들이 가진 재능을 내가 가졌다면 진정으로 독보적인 존재가 될 수 있다고 여긴다. 나는 내성적이며, 창의적이고, 직관적이며, 깊은 감정과 삶의 숨겨진 영역에 연결되어 있다.

4유형

창의성은 새로운 기쁨으로 피어난다

Creativity Joyfully Renews

가장 아름다운 사람은 패배, 고통, 분투, 상실을 모두 겪고 그 수렁에서 나오는 길을 찾은 자다. 그는 감사할 줄 알고 감수성이 있으며, 연민, 온화함, 깊은 사랑으로 채우는 삶을 살아간다.

- 엘리자베스 퀴블러 로스

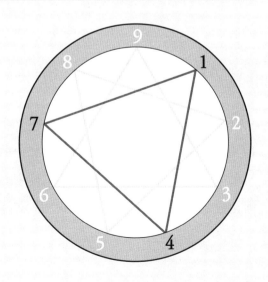

나는 누구인가?

1

4유형은 '모든 것을 지으시되 때를 따라 아름답게 하셨고 또 사람들에게는 영원을 사모하는 마음을 주셨느니라 그러나 하나님이 하시는 일의 시종을 사람으로 측량할 수 없게 하셨도다'전도서 3:11라는 말씀처럼, 독특하고 유일무이하신 창조주 하나님의 형상을 반영합니다.

'독창성과 의미'는 4유형의 삶을 표현하는 핵심 단어입니다. 우리가 자신을 인식하는 방식은 자신이 왜 그렇게 행동하고, 무엇을 지향하는지, 어디서 걸려 넘어지는지를 설명해 줍니다. 4유형은 갈망하는 것들과 삶에서 잃어버린 부분에 대한 자신만의 이야기가 있습니다. 창작물을 만들어 내고 깊이를 표현하며 소속되고 싶어 하는데 이 모든 것을 지금까지 누구도 보지 못한 독특한 방식으로 하기를 원합니다. 이제 4유형을 나타내는 단어들을 알아봅시다.

▶▶▶ 4유형의 단어들

다음에 설명된 단어들을 보면서 4유형에 대해 생각해 보십시오. 공감되는 단어에 동그라미를, 재능에 해당한다고 여기는 단어에는 별표를 하십시오. 현재 당신의 상태를 돌아보면서 하나님의 모습을 표현하는 단어들에 밑줄을, 자신을 불편하게 자극하는 특성에는 네모 표시를 하십시오.

독창적이다	우아하다	따라하지 않는다
창의적이다	멋지다	전형적이지 않다
특별하다	화려하다	감정에 둔하지 않다
두드러지다	직관적이다	무던하지 않다
주목할 만하다	공감한다	일상적이지 않다
독특하다	상상력이 풍부하다	대중적이지 않다
흥미롭다	개인주의적이다	몰려다니지 않는다
예측 불가능하다	품위가 있다	틀에 박히지 않는다
외롭다	세련되다	촌스럽지 않다
감정이 깊다	멋을 안다	유행을 따르지 않는다

▷ 당신에게서 하나님의 형상을 반영하는 4유형의 단어는 무엇입니까?

▷ 당신은 어떤 단어에 애착을 느낍니까? 또는 강박을 느낍니까?

▷ 당신은 어떤 단어에 거부감이 듭니까? 혹은 비판하는 마음이 듭니까?

▷ 거부감을 느끼는 단어에 마음을 연다면 당신의 삶과 인간관계는 어떻게 달라질 수 있습니까?

▷ 당신을 향한 하나님의 보살핌을 반영하는 단어를 적어 보십시오.

다음 사례에 등장하는 4유형 여성은 어떤 계기로 '나의 특별함은 환영받지 못한다.'라는 메시지를 내면에 갖게 되었는지 이야기합니다. 그녀가 자신을 어떻게 무가치하게 여기며, 관심 있는 아이들과 친구가 될 만큼 자신은 특별하지 못하다고 느꼈는지, 어떻게 자신의 독특함을 수용할 수 있게 되었는지를 설명합니다.

자라면서 창의성과 개성에 대해 내가 받은 메시지는 다소 혼란스러웠습니다. 세 명의 아들 다음에 외동딸로 태어난 것으로 인해 나는 특별한 대우를 받았습니다. 하지만 오빠들은 나의 특별함을 인정하지 않았고, 그럼에도 지금까지 별 의미 없이 나를 '공주'라고 부릅니다. 외동딸이라 혼자서 방을 쓸 수 있었지만, 열 살이 되어 나도 오빠들처럼 용돈을 벌고자 잔디 깎는 일을 하고 싶어 했을 때 아버지로부터 '그건 여자들이 하는 일이 아니야.'라는 말을 들었습니다. 내게 주어진 일들은 화장실 청소나 식탁을 준비하는 등 돈을 받지 못하는 일들이었습니다. 나는 이것에 대해 언쟁을 했고 결국 잔디를 한 번 깎을 때마다 2.5달러씩 받기로 했지만, 무보수로 했던 집안일에 대해서는 여전히 형평성에 어긋났다고 생각합니다. 나는 지금도 바닥을 닦느니 차라리 잔디를 깎겠습니다.
이런 '특별함'에도 불구하고 그때부터 지금까지 나는 내 존재감이 없어질 것 같아 불안해합니다. 오빠들은 여동생이 자기들을 따라다니는 것을 원하지 않았고, 나에게 호감을 느꼈던 아이들과 친구가 되는 것조차도 나에게는 어려웠습니다. 나는 외롭고 우울했으며, 그들을 시기했고 낮은 자존감으로 고통스러워했습니다. 4유형이 갖고 있는 갈망들이 내 안에 많이 있었습니다. 이십 대 전후가 되기 전까지는 표현하지 않았던 강렬한 감정들로 가득 차 있었습니다. 자연 속에 있을 때 나는 왠지 모르게 모든 것이 괜찮았고 활기를 느꼈기에, 그때 가장 살아 있다고 여겼습니다. 자연에 있을 때 나는 하나님과 연결되며, 내 영혼은 신비로웠고 날아오르는 것만 같았습니다. 십 대 때는 나의 이 엄청난 감정들에 관해 시를 썼고, 나중에는 사진을 찍어서 표현했습니다. 남편은 내가 자기보다 더 나은 사진작가임을 인정했으며, 내가 쓴 시의 깊이나 내 옷차림, 말 표현의 대담함을 받아줍니다. 내가 교사가 된 후, 나의 극적인 감각은 아이들이 창의성을 펼치도록 도와주었습니다.

▷ 이 이야기는 당신에게 어떤 감정을 불러일으킵니까?
▷ 가장 먼저 떠오르는 4유형에 대한 경험은 무엇입니까?
▷ 깊이와 독특한 재능이 타인의 삶을 풍성하게 한다는 느낌은 무엇입니까?
▷ 지금 당신의 마음에서 어떤 일이 일어나고 있는지 알아차릴 수 있습니까?

호흡 기도

고독과 침묵 가운데 자신에 대해 똑바로 볼 수 있도록
하나님께 도움을 구하십시오.
먼저 깊게 숨을 쉬어보십시오.

들이쉬며 – 나는 하나님의 형상대로 창조되었다.
내쉬며 – 모든 것이 다 특별하다.

이 기도를 하면서 몇 분간 머무십시오.
하나님의 형상대로 창조된 선함과 자유를 경험하십시오.
자신과 온 만물의 특별함을 바라봄으로써 오는 자유를 느끼십시오.

참 자아와 거짓 자아
독창적인 사람

2

우리는 사용하는 표현이나 말을 통해 자신이 어떤 사람인지를 드러냅니다. 4유형은 태도, 행동, 동기를 통해 창의성을 보여줍니다. 4유형은 하나님과 함께할 때 자기 모습 그대로에 대해 만족하고 다른 사람들과 함께하는 참 자아로 살 수 있습니다.

4유형의 거짓 자아는 강박적이며 옛사람의 습관에 깊게 뿌리 내린 에고입니다. 이 에고 자체는 타고난 기질, 후천적인 양육 환경, 관계, 트라우마, 자유의지가 복합적으로 혼합된 심리적 자아입니다. 이제 충동적이고 강박적인 거짓 자아의 반응과 하나님, 자신, 이웃을 사랑하는 참 자아의 흐름 FLOW에 대해 살펴보십시오.

4유형의 참 자아 신성한 창의성

4유형은 하나님의 신성한 독창성을 반영하는 존재로 창조되었습니다. 4유형의 참자아는 영광과 신비로 존재하는 모든 우주와 인류를 지으신 신성한 창조주 하나님의 독창성을 구현합니다. 4유형은 진실하고 자신을 그대로 드러내며, 연약하고 직관적이며 개인적이고, 아름다움과 비극, 기쁨과 슬픔, 환희와 절망 등 삶의 역설에 깊이 공감합니다. 통합된 4유형은 현실을 극적으로 바라보기보다는 연민을 가지고 대하며 건강한 현실감을 가지고 안정되어 있습니다. 이들은 하나님과 이웃과 깊이 연대하고 함께하며 쉼을 누리고 역경 가운데서도 이웃과 자신 안에서 특별함을 찾으며 즐거워할 수 있습니다. 또한 4유형에게 영혼의 평정과 깊은 감정은 고뇌 없이도 창의성을 발휘하여 사람들을 연약함과 연민의 자리로 나아오게 할 수 있으며, 미덕인 '평정'을 누리게 합니다.

4유형의 거짓 자아 시기, 나르시시즘, 상실감

내면의 자원이 없는 4유형은 자신이 결함이 있고 버려질 수 있다고 느끼며, 평범함으로 괴로워하는 '깊은 동굴' 같은 감정을 가질 수 있습니다. 과거의 고통과 자신을 지나치게 동일시하며 성격의 어두운 변두리에 갇혀 하나님과 이웃 앞에서의 현존과 균형 잡힌 시각을 상실합니다. 4유형의 거짓 자아는 자유분방하고 귀족 흉내를 내며 유별난 페르소나에 고착될 수 있습니다. 그들은 잃어버린 것이나 멀리 있는 것, 꿈을 꾸는 것에 초점을 두면서, 환상의 시나리오 속으로 도피하거나 자신이 무가치하다는 생각의 수렁에 빠질 수 있습니다. 그로 인해 공상이 현실보다도 더 현실적이라고 느끼기도 합니다. 또한 4유형의 거짓 자아는 자신이 어떻게 극도로 예민해지고 나르시시즘에 빠지며 평범함을 경멸하는지 자각하지 못합니다. 그들은 특별함을 추구하면서, 자신에게서 부족하거나 평범하다고 느껴지는 부분들에 대한 보상 심리로 다른 사람이 가진 것을 시기합니다. 시기는 4유형의 악덕입니다.

▶▶▶ 참 자아 또는 거짓 자아

자신의 참 자아와 거짓 자아를 생각해 보면서 아래의 질문을 숙고해 보십시오. 그럴 때 자연스럽게 떠오르는 생각이 있습니까? 어떤 질문에 특별히 답을 쓰고 싶은지 살펴보십시오.

- 참 자아로서 4유형의 특성들은 당신의 인간관계에서 어떤 모습으로 나타나고 있습니까?
- 거짓 자아로서 4유형의 특성들은 당신의 인간관계에서 어떤 모습으로 나타나고 있습니까?
- 평범함에 대해 괴로워하는 마음이 당신에게 어떤 영향을 줍니까?
- 당신은 언제 수치심을 느끼며, 자신이 사랑받거나 소속될 만한 가치가 없다고 느낍니까?
- 당신은 자신만의 고유한 가치를 어떻게 표현합니까?
- 언제 당신의 마음이 충분하지 않다는 생각이나 시기심으로 위축됩니까?
- 자신이 하나님의 사랑을 받는 고유하고 독특한 존재임을 깨닫고 받아들이도록 하는 내면의 신호는 무엇입니까?
- 당신은 참 자아와 거짓 자아의 상태가 다름을 어떻게 느낄 수 있습니까?

집착하는 이유

4유형은 아름답고 독특한 재능, 옷, 경험, 관계 등에 쉽게 초점을 둡니다. 성경 말씀에서 예수님은 썩어 없어지는 물질에 대해 걱정하는 거짓 자아에 대해 말씀하십니다. 창조주 하나님께서 이미 당신의 독특함을 알고 사랑해 주시는데도 자신의 독특함에 더 마음을 뺏기는 부분이 무엇인지 생각해 보십시오.

그러므로 내가 너희에게 이르노니 목숨을 위하여 무엇을 먹을까 무엇을 마실까 몸을 위하여 무엇을 입을까 염려하지 말라 목숨이 음식보다 중하지 아니하며 몸이 의복보다 중하지 아니하냐 공중의 새를 보라 심지도 않고 거두지도 않고 창고에 모아들이지도 아니하되 너희 하늘 아버지께서 기르시나니 너희는 이것들보다 귀하지 아니하냐 너희 중에 누가 염려함으로 그 키를 한 자라도 더할 수 있겠느냐 또 너희가 어찌 의복을 위하여 염려하느냐 들의 백합화가 어떻게 자라는가 생각하여 보라 수고도 아니하고 길쌈도 아니하느니라 그러나 내가 너희에게 말하노니 솔로몬의 모든 영광으로도 입은 것이 이 꽃 하나만 같지 못하였느니라 오늘 있다가 내일 아궁이에 던져지는 들풀도 하나님이 이렇게 입히시거든 하물며 너희일까 보냐 믿음이 작은 자들아

마태복음 6:25~30

1. 당신은 스타일, 유행, 아름다운 디자인 등에 어떤 영향을 받습니까? 당신이 자신에게는 없다고 느끼는 부분을 보상받기 위해서 이런 것들을 추구하는 때는 언제입니까?

2. 예수님께서 생명, 의복, 음식을 위해 걱정하지 말라고 말씀하신 부분에 대해 어떤 느낌이 듭니까? 예수님의 말씀을 신뢰하기 위해 당신은 무엇을 어떻게 해야 합니까?

3. 예수님은 자연의 아름다움 속에서 하나님의 손길을 찾으셨습니다. 자연 속에 있을 때 당신은 어떤 부분에서 하나님의 돌보심을 느낍니까?

테야르 드 샤르댕 기도문

가슴, 머리, 장 지능을 통합하는 다음의 기도가
우리의 기도가 되기를 축복합니다.

하나님은 보이고 만져지는 세계와는 별개로,
가장 활동적인 영역에서 우리와 멀리 떨어져 계시지 않습니다.
하나님은 매 순간 해야 할 일과 활동 속에서
우리를 기다리고 계십니다.

어떤 의미에서 하나님은 내 펜의 촉, 곡괭이의 날, 붓의 솔, 바늘의 귀,
그리고 내 마음가슴 지능과 생각머리 지능에 계십니다.

내가 긋는 획, 그리는 선과 뜨는 바늘땀이 자연스럽게 완성되도록 함으로써
하나님의 은혜로 인해 가장 깊은 차원에서 진정으로 바라는
궁극적인 목적을 손에 쥘 수 있습니다. 장 지능

하모니
창의성은 새로운 기쁨으로 피어난다

3

4유형은 종종 독창적인 사람으로 묘사됩니다. 그러나 우리는 유형 그 이상의 놀라운 존재이며 삼위일체 하나님의 형상으로 창조되었습니다. 4유형이 머리와 장 지능을 통합할 수 있다면 4유형의 창의성은 7성향의 기쁨, 1성향의 개선하고자 하는 행동과 조화를 이룰 수 있습니다. 이제 4유형을 위해 하모니 삼각형이 주는 특별한 선물인 흐름FLOW을 소개합니다.

하모니 삼각형의 흐름 안에 있을 때 4유형의 아름다운 창의성은 자유롭고 열정적인 7성향과 안정감 있고 인내하는 1성향의 분별력을 지닐 수 있습니다.

▶▶▶ 유형의 하모니

4유형은 예술적인 표현을 통해 깊은 인상을 남겨서 다른 사람에게 버림받지 않고자 하는 강박을 가질 수 있습니다. 다음 사례의 4유형 여성은 하모니를 배워서 자신의 강렬함, 독특한 자기표현, 특별해야 할 필요성을 내려놓습니다. 그녀는 자신의 신성한 본질을 수용함으로써 드라마적인 성향을 놓아주고 7성향의 기쁨과 1성향의 안정을 통합합니다. 그녀가 어떻게 머리와 장 지능을 통합해서 오로지 독특해지고자 하는 자신의 마음에 의존하지 않고 존재 자체에 주목해 보십시오.

나는 종종 다른 사람들에게 특별한 존재가 되고 싶다고 느꼈지만, 내가 자라난 환경에서는 특별함은 중요하지 않고, 대신 명령, 복종, 순응 등이 강조되었습니다. '그렇게 해야 하는' 모든 요구사항을 충족시키려고 하다 보니 나는 내 자신을 진지하고 심각하게 여겼습니다. 가벼운 마음을 갖거나 주위를 어질러 놓으며, 나의 욕구를 표현하는 일, 나만의 즉흥적 방식으로 일하는 것은 환영받지 못했습니다. 그렇게 하면 비판을 받았고 가족 관계에 문제가 발생했습니다. 관계를 회복하기 위해 나름 눈치를 보며 행동하기도 했지만 그렇다고 나아지는 건 없었습니다. 어머니는 가끔 며칠씩 말을 하지 않기도 했고, 이런 경험들로 인해 나는 1성향처럼 매사를 의무적으로 했으며, 장난기 많은 7성향의 모습은 버려야 함을 배웠습니다. 대학에 들어가서야 즉흥적인 7성향 에너지를 모험심을 가지고 표현해보기 시작했습니다. 1성향의 개혁하는 성향을 사용해 전쟁에 반대하는 시위에 참여하기도 했습니다. 7성향의 모험적인 에너지를 사용해 산을 오르고, 나체로 일광욕을 즐기며, 이국적인 옷차림을 하고, 암울한 영화를 보며, 유럽여행을 했습니다. 나는 그때처럼 살아있다고 느낀 적이 없었습니다. 그러나 여전히 매사에 지나친 심각함을 느끼며, 누군가가 나에게서 돌아서고 마음을 단절할 때는 무척 괴롭습니다. 하지만 이제 하모니를 통해 의식적으로 기쁨을 받아들이는 7성향으로 균형을 잡아가며, 내 안의 1성향을 활용해 현실로 돌아와 할 일을 하도록 합니다.

▶ 언제 깊이와 특별함에 대해 지나치게 심각하고, 상황이나 감정을 극적으로 받아들입니까?

당신은 어떻게 7성향 머리 지능의 가벼움으로 사건을 재구성함으로써 무엇이 정말 중요한지, 새로운 관점을 가질 수 있습니까?

▶ 누군가가 관계를 끊으려고 하면 당신은 어떤 반응을 보입니까? 만약 당신이 불안과 절망을 놓아버리고 1성향의 장 지능이 느끼는 현실감을 회복한다면 어떤 일이 일어날까요?

빛과 사랑은 어둠과 고통보다 더 크다는 사실을 기억하십시오.

▶ 당신이 현실적인 낙관주의로 독특함과 독창성에 대한 충동을 조절한다고 상상해 보십시오. 당신에게 어떤 일이 일어날까요?

▶▶▶ 장, 가슴, 머리 지능

다음 4유형 여성은 1성향과 7성향을 통합하는 여정에 관해 설명합니다.

나의 어머니는 불꽃같고 정열적이셨으며, 집에 다른 남자를 데리고 들어오셨습니다. 어머니는 가족에게 무관심했고 다음에는 또 무슨 일을 벌일지 예측할 수 없어서 나와 남동생은 스스로 알아서 컸습니다. 나는 모든 사람에게 특별한 존재이기를 갈망했고, 특히 어머니의 관심을 받기 위해 도대체 무엇이 부족한지를 찾으려고 애썼습니다. 나에게 부족함이 없다면 어머니가 우리를 버리지 않을 수 있다고 생각했습니다. 그러나 내가 무엇을 하든 어머니에게는 전혀 중요하지 않았고, 어머니와 함께 있을 때면 나는 '너는 지루해. 너는 흥미롭지도 않고 대학에 갈 만큼 똑똑하지도 않아.'라는 암시를 받았습니다. 나는 내면의 어둠에서 도망치려고 낭만을 좇으며 빛나는 갑옷을 입은 기사가 나를 흠모해서 구하러 오는 상상도 많이 했습니다. 그리고 마침내 나의 기사가 나타났지만, 우리의 결혼은 재앙이었습니다. 자포자기한 상태에서 우리는 상담사를 찾아갔고, 그곳에서 내 감정이 곧 내가 아님을 배웠습니다. 나는 감정은 날씨와 같이 오기도 하고 가기도 하며, 감정이 나의 정체성이 아니라는 사실에 충격을 받았습니다. 내가 굳이 과거의 상처나 잘못된 인식에서 온 거짓말의 희생자가 될 필요가 없었으며, 내가 하나님의 형상대로 독특하게 창조된 존재임을 알게 되었습니다. 내가 지성을 가진 존재라는 사실을 믿기 시작했고 직장에서 승진도 했습니다. 내 삶에서 건강한 선택을 할 수 있으며, 이제 장 지능의 행동과 머리 지능의 생각을 사용해 나의 압도적인 감정을 의식적으로 다스릴 수 있음을 압니다. 나의 머리와 장 지능은 감정적 드라마를 평정으로 바꾸도록 도와줍니다.

예측이 어렵고 연결이 부족했던 그녀는 자신의 감정과 연결하여 1성향의 강인함과 7성향의 이성적 시각을 계발합니다. 이 이야기를 통해 당신의 삶에서 머리, 가슴, 장 지능 반응을 새롭게 확인해 보십시오.

▷ 4유형은 머리 지능7성향과 통합할 때 감정을 누그러뜨리고 자신을 괴롭게 하는 문제를 재조명하며, 어두운 측면뿐 아니라 밝은 측면도 바라볼 수 있습니다. 자신 안에 있는 머리 지능을 언제, 어떻게 알아차릴 수 있습니까?
▷ 4유형은 장 지능1성향과 통합할 때 감정을 누그러뜨리며, 의식적이고 현실적이며 열심히 일할 수 있습니다. 당신은 자신 안에 있는 장 지능을 언제, 어떻게 알아차릴 수 있습니까?
▷ 당신에게 머리, 가슴, 장 지능이 있다는 점이 어떤 의미가 있습니까?

당신의 진정한 이름

4유형은 연결이 끊어지고 외로운 상태에서는 자신이 충분하지 않다고 여기면서 불안해하고 괴로워합니다. 그들은 버려짐에 대한 불안을 덜기 위해, 자신의 참된 본성으로부터 자신을 분리하여 여러 가지를 합체한 정체성을 만들어 낼 수 있습니다. 아래 성경 말씀에서 예수님은 자신의 참된 본성을 잃어버린 사람을 치유해 주십니다. 예수님께서 어떻게 그를 통합시키시며 안정된 1성향과 7성향의 희망 속에 뿌리를 내리도록 했는지 살펴보십시오. 우리는 몸과 머리와 마음을 통합함으로써 온전한 정신과 자유와 창의성을 얻을 수 있습니다.

예수께서 바다 건너편 거라사인의 지방에 이르러 배에서 나오시매 곧 더러운 귀신 들린 사람이 무덤 사이에서 나와 예수를 만나니라 그 사람은 무덤 사이에 거처하는데 이제는 아무도 그를 쇠사슬로도 맬 수 없게 되었으니 이는 여러 번 고랑과 쇠사슬에 메였어도 쇠사슬을 끊고 고랑을 깨뜨렸음이러라 그리하여 아무도 그를 제어할 힘이 없는지라 밤낮 무덤 사이에서나 산에서나 늘 소리 지르며 돌로 자기의 몸을 해치고 있었더라 그가 멀리서 예수를 보고 달려와 절하며 큰 소리로 부르짖어 이르되 지극히 높으신 하나님의 아들 예수여 나와 당신이 무슨 상관이 있나이까 원하건대 하나님 앞에 맹세하고 나를 괴롭히지 마옵소서 하니 이는 예수께서 이미 그에게 이르시기를 더러운 귀신아 그 사람에게서 나오라 하였음이라 이에 물으시되 네 이름이 무엇이냐 이르되 내 이름은 군대니 우리가 많음이니이다 하고 자기를 그 지방에서 내보내지 마시기를 간구하더니 마침 거기 돼지의 큰 떼가 산 곁에서 먹고 있는지라 이에 간구하여 이르되 우리를 돼지에게로 보내어 들어가게 하소서 하니 허락하신대 더러운 귀신들이 나와서 돼지에게로 들어가매 거의 이천 마리 되는 떼가 바다를 향하여 비탈로 내리달아 바다에서 몰사하거늘 치던 자들이 도망하여 읍내와 여러 마을에 말하니 사람들이 어떻게 되었는지를 보러 와서 예수께 이르러 그 귀신 들렸던 자 곧 군대 귀신 지폈던 자가 옷을 입고 정신이 온전하여 앉은 것을 보고 두려워하더라 이에 귀신 들렸던 자가 당한 것과 돼지의 일을 본 자들이 그들에게 알리매 그들이 예수께 그 지방에서 떠나시기를 간구하더라 예수께서 배에 오르실 때 귀신 들렸던 사람이 함께 있기를 간구하였으나 허락하지 아니하시고 그에게 이르시되 집으로 돌아가 주께서 네게 어떻게 큰일을 행하사 너를 불쌍히 여기신 것을 네 가족에게 알리라 하시니 그가 가서 예수께서 자기에게 어떻게 큰 일 행하셨는지를 데가볼리에 전파하니 모든 사람이 놀랍게 여기더라

마가복음 5:1~20

1. 예수님은 남자의 이름이 '군대'가 아님을 분명히 아셨습니다. 4유형은 종종 자신의 평범함을 보상받기 위해 여러 거짓 자아를 꿰매어 '군대'를 만듭니다. 당신은 평범함과 외로움에서 오는 공허함을 보상받기 위해 무엇을 합니까?
2. 당신의 흩어진 파편과 같은 거짓 자아 안에도 예수님이 계신다는 사실은 어떤 의미입니까?
3. 예수님이 당신의 진정한 이름을 부르신다면 어떻겠습니까?

어린 시절의 상처 치유하기
평정심을 회복하기
4

아이들은 회복력이 강하지만, 어린 시절의 해결되지 않은 상처는 성인이 된 후에도 4유형의 관계에 악영향을 줍니다. 극적인 4유형의 어린이는 자신이 특별하다고 느끼고 싶어 하며 자신의 존재감이 없는 것을 힘들어해서, 상실감 속으로 깊이 파고들어 실제의 모습보다 더 좋게 되고자 합니다. '너는 있는 그대로 보여도 된다.'라는 메시지를 상실하고, 대신 '너무 다르거나 자유분방한 것은 좋지 않아.'라는 거짓 메시지를 내면화한 경우가 많습니다. 따라서 4유형은 살아남기 위해 내면의 깊은 감정과 상처 속으로 후퇴하는 방식을 터득했으며, 이런 방어 방식은 즉흥성과 현실감을 잃게 만들었습니다.

성인이 된 후의 관계 속에서도 어린 시절의 상처가 자극 받으면 거칠고 날것 그대로인 아픔이 표출되어 4유형의 사랑이 흘러나가지 못하게 방해할 수 있습니다. 성인이 된 후에도 특별해져야만 한다는 내면의 불안감을 느끼는 네 살짜리 내면아이 형태로 그 성격 속에 갇혀 있게 됩니다.

하모니 삼각형은 4유형이 트라우마, 방어기제, 어린 시절에 잘못 받은 거짓 메시지와 충족되지 못한 욕구들이 오늘날까지 관계에 어떤 영향을 끼치는지 탐색하게 하고 이를 통해 평정이라는 미덕으로 가는 길을 제시해 줍니다. 평정심은 4유형으로 하여금 역설과 깊은 고충의 신비를 침착하게 받아들이게 합니다.

▶▶▶ 내면아이를 수용하기

4유형은 내면아이를 수용함으로 치유 받을 수 있고 죄책감이나 수치심 없이도 독특할 수 있는 자유를 누리게 됩니다. 창의적이고 깊이 있으며 소외감을 느끼는 4유형 안에는 경험을 원하고 모험과 열정을 쫓는 7성향의 내면아이가 있습니다. 자기 비판적이고 판단하며 분개하는 1성향의 내면아이도 있습니다. 4유형이 자신의 돌보지 않은 진솔한 내면아이를 받아주기 위해서 머리, 장, 가슴 지능이 무엇을 간과했었는지에 대해 생각해 보십시오.

다음 사례의 4유형 여성은 창의성을 인정받지 못해서 마음을 닫고 위축되었던 경험에 대해 말합니다. 그녀가 어떻게 머리와 가슴 지능을 억누르고 1성향처럼 현실적인 사람이 되고자 했는지, 그때 그녀의 감정이 어땠는지에 주목하여 살펴보십시오.

나는 어렸을 때 아름다움과 예술적 표현을 갈망했습니다. 하지만 예술 활동은 돈이 들고 주위가 산만해지기 쉬운데 어머니는 깔끔함에 대한 강박을 가진 분이었습니다. 나는 미술적 소질이 있으셨던 아버지가 캔버스 위에 화려한 색상의 물감들을 흩뿌리고는 나이프로 펴서 바르시던 것을 기억합니다. 아버지 곁에서 함께 그림을 그리는 상상을 여러 번 했으나 아버지는 나를 불러주지 않으셨고, 감히 아버지께 나도 요구하지 못했습니다. 고등학교 때 비로소 도화지와 저렴한 수채 물감을 샀지만, 필요하지도 않은 곳에 돈을 썼다는 죄책감을 느꼈습니다. 나는 아직도 실질적으로 사람에게 도움을 주지 못하는 창의적인 활동이 낭비처럼 느껴져 돈을 쓰기 어려워합니다. 성장기 시절에 나의 창의성을 완전히 닫아버리지 않은 유일한 영역은 옷장이었습니다. 어머니는 딸이 있는 것을 좋아하셔서 비싼 옷을 사주셨지만, 쇼핑 후에는 '우리가 얼마나 지출했는지 아버지에게는 말하지 마라.' 고 당부하셨습니다. 이제야 나는 내가 7성향의 기쁨과 즉흥적이고 가벼운 마음을 얼마나 자주 억압해야 했는지 알아차렸습니다. 나는 부드러움과 애정을 너무 갈망한 나머지 1성향처럼 완벽히 실질적이고자 했었습니다.

다음의 질문들을 읽으면서 당신은 돌보지 않은 내면아이를 더 깊이 수용하도록 초청하시는 하나님의 초대를 어디에서 느낄 수 있을지 생각해 보십시오. 그에 관해 새로운 깨달음이나 통찰이 있으면 기록해 보십시오. 이 작업은 당신을 위해 매우 통합적이고 중요한 작업입니다.

▶ 위 예화의 4유형 여성은 자신의 욕구와 갈망을 채울 수 없는 환경에서 자랐습니다. 이 사실이 그녀의 삶에서 하나님이 창조하신 모습 그대로의 흐름에 어떤 영향을 주었겠습니까?

▶ 예화의 4유형 여성 안에는 불필요한 데 돈을 쓰는 행위에 대해 죄책감을 느끼게 하는 비판적인 1성향이 있습니다. 이런 내면의 메시지가 당신의 삶을 어떻게 방해하며, 당신의 장 지능을 언제 놓치게 합니까?

▶ 4유형 안에는 수만 가지 꿈, 전략, 계획이 있는 모험심 많은 7성향이 있습니다. 당신의 계획 중 언제 새로운 아이디어가 나타나며, 판에 박힌 일상, 의무, 평범한 삶에서 벗어날 수 있을 때는 언제입니까? 당신은 언제 머리 지능을 놓칩니까?

▶▶▶ 상처받은 내면아이와 만나기

4유형은 밝은 에너지를 가지고 있는 7성향과 안정된 행동으로 뒷받침하는 1성향을 통합함으로써 내면의 조화를 이룰 수 있습니다. 즉 4유형은 자신의 깊이에 기쁨과 신념을 통합함으로 평정을 얻을 수 있는 것입니다. 당신 내면의 가볍고 즐거움을 추구하는 7성향의 모습에 대해 기록해 보십시오. 당신 자신을 표현하고 싶었으나 하지 못한 부분들에 대해서도 기록해 보십시오. 당신은 언제 자신을 독특하고 중요한 존재로 상상함으로써 대리 만족을 얻었는지를 탐색하십시오. 다음 질문 중 몇 가지에 먼저 답하고 나중에 돌아와서 다른 질문들에도 답해 보십시오.

▷ 당신이 이 세상에 속하지 못한다고 느낄 때 그 까닭은 무엇입니까?
  지금까지도 작동하고 있는 당신의 어린 시절의 상처나 습관적인 반응은 무엇입니까?

▷ 당신이 과거의 트라우마나 수치심으로 인해 독특함, 기쁨, 현실감 등을 간과하고 지나칠 때는 언제입니까?

▷ 당신의 전문성이 사람들의 인정을 받을 필요가 있다는 것이 당신 마음 안에 어느 정도 회복되거나 확고해졌습니까?

어린아이 같은 평정의 미덕을 회복함으로써 덜 극적이고 덜 냉담하며 이웃과 관계할 수 있도록 하나님께 구하십시오. 과민하고 예술적인 4유형은 기본적으로 너무 심각한 태도를 지니고 있을 수 있습니다. 4유형은 극적인 상태나 메마름을 배제하고는 자기 삶을 설명하기 어려워할 수도 있습니다. 하나님은 우리가 아버지의 큰 이야기의 일부임을 기억하며 살기를 바라십니다. 이 사실을 기억하도록 돕는 영성훈련은 4유형으로 하여금 슬픔과 연민뿐 아니라 평정을 찾는 구속적 맥락으로 바라볼 수 있게 합니다.

만약 당신이 자신의 경험을 극적으로 재구성하여 받아들이고, 무언가 잃어버린 부분에 초점을 맞추게 된다면, 그런 인간적인 경험과 감정이 성경에는 어떻게 나타나는지 예수님의 생애를 기록한 말씀을 통해 도움을 얻으십시오. 예를 들어, 시편은 인간적인 경험을 깊이 드러내 보여줍니다. 또 버림받은 느낌을 받는다면 유다가 예수님을 배반할 당시 예수님과 함께 있다고 상상해 보십시오. 이번 한 주간 동안 고통스러운 경험으로 인해 마음이 경직될 때 당신의 마음을 열었던 경험들이 있으면 기록해 보십시오. 그럴 때 당신의 마음은 어떠신가요?

치유의 기도

4유형은 '간고를 많이 겪었으며 질고를 아시는'이사야 53:3 예수님 안에서 자신의 상처를 다룰 때 치유해 주시는 하나님의 임재 속으로 들어갈 수 있습니다. 그럴 때 고통을 극적으로 해석하는 대신 슬픔뿐만 아니라 밝은 감정까지도 모두 진실되고 구속적인 방식으로 감당할 수 있는 능력을 얻습니다. 이런 경험을 통해 4유형의 시기는 평정의 미덕으로 변화합니다.

> 자신을 위해 기도할 수 있습니다. 혼자 조용한 장소에서 긴장을 푸십시오. 호흡을 깊이 하고 하나님 앞으로 나아오십시오. 하나님께 치유받아야 할 부분을 보여달라고 구하십시오. 과거의 아픈 기억들과 상처가 떠오를 때까지 조용히 기다리십시오. 어떤 생각이 떠오른다면, 치유를 위한 아래의 질문들에 답을 하십시오.

◆ 아픈 기억 속으로 당신과 예수님을 초대하십시오.
   예수님은 어디에 계십니까? 당신은 어디에 있습니까?
◆ 당신은 어떤 감정을 느낍니까? 불안, 버려짐, 존재감 없음, 평범함 등
◆ 위와 같은 감정을 보였던 때가 생각납니까? 예수님과 함께 그 시간과 장소에 갈 수도 있고, 지금 있는 곳에 머물 수도 있습니다.
◆ 경험에서 느끼는 감정에 이름을 붙여 보십시오. 그 사건으로 인해 당신이 어떤 거짓말을 믿게 되었는지 보여달라고 기도하고, 이름을 붙이십시오.
◆ 예수님은 이 거짓말에 대해 뭐라고 말씀하십니까? 예수님이 보여주시는 이미지 혹은 들려주시는 말씀이나 단어가 있습니까?
◆ 예수님께서 당신에 대해 말씀하신 진실을 부드럽게 자주 말해주십시오.
   말씀의 진리는 상처를 주님 앞에 내려놓고 자유롭게 하는 치유제입니다.

충만함과 메마름을 분별하기
5

로욜라의 이냐시오는 성령님이 머리, 가슴, 장 지능 모두를 통해 역사하신다고 가르쳤습니다. 그는 우리가 결정을 내릴 때 다음과 같은 질문을 통해 메마름과 충만함의 상태를 주의 깊게 살피라고 제안했습니다. '어떤 감정을 느끼고 있습니까?' '무슨 생각을 하고 있습니까?' '본능적으로 무엇을 감지합니까?'

충만한 상태일 때 4유형은 하나님이 자신을 독특하고 사랑받는 존재로 창조하셨다는 진실을 볼 수 있습니다. 이럴 때 4유형은 1성향의 진실과 7성향의 가벼움과 4유형의 창의력이 통합되는 방향으로 나갑니다. 반면에 4유형이 평범하고 무가치하다고 느끼는 메마름은 하나님의 창조성과 사랑의 흐름의 왜곡이며, 4유형이 거짓 자아에서 빠져나와 자신의 고유한 아름다움으로 돌아올 은혜를 구해야 한다는 신호입니다.하모니 삼각형을 이용한 분별은 영혼의 자원 5, p.411 참고

4유형이 충만한 상태일 때는 일상의 신비, 변화를 일으키는 상상력, 섬세한 감수성, 부드러운 개혁, 중심 잡힌 낭만, 창의적인 선함, 새롭게 하는 행동, 현실적인 모험, 평정, 아름다움을 경험합니다. 이것이 4유형의 진정한 자유로움입니다!

메마른 상태일 때 4유형은 하찮은 존재감에 대한 고통, 자아도취, 평범함, 버려짐, 자기혐오, 변덕스러움, 우울, 시기, 무엇인가 잃어버림, 부족하다는 느낌, 구원자에 대한 갈망을 경험합니다. 이것이 4유형을 속박하는 거짓 자아입니다.

▶▶▶ 내면에서 일어나는 역동 알아차리기

메마름과 충만함은 4유형을 하나님, 자신, 이웃을 사랑하는 방향으로 안내해 줄 수 있습니다. 아래 사례의 4유형 남성은 에니어그램 영성훈련을 하면서 어수선하고 늘 방어적인 자신의 삶 속에서 메마름의 신호들을 깨닫게 되었습니다. 그는 자신의 내사introjection가 어떻게 판단력을 흐리고 어둠으로 이끄는지 깨닫게 됩니다. 이 남성이 어떻게 메마름과 충만함을 알아차림으로 나르시시즘에서 벗어나 하나님의 임재로 나아가는지 살펴보십시오.

지금 나는 내가 창업한 회사를 주식 시장에 상장하려는 중에 있습니다. 하지만 솔직히 나는 내 혁신적인 아이디어를 대중에게 알리는 것에 큰 불안을 느끼고 있습니다.메마름 인터뷰를 하고 내 말이 알려지는 것은 좋습니다.충만함 하지만 사람들이 나의 공로도 인정하지 않고 나의 독창적인 아이디어와 창작의 고통 끝에 나온 결과물과 지적 재산권을 사용한다고 생각하면 무척 괴롭습니다.메마름 나는 지금 내 분야에 큰 공헌을 한다는 느낌과 내가 주목받지 못하고 존재감이 없어질까 불안을 느끼는 두 감정 사이를 넘나들고 있습니다.충만함과 메마름 여러 지표를 보면 회사의 미래는 밝을 것 같지만, 어떤 식으로 되어 갈지는 의구심이 듭니다. 나는 때로는 나의 아이디어를 투자자들과 공유하는 것에 압박감을 느끼고, 나의 독특한 공헌이 인정받지 못하는 것은 아닐지 분개하고 위축됩니다.

▶ 당신이 일, 관계, 창의적인 프로젝트와 관련해 메마름을 느끼는 원인은 무엇입니까?

▶ 7성향의 가벼움과 1성향의 성실함을 통합하는 것이 4유형의 메마름에 어떤 새로운 시각을 제공해 줍니까?

하나님 앞에 열린 기도 훈련

4유형은 특히 평범하거나 지루한 것을 밋밋해서 싫어합니다. 삶이 지루하게 느껴질 때, 숨을 들이쉬며 지극히 일상적인 것들 속으로 들어가 보십시오.

들이쉬며 – 아름다운 창조주 하나님

내쉬며 – 현재의 순간에 감사드립니다.

이 기도를 통해 현실에 굳게 발을 디딜 수 있도록 하십시오.

▶▶▶ **메마름과 내사**introjection

마음속 깊이 자리 잡은 평범하다는 느낌을 보상하기 위해 4유형은 독특한 자기소개, 특이한 페르소나, 예술적 승화, 내사 등을 둘러싼 복잡한 방어 체계를 구축합니다. 내사란 자신이 접하는 지루하고 못나며 평범한 모든 것들이 자기 안에 실제로 있다고 여기는 것입니다. 4유형은 자신의 개인적인 고통을 시, 드라마, 그림, 미술, 음악 등으로 표현합니다. 감정을 예술적으로 표현하는 행위는 4유형이 메마름을 극복하는 데 도움을 줍니다.

▷ 당신은 어떤 방식으로 외부의 나쁜 특성들이 자신 안에 있다고 내사합니까? 자신이 시기하는 사람들의 특성을 당신의 심성이나 자기표현으로 사용할 때가 있습니까?

▷ 당신은 내사와 메마름으로 인해 몸의 어느 부분이 경직됩니까? 다른 사람이 당신을 특별하게 보지 않는 것에 대해 어떤 고통을 느끼고, 어떻게 냉담해집니까?

▷ 충만함으로 초대하는 성령님은 머리와 장 지능을 사용함으로써 내사와 메마름의 감정을 하나님의 사랑받는 자녀가 된 현실로 재구성하게 합니다. 오늘 성령님이 당신을 메마름에서 충만함의 자리로 인도하는지 살펴보십시오.

▷ 내사 이외에 당신이 분별을 못하게 막는 다른 방어기제가 또 있습니까?

▶▶▶ 충만함과 평정

성령님이 당신을 충만함으로 초청하시는 방식은 당신의 가슴 지능이 느끼는 세상의 슬픔을 머리 지능의 모험과 즐거움에 연결하는 것입니다. 또한 현실의 폭넓음에서 의미를 찾아내는 장 지능의 안정감과 머리와 가슴 지능이 통합할 때 당신은 위로를 경험합니다.

4유형은 과장된 감정과 특별하지 않다는 괴로움에서 벗어나 성령님을 따라 이웃을 섬기는 창의성으로 들어설 때 충만함을 경험합니다. 성령님 안에 있을 때 4유형은 인간 삶의 고통과 어두운 영역에 압도되지 않고 평정을 유지할 수 있습니다.

▶ 성령님이 당신을 내사에서 벗어나 평정으로 이끄실 때가 있었습니까?
그때 무슨 일이 있었으며, 당신은 어떤 위로를 받았습니까?

▶ 당신이 성령님 안으로 들어가 마음, 뜻, 힘을 다해서 하나님을 사랑하게 된 때가 언제였습니까?

4유형을 위한 영적 리듬

6

주는 영이시니 주의 영이 계신 곳에는 자유가 있느니라 우리가 다 수건
을 벗은 얼굴로 거울을 보는 것 같이 주의 영광을 보매 그와 같은 형상
으로 변화하여 영광에서 영광에 이르니 곧 주의 영으로 말미암음이니라

고린도후서 3:17~18

4유형은 진실을 알고, 자신의 진실함을 드러낼 자유를 갈망합니다. 이 성경 구절은 우리가 자신과 자신의 감정 외에 다른 사람과 사물에 대해 숙고함으로써 자유와 변화를 얻을 수 있다고 말합니다.

다음에 제시되는 영적 리듬은 4유형이 의식적으로 하나님, 자신, 이웃을 사랑하는 흐름으로 들어가는 훈련입니다. 영원히 확장되는 신성한 하나님의 영광을 반영하고자 하는 다음의 훈련 중 당신의 마음에 와닿는 부분에 참여해 보십시오.

▶▶▶ 현존 훈련: 4유형

'핵심 용어' 부분에서 흐름에 대해 다시 읽어보기를 권합니다.
삼위일체 하나님이 어떻게 공존하시는지를 주목하십시오.

아버지와 아들과 성령이 함께 존재하며 함께 흘러갑니다.
머리와 가슴과 몸이 함께 존재하며 함께 흘러갑니다.
믿음과 사랑과 소망이 함께 존재하며 함께 흘러갑니다.

삼위일체 하나님은 4유형이 현존하여, 자기의 창의성으로 자신뿐만 아니라 이웃의 유익과 기쁨을 위해 공헌할 수 있도록 초청하십니다. 하나님, 자신, 이웃 앞에 머리, 가슴, 장 지능이 현존하는 4유형은 객관적이고, 열린 마음으로 더욱 넉넉하게 감정을 다룰 힘을 얻습니다. 다음 묵상 기도는 머리, 가슴, 장 지능을 통합하여 당신을 거룩히 창조된 온전한 존재로 있게 할 것입니다. 이 기도에 머무름으로써 당신의 욕구와 감정이 밝음과 안정감을 가지고 머리와 장 지능에 다가갈 수 있게 될 것입니다.

편안하고 정신이 맑아지는 장소를 찾아보십시오.
성령님이 내 안에 계시며 나를 위해 기도하고 있음을 기억하십시오.
당신에게 머리, 가슴, 장 지능이 있음을 받아들이고
그것이 열리도록 하나님께 간구하십시오.

몸 현존

성령님과 함께 있도록 자신을 내려놓으십시오.

몸 안에 어떤 변화가 일어나는지 주의를 집중하십시오. 몸의 상태를 알아차려 보십시오. 몸이 무엇을 말하는지 주의를 기울이십시오. 세상과 현실에 기반을 둔 감정을 느끼고 '깊이'를 주심에 감사드리십시오. 이웃과 단절될 때 당신의 몸은 어떻게 위축되거나 극적으로 반응합니까? 그 부분에 대해 몸이 반응하는 것에 귀 기울여 보십시오. 당신 몸의 독특함을 그 자체로 충분하다고 받아들인다는 것은 어떤 느낌입니까?

마음 현존

예수님과 함께 있도록 자신의 마음을 내려놓으십시오.

호흡하면서 독특한 창의성을 느끼십시오. 특별해지고 싶은 마음을 보듬어 주고 숨을 들이쉬며 마음의 공간을 확장하십시오. 마음이 연결된 부분과 단절된 부분이 어디인지 확인해보고, 깊은 감정과 아름다움을 향한 사랑을 느껴 보십시오. 하나님의 사랑하는 아들과 딸로서 자신을 바라볼 수 있는 은혜를 구하십시오. 슬픔이나 불안을 느끼는 부분이 어디입니까? 그 부분을 주님 손에 올려 드리십시오. 치유하시는 예수님께서 무엇이라고 말씀하십니까?

생각 현존

창조주와 함께 있기 위해서 생각을 내려놓으십시오. 머리와 어깨를 의식하고, 무게를 느껴보십시오. 숨을 들이쉬며 그리스도의 생각 속으로 들어가십시오. 몸 안의 상태를 관찰하고, 머리가 무엇이라고 말을 하는지 알아차려 보십시오. 머리 지능이 가슴 지능에게 어떤 질문을 합니까? 고통만큼이나 기쁨을 신뢰하는 것은 어떤 느낌입니까? 계획, 기쁨, 즉흥성이 어떻게 자유와 변화의 길로 인도하는지 생각해 보십시오. 머리 지능의 관점으로 당신의 감정에 정보를 전달하고 그렇게 감정을 재구성하면 어떤 일이 일어날까요?

창의성은 새로운 기쁨으로 피어난다

'창의성은 새로운 기쁨으로 피어난다.'는 이 기도는 4유형이 객관성, 안정성, 자기 훈련 등의 1성향의 장 지능을 통합하게 합니다. 또한 낙관주의, 기쁨, 놀이, 즉흥성 등의 7성향의 머리 지능에 참여할 수 있도록 마음을 열게 합니다.

이 기도를 기억함으로써 당신은 자신과 현실 세계에 대해 무엇이 진실인지를 더욱 잘 알 수 있습니다. 우리는 유형 이상의 존재입니다. 무엇인가에 자극을 받아 있는 그대로의 자신에 대해 불안이나 수치심이 올라온다면 크게 호흡을 하며 다음과 같이 말해 보십시오. '창의성은 새로운 기쁨으로 피어난다.'고 하며, 특별하고 독특해야만 한다는 강박을 놓아버리고 하나님과 이웃을 향해 마음을 열고 하나님이 주신 창의성을 가지고 기도하십시오.

자신만의 색깔을 찾으십시오. 가슴 지능
이것이 내가 줄 수 있는 최선의 조언입니다.
당신은 분명히 잘하는 무언가를 가지고 있습니다. 1성향의 장 지능
그것을 당신이 할 수 있는 가장 독창적인 방식으로 해내고, 주저하지 말며
아이디어를 이야기하고, 7성향의 머리 지능
말한 대로 행동하십시오. 1성향의 장 지능
- 밥 시거

4유형을 위한 성령님의 인도하심 FLOW에 대한 훈련

성령님의 인도를 받는 4유형은 자유하고Free, 사랑하며Love, 열려있고 Open, 함께0합니다With. 삼위일체 하나님의 임재 아래 4유형은 넉넉한 창의성 안에 머리, 가슴, 장 지능을 통합할 수 있고, 이는 기독교의 미덕인 믿음, 소망, 사랑으로 흘러나갑니다. 당신이 공헌을 인정받는 데 집착하게 될 때, 숨을 쉬면서 있는 그대로의 독특한 존재로 나를 바라보는 하나님의 기쁨에 동참하고 현실을 있는 그대로 수용할 수 있는 내면의 자유를 구하십시오. '더 큰 관점을 가로막고 있는 감정은 무엇인가?'라고 몸 지능에게 질문하십시오. '우울한 상태로 인해 기쁨을 억압하는 부분이 어디인가?'라고 머리 지능에게 질문하십시오. 그리고 창조주 하나님의 창의성 속으로 들어가 어려움 속에서도 아름다움을 발견할 수 있는 능력 주심에 감사드리십시오. 하루를 마무리하면서 흐름FLOW 속에 있지 않았을 때 어떤 일이 일어났는지 기록해 보십시오. 당신을 통해 이웃에게 하나님의 창의성이 흘러갔다면 감사하십시오. 만약 그렇지 못했다면 회개하십시오. 그리고 내일은 내일, 다시 시작하십시오.

고백 훈련하기

4유형은 하나님과 이웃 앞에 자신의 연약함을 나누고, 있는 그대로를 투명하게 내어놓을 때 변화하고 온전히 연결될 수 있습니다. 다음을 고백하십시오.

▶ 시기심 고백하기

시기심이 어떻게 자신과 이웃에게 상처를 주는지 보십시오. 평정과 자유의 여정을 가도록 도와줄 수 있는 믿음의 친구를 달라고 하나님께 기도하십시오.

▶ 불안과 수치심 고백하기

자신이 부적절하다거나, 치명적인 결함을 가지고 있으며 충분하지 못하다고 여기는 부분은 무엇인지 살펴보십시오.

▶ 집착 고백하기

자신이 누구보다 특별하고 사랑받아야 한다고 여기는 면을 인정하고 그 이유를 살펴보십시오.

▶ 내사 고백하기

자신을 향한 비난과 증오를 내려놓을 수 있도록 구하십시오.

▶ 저항 고백하기

평범함과 일상을 거부하는 마음을 발견하고 내려놓으십시오.

예수님은 '창조하시고 새롭게 하시는 하나님 앞에서, 너는 특별한 나의 소유'라고 말씀하십니다.

감사 훈련하기

감사는 무거운 마음을 가볍게 하며 어둡고 힘든 시간 속에서도 좋은 것들을 찾을 수 있도록 도와줍니다.

- 매일 감사 일기를 남기며 감사의 이유에 대해서 기록하십시오.
- 특별히 감사하는 일들이 있을 때 구슬이나 조약돌을 유리병에 채워 넣으며 확인하십시오.
- 하루에 다섯 번 이웃에게 감사를 표현하고, 감사의 이유를 알려주십시오.

거룩하게 바라보는 훈련하기 Visio Divina

자연은 4유형이 하나님을 만나는 성스러운 공간입니다. 하나님이 창조하신 아름다운 세계를 거룩하게 바라보십시오.

- '하늘이 하나님의 영광을 선포하고'시편 19:1 하늘을 바라보며 하늘이 창조주 하나님을 찬양하는 것을 들어보십시오. 하나님은 당신에게 뭐라고 말씀합니까? 당신은 하나님께 어떤 말씀을 드리고 싶습니까?
- 예수님께서는 '공중의 새를 보라'마태복음 6:26고 말씀하셨습니다. 공중의 새, 들의 백합화, 떡과 포도주는 모두 하나님의 보살핌에 대한 진실을 드러냅니다. 하나님의 창조를 느끼는 시간을 가져 보십시오. 뛰거나 걸으며 주의를 기울여 보십시오. 하나님은 당신에게 뭐라고 말씀하십니까?
- 자신에게 특별한 의미가 있는 그림이나 사진을 찾아 보십시오. 하나님께 보는 눈을 달라고 구하십시오. 하나님께서는 당신이 무엇을 보기 원하시는지, 하나님과 대화해 보십시오.

평범함에 현존하는 훈련하기

감정이나 경험을 과장하거나 극적으로 표현해야 한다는 마음을 놓아버리고 감정과 경험을 그대로 온전히 누리십시오.

▶ 평범하고 일상적인 것들이야말로 오히려 '특별하다'는 사실을 깨닫고, 그에 대한 깨달음을 친구와 함께 나누어 보십시오.
▶ 따분하고 지루한 것에 관한 판단을 내려놓고 좀 더 깊이 들여다보십시오.
그 속에서 어떤 은혜, 교훈, 아름다움을 찾을 수 있습니까?
▶ 자신이 어둡고 지루하게 여기는 것들에 대해 하나님은 어떻게 바라보실지 생각해 보고, 하나님의 관점에서 기도하십시오.

십자가를 통한 기도 훈련하기

4유형은 고통받는 자들을 공감합니다. 예수님께서 달리신 십자가, 또는 빈 십자가의 이미지는 4유형이 자신과 이웃에 대해 느끼는 고통을 내려놓을 수 있는 장소가 됩니다.

▶ 예수님께서 달리신 십자가를 손에 쥐고 예수님의 상처를 기억하십시오. 당신의 무거운 짐과 세상의 고통을 예수님의 상처 속으로 보내십시오. 예수님께서 감당하시지 못할 고통이란 없습니다. 예수님께서는 이 십자가를 통해 당신에게 무엇을 말씀하십니까? 당신의 고통에 대해 예수님께 말씀드리십시오.
▶ 빈 십자가를 손에 쥐어 보십시오. 십자가는 예수님께서 역사상 가장 끔찍했던 날을 구원과 용서와 자유의 날로 바꾸셨다는 증거입니다. 예수님은 이 십자가를 통해 무엇을 말씀하십니까? 예수님의 말씀을 듣고 대답해 보십시오.

▶ 주머니 속에 십자가를 가지고 다니며 하나님의 슬픔과 연합해 당신의 슬픔을 어떻게 할 것인지 기억하십시오.

머리, 가슴, 장 지능을 통합하는 훈련하기

당신이 머리나 장 지능보다 감정을 더 신뢰하는 때가 언제인지 알아차려 보십시오. 아름다움과 깊이를 구현하고 싶은 창작의 충동을 느낄 때, 1성향의 굳은 의지와 7성향의 기쁨을 가지고 지속하십시오.

사랑받는 4유형을 향한 축복

아래의 기도를 통해 긴 호흡을 하며 당신의 영혼이 확장되기를 축복합니다.

삼위일체 하나님이 진정으로 독특한 참 자아를 향한
우리의 여정을 축복하시고, 우리가 존재의 본향을 찾기를.

하나님께서 기쁨으로 우리를 인도하시고 경건한 시각을 주시기를.
예수님의 마음이 우리를 초청하셔서 고통 속에서도 주님과 연합하게 되기를.
성령님께서 우리의 모든 관계와 창의성 속에 희망을 심으시기를.

삼위일체 하나님의 신성한 평정이 우리를 붙드시고
사랑을 주시며 모든 길을 인도하시기를 기도합니다.

호흡을 통한 기도

호흡의 경이로움을 충분히 느끼십시오. 산소가 허파를 채우며 흉곽이 벌어지는 것을 느껴보십시오. 숨을 들이쉬고 내쉬면서 느껴보십시오.
마음에서 어떤 변화가 일어나는지 천천히 관찰하십시오.
숨을 들이쉬며 하나님이 창조하신 삶의 아름다움을 느껴보십시오.

하나님 아버지께서 내 안의 모든 장기를 만드셨습니다.
나를 창의적이고 경이로운 존재로 만드셨습니다.
내 영혼이 내가 이런 존재임을 잘 알게 해 주십시오.

이 기도를 몇 분 동안 하십시오. 당신이 굳이 창조주처럼 모든 것의 창작자가 될 필요가 없다는 자유를 누리십시오. 몸을 통해서 숨을 쉬십시오. 발바닥, 복부, 정수리를 통해 계속 숨을 쉬십시오. 이 경험을 온전히 느끼십시오. 머리, 가슴, 몸을 통해 호흡하십시오. 무엇이든 떠오르는 것을 알아차리십시오. 어떤 기억이 떠오르면, 창의적이고 감성적인 마음으로 받아들여 잠시 머무십시오. 자신의 마음을 사랑으로 보듬고 내면에 머무십시오.

들이쉬며 – 하나님의 형상대로 창조되었습니다.
내쉬며 – 그 무엇도 평범하지 않습니다.
들이쉬며 – 창조주이신 하나님 아버지는 아름다우십니다.
내쉬며 – 내가 현재에 있을 수 있음을 감사합니다.
들이쉬며 – 창의성은
내쉬며 – 새로운 기쁨으로 피어납니다.

4유형 공감하기

7

모든 아이는 양육자로부터 자신이 고유하고 독특한 존재로서 사랑받고 있음을 느껴야 합니다. 4유형은 어린 시절에 독특하게 튀기보다는 주변에 순응하는 모습을 칭찬하는 양육자 아래 자라났을 수도 있으며, 이로 인해 뭔가 독특한 자신은 다른 가족 구성원과는 다르다고 느꼈을 수 있습니다. 그 다른 점이 가족 안에서 환영받지 못했기에 버려지고 외롭다는 느낌을 받았으며, 살아남기 위해서 자신의 강렬한 감정과 진실한 욕구를 억누르는 법을 배우게 되었습니다. 이 장을 통해 우리가 4유형을 어떻게 대하는지 살펴보고, 어떻게 하면 이들을 하나님이 바라보는 시선으로 공감할 수 있을지 생각해 보십시오.

공감은 하모니를 이루게 하는 참된 자아의 반응으로 '우리'와 '그들'의 경계를 허뭅니다. 우리는 4유형을 자기애가 강하고 냉담하며 너무 극적이라고 느끼거나, 가장 독창적이고 흥미로운 사람이라고 느낄 수도 있습니다. 우리가 4유형이 왜 시기하고 극적으로 생각하며 내면에 결핍감을 가지는지 이해한다면 그들과의 관계 속에서 연민을 느끼고 수용할 수 있습니다.

다음 4유형 여성의 여정을 듣고 당신 안에 어떤 감정, 생각, 반응이 올라오는지 주목해 보십시오.

나는 종종 어린 시절의 슬픔과 어둠과 상처에 압도당해 우울감을 느끼곤 했습니다. 감정의 협곡은 나에게 일상이었으며, 아직도 그렇다고 할 수 있습니다. 하지만 지금 나는 평정을 유지하면서 내 인생사의 광야를 지나가려고 합니다. 성취를 중요시하는 3성향의 날개와 원칙적인 1성향은 나를 일로 몰아넣었습니다. 삶은 늘 심각했고, 7성향처럼 마냥 놀 수는 없었으므로, 내 안의 3성향과 1성향이 모든 일에 앞장섰고 7성향은 사라져 버렸습니다. 이런 내가 변화할 수 있게 되어 하나님께 감사드립니다. 하모니 삼각형은 젊은 엄마인 내가 긍정적이고 놀기 좋아하는 7성향을 통합함으로써 내 자녀들이 나의 어린 시절처럼 기쁨을 잃어버리지 않도록 도와주었습니다. 나는 심각성을 내려놓음으로 7성향처럼 경계를 넘고 독특한 취향을 즐길 수 있습니다. 4유형의 우울감과 고통이 나를 압도할 때면, 한층 밝아지고 기운을 내기 위한 7성향의 에너지가 필요합니다. 1성향의 장 지능 에너지는 내가 현실에 발을 딛고 책임을 감당하며, 버거운 문제들을 현실적으로 재구성함으로써 우울감에 빠지지 않게 도와줍니다.

1. 이 이야기를 듣고 어떤 생각이 듭니까?
   어떤 감정이 느껴집니까? 당신에게 직감적으로 와닿는 부분은 무엇입니까?

2. 우울감, 심각함, 비탄, 버려짐, 과로 등으로 인해 당신이 공감을 느끼지 못하고 단절된 적은 언제입니까?

3. 당신이 우울한 4유형 안에서 장난스럽고 즉흥적인 7성향 내면아이와 안정적이고 개혁하는 1성향 내면아이의 모습을 볼 때는 언제입니까?

4. 버려짐에 대한 4유형의 두려움은 정작 당신이 원하는 관계적 연결로부터 자신을 어떤 방식으로 단절시킵니까?

4유형의 방어 기제인 '내사' 이해하기

4유형은 자신 안으로 내사하여 자기의 약점과 실수를 과대하게 부풀립니다. 이 사례는 단절의 고통에 대한 경험을 말합니다. 당신은 4유형의 방어기제인 내사가 어떤 식으로 나타나는지 알 수 있을 것입니다.

나는 어린 시절에 명랑하고 자유분방하고 사교적인 아이였습니다. 나는 수업 시간에 즐거움과 관계적 연결에 대한 욕구를 드러내기 위해 툭하면 자리에서 일어나곤 했습니다. 선생님께서는 한 번만 더 일어나면 쉬는 시간에 나를 의자에 묶어 놓을 거라고 경고했습니다. 나는 검은 크레용을 가지러 일어났고, 내 옆에 앉아있던 아이가 선생님께 이 사실을 고자질했습니다! 선생님은 나를 교실 앞으로 끌고 나가서 말했던 대로 나를 의자에 묶었습니다.

수치심, 버려지는 느낌, 고통, 불안이 나를 덮쳤고, 나는 물리적으로 묶이고 매이며 압도당한 것에 대한 고통을 내면화했습니다. 의자에 묶였다는 사실이 내가 사랑받지 못하고 존재할 가치가 없다는 사실을 증명한다고 느꼈던 것입니다. 자유보다는 순응이 무엇보다 중요했습니다. 그리고 성인기에 접어들어 기도를 통해 내면의 치유를 받고 난 후에 그때의 묶임에서 풀려날 수 있었습니다. 기도 중에 예수님께서 내게 오셔서 나를 풀어주시고 안아주시며 위로해 주셨습니다.

1. 당신은 이 4유형에게 어떤 동질감 또는 이질감을 느낍니까?
2. '나는 뭔가 잘못된 존재다.'라는 4유형의 느낌을 통해, 자신의 진실한 감정과 행동을 표현했을 때 오히려 상처를 입은 4유형의 내면아이를 볼 수 있습니까?
3. 4유형의 독특함을 받아주시는 하나님의 마음으로 바라볼 수 있습니까?

4유형과 관계 맺기

4유형의 극적인 표현과 예민함 이면에 자신이 아무 곳에도 속하지 못하고, 있는 그대로의 모습으로 살지 못한다고 여기는 내면아이가 있음을 기억한다면, 그들을 4유형의 시각으로 볼 수 있는 은혜를 발견할 수 있습니다.

- 명민하게 알아차리는 능력과 깊이, 역설을 받아들일 수 있는 4유형의 능력을 인정하고 칭찬해 주십시오.
- 4유형에게 관계의 단절은 깊은 고통이므로 당신이 먼저 다가가고 관계를 유지할 수 있도록 노력하십시오.
- 당신에게는 극적이라고 느껴지는 부분이 4유형에게는 현실이라는 것을 받아들이십시오. '이 부분에 대해 어떻게 느끼세요? 제가 어떻게 하면 좋겠습니까?'라고 질문하십시오.
- 4유형이 느끼는 문제를 해결해 주려 들지 말고, 고통과 아름다움에 대해 공감하는 그들을 있는 그대로 받아주십시오.
- 4유형이 자신의 창작활동을 공유하기는 힘들기에 먼저 다가가 그 부분을 공유하고 싶은지 물어봐 주십시오.
- 4유형이 자기 일이나 삶에서 중요한 부분이 빠졌다고 생각할 때 그들의 든든한 지지자가 되어주십시오.
- 규칙, 규율이 4유형의 열정과 창의력을 억누를 수 있음을 기억하십시오.
- 그들이 다른 모든 사람들과 같은 기준에 맞추어 살아갈 것이라고 기대하지 마십시오. 그들이 자신의 방식대로 할 수 있는 공간을 주십시오. 결코 그들이 당신에게 반감을 품은 것이 아닙니다.
- 4유형은 '어느 한쪽을 선택해야 하는' 사고방식이 불편합니다. 그들은 회색 영역을 더 편하게 받아들인다는 사실을 수용하십시오.

다음은 4유형의 전형적인 특성입니다. 어떤 생각이 듭니까?

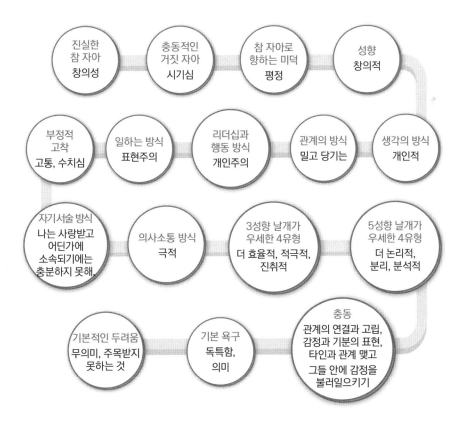

1. 당신이 4유형으로 삶을 산다면 어떨 것 같습니까?

   위에서 4유형과의 관계에 도움이 되는 설명은 무엇입니까?

2. 4유형의 성격에 대해 말할 때 위의 특성들보다 더 적합한 말이 있습니까?

3. 4유형은 자신의 독특함에 대해 인정해주기를 바랍니다. 당신이 아는 4유형에게 이 선물을 주면 어떻겠습니까?

4. 4유형은 연결이 없을 때 불안을 느낍니다. 4유형인 그들에게 어떻게 확신을 줄 수 있겠습니까?

머리 지능

머리 지능: 인지, 인식, 사고 지능

5, 6, 7유형은 정신적 사고를 통해 세상을 인지하고 걸러내기도 합니다. 이들의 정신 활동은 쉼 없이 아이디어, 계획, 합리적 이유들을 만들고, 사고 중심의 내면세계를 통해 에너지와 영감을 받습니다. 5유형의 관점, 6유형의 실용성, 7유형의 비전은 '명철이 한이 없으신'이사야 40:28 하나님을 반영합니다. 5유형의 미덕은 분별이며, 6유형은 용기, 7유형은 진중입니다.

머리 지능 IQ

세계의 안전과 보안은 종종 정보를 수집하고 분석하며 계산해서 계획, 전략, 행동하는 방법을 아는 머리 지능 사람의 어깨에 달려있습니다. 건강한 머리 지능 사람은 주어진 순간에 얼마나 많은 정보가 필요한지 압니다. 이들은 '지혜가 제일이니 지혜를 얻으라 네가 얻은 모든 것을 가지고 명철을 얻을지니라'잠언4:7라는 성경 말씀을 구현합니다.

머리 지능의 방어

머리 지능은 각양각색의 두려움과 싸웁니다. 이들이 스트레스를 받으면 두려움에 지배되어 안전을 위해 전략, 탈출, 신념들이 작동하고 지나치게 방어적인 모습을 보입니다. 그 결과 이들의 지나친 생각, 과한 계획, 고통에 의한 위축, 지나친 자료 모으기 등은 오히려 이들의 결단과 행동을 방해하기도 합니다.

신성한 경험

머리 지능 사람들은 종종 새로운 것을 배우면서 자신들의 내면세계를 확장합니다. 이들은 새로운 사실에 대한 궁금증과 그 이유를 찾게 하는 대화, 독서, 아이디어, 공부, 질문, 가르침을 즐깁니다. 이들이 장과 가슴 지능을 통합할 때, 자신들이 '안전'하다고 여기는 장소가 정답이 아님을 깨닫게 됩니다. 진정한 안전은 그들 안에 하나님의 영이 거하시기 때문임을 알게 되는 것입니다.

PART 3

머리 / 지능

5유형

나는 조용하고 지적인 관찰자로 지식을 추구하며, 거리를 두고 삶을 바라본다. 사생활과 사적인 공간을 가치 있게 여기며, 내 감정을 통제하고 안전하기를 바라며 감정을 나누지 않는다. 혼자 있을 때 감정을 알아차리기 쉽고, 사람이 많은 장소는 피한다. 무례하고 큰 소리로 말하며 감정표현을 강하게 하는 사람에게는 지친다. 건강한 소통을 하고 싶은 욕구는 크지 않으며, 관계나 사건의 중심에 서는 것을 좋아하지 않는다. 차라리 뒤로 물러나서 무슨 일이 일어난 것인지 분석하기를 선호하고, 상황이 일단락되고 난 후에 그 경험에 대해 생각하기를 즐긴다. 나는 좋은 상태일 때, 차분하고 지각력이 있으며 호기심이 많고 통찰력이 있다. 사회성이 부족한 편이지만, 내 지성이 이를 어느 정도 보완해 줄 수 있다고 생각하기에 가급적 많은 정보를 수집한다. 가끔 사람들은 내가 말을 많이 하지 않아 거만하다고 여긴다. 나는 힘든 상태일 때 에너지를 비축하는 경향이 있고, 누군가 내 일을 방해하거나 내 물건을 옮겼다는 생각이 들면 불안해진다. 나의 정신적 활동은 매우 활발하고, 감성적 활동은 건조하게 보일 만큼 매우 개인적이다.

5유형

지혜는 사랑으로 이끈다

Wisdom Lovingly Directs

누구나 '알' 수는 있다.
핵심은 '이해했느냐'이다.

- 알버트 아인슈타인

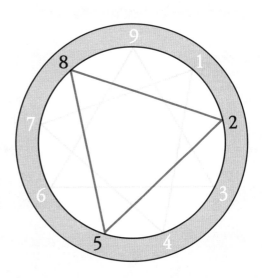

나는 누구인가?

1

5유형은 지혜로우신 하나님의 형상을 반영합니다. 이들은 고린도전서 2장 16절의 말씀에 깊이 공감할 것입니다.

누가 주의 마음을 알아서 주를 가르치겠느냐 그러나 우리가 그리스도의 마음을 가졌느니라

'지혜'는 5유형의 삶을 표현하는 핵심 단어입니다. 우리가 자신을 인식하는 방식은 자신이 왜 그렇게 행동하고, 무엇을 지향하며, 어디서 걸려 넘어지는지를 설명해 줍니다. 5유형의 삶은 주로 배우고 이해하며 관찰하고 혼자 있는 것과 관련되어 있습니다. 5유형은 사람들과 관계를 잘 맺지 못하거나 자신이 아는 것을 기꺼이 나누지 못하는 모습을 보여줍니다. 5유형을 나타내는 단어들을 알아보십시오.

▶▶▶ 5유형의 단어들

다음에 설명된 단어들을 보면서 5유형에 대해 생각해 보십시오. 공감되는 단어에 동그라미를, 재능에 해당한다고 여기는 단어에는 별표를 하십시오. 현재 당신의 상태를 돌아보면서 하나님의 형상을 드러내지 못하는 모습을 표현하는 단어들에 밑줄을, 자신을 불편하게 자극하는 특성에는 네모 표시를 하십시오.

지혜롭다	통합한다	어리석지 않다
지각이 뛰어나다	분석적이다	단순하지 않다
예리하다	침착하다	둔감하지 않다
재치 있다	깊이 생각한다	감성적이지 않다
철저하다	학구열이 있다	표현을 잘 하지 않는다
관찰력이 뛰어나다	내성적이다	잘 믿지 않는다
호기심이 많다	진지하다	재미있지 않다
잘 경청한다	세세하게 따진다	행동하지 않는다
전체적인 구조를 본다	준비를 많이 한다	침범하지 않는다
통찰력이 있다	분별력이 있다	화려하지 않다

▷ 당신에게서 하나님의 형상을 반영하는 5유형의 단어는 무엇입니까?

▷ 당신은 어떤 단어에 애착을 느낍니까? 또는 강박을 느낍니까?

▷ 당신은 어떤 단어에 거부감이 듭니까? 혹은 비판하는 마음이 듭니까?

▷ 거부감을 느끼는 단어에 마음을 연다면 당신의 삶과 인간관계는 어떻게 달라 질 수 있습니까?

▷ 당신을 보시며 이해하시는 하나님을 반영하는 단어를 적어 보십시오.

▶▶▶ 5유형에 대해 알아가기

다음 사례에 등장하는 5유형은 그들의 여정이 어떻게 시작되었는지 기억하고 있습니다. 이들이 어디에서 즐거움을 찾고, 어떻게 회피했는지, 또 내면의 공허함을 어떻게 채웠는지 살펴보십시오.

나의 가장 어린 시절의 기억 중 하나는 책에 있는 단어를 식별하는 것이었고, 독서의 즐거움은 집안의 불확실한 분위기를 빠져나오도록 도와주었습니다. 어머니는 아주 조용한 편이셨고 관계보다는 업무 중심이셨습니다. 교육을 제대로 받지 못했고 자신감이 부족했던 어머니는 자녀를 교육하고 그들과 교감하기보다는 음식과 청소를 하고 매사에 지시적이었습니다. 나는 사람보다는 책에서 인간관계를 배웠고 아마 내가 기억하는 것보다도 더 사회적인 면에 많이 서툴렀을 것입니다. 학급의 일원으로서는 좋은 학생이었지만, 아주 가까운 친구는 한 명이었고, 그래서 단체 모임은 한번도 편한 적이 없었습니다.

다른 5유형 이야기

나는 어렸을 때부터 관심이 내게 집중되지 않게 하는 법을 배우게 되었습니다. 내가 배운 교훈은 '튀어나온 못은 망치질을 당한다.'라는 표현처럼 가급적 어떤 느낌도 갖지 말고 만약 느껴질 때는 차단할 것, 눈에 띄거나 인정받으려 하지 말 것, 보이지 않는 손길이 되어 사람들 뒤에서 섬기고 봉사하는 것 등이었습니다. 나는 책 읽기에 몰두했고 지식은 나의 내면의 공허함을 채워주는 듯 보였습니다. 에니어그램을 통해 내가 잊었던 감정을 알아차리게 되었고 언제 감정을 표현할 것인지 혹은 무시할 것인지를 의식적으로 선택하게 되었습니다. 갈등 상황에서 감정을 밀쳐놓으면 고요하지만, 나 자신을 이해하기 위해서는 상황으로 돌아가 감정을 풀어내야 함을 명심하고 있습니다. 그리고 감정을 풀어낸 후 며칠간은 기진맥진한 상태가 됩니다. 나로서는 숨어있는 곳에서 나온다는 것은 인생 전 여정을 통한 분투입니다.

5유형은 갈등, 감정, 관계를 다루는 것이 안전하지 않다고 여기기에 생각 속으로 숨어듭니다. 그래서 책과 정보는 안전한 도피처가 되어 자신을 보호하고, 자기를 이해하는 방식이 됩니다.

▷ 이 이야기에서 당신은 어떤 부분에 공감합니까?
▷ 가장 먼저 떠오르는 5유형에 대한 경험은 무엇입니까?
▷ 머릿속에서 무언가가 진실임을 안다는 것은 당신에게 어떤 의미입니까?

호흡 기도

고독과 침묵 가운데 자신에 대해 똑바로 볼 수 있도록
하나님께 도움을 구하십시오.
먼저 깊게 숨을 쉬어보십시오.

들이쉬며 – 나는 하나님의 형상대로 창조되었다.
내쉬며 – 나는 드러낼 수 있다.

이 기도를 하면서 몇 분간 머무십시오.
하나님의 형상대로 창조된 선함과 자유를 경험하십시오.
모든 것을 다 알 필요가 없음에서 오는 자유를 느끼십시오.
이 기도로 호흡을 하면서 하루를 지내보십시오.

참 자아와 거짓 자아
현명한 사람

2

우리는 자주 쓰는 말과 표현을 통해 자신이 어떤 사람인지를 드러냅니다. 5유형은 태도, 행동, 동기를 통해 지혜의 힘을 보여줍니다. 5유형은 하나님과 함께할 때 자신의 지식이나 알고 있는 정보가 없어도 하나님께 사랑받는 참 자아로 살 수 있습니다. 5유형의 거짓 자아는 강박적이며 옛 사람의 습관에 깊게 뿌리 내린 에고로서 두려움과 결핍감으로 위축됩니다. 에고 자체는 타고난 기질, 후천적인 양육 환경 등이 복합적으로 혼합된 심리적 자아입니다. 이제 충동적이고 강박적인 거짓 자아의 반응과 하나님, 자신, 이웃을 사랑하는 참 자아의 흐름FLOW에 대해 살펴보십시오.

5유형의 참 자아 신성한 지혜

5유형은 하나님의 지혜로우심을 구현하는 존재로 창조되었습니다. 이들의 참 자아는 객관적이고 혁신적이며 호기심 많고 집중력이 좋으며 복잡한 일에 뛰어들어 머리 지능을 사용합니다. 참 자아는 신성한 지식과 접촉하여 5유형의 머리 지능에 이웃을 섬기는 가슴 지능의 공감과 장 지능의 결단을 더해줍니다. 5유형이 변화하고 싶다면 숨은 곳에서 나오고, 사람들과 만나야 하며, 자신이 두려워하는 부분을 행동으로 옮겨야 합니다.

자신의 지식으로 그 순간의 흐름의 맥을 짚고 나누어야 합니다.

5유형은 하나님과 함께 할 때, 안전함에 매달리는 내면의 패턴에서 벗어나고, 자신에게만 머물러 있지 않고 자신보다 큰 일의 일부가 됩니다. 건강한 5유형은 선견지명이 있고 팀으로 일하며 위축에서 벗어나 참여하고 사람들과 연결되는 방향으로 나아갑니다. 이 모습을 기독교 전통에서는 '오직 위로부터 난 지혜는 첫째 성결하고 다음에 화평하고 관용하고 양순하며 긍휼과 선한 열매가 가득하고 편견과 거짓이 없나니'야고보서 3:17라고 표현합니다. 건강한 5유형은 긴장을 풀고 관대하게 가르치며 자신의 시간과 힘을 내어 이웃에게 사랑을 주는 진정한 지혜의 모습을 보여줍니다.

5유형의 거짓 자아 위축, 탐욕

5유형의 거짓 자아는 자신이 무능하거나 바보처럼 보이지 않기 위해 지식과 지성에 과하게 집착합니다. 그들은 거만하게 말하고 나름의 합리성으로 예측하거나 장황하게 말합니다. 하지만 5유형이 정보에 지나치게 집착하면 현존하지 못하고 생각 속으로 빠져서 몸의 알아차림과 불편한 감정을 차단합니다. 5유형의 거짓 자아는 결핍감으로 인해 자신을 고립시키고, 5유형의 악덕인 탐욕이 드러나서 감정 표현을 하지 않고 시간과 에너지를 비축하려고 하며, 사생활과 내적 및 외적 경계들에 과하게 집중하고 인색해집니다. 이들은 자신을 보호하기 위해 무엇이든 무섭거나 자신을 고갈시키는 것을 경계합니다. 5유형은 문제와 잠재적인 위협을 해결하기 위해, 중심에서 가장자리로 벗어나며 더 많은 자료를 수집하고 강의를 들으며 세상과 담을 쌓고 논쟁을 합니다.

▶▶▶ 참 자아 또는 거짓 자아

자신의 참 자아와 거짓 자아를 생각해 보면서 아래의 질문을 숙고해 보십시오. 그럴 때 자연스럽게 떠오르는 생각이 있습니까? 어떤 질문에 특별히 답을 쓰고 싶은지 살펴보십시오.

▷ 참 자아로서 5유형의 특성들은 당신의 인간관계에서 어떤 모습으로 나타나고 있습니까?

▷ 거짓 자아로서 5유형의 특성들은 당신의 인간관계에서 어떤 모습으로 나타나고 있습니까?

당신은 언제, 어떤 이유로 인색하게 행동합니까?

당신은 다른 사람과 감정을 나누지 않으려고 어떤 방식으로 자신을 고립시키며 머릿속으로 들어가서 쉬고 있습니까?

당신에게 탐욕은 언제, 어떻게 나타납니까?잘 몰라! 충분하지 않아!'라고 하는 등

당신은 언제 두려운 생각이 듭니까?내가 바보처럼 보일거야!'라는 생각

▷ 당신으로 하여금 자신의 것을 이웃에게 나누지 못하도록 방해하는 것은 무엇입니까? 당신에게 경계와 사생활에 집착하는 것을 이완하게 하는 신호는 무엇입니까?

▷ 참 자아의 현존과 거짓 자아의 분리 상태의 다름을 어떻게 알 수 있습니까?

당신이 느끼기에 에너지가 충분하지 않을 때 어떻게 뒤로 물러나며, 다른 사람에게 냉정하게 대합니까?

에너지 부족

성경에서 예수님의 제자들은 자기들 앞에 있는 사람들을 섬길 에너지가 고갈되었습니다. 5유형이 그러하듯, 사람들의 음식과 요구들을 채우기에 부족하다는 생각은 이들을 뒤로 물러나게 했습니다. 당신이 가진 것이 충분하지 않을 것이란 두려움이 생길 때 당신은 에너지를 어떻게 분배해 놓는지 생각해 보십시오.

> 저녁이 되매 제자들이 나아와 이르되 이곳은 빈 들이요 때도 이미 저물었으니 무리를 보내어 마을에 들어가 먹을 것을 사 먹게 하소서 예수께서 이르시되 갈 것 없다 너희가 먹을 것을 주라 제자들이 이르되 여기 우리에게 있는 것은 떡 다섯 개와 물고기 두 마리뿐이니이다 이르시되 그것을 내게 가져오라 하시고 무리를 명하여 잔디 위에 앉히시고 떡 다섯 개와 물고기 두 마리를 가지사 하늘을 우러러 축사하시고 떡을 떼어 제자들에게 주시매 제자들이 무리에게 주니 다 배불리 먹고 남은 조각을 열두 바구니에 차게 거두었으며 먹은 사람은 여자와 어린이 외에 오천 명이나 되었더라
>
> 마태복음 14:14~21

1. 배고픈 무리와 음식이 부족한 상황에 대한 예수님과 제자들의 반응은 어떻게 다릅니까? 당신은 둘 중에 누구와 더 비슷합니까?
2. 에너지가 소진되고 감정적, 신체적 자원이 부족할 때 당신의 반응은 무엇입니까? 당신은 언제 위축되어 시간과 자원을 비축합니까?
3. 그게 무엇이든, 얼마나 되든 당신이 가진 것으로 사람들과 함께한다면 어떤 마음이 들 것 같습니까?

하모니
지혜는 사랑으로 이끈다

3

5유형은 종종 현명한 사람으로 묘사됩니다. 그러나 우리는 유형 그 이상의 놀라운 존재이며 삼위일체 하나님의 형상으로 창조되었습니다. 5유형이 가슴과 장 지능을 통합할 수 있다면 5유형의 지혜는 8성향의 행동과 2성향의 돌봄과 조화를 이룰 수 있습니다. 이제 하모니 삼각형이 주는 특별한 선물인 흐름FLOW을 소개합니다.

하모니 삼각형의 흐름 안에 있을 때 5유형이 가진 이해의 재능은 머릿속에만 있지 않고 다른 사람과 따뜻한 관계를 맺을 수 있는 2성향과 리더십과 결단력이 있는 8성향으로 흘러나갑니다.

▶▶▶ 유형의 하모니

다음 사례는 5유형이 8성향, 2성향을 통합하는 여정으로, 이를 통해 5유형은 생각 속에 머물기보다 현재의 삶에 더 많이 참여합니다. 8성향의 행동 지향과 2성향의 마음을 연결함으로써 5유형은 과하게 생각하는 반응을 완화할 수 있습니다. 또한 연결, 힘, 공감을 표현할 수 있는 공간을 갖게 됩니다.

어렸을 때, 나는 8성향과 2성향이 발현되지 않았습니다. 중학교 때는 똑똑해서 관심을 받았습니다. 어떤 학생들은 나에게 학업과 숙제를 가르쳐달라고 했는데 그때 8성향과 2성향이 나타났습니다. 도와주는 일 자체도 즐거웠고, 줄 수 있는 무언가를 갖고 있다는 것이 내향적인 5유형 모습에서 벗어나게 했습니다. 8성향을 사용해서 학급 반장, 체조선수가 되었으며 합창단에서 독창도 하고 영예로운 학생상도 받았습니다. 2성향은 사람들과 연결하고 조언을 하도록 도왔습니다. 그럼에도 불구하고 내 에너지의 대부분은 내 안의 공허함을 느끼지 않으려는 데 사용했습니다. 내면이 비어있다고 여겨서 나는 내 지적인 능력을 끊임없이 확인하는 것으로 채우려 했습니다. 나를 향한 과한 칭찬도 없었고 충분한 인정도 없었지만, 내 안에는 인지도가 있는 누군가가 되고 싶은 열망이 있었습니다. 그러다가 에니어그램을 통해 나의 머리와 가슴 지능을 통합하여 하나님, 나 자신, 이웃 앞에서 어떻게 깨어있는지 배울 수 있었고 머릿속으로만이 아닌 사람들 사이의 관계로 들어갈 수 있었습니다.

▶ 불안전하다고 느낄 때, 당신은 부드러움과 연약함을 어떻게 무시합니까? 당신의 따뜻한 마음의 응대가 어떻게 불안을 낮추어 주고 다른 사람들과 연결되도록 도움을 줍니까?

▶ 당신은 어떨 때 아이디어를 행동으로 옮기지 않으며 장 지능의 힘을 무시합니까?

▶ 당신이 정감 있는 분위기 속에서 다른 사람과의 강하고 긴밀한 연계를 하며 지혜를 나누게 되면 당신의 지혜는 더 증대될 것입니다. 그렇게 될 때 당신에게 어떤 일이 일어날까요?

▶▶▶ 장, 가슴, 머리 지능

다음 예화는 5유형의 통합 여정을 이야기합니다. 예화를 통하여 5유형이 얼마나 자주 자신의 가슴과 장 지능을 활용하여 그의 삶에 즐거움과 조화를 가져왔는지 살펴보십시오.

자라면서 나는 학교성적도 좋았고 독서에도 심취해 있었지만, 생각과 견해들을 모두 내 머리 속에만 두었습니다. 집에서는 부모님의 의견을 따라야만 했기에 내 생각을 자유롭게 말할 수 없었습니다. 용기를 내서 반대 의견을 말하면 바보가 되고 용납되지 못한다는 느낌을 받았습니다. 이런 환경 아래서 나는 고립되고 위축되며 관계를 잘 맺는 경험을 갖지 못했습니다. 그래서 여러 상황들을 이겨나가기 위해 내 생각에 의존하게 되었습니다. 심지어 토론대회 우승팀의 일원으로 활약을 했지만, 토론이 아닌 일상적인 대화에는 잘 끼지 못했습니다. 토론에서 이길 수는 있어도 친구를 사귀지 못했고 특히 이성 친구가 없었습니다. 오랫동안 내 사고만 신뢰했고 생각이 나를 보호했습니다. 자연스럽게 감정은 변덕스러운 것이고 직감적인 본능은 믿을 수 없다고 일축했습니다.

대학교 때, 우연히 나의 성격에 대해 말해주는 에니어그램 책을 발견했습니다. 이후 8성향을 활용해서 나의 약한 점을 말하는 위험을 감수했고, 머릿속 생각에서 빠져 나오려고 애를 썼으며 생각을 행동으로 옮겼습니다. 내게 있다고 생각되는 어떤 감정이든지 관심을 두기 시작해서 감정에 대해 이해하려고 노력하며 느낌을 글로 적어 보기도 했습니다. 또한 '내가 배우는 이 모든 것은 무엇을 위한 것인가? 정의와 공동체를 위해 내가 알고 있는 이 지식을 어떻게 사용할 것인가?'

라고 스스로에게 질문을 던졌습니다. 이처럼 감정과 행동을 활용하기 시작하면서 하나님, 나 자신, 이웃과 더욱 연결되었습니다. 훗날에 이것이 내가 하모니 삼각형으로 내면 작업을 한 것이었음을 알게 되었습니다. 나는 장의 힘과 가슴의 감정을 사용하면서 삶에 참여하려고 합니다. 장과 가슴을 사용하는 위험을 무릅쓸 때 내가 살아있음을 느끼고 남들과도 즐겁게 지냅니다. 아직도 가야 할 길이 멀지만, 풍성한 삶을 살기 위해서는 내 머리에 감정과 행동이 함께 필요함을 알고 있습니다.

▷ 5유형이 장 지능8성향과 통합할 때 생각은 완화되고 결단력을 가지게 됩니다. 당신 안에서 장 지능은 어떻게 작동합니까?

▷ 5유형이 가슴 지능2성향과 통합할 때 생각은 줄어들고, 대신에 참여하고 돌보며 공감하게 됩니다. 당신 안에서 가슴 지능은 어떻게 작동합니까?

▷ 당신에게 머리, 가슴, 장 지능이 있다는 것은 어떤 의미가 있습니까?

로욜라의 이냐시오 기도문

가슴, 머리, 장 지능을 통합하는 다음의 기도가
당신의 기도가 되기를 축복합니다.

영원한 말씀, 하나님의 독생자여,
참된 관대함을 가르쳐주소서 머리 지능
원하시는 대로 주님을 섬기도록 가르쳐주소서.
계산하지 않고 줄 수 있기를, 담대히 싸울 수 있기를 장 지능
일을 열심히 할 수 있기를, 보상의 기대 없이 희생할 수 있기를 가슴 지능
제가 주님의 뜻대로 살고 있음을 알기를 머리 지능 기도합니다.

인식된 어리석음에 대한 반응

5유형은 무언가 합리적이지 않다고 여기면 거짓 자아에 사로잡힙니다. 아래 성경말씀 속의 여인은 비싼 향유를 '낭비하는' 방식으로 예수님에 대한 존경을 표현했습니다. 같이 있던 사람들이 그녀의 이런 행동에 대해 신중하고 현명한 행동이 아니라고 책망한 것에 주목해 보십시오. 예수님은 이 여인의 선물에 대해 어떻게 말씀하십니까?

> 한 여자가 매우 값진 향유 곧 순전한 나드 한 옥합을 가지고 와서 그 옥합을 깨뜨려 예수의 머리에 부으니 어떤 사람들이 화를 내어 서로 말하되 어찌하여 이 향유를 허비하는가 이 향유를 삼백 데나리온 이상에 팔아 가난한 자들에게 줄 수 있었겠도다 하며 그 여자를 책망하는지라 예수께서 이르시되 가만두라 너희가 어찌하여 그를 괴롭게 하느냐 그가 내게 좋은 일을 하였느니라 가난한 자들은 항상 너희와 함께 있으니 아무 때라도 원하는 대로 도울 수 있거니와 나는 너희와 항상 함께 있지 아니하리라 그는 힘을 다하여 내 몸에 향유를 부어 내 장례를 미리 준비하였느니라 내가 진실로 너희에게 이르노니 온 천하에 어디서든지 복음이 전파되는 곳에는 이 여자가 행한 일도 말하여 그를 기억하리라 하시니라
>
> 마가복음 14:3~8

1. 가격이 비싸고 감상적인 선물에 대한 사람들의 태도는 무엇입니까?
   가격이 비싸고 감상적인 선물에 대한 당신의 입장은 무엇입니까?
2. 이런 일에서 어떤 이유로 화가 납니까? 또 언제 사람들을 거칠게 대합니까?
3. 예수님의 눈으로 타인의 동기와 노력을 깊이 이해하려면 어떻게 해야 합니까?
   당신이 '그들이 마땅히 할 일을 했다.'고 지혜롭게 말할 때는 언제입니까?

어린 시절의 상처 치유하기
분리의 시작을 알아차리기
4

    아이들은 회복력이 강하지만, 어린 시절의 해결되지 않은 상처는 성인이 된 후에도 5유형의 관계에 악영향을 줍니다. 5유형의 어린이는 '세상이 편한 곳이다.'라는 메시지를 상실하고, 대신 '네가 감정적이고 대담하면 바보처럼 보이고 창피할 것이다.'라는 거짓 메시지를 내면화한 경우가 많습니다. 따라서 어린 5유형은 살아남기 위해서 스스로를 위축시키고, 분리하며 생각 속으로 들어갔고 이런 방어 방식은 5유형으로 하여금 관여와 행동을 하지 않도록 했습니다.

    성인이 된 후의 관계 속에서도 어린 시절의 상처가 자극 받으면 거칠고 날것 그대로인 아픔과 분노가 표출되어 5유형의 지혜가 흘러나가지 못하게 방해할 수 있습니다. 그 결과 겁먹은 네 살짜리 내면아이가 갑자기 나와서 중요한 결정을 내리는 것을 무서워합니다. 거짓 자아는 중심을 잃고 고립된 상태에서, 자신이 바보처럼 보이거나 자신의 정보와 에너지가 적은 것을 들키지 않으려고 합니다.

    하모니 삼각형은 현재의 관계 형성에 영향을 끼치는 트라우마, 방어기제, 어린 시절에 잘못 인식한 거짓 메시지, 위축에 대해 건강한 의구심을 갖게 합니다. 5유형은 반드시 자신의 심리적 분리가 좋게 작용할 때와 나쁘게 작용할 때를 구별해야 합니다. 분리가 이웃을 위해 균형 잡힌 시각을 제공하는 것은 미덕이지만, 위축되고 고립된다거나 과거의 고통을 다루는 일을 어리석다고 보는 것은 악덕으로 작용합니다. 5유형의 건강함은 머리, 가슴, 장 지능 모두를 사용함으로써 하나님, 자신, 이웃을 사랑하는 것에서 분리되지 않게 합니다.

▶▶▶ 내면아이를 수용하기

5유형은 내면아이를 수용함으로써 참여하고 결단을 내리는 자유를 회복할 수 있습니다. 수동적이고 말수가 적으며 이웃에게 닫혀 있는 5유형 안에는 원하는 것을 얻기 위해 강렬하게 주장하거나 상대를 무시하는 8성향의 내면아이가 있습니다. 또한 부드럽고 민감하며, 사랑받고 소속될 가치가 없다고 걱정하는 어린 2성향도 있습니다. 당신이 언제 감정과 행동을 무시하는지 주의하면서, 두려워하는 내면아이를 어떻게 돌보지 않았는지 생각해 보십시오.

다음 사례는 말수가 적은 5유형이 감정을 표현하기에는 안전하지 않은 세상에서 자라온 이야기를 나눕니다. 이야기 속에서 남에게 자신의 연약함을 말하지 못하는, 부드럽고 사랑스러운 2성향 내면아이를 찾을 수 있습니까? 주인공이 어떻게 8성향처럼 참여하여 용기를 갖게 되고 자기 삶을 만들어가는지 호기심을 가지고 보십시오.

나는 감정이 잘 받아들여지지 않는 환경에서 자랐기에 자동으로 감정을 차단하는 내적 습관이 생겼습니다. 20대 초반에는 감정에 관심을 두며 회복하려고 노력을 많이 했습니다. 지금은 사람과 감정에 주의를 기울일 때와 어려운 상황에 대처하기 위해서 감정을 넘어설 때를 의식적으로 구별하려고 합니다. 그리고 이렇게 했을 때가 언제인지를 기억했다가 나중에 그 감정을 되짚어보며 풀어냅니다. 이렇게 함으로써 나는 엄청난 갈등이 있을 때도 차분하고 단호하며 결단력을 가지고 행동할 수 있게 됩니다. 사람들은 힘든 사람들과 상황을 다룰 때 감정과 극적인 상황에서 분리되는 내 능력에 대해 칭찬합니다. 하지만 이런 능력에는 대가가 따르는데, 일이 끝난 후 그동안 밀쳐 두었던 감정을 마주하면서 탈진상태가 되곤 합니다. 내가 나의 지혜를 실용적으로 활용하기 위해서는 의식적으로 숨은 곳에서 나와야 함을 압니다.

다음의 질문들을 읽으면서 당신이 돌보지 않은 내면아이를 더 깊이 수용하도록 초청하시는 하나님의 초대를 어디에서 느낄 수 있을지 생각해 보십시오. 그에 관해 새로운 깨달음이나 통찰이 있으면 기록해 보십시오. 용기를 가지고 이 중요하고 통합적인 작업에 도전해 보십시오.

▶ 제시된 사례의 5유형은 주의를 집중하고, 감정들과 사람들의 현실에 참여하는 훈련을 했습니다. 이 참여에 대한 보상과 치러야 할 대가는 무엇입니까?

▶ 어려운 상황에 봉착했을 때, 당신은 가슴 지능을 어떻게 의지하거나 혹은 무시합니까?

▶ 내성적인 5유형이 8성향을 사용해서 책임을 맡고 중요한 일을 해내기 위한 행동을 어떻게 할 수 있습니까? 당신은 장 유형의 본능을 어떻게 무시하거나 혹은 사용합니까?

▶▶▶ 상처받은 내면아이와 만나기

5유형이 돌보지 않은 내면아이를 수용하게 되면 주변 사람들의 필요에 응하느라 자신의 자원이 소진될 것 같은 두려움 때문에 자신의 장과 가슴 지능을 언제 외면했는지 인식할 수 있습니다. 5유형이 장 지능의 힘을 통합하면 자기 생각을 표현하고 정의를 옹호하도록 도와줍니다. 또한 위협을 느낄 때 당황하지 않고 상황을 장악하는 8성향이 나오는 것을 알게 됩니다. 5유형이 가슴 지능을 통합하면 두려움 없이 이웃의 요구를 수용할 수 있을 뿐 아니라 관계의 고통에 취약함을 현명하게 받아들입니다. 이처럼 5유형이 내면아이와 두려움을 인식하면 어디에서 장과 가슴 지능을 무시했는지 알게 됩니다.

당신이 연결하거나 나타내지 못하는 부분에 대해 이름을 붙이고 글을 써보십시오. 혼란과 질서의 부재 때문에 스스로 고립되고 싶었던 때를 탐구해 보십시오. 감정을 돌보고 느끼는 것이 안전하지 않다고 여겼던 때를 파악해보고 가슴 지능과 연결하십시오. 이는 어려운 작업이니 시간을 충분히 가지십시오.

▶ 당신이 세상은 불편하다고 생각하게 된 계기가 무엇입니까?
　 과거의 트라우마나 두려움으로 인해 당신이 행동할 수 있는 장 지능을 잃어버린 것은 언제입니까?
▶ 지금까지도 작동하고 있는 당신의 어린 시절의 상처나 습관적인 반응은 무엇입니까?

고립이나 사생활을 위해서가 아닌 이웃을 위해 분별의 미덕을 사용할 수 있도록 하나님께 도움을 구하십시오. 의도적으로, 자신을 보호하는 마음을 내려놓고 어린아이같이 참여할 수 있도록 자신을 열어보십시오. 그럴 때 당신에게 어떤 일이 일어나는지 살펴보십시오.

어떤 상황에서 당신의 신뢰가 깨어지거나 회복됩니까?

혹은 언제 신뢰가 쌓이거나 견고해집니까?

5유형은 자신의 에너지를 아끼기 위해 물러나서 혼자 있기를 좋아합니다. 시간과 공간에 현존하며 관대히 나누는 것에 5유형은 오히려 압도되거나 불안해 합니다. 너그러움에 대한 영성훈련과 이웃과 함께 하는 훈련은 5유형으로 하여금 자신이 누구인지를 알고, 자기 생각의 한계와 지금 가진 자원을 뛰어넘어 공급하시는 하나님의 역사에 참여하고 경험하는 직접적인 길입니다.

이번 주에 자신과 이웃에 대해 관대해지기를 훈련하십시오. 그 일에 에너지가 얼마나 필요할지 예측해보고, 만약 당신이 뒤로 물러선다면 무엇을 놓칠지도 생각해 보십시오. 어떻게 하면 당신이 이 훈련에 더욱 즐겁게 참여하고 더 많은 지혜를 얻을 수 있습니까? 당신이 사람들과 함께하는 연습을 하고, 관대하신 하나님의 마음으로 어떻게 사람들과 상호작용하려고 하는지 파악해 보십시오.

치유의 기도

5유형이 하나님의 지혜와 보호 아래 상처를 온전히 내려놓는다면, 재능을 이웃에게 제공하는 위험을 감수할 때도 안전함을 느낍니다. 고립된 5유형은 치유를 통해 사랑이 담긴 행동으로 움직입니다. 이때 5유형의 악덕인 탐욕, 자신과 에너지의 비축을 위한 분리는 5유형의 미덕인 올바른 분별로 변화됩니다.

> 자신을 위해 기도할 수 있습니다. 혼자 조용한 장소에서 긴장을 푸십시오. 호흡을 깊이 하고 하나님 앞으로 나아오십시오. 하나님께 치유받아야 할 부분을 보여달라고 구하십시오. 과거의 아픈 기억들과 상처가 떠오를 때까지 조용히 기다리십시오. 어떤 생각이 떠오른다면, 치유를 위한 아래의 질문들에 답을 하십시오.

◆ 아픈 기억 속으로 당신과 예수님을 초대하십시오.
예수님은 어디에 계십니까? 당신은 어디에 있습니까?

◆ 당신은 어떤 감정을 느낍니까? 불안, 압도당하는, 지쳐있는, 두려운, 바보 같은, 어리석은, 불안전, 건조함 등

◆ 위와 같은 감정을 보였던 때가 생각납니까? 예수님과 함께 그 시간과 장소에 갈 수도 있고, 지금 있는 곳에 머물 수도 있습니다.

◆ 경험에서 느끼는 감정에 이름을 붙여 보십시오. 그 사건으로 인해 당신이 어떤 거짓말을 믿게 되었는지 보여달라고 기도하고, 이름을 붙이십시오.

◆ 예수님은 이 거짓말에 대해 뭐라고 말씀하십니까? 예수님이 보여주시는 이미지 혹은 들려주시는 말씀이나 단어가 있습니까?

◆ 예수님께서 당신에 대해 말씀하신 진실을 부드럽게 자주 말해주십시오.
말씀의 진리는 상처를 주님 앞에 내려놓고 자유롭게 하는 치유제입니다.

충만함과 메마름을 분별하기

5

로욜라의 이냐시오는 성령님이 머리, 가슴, 장 지능 모두를 통해 역사하신다고 가르쳤습니다. 그는 우리가 결정을 내릴 때 다음과 같은 질문을 통해 메마름과 충만함의 상태를 주의 깊게 살피라고 제안했습니다. '어떤 감정을 느끼고 있습니까?' '무슨 생각을 하고 있습니까?' '본능적으로 무엇을 감지합니까?'

충만한 상태일 때 5유형은 하나님과 이웃과 함께 하는 방향으로 나아갑니다. 이때 5유형은 가슴 지능의 사랑과 장 지능의 의지가 흐르는 지혜의 방향으로 가게 됩니다. 메마른 상태에서 5유형은 고갈되지만, 그것은 하나님과 이웃에게서 멀어지지 않도록 에너지를 분배하고 균형을 잡을 필요가 있다는 5유형을 위한 신호입니다.하모니 삼각형을 이용한 분별은 영혼의 자원 5, p.495 참고

5유형이 충만한 상태에 있을 때는 신성한 지혜, 차분함, 건강한 분별, 너그러운 객관성, 겸손한 능력, 정의에 집중, 변화하는 시각, 통찰력 있는 양육과 돌봄, 현명한 섬김 등을 경험합니다. 이것이 5유형의 자유로움입니다!

메마른 상태일 때 5유형은 부정적이고, 냉소적이며 인색하고, 후퇴, 분리, 고립, 탐욕, 욕심, 지적 오만, 무지해 보일 것에 대한 두려움 등을 경험합니다. 이런 메마름이 5유형을 거짓자아에 속박시킵니다.

메마름과 충만함은 5유형을 하나님, 자신, 이웃을 사랑하는 방향으로 안내해 줄 수 있습니다. 아래 사례에서는 5유형의 메마름과 충만함에 대해 살펴봅니다.

우리 집안 분위기는 감정 표현이 없었고, 자녀들은 형제나 부모에게 분노를 표현하면 안 되었습니다. 아버지 앞에서 자기표현을 하면 때릴 것처럼 위협을 하셨는데 _{메마름} 이것만으로도 우리는 다시 순응하게 되었습니다. 이런 식으로 내 안의 8성향 장 지능은 목소리를 잃었고, 나의 감정과 함께 영영 묻혀버렸습니다. 아버지와는 대화해 본 기억이 전혀 없고, 어머니가 아버지에게 자녀들의 일을 전달했는데, 그나마도 좋은 소식이어야만 했습니다.

나에게는 조용히 혼자 있는 방 안이 제일 안전했습니다. 거기서 뮤지컬이나 클래식 음악을 들으며 장면들을 무언극으로 표현해 보거나 오케스트라 지휘자가 되어 보기도 했습니다. _{충만함} 가끔은 나 혼자나 가장 친한 친구 정도만 등장하는 모험 이야기를 상상으로 써보기도 했습니다. 내 모험의 세계에서 항상 나는 영웅이 되어 누군가의 생명을 구하거나 굉장한 성취를 이루고 세계적으로 인정을 받는 업적을 남깁니다. _{충만함}

어머니는 전혀 행복하지 않으셨고 나에게 아버지에 대해 불평하셨습니다. 어머니의 감정이나 상태에 대해 어떻게 해야 할지 몰랐기에 나는 생각 속으로 들어갔습니다. 이로 인해 나의 2성향 또한 놓쳐버리게 되었습니다. 어디에도 내 필요를 위한 공간은 없었습니다. _{메마름} 나는 어머니를 돌봐드려야만 했는데, 이것이 확장되면서 여성들을 돌보고

마음 상하지 않도록 조심하며, 관계에서 내 욕구를 숨기게 되었습니다.메마름

이 사례에 등장하는 남성은 에니어그램 영성훈련을 하면서 메마름의 신호들을 알아차리고 정신적 명민함으로는 전체 그림을 파악할 수 없다는 사실을 깨닫게 되었습니다. 여기서 5유형이 생각 속으로 들어가서 장과 가슴 지능의 충만함을 잃어버리고, 그로 인해 결정의 시간에 지혜를 갖지 못하는 현상에 주목하십시오.

위 사례의 5유형은 상상을 통해 충만함을 발견했습니다.
당신은 상상 속에서 어떤 위안을 찾을 수 있습니까?
위 사례의 5유형은 어떻게 머릿속으로 숨는 것으로 자기방어를 합니까?
당신은 자기방어를 위해 어디로 어떻게 숨습니까?
현재의 메마름을 직면할 때 머릿속에서 성령님의 움직임을 확인하십시오.
당신은 메마름을 무시하거나 생각 속으로 숨고 있습니까?

▶▶▶ 메마름과 탐욕

말수가 적고 학구적인 5유형은 종종 '참 흥미롭네.' 또는 '생각해 봐야
해.'처럼 의견을 명확히 밝히지 않는 반응으로 안전을 지키려고 합니다. 이
러한 반응은 사실 5유형이 행동이나 나눔을 굳이 할 필요가 없고, 발을
빼고 아는 것을 나누지 않으면서도 겉으로는 그 상황에 참여하는 것처럼
보이게 합니다. 잘잘못을 떠나 자신이 어떤 사람이며 무엇을 알고 있는지
에 대해 언제 나누지 않는지 생각해 보십시오. 아래 질문 중 한두 가지에
먼저 답하면서 진실한 마음이 나타나길 기다리십시오.

▶ 당신은 어떻게 자신을 다른 사람들에게서 떨어지게 하고 자신의 감정을 회피
  합니까? 정보를 수집하고 분석하며 체계화하는 것이 어떤 점에서 당신에게
  사람들과 적절한 거리를 유지하는 방법이 됩니까?
▶ 정보나 에너지가 충분하지 않아서 두려워하는 메마른 상태일 때 당신 몸의 어
  느 부분이 경직됩니까? 어리석게 보일까 두려울 때, 이를 어떻게 해결하려고
  합니까?
▶ 탐욕과 물러섬 이외에 하나님의 지혜의 흐름을 막는 행동이 또 있습니까?

하나님 앞에 열린 기도 훈련

5유형은 특히 하나님, 자신, 이웃으로부터 움츠러들면서,
충만함은 오로지 자기 자신과 자신의 머리에서 찾을 수 있다고 생각합니다.
따라서 5유형이 생각 속으로 도망하는 자신을 알아차리고
이 기도를 하면서 하나님과 현재로 다가오기를 축복합니다.

들이쉬며 – 하나님께서 지혜를 주셨습니다.

내쉬며 – 나는 하나님과 함께 나눕니다.

당신이 하나님 앞에 깨어 있다면,
무엇인가 기대하지 못한 역사가 일어날 수 있습니다.

►►► 충만함과 분별

5유형은 자신이 아는 것에 대해서는 장황하게 말하고, 모르는 것에 대해서는 집요하게 파고듭니다. 하지만 성령님의 충만함은 단지 정보만이 아니라 이웃에 대한 '정감'의 중요성을 알아차리는 가슴 지능과 연결됨을 의미합니다. 또한 장 지능의 활용으로 아는 부분을 행동으로 옮길 수 있도록 합니다. 당신은 '행동하기 위해서는 얼마나 많은 정보가 필요할까?' 또는 '지금 나는 소통하려고 말하는가 아니면 그냥 길게 말만 하고 있는가?'를 명확히 구분할 수 있습니다. 당신이 자신감과 연민으로 이웃에게 조언할 수 있도록 성령님께서 충만함으로 이끄심을 확인해 보십시오.

5유형은 성령님을 따라 함께 하고 헌신할 때 고립에서 빠져나와 충만해질 수 있습니다. 내면의 공허함을 정보로 채우려는 두려움을 놓아버리고 현실에서 일어나는 일이 무엇인지 파악하여 참여할 수 있습니다. 진정한 분별은 분리와 연결을 통한 사랑과 새로운 관점을 통해 가능합니다.

▷ 당신으로 하여금 새로운 관점으로 이끄시는 하나님을 경험한 상황을 설명해 보십시오. 그때 어떤 일이 생겼습니까? 어떤 위로를 받았습니까?

▷ 건강한 분별이 어떻게 당신으로 하여금 마음과 뜻과 힘을 다해 하나님을 사랑하는 흐름FLOW에 서도록 도와주었습니까?

5유형을 위한 영적 리듬

6

육신을 따르는 자는 육신의 일을거짓 자아,

영을 따르는 자는 영의 일을참 자아 생각하나니

육신의 생각은거짓 자아 사망이요

영의 생각은참 자아 생명과 평안이니라

로마서 8:5~6

똑똑하고 교육을 받았으며 지식이 많다고 해서 영의 일을 생각하는 것은 아닙니다. 5유형이 의식적으로 성령님의 인도를 따라서 패턴화된 고립과 탐욕의 거짓 자아를 깰 때 관대함과 참여의 새로운 신경회로가 만들어지기 시작합니다. 5유형이 정보를 실제 경험과 이웃의 삶에 연결하는 작업을 수행할 때, 자신을 통해 일하시는 성령님의 지혜를 발견할 수 있습니다.

매일 성령님께 주의를 기울임으로써 5유형은 사랑으로 이끄는 지혜를 소유할 수 있습니다. 다음에 제시되는 영적 리듬은 5유형이 변화와 마음을 새롭게 하시는 하나님의 초청에 응답하는 길입니다. 제시된 모든 훈련이 당신을 향한 하나님의 초청이 아닐 수도 있습니다. 그럼에도 하나님과 함께 하길 원하는 당신의 마음에 드는 것을 선택해 지금 바로 훈련에 참여해 보십시오.

▶▶▶ 현존 훈련: 5유형

'핵심 용어' 부분에서 흐름에 대해 다시 읽어보기를 권합니다.
삼위일체 하나님이 어떻게 공존하시는지를 주목하십시오.

아버지와 아들과 성령이 함께 존재하며 함께 흘러갑니다.
머리와 가슴과 몸이 함께 존재하며 함께 흘러갑니다.
믿음과 소망과 사랑이 함께 존재하며 함께 흘러갑니다.

신성한 하모니는 5유형이 머리 지능뿐 아니라 가슴과 장 지능을 활용하여 하나님, 자신, 이웃 앞에 현존하도록 부르십니다. 다음의 묵상 기도는 머리, 가슴, 장 지능을 통합하는 방식으로 창조된 온전한 존재를 통해서 움직입니다. 이 기도를 계속함으로써 5유형은 감정에 접근할 수 있으며 용기를 가지고 행동할 수 있을 것입니다.

편안하고 정신이 맑아지는 장소를 찾아보십시오.
성령님이 내 안에 계시며 나를 위해 기도하고 있음을 기억하십시오.
당신에게 머리, 가슴, 장 지능이 있음을 받아들이고
그것이 열리도록 하나님께 간구하십시오.

성령님과 함께 있도록 자신을 내려놓으십시오.

숨을 깊게 쉬십시오. 몸 안에 어떤 변화가 일어나고 있는지 주의를 기울이십시오. 판단을 내려놓고 몸이 자신에게 말하는 것을 들으십시오. 몸이 사생활의 침해와 긴장에 대해 어떻게 반응합니까? 이에 대해 몸이 무엇을 알고, 무엇이라고 말합니까? 몸의 반응에 대해 당신이 하기 원하는 것이 있습니까? 머릿속 어딘가에서 '준비, 조준, 조준'만 하다가 정작 '발사'는 하지 못한 적이 있습니까? 장 지능에게 '준비, 조준, 발사'라고 할 때를 알려달라고 하십시오. 언제 어떻게 당당히 일어서서 입장을 말하지 못한 채 몸이 굳는 것 같습니까? 장 지능에서 오는 활발한 에너지를 통해서 결단력을 경험해 보십시오. 생각과 원리를 아는 능력에 대해 감사하고, 실제 그렇게 되게 하십시오.

예수님과 함께 있도록 자신의 마음을 내려놓으십시오.

호흡하면서 부드러움을 느끼십시오. 이해받고 연결되고 싶은 마음의 욕구와 경계하는 마음을 확인하십시오. 숨을 들이쉬고 마음의 공간을 더 확장하십시오. 마음에 어디가 연결되거나 끊어졌다고, 혹은 붙어있거나 분리되었다고 느끼는지 살펴보십시오. 현재의 감정을 기꺼이 받아들이십시오. 이 감정에 이름을 붙이고 숨을 쉬면서 '나는 너를 신뢰해.'라고 하십시오. 생각만이 아니라 감정을 신뢰한다는 것은 당신에게 무엇과 같습니까? 예수님께 당신도 돌봄, 친절, 치유의 손길이 필요하다고 말하십시오. 예수님께서 무엇이라고 대답하십니까?

지혜로운 창조주와 함께 있기 위해서 생각을 내려놓으십시오.

숨을 쉬면서 생각 속으로 들어가십시오. 숨을 들이쉬며 머리와 어깨를 의식해 보고, 무게와 경직을 느껴보십시오. 숨을 내쉬며 그리스도의 지성으로 들어가십시오. 운동, 상호 작용, 평소의 자세 등 몸으로 하는 활동을 관찰하십시오. 이에 대해 머리가 무엇이라고 말합니까? 장 지능이나 가슴 지능에게 하고 싶은 질문은 무엇입니까? 자신에게 있는 필요나 욕구에 대해 말하고 싶은 것은 무엇입니까? 새로운 정보나 다른 방식의 생각을 받아들이는 것에 대해 어떻게 생각합니까?

하모니를 위한 기도 지혜는 사랑으로 이끈다

'지혜는 사랑으로 이끈다.'는 이 기도는 5유형이 활력있는 8성향의 본능을 사용해 직접적인 의사소통과 자신감 있는 행동에 참여하도록 돕습니다. 2성향의 감성은 공감, 긍휼, 따뜻함, 이웃의 필요를 알아차릴 수 있도록 5유형의 마음을 열어 줍니다.

이 기도를 기억함으로써 당신은 자신과 현실 세계에 대해 무엇이 진실인지를 더욱 잘 알 수 있습니다. 우리는 유형 이상의 놀라운 존재입니다. 당신이 사적인 대화 중에 분리하는 자신을 발견할 때, 또는 에너지를 아끼기 위해 멍해질 때 숨을 들이쉬도록 하십시오. 안전하고 넉넉해야 한다는 생각 속에 스스로를 가두어 두는 것을 내려 놓으십시오. 당신에게 하나님의 관대한 지혜를 주시라고 간구하십시오.

5유형을 위한 성령님의 인도하심FLOW에 대한 훈련

성령님의 인도를 받는 5유형은 자유하고Free, 사랑하며Love, 열려있고 Open, 함께합니다With. 삼위일체 하나님의 임재 아래 5유형은 자신이 아는 것에 머리, 가슴, 장을 통합할 수 있고, 이는 기독교의 미덕인 믿음, 소망, 사랑으로 흘러나갈 수 있습니다. 당신이 생각 속에 갇히고 경직될 때, 지나치게 생각할 때, 또는 다른 사람에게 당신처럼 논리적일 것을 요구할 때, 믿음, 소망, 사랑의 거룩한 세 덕목으로 돌아가서 깊게 숨을 쉬십시오. 자유는 당신이 하나님과 함께 편안한 상태일 때와 안전을 위해 거리를 유지할 때 옵니다. 당신의 장과 가슴 지능을 열고 이렇게 질문해 보십시오. '내가 어떻게 마음을 열어야 이 순간에 이 사람과 함께 할 수 있을까?' 하루를 마무리하며, 성령의 흐름FLOW 속에 있었을 때와 있지 않았을 때 어떤 일이 일어났는지 기록해 보십시오. 당신을 통해 이웃에게 하나님의 지혜가 흘러갔다면 감사하십시오. 만약 그렇지 못했다면 회개하십시오. 그리고 내일은 내일, 다시 시작하십시오.

고백 훈련하기

창조주 하나님께 내가 어떤 사람인지에 대해 진솔하게 말하십시오. 당신과 함께 일하거나 사는 사람은 당신에 대해 어떻게 느낄지 생각해 보십시오. 당신의 거짓 자아가 관계를 어떻게 무너뜨렸는지 깊이 생각해 보십시오. 다음을 고백하십시오.

▶ 탐욕 고백하기

위축되며, 자신에 대해 인색하고, 혼자 있으며 에너지를 축적하는 모습을 고백하십시오.

▶ 자기 보호 고백하기

이웃과 연결하기보다는 자기를 보호하려는 마음을 인정하고, 현존과 연결을 향한 여정에 참여하십시오.

▶ 무능력에 대한 두려움 고백하기

'너희 생명이 그리스도와 함께 하나님 안에 감추어졌음이라'골로새서 3:3 '안전은 하나님께 있고'라는 의미를 깊이 깨달아 알도록 하나님께 구하십시오. 당신은 안전합니다.

▶ 비축 고백하기

'내가 가진 것으로는 부족해.'라는 생각이 들 때 하나님께 '내가 누구이고 가진 것이 충분하다는 것'을 볼 수 있는 은혜를 구하십시오.

넘치도록 후히주시는 하나님 앞에서 충만하고 연결된 삶을 받아 누리십시오.

아침에 생각하라. 5유형의 머리 지능 점심에 행동하라. 8성향의 장 지능
저녁을 함께 먹어라. 2성향의 가슴 지능 밤에 잠을 자라.

- 윌리엄 블레이크

함께하는 현존 훈련하기

다른 사람을 당신 삶에 들어오게 하십시오. 예수님은 사람과 함께 하는
놀라운 훈련을 보여주십니다. 예수님은 지쳐서 휴식할 때도 사람들과 어
떻게 함께 할지를 아셨습니다. 그분은 지치고 목이 마를 때도 소외된 사마
리아 여인과 함께하셨고, 나병 환자, 죄인, 이방인, 남녀노소의 가치와 존
엄성을 보셨습니다. 당신도 이런 관대함으로 시간을 보내십시오.

▷ 당신이 계획한 것보다 더 많은 일을 해달라고 부탁을 받을 때, 당신에게 에너
  지를 주실 하나님을 신뢰하십시오. 뒤로 물러서지 말고 위험을 감수하고 해
  보십시오.

▷ 뒤로 빠지지 말고 대화에 함께 참여하십시오.

▷ 얼마나 자주 뒤쪽에 앉아서 토의할 때 팔짱을 낀 채 기대어 있는지 알아차리
  십시오. 그런 당신의 모습이 다른 사람들에게 어떤 메시지를 보냈을까요?

▷ 에너지가 없을 때, 아무에게도 말하지 않고 사라지기보다는 다음과 같이 말
  하며 친절하게 떠나는 방법을 배우십시오. "내가 지금 떠나는데 말하고 가려
  고. 오늘 … 때문에 고마웠어."

▷ 누군가 당신에게 질문을 할 때 알고 있는 것을 다 쏟아붓고 싶은 마음을 조절
  하고 좋은 통찰력을 감춰두려고 하지 마십시오. 그 둘 사이에서 적절하게 말
  하십시오.

▷ 당신이 가슴과 장 지능을 사용하면 더 깊이 이해할 수 있습니다. 단지 똑똑함
  이 아닌, 신성한 지혜를 가지고 다른 사람에게 응대하십시오.

감정에 이름을 붙이기

삶의 한 부분인 감정을 느끼는 것에 익숙해지십시오. 다른 사람과의 연결은 단지 생각이 아니라 마음에 달려있습니다. 감정은 날씨처럼 왔다가 가며, 자신, 이웃, 우리를 둘러싼 세계에 대한 정보를 줍니다. 예수님도 자신의 감정인 슬픔, 분노, 비통함, 외로움, 가슴 아픔을 사람들에게 표현하셨습니다. 당신도 사람들을 향한 예수님의 마음으로 다가가십시오.

▶ 느껴지는 감정에 대해 몸이 당신에게 말할 것입니다. 몸이 결리거나 아픈 곳이 있는지 살펴보십시오. 긴장해서 가슴이 울렁거리거나 얼굴이 붉어집니까? 어떤 감정 때문에 이런 몸의 반응이 오는지 살펴보십시오.

▶ 오늘 느낀 모든 감정을 목록으로 만드십시오. 매일, 전날보다는 하나 더 새로운 감정에 이름을 붙여보십시오.

▶ 누군가로부터 부탁을 받거나 불편한 감정들이 생길 때 당신이 어떻게 생각 속으로 들어가는지 살펴보십시오. 가슴 깊이 심호흡하십시오. 마음을 다해 사랑하고 관대할 수 있도록 하나님께 도움을 구하십시오.

▶ 오늘, 함께 살거나 함께 일을 하는 사람이 어떤 감정을 느끼는지 살피십시오. 그들의 감정에 대해 알려주는 단서는 무엇입니까? 당신이 어떻게 하면 그들에게 더 현명하고 사랑스럽게 반응할 수 있습니까?

공감과 긍휼함에 대한 훈련하기

뒤로 물러나고 분리해서 넓은 시야를 확보하는 것은 5유형의 특별한 재능입니다. 뛰어난 시각은 정확할 수는 있지만, 여전히 참된 지혜는 부족합니다. 하나님의 지혜는 공감과 긍휼을 통합한 것입니다.

- 장 지능으로 참여하고 가슴 지능으로 가까이 다가간다면 당신은 생각의 구름에서 벗어나 이웃을 위한 즉각적인 돌봄과 관심을 나타낼 수 있습니다. 공감은 함께 있도록 마음을 여는 것입니다. 당신이 감정에 압도당할 때 도망치지 마십시오. 깊이 숨을 쉬며 하나님의 마음으로 볼 수 있는 눈과 들을 수 있는 귀를 달라고 구하십시오.
- 사람들에게 어떻게 생각하는지, 그들이 어떻게 느끼는지 물으십시오. 끝까지 이야기를 다 듣고, 그들의 마음을 이해하고 있음을 보여주는 감정 표현을 해 보십시오. "아~ 많이 힘드셨군요. 슬프시군요. 외로우셨군요."
- 공감 표현을 잘하는 사람들에게 배우고 그것을 실천해 보십시오.

지식은 사용하지 않는 한 아무 소용이 없다.

- 안톤 체호프

이웃을 위한 건강한 거리두기를 훈련하기

거리두기는 위기의 상황에서 냉정한 두뇌가 필요할 때 아주 유용합니다. 거리두기는 마음을 흐리게 하는 감정과 두려움에 사로잡히지 않게 하고, 압박감을 느끼는 상황에서도 중요한 부분에 집중할 수 있는 여유를 갖게 해서 5유형인 당신으로 하여금 행동을 하게 합니다. 건강한 거리두기는 다른 사람과 관계의 연결이 끊어진 상태와는 다릅니다. 따라서 냉정한 두뇌를 갖고 있으면서 여전히 사람들과 연결될 수 있습니다.

▷ 지혜의 하나님은 5유형에게 지혜를 재능으로 주셨습니다. 어떤 지식은 공부와 연구를 위해 분리될 때만 배울 수 있지만, 참 지혜와 앎은 다른 사람에게 유익이 되는 방식으로 나타나야 합니다. 상황과 분리되어 큰 그림을 볼 수 있는 당신의 능력을 나누십시오. 당신이 관심을 가지게 된 것을 누가 알고 싶은지 생각하고 이야기를 나누십시오.

▷ 하나님의 뜻을 알아가는 것에 주의를 기울이십시오. 하나님 외에는 다른 그 어떤 것도 건강한 거리두기로 이끌지 못합니다. '내 뜻이 아니라 아버지의 원대로 되기를 원하나이다'마태복음 26:42라고 말씀하시며 예수님은 다른 무엇보다도 하나님께 집중하셨습니다. 당신이 개인 생활, 책, 아이디어에 몰입할 때가 언제인지 파악해 보십시오. 또한 하나님이 가치 있다고 여기시는 것에 집중해 보십시오.

▷ 당신의 지혜를 뛰어넘는 말, 똑똑함을 뛰어넘는 통찰력, 감정을 뛰어넘는 친절, 인내력을 뛰어넘는 에너지가 생기는 때는 언제입니까? 이러한 것들은 당신 안에 계신 성령님에게서 나옵니다. 당신이 에너지가 전혀 없다고 느낄 때조차도 성령님께서 그 순간에 필요한 것을 주심을 기억하십시오.

5유형을 향한 축복

아래의 기도를 통해 호흡을 하며 당신의 영혼이 확장되기를 축복합니다.

삼위일체 하나님이 두 손과 마음을 여는 당신을,
또한 당신의 참 자아를 향한 여정을 축복하시길.

하나님 아버지께서 당신을 신성한 이해로 인도하시길.
예수님의 마음으로 자신과 이웃을 위해서 긍휼과 열정을 가질 수 있기를.
성령님께서 당신이 연약한 사람들을 위해 힘 있는 행동을 하도록 이끄시길.

관대하신 삼위일체 하나님이 이 길을 가는 여정 동안 당신을 소중히 여기고
사랑하시며 인도하시기를 기도합니다.

호흡을 통한 기도

호흡의 경이로움을 충분히 느끼십시오. 산소가 허파를 채우며 흉곽이 벌어지는 것을 느껴보십시오. 숨을 들이쉬고 내쉬면서 느껴보십시오.
마음에서 어떤 변화가 일어나는지 천천히 관찰하십시오.
하나님이 창조하신 삶의 아름다움을 느껴보십시오.

하나님 아버지께서 내 안의 모든 장기를 만드셨습니다.
나를 지혜롭고 멋진 존재로 창조하셨습니다.
내 영혼이 내가 이런 존재임을 잘 알게 해 주십시오.

이 기도를 몇 분 동안 하십시오. 당신이 굳이 창조주처럼 모든 것을 아는 지혜로운 사람이 될 필요가 없다는 자유를 누리십시오. 몸을 통해서 숨을 쉬십시오. 발바닥, 복부, 정수리를 통해 계속 숨을 쉬십시오. 이 경험을 온전히 느끼십시오. 머리, 가슴, 몸을 통해 호흡하십시오. 무엇이든 떠오르는 것에 주목하십시오.어떤 기억이 떠오르면 그것을 마음으로 받아들여 잠시 머무십시오.자신의 마음을 사랑으로 보듬고 내면에 머무십시오.

들이쉬며 – 나는 하나님의 형상대로 창조되었습니다.
내쉬며 – 나 자신을 그대로 드러낼 수 있습니다.
들이쉬며 – 하나님께서 나에게 지혜를 주셨습니다.
내쉬며 – 나는 하나님과 나눕니다.
들이쉬며 – 지혜는
내쉬며 – 사랑으로 이끕니다.

5유형 공감하기
7

사람들이 당신을 돌보고 당신을 위해 울 때,
그들은 당신의 영혼을 바로 잡을 수 있습니다.
- 랭스턴 휴즈

모든 아이는 자신의 필요가 중요하다는 사실을 알아야 합니다. 5유형은 어린 시절에 자신의 감정을 표현하거나 과하게 행동할 때 사람들이 우습게 여긴다고 느꼈을 수도 있습니다. 그래서 5유형은 생각과 감정을 표현하기보다는 말하지 않는 것이 더 안전했고, 스스로 고립시키며 사고의 세계를 구축하면서 살아 남았습니다. 여기에서는 우리가 5유형을 어떻게 대하는지 살펴보고, 어떻게 하면 이들을 공감할 수 있을지 생각해 보십시오.

공감은 하모니를 이루게 하는 참된 자아의 반응으로 '우리'와 '그들'의 경계를 허뭅니다. 우리는 5유형을 나서야 할 때 조용하게 뒤로 물러나는 사람으로, 혹은 흥미롭고 지식이 많으며 현명한 사람으로 생각할 수 있습니다. 우리가 왜 5유형이 자신을 보호하기 위해 위축되고 인색하게 되는지를 이해한다면 그들과의 관계 속에서 연민을 느끼고 수용할 수 있습니다. 다음 5유형 여성의 여정을 진정한 마음으로 이해할 수 있는지 보십시오.

나는 세상을 군대와 같다고 여겼고 늘 위험을 마주했습니다. 사람들에게는 내가 한 일에 대해 좀처럼 이야기하지 않았고 나의 공적을 말하기보다는 다른 이의 경험에 관해 질문했습니다. 과묵함은 우리 집안의 내력으로, 따뜻하지 않고 차가운 가정 분위기에서 가슴 지능의 감정과 장 지능의 열정, 강렬함이 용납되지 않았습니다. 초등학교 시절, 나는 나의 8성향과 2성향을 잃어버리고 정신세계 속에서만 살았습니다. 나는 다른 사람을 돕는 것으로 내 감정을 회피했고, 모든 것은 나에 관한 것이 아닌 타인에 관한 것이었습니다. 자라면서 토론과 아이디어에 대한 내 열정을 잠재웠고, 몇 년이 지난 후에야 내가 감정도 생각을 통해 접근하고 있다는 것을 알게 되었습니다. 나는 갈등도 회피했습니다. 이런 나에게 하모니 삼각형은 의도적으로 가슴과 장 지능을 사용하도록 도와주었습니다. 친절과 연결은 마음을 소통하고 나누는 것임을 이제 나는 압니다. 나는 더 이상 '참 흥미롭네.'라는 애매한 반응을 하지 않고 분리되지 않으려고 노력합니다. 나를 드러내고 에너지를 쏟고 일을 끝마치려고 합니다.

1. 이 이야기를 듣고 어떤 생각이 듭니까?

   어떤 감정이 느껴집니까? 당신에게 직감적으로 와닿는 부분은 무엇입니까?

2. 당신이 경험이나 감정 또는 지식을 보류한 때는 언제입니까?

   그 내용은 무엇이었습니까?

3. 당신은 사람들에 대한 공감을 차단함으로써 경계선을 강화한 적이 있습니까?

   당신이 5유형을 공감하는 데 이런 예화가 어떤 도움이 됩니까?

5유형의 방어기제 '고립' 이해하기

아래 5유형은 자신의 방어기제인 고립이 어떻게 시작되었는지를 이야기합니다. 이 이야기를 읽으면서 당신이 공감하는 부분은 무엇입니까?

내가 특별히 조용한 아이로 태어났다고 생각하지는 않지만, 부모님은 '아이들은 조용해야 하고 말을 잘 들어야 한다.'고 강조하셨습니다. 여름에는 점심 식사 후 2시간 동안 독서를 해야 했는데, 나는 책을 읽는 것을 좋아하지만 놀고 싶기도 해서 몰래 밖으로 나간 것이 기억납니다. 어머니는 나를 찾아내서 다시 책을 읽게 하셨습니다. 우리 가족은 종교와 올바른 것에 대한 강한 신념이 있었지만 내 생각은 종종 달랐습니다. 그러나 이것을 강하게 표현하면, 결국 논쟁과 비난에 휩싸였습니다. 그 속에서 내 생각을 고수하는 것은 무척 지치는 일이었기에 나는 뛰어들기보다는 주저하고 조용히 물러나 있는 것을 배웠습니다. 사람들이 이야기하면 머리를 끄덕였지만, 내 생각과 느낌을 누구에게도 표현하지는 않았습니다. 혼자 있을 때는 내가 원하는 바를 자유롭게 상상하고 생각하지만, 이것을 가족들과 나누지 못했습니다. 그래서 외로웠지만, 이해받지 못하거나 바보처럼 보이는 것보다는 나았습니다. 지금은 석박사 과정을 통해 지적 추구를 이해해주는 사람과 함께 할 수 있어서 무척 기쁩니다. 나의 장 지능과 연결되어 나를 표현하고, 말하며 내 현명함을 알릴 수 있어서 이제 살아있음을 느낍니다.

1. 당신은 이 5유형에게 어떤 동질감 또는 이질감을 느낍니까?
2. 5유형을 향한 하나님의 사랑과 수용에 대해 당신은 어떻게 말할 수 있습니까?
3. 당신이 아는 5유형을 위해 성령님의 인도하심에 따라 기도합시다.

5유형과 관계 맺기

생각이 많고 내성적인 5유형의 이면에 있는, 표현하기보다 숨기는 법을 배운 부드러운 내면아이를 기억할 때, 우리는 그들을 5유형의 시각에서 볼 수 있는 은혜를 발견할 수 있습니다. 5유형의 객관성, 유능함, 조언을 인정해주십시오.

- 5유형은 잡담을 별로 좋아하지 않습니다. 그들의 아이디어, 일, 취미, 가장 잘 알고 있는 분야에 대해서 질문을 던져주십시오.
- 5유형은 바보 같거나 무능하게 보이거나 주목받기를 원하지 않습니다. 그들을 당황스럽고 난처하게 만들지 마십시오. 그들을 참여시키고 싶다면 준비할 시간을 주십시오.
- 5유형은 우리가 자신에게 기대하는 바를 알고 싶어 합니다. 그럴 때 모호하게 말하면서 5유형이 당신의 뜻을 이해하기를 바라지 마십시오. 당신이 원하는 것과 필요한 부분을 명확하게 알려주십시오.
- 5유형이 자신의 에너지를 비축하려고 물러설 때, 혼자 있고자 하는 그들의 필요를 존중하십시오.
- 5유형은 주로 맨 뒤쪽에 앉거나 가장자리에서 상황을 관찰합니다. 이렇게 하는 것이 이야기를 할지, 어디로 가야할지를 고민하는 것보다 더 편안하기 때문입니다. 그렇다고 5유형이 함께 하거나 초대 받기를 싫어하는 것은 아닙니다.
- 5유형이 몸을 쓰도록 춤을 함께 배우거나 자전거를 같이 타거나 박물관에 가자고 하십시오.

다음은 5유형의 전형적인 특성입니다. 어떤 생각이 듭니까?

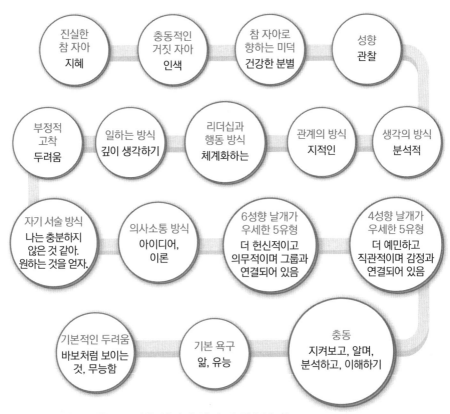

1. 당신이 5유형으로 삶을 산다면 어떨 것 같습니까?

   위에서 5유형과의 관계에 도움이 되는 설명은 무엇입니까?

2. 5유형의 성격에 대해 말할 때 위에 있는 특성들보다 더 잘 설명할 내용이 있

   습니까?

3. 5유형은 사상가입니다. 당신의 머리 지능에 5유형의 통찰력을 받아들이

   면 어떻겠습니까?

4. 5유형은 외부의 요구로 인해 자신이 소모되는 것을 두려워합니다.

   5유형이 소명을 유지하며 살도록 당신의 가슴 지능으로 어떤 도움을 줄 수 있

   겠습니까?

6유형

나는 소속감을 원하며 신뢰할 만한 사람을 찾고 충성스러운 사람이며 친구들은 내가 끝까지 같은 편이 되어줄 거라고 믿는다. 나는 안전을 추구하며 보호받고 싶은 욕구가 행동의 동기가 된다. 나는 의식적으로나 무의식적으로 무엇이 잘못될 수 있을지를 항상 생각한다. 또한 나는 발생할 것 같은 위험을 생각하고, 그 위험이 진짜 일어날 것처럼 느낀다. 나는 어떤 일이 잘못될지 모른다는 생각 속에 불안을 안고 살아간다. 무언가 잘못되었을 때를 대비하여 준비를 하며, 그 위험한 상황에서 도망가거나 혹은 정면으로 맞설 수도 있다. 다른 사람과 자신에 대한 의심을 잘하는 편이고 사람들의 행동에 담긴 숨겨진 의미와 메시지를 찾으며, 상황을 안전하고 안정적으로 유지하기 위해 많은 질문을 하며 반론을 제기하기도 한다. 나에게 전통과 공공의 선은 중요한 가치이며, 문제를 만들지 않는 편이고, 권위를 선뜻 신뢰하지 않지만 그렇다고 권위자가 되고 싶지도 않다. 내가 신뢰할 때면 그게 사람이든 시스템이든 기관이든 믿음이든 충성을 다하는데, 가끔은 잘못된 것에 충성을 하기도 한다.

6유형

신실함이 평화를 이룬다

Faithfulness Produces Peace

아침마다 새로우니 주의 성실하심이
크시도소이다

예레미야애가 3장 23절

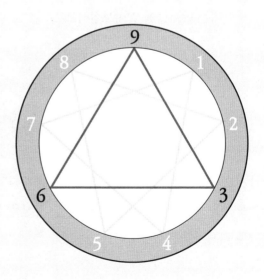

나는 누구인가?

1

6유형은 신뢰할 수 있는 신실하신 하나님의 형상을 반영합니다. 이들은 예레미야애가 3장 22~23절의 말씀에 깊이 공감할 것입니다.

여호와의 인자와 긍휼이 무궁하시므로 우리가 진멸되지 아니함이니이다 이것들이 아침마다 새로우니 주의 성실하심이 크시도소이다

'충성과 지지'는 6유형의 삶을 표현하는 핵심 단어입니다. 우리가 자신을 인식하는 방식은 자신이 왜 그렇게 행동하고, 무엇을 지향하는지, 어디서 걸려 넘어지는지를 설명해 줍니다. 6유형은 책임과 의무, 지지를 위한 충성, 헌신, 경계심 등에 관해 잘 알고 있습니다. 또한 관계를 맺거나 선택을 할 때는 두려움으로 인해 자신의 실수를 인지하지 못합니다. 6유형을 나타내는 단어들을 알아보십시오.

▶▶▶ 6유형의 단어들

다음에 설명된 단어들을 보면서 6유형에 대해 생각해 보십시오. 공감되는 단어에 동그라미를, 재능에 해당한다고 여기는 단어에는 별표를 하십시오. 현재 당신의 상태를 돌아보면서 하나님의 형상을 드러내지 못하는 모습을 표현하는 단어들에 밑줄을, 자신을 불편하게 자극하는 특성에는 네모 표시를 하십시오.

6유형

성실하다	따뜻하다	배신하지 않는다
헌신적이다	친절하다	눈에 띄지 않으려 한다
충성스럽다	친근하다	게으르지 않다
책임감 있다	공동체를 지향한다	소홀히 하지 않는다
믿음직스럽다	협동적이다	변덕스럽지 않다
의무를 다한다	진지하다	방심하지 않는다
질문이 많다	두려움을 느낀다	신경을 끄지 않는다
인내한다	신중하다	긴장을 풀지 않는다
꾸준히 계속 한다	조심스럽다	무모하지 않다
잘 대접한다	안정적이다	무례하지 않다

▶ 당신에게서 하나님의 형상을 반영하는 6유형의 단어는 무엇입니까?

▶ 당신은 어떤 단어에 애착을 느낍니까? 또는 강박을 느낍니까?

▶ 당신은 어떤 단어에 거부감이 듭니까? 혹은 비판하는 마음이 듭니까?

▶ 거부감을 느끼는 단어에 마음을 연다면 당신의 삶과 인간관계는 어떻게 달라질 수 있습니까?

▶ 하나님의 신실하심이 어떻게 당신을 보호하는지를 나타내는 단어를 적어 보십시오.

▶▶▶ 6유형에 대해 알아가기

에니어그램 유형 중 유일하게 6유형은 위험을 만났을 때 반응하는 방식에 따라 공포 순응과 공포 대항으로 나뉩니다. 공포 순응 6유형은 생각이 마비되고 물러나며, 같은 신념을 가진 사람들과 모여서 지지를 얻고 자신을 보호하려 합니다. 공포 대항 6유형은 상황에 뛰어들고 체계를 세우며, 조직을 구성하고 두려움에 맞서 싸우려고 합니다. 이들의 두려움은 두려움에 대항하기 위해 아무것도 하지 않는 것입니다.

많은 6유형이 공포 순응적 성향과 공포 대항적 성향을 동시에 가지고 있습니다. 다음 사례에 등장하는 공포 순응 6유형은 '사람들에게 고통과 염려를 가져온' 위험을 피하려고 하고, 공포 대항 6유형은 자신의 패기를 증명하기 위해 위험을 감수합니다. 이 사례에 등장하는 두 6유형이 어떻게 두려움에 의해 움직이는지 살펴보십시오.

공포 순응 6유형

저는 교육 수준이 높고 감정적으로는 억압된 가정의 다섯 자녀 중 막내로 태어났습니다. 어렸을 때 가족과 함께 미국을 여행하던 중 하루는 놀이터가 있는 모텔에서 묵었습니다. 언니와 오빠들이 그네를 타다가 알맞은 타이밍에 뛰어서 착지하는 것을 보고, 네 살이었던 저도 용기를 내서 그네에서 뛰었습니다. 하지만 두 발로 떨어지는 대신 머리가 먼저 착지하면서 돌에 입을 부딪치게 되어 여행의 남은 시간 동안 치과를 가고, 맛없는 약을 먹어야 했으며, 집에 온 후에는 발치까지 해야 했습니다. 부모님이 저를 안심시켰지만 저는 그러한 모험을 시도하기에는 너무 어리다는 마음의 확신을 갖게 되었으며, 도약을 하고 위험을 감수하는 것은 다른 사람들에게도 고통과 걱정거리를 안겨준다는 것을 배우게 되었습니다. 지금까지도 저는 제가 할 수 없는 것들에 대해서는 두려워서 시도하기를 주저합니다. 나에게 위험을 감수할 만한 충분한 용기가 있는지 나 자신을 믿지 못합니다.

공포 대항 6유형

나는 아들만 많은 집에서 외동딸로 태어났습니다. 유일한 여자로서 나의 용맹함과 지적인 면을 증명하고 싶었고, 실패하거나 다치는 것을 피하면서 경쟁하고 싶은 충동을 느꼈습니다. 준비되고 헌신적이며, 용감하게 위험을 뛰어넘고자 노력했고, 이를 통해 나는 안전감을 느꼈고 두려움을 떨칠 수 있었습니다. 뒤돌아볼 때, 내가 어려운 박사학위를 취득하고 그 후에 25년 동안 대학에서 가르친 것이 모두 어릴 때 남자들의 세계에 끼지 못할 수도 있다는 두려움을 극복하고자 하는 부단한 노력이었음을 알 수 있었습니다.

▷ 이 이야기에 당신이 공감하는 부분은 무엇입니까?

▷ 원하는 것을 얻는 데 필요한 능력을 갖지 못한 것 같은 두려움에 관한 이야기에 당신이 공감하는 부분은 무엇입니까?

▷ 두려움을 느낄 때 당신의 머리, 가슴, 장 지능에서는 어떤 일이 일어납니까?

호흡 기도

고독과 침묵 가운데 자신에 대해 똑바로 볼 수 있도록
하나님께 도움을 구하십시오.
먼저 깊게 숨을 쉬어보십시오.

들이쉬며 – 하나님의 형상대로 창조되었다.
내쉬며 – 나는 용기가 있다.

이 기도를 하면서 몇 분간 머무십시오.
하나님의 형상대로 창조된 선함과 자유를 경험하십시오.
하나님이 주권자이심을 마음으로 받아들이십시오.
이 기도로 호흡을 하듯 하루를 지내보십시오.

참 자아와 거짓 자아
충성스러운 사람
2

우리는 사용하는 표현이나 말을 통해 자신이 어떤 사람인지를 드러냅니다. 6유형은 태도, 행동, 동기를 통해 신실함을 보여줍니다. 6유형은 하나님과 함께할 때 참 자아로 살 수 있습니다. 반석과 같은 안전은 외부에서 오지 않고, 우리 영혼에 하나님의 영이 깊이 내재하고 계심을 아는 데서 옵니다. 6유형의 거짓 자아는 강박적이며 옛사람의 습관에 깊게 뿌리 내린 에고로서, 6유형으로 하여금 타인에 대한 불신과 일어날지도 모를 일에 대한 두려움에 얽매이도록 압박합니다. 이 에고 자체는 타고난 기질, 후천적인 양육 환경, 전통, 금기, 자유의지 등이 복합적으로 혼합된 심리적 자아입니다. 이제 충동적이고 강박적인 거짓 자아의 반응과 하나님, 자신, 이웃을 사랑하는 참 자아의 흐름FLOW에 대해 살펴보십시오.

6유형의 참 자아 신성한 신실함

　6유형은 하나님의 신실하심과 헌신을 반영하는 존재로 창조되었습니다. 6유형의 참 자아는 불안에 떨지 않고 충성스럽게 사람들을 사랑하고 섬기는 행동과 동기를 드러냅니다. 또한 약속을 잘 지키며 책임감 있고 믿음직스러우며 불안에 매이지 않고 공공의 선이나 집단의 목적에 헌신할 수 있는 든든한 지원자입니다. 6유형은 '나는 변함없다!'라는 존재감을 가지고 있으며, 통찰력, 호기심, 조직력, 계획하고 가르치는 능력과 문제를 예상하고 잠재적 위험에 대비할 수 있는 능력이 있기에, 종종 주변 사람들이 위험을 관리하도록 보호하며 꿈을 달성하도록 도와줍니다. 건강한 6유형은 공동체와 사회가 잘 돌아가게 하는 가치와 안전성을 만들고 지키며 유지하는 데 신경을 씁니다. 동시에 6유형은 한결같고 믿음직한 사회의 수호자이며, 하나님의 신성한 신실함을 구현합니다. 6유형은 자신 안에 계신 성령님과 함께할 때 닥쳐올 재앙에 관한 생각을 잠재우고 최악의 상황을 예상하며 염려하는 속박에서 벗어날 수 있습니다. 리더로서 6유형은 두려움을 인정하고 용기를 친구 삼으며, 자기 내면의 권위를 사용할 수 있습니다.

6유형의 거짓 자아 두려움에 마비, 안전과 생존에 집착

　　6유형의 충동적이고 거짓된 자아는 과도하게 경계하고, 안전에 집착하며, 권위를 신뢰할 수 있는가에 관한 의문에 지나치게 빠져듭니다. 공포 순응 6유형의 거짓 자아는 자신과 타인을 의심하며 변화에 대해 회의적입니다. 그들은 내면의 권위를 무시하고 자신의 두려움을 다른 사람과 외부에 투사하며 '우리'와 '그들'의 편가르기 선을 만들어냅니다. 또한 두려움에 대응하기 위해 자신이 신뢰하는 시스템, 전통, 예측 가능함, 권위 등에 맹목적인 충성을 바치며, 이러한 것이 도전을 받게 되면 근거 없는 불안이 올라와 '만약 ~ 한다면 어떤 끔찍한 일이 일어날까?' 하는 절망적인 사고에 빠집니다. 거짓 자아에 빠진 6유형은 종종 외부의 위협에서 자신을 보호하기 위해 도망가거나 동조자들과 연대를 형성합니다. 반면에 공포 대항 6유형의 거짓 자아는 나쁜 일이 끊임없이 증가되는 것을 두려워하며, 그럴 때 자기들이 믿는 권위가 그럴듯한 대답과 거짓말로 대응할 것이라고 생각합니다. 이들은 공동체와 인간관계에서 떨어져 나와 쉽게 흥분하고 무모하게 행동하며 반항하고 위험에 집착합니다. 또한 이들이 불확실한 미래와 위험한 사람들이나 사상에 집중을 하게 되면, 거짓 자아에 매인 공포 대항 6유형은 외부의 악으로부터 자신의 선함을 지키기 위해 위험한 행동을 하는 위험한 사람이 될 수도 있습니다.

▶▶▶ 참 자아 또는 거짓 자아

자신의 참 자아와 거짓 자아를 생각해 보면서 아래의 질문을 숙고해 보십시오. 그럴 때 자연스럽게 떠오르는 생각이 있습니까? 어떤 질문에 특별히 답을 쓰고 싶은지 살펴보십시오.

▶ 참 자아로서 6유형의 특성들은 당신의 인간관계에서 어떤 모습으로 나타나고 있습니까?

▶ 거짓 자아로서 6유형의 특성들은 당신의 인간관계에서 어떤 모습으로 나타나고 있습니까?

당신은 언제 '저 사람을 믿을 수 있을까?', '너무 빨리 결정을 내리는 건 아닐까?' 등의 염려를 합니까?

안전하지 않다고 느낄 때, 어떻게 먼저 치고 들어가거나 혹은 도망칩니까?

▶ 무엇이 당신으로 하여금 안전이나 생존의 문제를 과도하게 생각하게 하고 그로 인해 경직되게 만듭니까?

긴장을 이완하고 불확실의 위험을 감수하도록 하는 신호는 무엇입니까?

▶ 당신은 참 자아와 거짓 자아의 상태가 다름을 어떻게 구분할 수 있습니까?

용기를 찾기

예수님께서 십자가에서 돌아가시고 난 후에 그분의 가장 가까운 제자들은 자신들의 목숨을 걱정하여 숨어버렸습니다. 아래 성경 구절에서는 예수님께서 살아 계셨을 때 그분을 따를 용기를 가지지 못했던 한 남자가 예수님이 돌아가신 후에는 누구도 감히 용기를 내어서 하지 못한 일을 합니다.

> 아리마대 사람 요셉은 예수의 제자이나 유대인이 두려워 그것을 숨기더니 이 일 후에 빌라도에게 예수의 시체를 가져가기를 구하매 빌라도가 허락하는지라 이에 가서 예수의 시체를 가져가니라 일찍이 예수께 밤에 찾아왔던 니고데모도 몰약과 침향 섞은 것을 백 리트라쯤 가지고 온지라
>
> 요한복음 19:38~39

1. 이 이야기에서 당신은 어떤 부분에서 공포 순응이나 공포 대항 6유형의 모습을 봅니까?
2. 당신이 무언가를 믿었던 것에 대해 말하기를 두려워하던 때는 언제입니까? 당신이 용기를 가지고 일어나기 위해서 필요한 것은 무엇일까요?
3. 당신이 생각하거나 느끼는 것을 숨기는 때는 언제입니까? 이것이 당신과 당신의 관계에는 어떤 영향을 끼칩니까?

하모니
신실함이 평화를 이룬다
3

6유형은 종종 한결같은 기동 경찰대원 혹은 충성스러운 회의론자로 묘사됩니다. 그러나 우리는 유형 이상의 놀라운 존재이며 삼위일체 하나님의 형상으로 창조되었습니다. 머리와 장, 가슴 지능이 통합하면 6유형의 신실하고 충성스러운 머리 지능은 생산적인 3성향의 가슴 지능과 편안한 9성향의 장 지능과 함께 흘러나갈 수 있습니다. 이제 하모니 삼각형이 주는 독특한 선물인 흐름FLOW을 소개합니다.

하모니 삼각형의 흐름 안에 있을 때 6유형은 효과적이면서도 평온하게 행동합니다. 그럴 때 당신은 자신을 신뢰하며, 조심성 있는 여러 방식의 회의적인 질문들을 던져 진실을 옹호하고 지지하며, 유능하고 효과적으로 조정하게 하고3성향 평화적인 행동9성향으로 공공의 선에 이바지할 수 있습니다.

▶▶▶ 유형의 하모니

다음 이야기는 6유형이 9성향, 3성향을 통합하는 여정을 설명합니다. 이 사례에 등장하는 6유형 남성은 안전을 향한 집착을 내려놓고, 불안해하지 않는 9성향과 생산적인 3성향에 접근하는 법을 배웁니다. 그가 어떻게 확실성에 대한 집착을 내려놓고 '만약'을 수용하는 위험을 감수하는지 주목하여 보십시오.

> 6유형인 나는 과한 준비를 하고 지나치게 생각하기에, 박사학위를 취득하고 그 학문에 통달했음에도 아직도 나 자신을 믿지 못합니다. 또한 나쁜 일이 일어날까봐 걱정하고, 잘못된 결정을 내릴까봐 겁이 나고, 책임자들이 중요한 부분을 빠뜨릴 것만 같아서 두렵습니다. 나는 불안해지면 끝없는 자기 의심에 빠져서 진실이 무엇인지 가려내기 위해 자신과 다른 사람들 모두에게 마구 질문하기 시작합니다. 이런 나에게 하모니 삼각형은 내가 회의와 프레젠테이션을 준비하는데에 도움을 줍니다. 나는 나의 몸과 마음이 생각과 같이 가도록 호흡을 고르고, 유능한 가슴 지능과 현실에 깊이 뿌리내린 장 지능이 나의 지나친 경계심과 두려움을 조절하고 낮춰주도록 합니다. 그리고 나 자신에게 '나는 세 가지 지능을 모두 가지고 있어. 명확하게 결단을 내릴 수 있고 위험을 감수할 수 있어!'라고 스스로 용기를 내어 말해 줍니다.

▹ 두려움 때문에 더 많이 알아야 한다는 압박감에 시달릴 때는 언제입니까? 당신이 두려움이 아니라 당신 내면의 권위를 신뢰하는 것은 어떤 느낌일까요?
▹ 6유형의 효과적인 가슴 지능은 일을 잘 해낼 수 있으며, 포용적인 장 지능은 사람들 앞에서 진실을 말하는 위험을 감수할 수 있습니다. 6유형인 당신이 가슴과 장 지능을 통합한다면 관계에 어떤 변화가 있을까요?
▹ 당신이 하나님과 이웃의 사랑에 힘입어 안전을 추구하는 데 쓰이는 에너지를 줄인다고 상상해 보십시오. 당신에게 어떤 일이 일어날까요?

▶▶▶ 장, 가슴, 머리 지능

다음 사례에 등장하는 6유형 여성은 지나치게 의존하고자 하는 에너지를 균형 잡힌 현실 감각과 용기를 통해 조절하며 거친 직장생활을 헤쳐나갑니다. 그녀는 자신이 무엇을 잘하는지 말할 수 있고 호흡 기도를 통해 자신의 불안과 충동적인 생각들을 잠재웁니다. 호흡 기도는 그녀가 세 가지 지능을 다 열어서 자신 안의 6유형이 9성향, 3성향을 아우르고 연민과 통합의 여정에 오르도록 했습니다.

나는 어린 시절 내내 학교생활을 열심히 했습니다. 부모님은 내 노력과 성적에 대해 높은 기대치를 가지고 계셨으며 내가 숙제를 마치면 이미 잘한 것인데도 더 좋게 만들기 위해 수정하시곤 했습니다. 부모님은 종종 '잘했어, 하지만 이렇게 해 보면 어떨까?'라고 말씀하셨습니다. 이런 부모의 개입으로 내 노력과 능력을 의심하게 되었고, 편안한 9성향을 억누르고 3성향처럼 더 열심히 노력했습니다. 그 누구도 실망시키고 싶지 않았습니다. 부모님을 위해 성공하고 싶었고 권위자들이 내 편이 되기를 바랐습니다. 하지만 그 과정에서 나는 나 자신, 내 의견, 나의 내면의 권위를 잃어버렸습니다.

이런 나의 전환점은 수 년이 지난 후 내가 입주한 새집에 어머니가 방문하셨을 때 일어났습니다. 나는 내가 원하는 대로 부엌을 정리해 놓았는데 어머니는 그릇을 다른 곳으로 옮길 것을 제안했습니다. 나는 "저대로도 좋은걸요."라고 대답했으나 어머니는 다음날 새벽 4시 30분에 일어나서는 그릇 정리의 새로운 방법을 '경험할 수 있도록' 다른 찬장으로 옮겨놓았습니다. 그때 내 머릿속에서 '내 의견이 어머니께는 전혀 중요하지 않구나.' 하는 목소리가 들렸습니다. 이유 있는 분노와 용기가 내 몸속에서 올라오는 것을 느끼면서 나는 처음으로 내 부엌을 정리하는 것만큼 단순한 일에 대한 능력조차 의심받아야 하는 것에 대한 분노와 상처를 어머니에게 표현했습니다. 그때 내가 했던 말은 관계와_{가슴 지능} 통찰력 있는 질문_{머리 지능}, 침착하게 들은_{장 지능} 것을 기반으로 했습니다. 그때가 세 지능이 통합된 순간이었으며, 나와 어머니 사이의 관계를 새롭게 정리하는 중요하고 의미 있는 순간이었습니다.

▷ 6유형이 장 지능_{9성향}과 통합할 때 몸에 깊이 연결되어 경계 태세를 내려놓고 진실을 말할 수 있습니다. 당신 안에서 장 지능은 어떻게 작동합니까?

▷ 6유형이 자신의 긍휼함과 따뜻함으로 가슴 지능_{3성향}과 통합할 때 마음이 연결되고 효과적으로 행동하게 됩니다. 당신 안에서 가슴 지능은 어떻게 작동합니까?

▷ 당신에게 머리, 가슴, 장 지능이 있다는 것은 어떤 의미가 있습니까?

두려움 잠재우기

다음의 성경 구절은 예수님의 제자들을 공포로 몰아넣었던 사건에 대해 기록하고 있습니다. 제자들이 두려움을 말한 때가 언제인지 그리고 예수님께서 베드로의 두려움을 잠재우기 위해 뭐라고 하셨는지에 주목하여 보십시오.

> 밤 사경에 예수께서 바다 위로 걸어서 제자들에게 오시니 제자들이 그가 바다 위로 걸어오심을 보고 놀라 유령이라 하며 무서워하여 소리 지르거늘 예수께서 즉시 이르시되 안심하라 나니 두려워하지 말라 베드로가 대답하여 이르되 주여, 만일 주님이시거든 나를 명하사 물 위로 오라 하소서 하니 오라 하시니 베드로가 배에서 내려 물 위로 걸어서 예수께로 가되 바람을 보고 무서워 빠져 가는지라 소리 질러 이르되 주여, 나를 구원하소서 하니 예수께서 즉시 손을 내밀어 그를 붙잡으시며 이르시되 믿음이 작은 자여 왜 의심하였느냐 하시고
>
> 마태복음 14:25~31

1. 좋은 것인데도 당신을 두려움에 떨게 하는 것은 무엇입니까?
2. 당신이 믿음으로 용기 있게 발걸음을 떼었지만 그 직후 하나님, 자신의 생각에 대한 확신, 마음의 능력, 몸의 본능에 대한 신뢰를 잃게 된 것은 어떤 때입니까?
3. 당신은 어떻게 믿음이 필요한 자리에 계속 머물 수 있습니까? 당신이 호흡을 깊이 가다듬으며 9성향의 장 지능으로 갈등 상황을 견뎌낼 때는 언제입니까? 당신이 3성향의 가슴 지능으로 당신에게 드는 의구심을 효과적으로 사용하는 때는 언제입니까?

로욜라의 이냐시오 기도문

가슴, 머리, 장 지능을 통합하는 다음의 기도가
당신의 기도가 되기를 축복합니다.

오 그리스도 예수님, 세상이 깜깜하고 우리가 연약함과 무력함을 느낄 때,
주님의 임재와 사랑 그리고 힘과 함께 있음을 알게 하소서.

지켜주시는 주님의 사랑 안에서 우리를 강하게 하시는 주님의 힘을
온전히 신뢰하도록 도우셔서 머리 지능
그 무엇에도 놀라거나 염려하지 않게 하소서.

그럼으로써 우리가 주님과 함께 살아가며 모든 것 속에서
예수님의 손길과 목적 가슴 지능
그리고 주님의 뜻 장 지능을 볼 것을 믿습니다.

어린 시절의 상처 치유하기
용기를 받아들이기

4

아이들은 회복력이 강하지만, 어린 시절에 받은 마음의 앙금과 상처는 성인이 된 후에도 6유형의 관계에 악영향을 줍니다. 6유형의 어린이는 '나는 안전하다.'는 메시지를 상실하고, 대신 '너 자신이나 어느 누구도 믿지 마.'라는 거짓 메시지를 내면화한 경우가 많습니다. 따라서 어린 6유형은 살아남기 위해서 자신과 다른 사람들의 안전을 유지하려고 노력하는 믿음직하고 준비된 경찰이 되어야 했습니다. 결국 이런 경계심 덕에 보호는 받았지만, 누구도 신뢰하지 못하는 결과를 낳게 된 것입니다.

성인이 된 후의 관계에서도 6유형은 어린 시절의 상처가 자극 받으면 거칠고 날것 그대로인 아픔과 분노가 표출되어 두려움으로 인해 신뢰와 결단력에 문제가 생기게 됩니다. 갑자기 네 살짜리 내면아이가 나와서 상황을 휘두르기 시작하는 것입니다. 6유형의 거짓 자아는 지나치게 많은 생각, 의심과 불신의 쳇바퀴에 갇혀 '우리편'과 '그들편'으로 나누게 합니다.

하모니 삼각형은 6유형에게 경계심, 트라우마, 방어, 어린 시절에 받은 거짓 메시지 등이 오늘날 자신의 관계에 어떤 영향을 끼치는지 성찰할 길을 열어줍니다. 자신이 무엇에 의해 자극을 받고 흔들리는지 탐색함으로 6유형은 자신의 미덕인 '용기'에 더욱 가까워질 수 있습니다.

▶▶▶ 내면아이를 수용하기

6유형은 내면아이를 수용함으로 치유 받고, 두려움을 내려놓으며 다시 신뢰할 수 있는 내면의 자유를 회복할 수 있습니다. 충성스럽고 믿음직스러우며 질문이 많은 6유형 안에는 자기 내면의 일과 지금 외적으로 일어나고 있는 상황에 대해 둔감한 채 모든 걸 자연스러운 흐름에 맡기며, 온건한 태도로 '다 괜찮을 거야.'라고 하는 9성향의 내면아이가 있습니다. 동시에 성취하고 싶어 하고 경쟁적이며 앞으로 나아가고 자신의 관계, 리더십, 생산성, 유능함을 인정받고 싶어 하는 어린 3성향도 있습니다. 당신이 돌보지 않았던 유능하고 권위를 가진 내면아이를 다시 받아주기 위해서는 가슴과 장 지능을 언제 못 본 체하고 넘어가는지 생각해 보아야 합니다.

다음 사례에 등장하는 6유형 남성의 이야기에 마음을 열고 들어보십시오. 그가 두려운 환경에서 살아남기 위한 전략으로 어떻게 거짓된 관계를 만들었는지 볼 수 있기를 바랍니다.

나의 머뭇거리고 의심하는 6유형의 거짓 자아는 어린 시절에도 보였습니다. 아버지는 가족에게 별 관심이 없는 이기적인 사람으로 가족보다는 자기만족이 우선이었습니다. 그는 여러 번 결혼과 이혼을 했고 아들인 나에 대해서 별로 알고 싶어 하지 않았습니다. 분노가 가득하고 통제적이었던 형은 나를 샌드백처럼 때렸고, 어머니도 툭하면 폭발했습니다. 어머니는 종종 신체적, 감정적 폭력으로 자신의 감정을 표현했고, 그런 어머니에게 충성을 다하면서 나는 오랫동안 사랑이란 것이 무엇인지 혼란스러웠습니다.

이처럼 현실 관계의 두려움을 회피하기 위해 나는 파괴적인 대처 전략을 계발했습니다. 어렸을 때부터 음란물을 접한 것입니다. 음란물을 통해 마음 속 불안을 잠재우고 친밀한 관계를 맺고 싶은 욕구를 만족시키려 했으며, 머릿속으로 도망쳐 가상의 관계를 맺었습니다. 결혼 후 이 문제로 인해 아내에게 많은 상처를 주었지만 사십 대까지도 이것을 끊지 못했습니다. 아직도 아내에게 충실하지 못해서 그녀에게 큰 상처를 안겨준 것에 대해 굉장히 마음이 아픕니다. 공포 대항 6유형인 나는 사람들이 최악의 상황과 죽음에 대비하도록 도와주는 직업을 선택했습니다. 매일 최소 한 시간은 운동하고 익스트림 스포츠를 즐기며 항상 나쁜 일이 닥칠 것을 준비합니다. 나는 내가 그랬던 것처럼 아내, 아이들, 그리고 내가 아끼는 사람들이 결코 안전에 위협받기를 원하지 않습니다.

다음의 질문들을 읽으면서 당신이 내면아이를 더 깊이 수용하도록 초청하시는 하나님의 초대에 집중해 보십시오. 그에 관해 새로운 깨달음이나 통찰이 있으면 기록해 보십시오. 이는 당신에게 매우 중요하고 통합적인 작업입니다.

▶ 학대와 무시 속에서 자란 이 6유형의 남성의 어린 시절은 어떠했을 것이라 생각됩니까? 이 이야기가 당신에게 공감이 되는 부분은 무엇입니까?
▶ 안전을 추구하는 6유형 안에는 갈등을 피하려고 숨거나 무감각해지는, 또는 견딜 만큼 견뎠다고 느껴질 때면 고집스럽고 완고하게 변하는 9성향이 있습니다. 당신은 자신의 장 지능을 어떻게 억압하거나 혹은 사용합니까?
▶ 최악의 상황을 생각하는 6유형 안에는 '나는 사랑 받을 가치가 있을까? 나는 충분할까?'라고 반문하는 부드러운 마음의 3성향도 있습니다. 당신의 내면아이가 이런 질문을 할 때가 언제인지 생각해 보십시오. 당신은 가슴 지능을 어떻게 억압하거나 혹은 사용합니까?

▶▶▶ 상처받은 내면아이와 만나기

6유형이 생각이 마비되어 더 이상 분석을 하지 못하고 또 아무런 결정을 내리지 못한 채 두려움에 빠질 때, 6유형은 가슴과 장 지능에 접근하고 통합함으로써 어떻게 해야 할지를 분별할 수 있습니다. 장 지능을 계발함으로써 경계를 내려놓고 이완하는 능력을 갖게 되며, 가슴 지능을 통합함으로써 결정하고 행동할 자신감을 가지게 됩니다. 몸의 본능과 마음의 감정을 살핌으로써 6유형은 내면과 능력의 조화를 이루는 작업을 통해 단지 안전을 확인하는 것 이상의 결과를 얻을 수 있게 됩니다.

당신 머릿속에 있는 의심들에 대해 이름을 붙이고 기록해 보십시오. 그리고 당신이 다른 사람에 대한 신뢰와 충성심을 의심함으로써 자신을 보호하려고 했던 것에 대해 담대한 마음으로 탐구해 보십시오. 당신의 가슴과 장 지능을 이용해 어떤 질문에 먼저 답을 할지를 정하고, 다른 질문들에도 차차 답을 해보십시오.

▶ 세상은 안전하지 않은 곳이라고 생각하는 당신의 이유는 무엇입니까? 어떤 부분에서 3성향의 행동력을 발휘하지 못하고 9성향처럼 계속 미룹니까?

▶ 어린 시절부터 지금까지 당신이 일관되게 사용하는 대응 방식이나 자극되어 상처를 받는 부분은 무엇입니까? 신경을 바짝 곤두세우고 살게 된 계기를 용기를 내서 탐색해 보고, 이것이 지금 당신이 결정을 내리고 다른 사람들과 관계를 맺는 능력에 어떤 영향을 끼치는지 호기심을 가지고 주목해 보십시오.

▶ 하나님께 6유형의 미덕인 '용기'를 회복할 수 있게 해주시기를 구하십시오. 당신은 자신을 개방하는 위험을 감수함으로써 성장하고 모험하며 더 나은 관계를 맺을 수 있습니다.

▶ 당신의 신뢰는 어떤 경우에 회복되거나 확고해졌습니까?

6유형은 공공의 목적에 기여하고 공동체를 조직하며 최악에 대비할 수 있도록 돕고 싶어합니다. 그러나 항상 지나치게 안정을 추구하고 미래에 닥칠지 모를 최악의 재난에 대비하려는 생각은 삶의 즉흥적이고 모험적인 측면, 관계를 맺는 것을 방해하고 위축시킵니다. 즉흥성과 모험 등이 항상 위험을 수반한다 해도, 위험은 신뢰라는 동전의 다른 면일 뿐입니다. 우리를 사랑으로 초청하시는 하나님은 6유형이 경계심을 내려놓고 신뢰하는 마음으로 위험을 감수하는 영성훈련을 하도록 부르십니다.

한 주 동안 다른 사람에 의해 내면의 어떤 부분이 자극되어 말문이 닫히거나, 회의적이거나, 불안하다고 느낄 때면, 그 상황에 자신을 좀더 내어놓고 도망치지 않으며 위험을 감수하는 쪽을 선택하십시오. 당신 안의 진실과 권위가 밖으로 드러나도록 하고, 일어서서 행동하십시오. 그럴 때 당신이 상상한 것보다 일이 더 좋게 풀릴 수도 있습니다.

치유의 기도

자신의 상처에 대해 신실하신 하나님과 또 믿을 수 있는 친구들과 함께 작업할 때 6유형은 두려움과 의심으로부터 치유를 경험합니다. 그래서 당신의 악덕인 두려움에서 나오는 비겁한 반응이나 과도한 반응에서 벗어나 당신의 미덕인 신실함으로 변화하기 시작합니다.

자신을 위해 기도할 수 있습니다. 혼자 조용한 장소에서 긴장을 푸십시오. 호흡을 깊이 하고 하나님 앞으로 나아오십시오. 하나님께 치유받아야 할 부분을 보여달라고 구하십시오. 과거의 아픈 기억들과 상처가 떠오를 때까지 조용히 기다리십시오. 어떤 생각이 떠오른다면, 치유를 위한 아래의 질문들에 답을 하십시오.

◆ 아픈 기억 속으로 당신과 예수님을 초대하십시오.
　예수님은 어디에 계십니까? 당신은 어디에 있습니까?
◆ 당신은 어떤 감정을 느낍니까? 두려움, 보호받지 못함, 배신당함, 외로움, 위협을 당함 등
◆ 위와 같은 감정을 보였던 때가 생각납니까? 예수님과 함께 그 시간과 장소에갈 수도 있고, 지금 있는 곳에 머물 수도 있습니다.
◆ 경험에서 느끼는 감정에 이름을 붙여 보십시오. 그 사건으로 인해 당신이 어떤 거짓말을 믿게 되었는지 보여달라고 기도하고, 이름을 붙이십시오.
◆ 예수님은 이 거짓말에 대해 뭐라고 말씀하십니까? 예수님이 보여주시는 이미지 혹은 들려주시는 말씀이나 단어가 있습니까?
◆ 예수님께서 당신에 대해 말씀하신 진실을 부드럽게 자주 말해주십시오.
　말씀의 진리는 상처를 주님 앞에 내려놓고 자유롭게 하는 치유제입니다.

충만함과 메마름을 분별하기
5

로욜라의 이냐시오는 성령님이 머리, 가슴, 장 지능 모두를 통해 역사하신다고 가르쳤습니다. 그는 우리가 결정을 내릴 때 다음과 같은 질문을 통해 메마름과 충만함의 상태를 주의 깊게 살피라고 제안했습니다. '어떤 감정을 느끼고 있습니까?' '무슨 생각을 하고 있습니까?' '본능적으로 무엇을 감지합니까?'

충만한 상태일 때 6유형은 하나님의 신실하심과 믿음, 소망, 사랑의 미덕으로 나아갑니다. 이 때 6유형은 가슴 지능의 효율성과 장 지능의 상황을 다양한 각도로 볼 수 있는 능력이 머리 지능의 분별력으로 나아갑니다. 반면에 두려움, 자기 의심과 불신 등은 메마름의 상태로써, 신실한 분별력의 흐름을 방해하며, 이는 또한 6유형이 자신의 거짓 자아에서 벗어나 결정을 내릴 용기를 주시기를 하나님께 구해야 한다는 신호입니다.하모니 삼각형을 이용한 분별은 영혼의 자원 5, p.495 참고

6유형이 충만한 상태에 있을 때는 용감한 신뢰, 책임을 다한 포기, 불안이 없는 조심성, 평화적인 질문, 생산적인 인지력, 효율적인 분석력, 통찰력 있는 편안함, 충성스러운 능숙함 등을 경험합니다. 이것이 6유형의 자유로움입니다!

6유형이 메마른 상태에 있을 때는 두려움, 불안감, 과도한 각성, 불신, 자기 의심, 피해의식, 의심, 편집증, 회의, 망설임 등을 경험하고, 관계를 '우리'와 '그들'로 나누는 방식으로 생각합니다. 이런 메마름이 거짓 자아에 묶여 있게 합니다.

▶▶▶ 내면에서 일어나는 역동 알아차리기

메마름과 충만함은 6유형을 하나님, 자신, 이웃을 사랑하는 방향으로 안내해 줄 수 있습니다. 아래 사례에서는 6유형의 메마름과 충만함에 대해 살펴봅니다. 이 사례의 남성은 자기 영혼의 지도를 탐구하고 있습니다. 그는 빈정대고 의심하는 자기 모습에서 메마름의 신호들을 알아차리고, 안전과 생존에 집착하는 것이 어떻게 자신의 대인관계를 방해하고 '싸우기, 도망가기, 굳어버리기'의 쳇바퀴에 갇히게 하는지를 깨닫습니다. 메마름과 충만함을 알아차리는 것이 이 남성을 어떻게 하나님께로, 치유로 나아가게 하는지 살펴보십시오.

나는 마음속 깊이 세상은 신뢰할 수 없는 곳이라는 신념을 가지고 있습니다. 내 인생의 속마음에는 '누구도 완전히 믿지는 마.'라는 소리가 계속 울립니다. 꽤 믿을만한 증거들이 있는 상황에서조차 나는 예상치 못한 재앙이 언제 어떻게 닥칠지 모른다고 비꼬며 의심할 수 있습니다.메마름 나는 참 냉소적입니다.메마름 나는 지금 내 안에서 언제 두려움과 의심이 올라오는지 알아차리는 법을 배우는 중이며, 두려움과 의심이 나의 결정 능력에 어떤 영향을 주는지 압니다. 마흔네 살인 지금도 내가 직업적으로 다른 길을 갈 수 있을지 의아해합니다.

나는 신뢰를 훈련해야 합니다. 나를 두려움에 매인 6유형 이상의 존재로 인정해주는 영적인 친구 앞에 나를 솔직히 드러내는 위험을 감수하고 있습니다. 그는 내가 충분히 할 수 있고 능력 있다는 것을 상기시켜 줍니다. 그와 함께할 때 나는 마음의 따뜻함과 신성한 자신감을 경험합니다.충만함 나는 호흡을 통해 반복적으로 '두려워하지 말라, 내가 너와 함께 함이라.'하신 하나님의 약속을 되뇌어봅니다. 이 호흡기도는 머릿속에 엄습해오는 불안을 잠재우고 몸의 본능에 집중할 수 있도록 도와줍니다. 나는 종종 '긴장하지 마, 괜찮아. 너 자신을 믿어도 돼.'라고 말하는 내 몸의 소리를 듣습니다. 나는 이런 진실을 수용하며 그로 인해 건강한 현실 감각을 갖고 있습니다.충만함 가슴과 장지능을 사용할 수 있다는 것은 내 삶에 정말 획기적인 일입니다. 나는 지금 마음과 몸을 통합하는 여정에 있으며 그것은 단순히 이해하는 차원을 넘는 평화를 가져다줍니다.충만함

▶ 냉소적이고 비꼬는 것이 어떻게 당신으로 하여금 분별하지 못하도록 하고 메마름을 경험하게 합니까?

▶ 당신의 머리와 몸에서 움직이시는 성령님께 주의를 집중해 보십시오. 메마름은 언제 당신을 재앙적인 생각과 의심으로 몰아갑니까? 당신은 언제 어떻게 충만함 속에 용기 있게 행동하며 신뢰를 합니까?

▶▶▶ 메마름과 투사

두려워하는 6유형의 방어기제는 '투사'이며, 이는 무의식중에 자신의 두려움이나 문제를 다른 사람이나 사물의 책임이라고 여기는 것입니다. 예를 들어, 올바른 결정을 못 내릴 것 같아 두려워하는 6유형이 다른 사람의 의견을 구하고는 같은 두려움으로 인해 그 사람도 역시 어떤 결정이 옳은지 알 수 없을 것이라고 생각하는 것입니다. 또 다른 예로 직원회의에서 의견을 내지 못하고 초조해하는 6유형이 투사를 사용해서 아무도 자신의 의견을 듣고 싶어 하지 않을 거라고 간주해 버릴 수도 있습니다. 이렇게 6유형은 자기 생각을 다른 사람의 생각인 것처럼 바꾸어 버릴 수 있습니다. 판단을 내려 놓고, 당신이 언제 두려움과 불신을 다른 사람과 상황에 투사하는지 확인해 보십시오. 먼저 한두 가지 질문에 대해 충분히 생각해보고, 이후 나머지 질문에도 답해 보십시오.

▷ 당신에게는 투사가 어떤 부분에서 나타납니까? 최악을 상상하고 그 최악의 위험이 당신 곁에 도사리고 있다는 두려움을 느끼는 방식의 투사는 당신에게 어느 때 나타납니까?

▷ 두려움, 불신, 자기 의심에 대해 당신의 몸은 무엇이라고 합니까? 당신이 이러한 것들에 얽매여서 위험에 마음을 열고 기꺼이 모험을 받아들이지 못하게 하는 내면의 상황은 무엇입니까?

▷ 투사 외에 당신의 분별력을 방해하는 방어 전략이 또 있습니까?

두려울 때의 기도

6유형은 세상이 너무 위험하기에 자신을 포함한 누구도
준비되지 않은 상태나 어려운 상태에 처하기를 원치 않습니다.
따라서 당신이 미지의 것에 대한 위험을 감수할 용기를 원하면
숨을 깊이 들이쉬며 당신의 두려움과 불안을 직면하십시오.

들이쉬며 – 하나님은 지금 여기에 계십니다.
내쉬며 – 나는 위험을 감수할 수 있습니다.

이 호흡 기도를 통해 자신을 하나님 앞과 이 순간 앞에 마음을 여십시오.
미지의 상황에 직면할 때, 예상 못했던 좋은 일이 일어날 수도 있습니다.

▶▶▶ 충만함과 용기

성령님은 6유형이 겁에 질리는 대신에 평온하게 선택과 결과를 받아들이며 9성향의 장 지능, 결정하고 행동하며 개입하도록 3성향의 가슴 지능 부르십니다. 불안해하지 않는 9성향과 자신감 있는 3성향은 당신으로 하여금 지나간 일을 곱씹어 생각하기보다 결정을 내리도록 돕습니다.

성령님의 인도하심을 따를 때 6유형은 두려움과 투사에서 벗어나 신뢰와 행동과 결과를 내는 충만함을 경험합니다. 그 결과 불안함이 없는 충성은 신실한 평화와 담대한 행동을 가져옵니다.

▷ 하나님이 당신을 불신에서 나와 용감한 행동을 하고 결단을 내리도록 초청하셨던 경험이 있으면 설명해 보십시오. 그때 어떤 일이 일어났습니까? 당신은 어떤 위로를 받았습니까?

▷ 당신이 용기를 내어 하나님과 이웃을 마음, 뜻, 힘을 다해 섬기는 신실한 흐름 FLOW 속에 서게 된 때가 언제였는지 말해 보십시오.

6유형을 위한 영적 리듬

6

내 형제들아 만일 사람이 믿음이 있노라 하고 행함이 없으면 무슨 유익이 있으리요 그 믿음이 능히 자기를 구원하겠느냐 만일 형제나 자매가 헐벗고 일용할 양식이 없는데 너희 중에 누구든지 그에게 이르되 평안히 가라, 덥게 하라, 배부르게 하라 하며 그 몸에 쓸 것을 주지 아니하면 무슨 유익이 있으리요 이와 같이 행함이 없는 믿음은 그 자체가 죽은 것이라

야고보서 2:14~17

6유형은 헌신적이며 가치에 대한 확고한 신념과 굳건한 믿음을 가진 사람들입니다. 하지만 야고보는 믿음이란 옳거나 정통적인 신념 이상이며, 이웃을 사랑하고 섬기기로 결정하고 행동하며 참여함으로 입증된다고 말합니다. 6유형이 믿음을 행동으로 실천할 때 하나님의 영이 우리 안에 새로운 신경회로와 반응 방식을 만드실 공간을 마련하고, 그럴 때 우리는 방어적인 옛 습관들을 벗어버릴 수 있습니다. 이런 점에서 영적인 변화는 마치 이중주와 같습니다. 성령님의 역사는 이렇게 내면을 통합하여 6유형의 신실함이 평화를 만들어내도록 합니다.

다음에 제시되는 영적 리듬은 6유형이 변화와 마음을 새롭게 하시는 하나님의 초청에 응답하는 길입니다. 제시된 모든 훈련이 당신을 향한 하나님의 초청이 아닐 수도 있습니다. 그럼에도 하나님과 함께 하길 기대하는 마음으로 훈련에 지금 바로 참여해 보십시오.

▶▶▶ 현존 훈련: 6유형

'핵심 용어' 부분에서 흐름에 대해 다시 읽어보기를 권합니다.
삼위일체 하나님이 어떻게 공존하시는지를 주목하십시오.

아버지와 아들과 성령이 함께 존재하며 함께 흘러갑니다.
머리와 가슴과 몸이 함께 존재하며 함께 흘러갑니다.
믿음과 사랑과 소망이 함께 존재하며 함께 흘러갑니다.

신성한 하모니는 6유형의 두려움과 의심, 권위에 대한 저항의 상황에서 하나님 앞에 있는 모습 그대로 나아와 그 상황에서 얼어붙지 않고 오히려 담대할 수 있도록 초청하십니다. 다음의 묵상 기도가 머리, 가슴, 장 지능을 통합하는 방식으로 창조된 온전한 피조물인 당신의 중심으로 흐르도록 하십시오. 몇 개월 정도 이 기도를 계속함으로써 당신은 두려움을 느끼는 장소에서 하나님을 발견할 수 있을 것입니다.

편안하고 정신이 맑아지는 장소를 찾아보십시오.
성령님이 내 안에 계시며 나를 위해 기도하고 있음을 기억하십시오.
당신에게 머리, 가슴, 장 지능이 있음을 받아들이고
그것이 열리도록 하나님께 간구하십시오.

몸 현존

성령님과 함께 있도록 자신을 내려놓으십시오.

숨을 깊게 쉬십시오. 몸 안에 어떤 변화가 일어나고 있는지 주의를 집중하십시오. 판단을 내려놓고 몸이 당신에게 말하는 것을 들으십시오. 혹 당신 몸이 이 기도를 하는 중에 무엇을 하려고 합니까? 그것을 해보십시오. 평화를 경험하고, 지금 여기 있음을 느끼며, 묵상할 수 있는 능력을 확인하십시오. 이웃의 돌봄에 대해 당신이 신실한 관심을 갖게 하심을 감사드리십시오. 당신의 몸은 언제, 어떻게 일을 추진하고 적극적으로 참여합니까? 몸의 영감과 열정을 수용하기도 전에 먼저 얼어붙어 버릴 때는 언제입니까?

마음 현존

예수님과 함께 있도록 자신의 마음을 내려놓으십시오.

호흡하면서 부드러움을 느끼십시오. 깊이 신뢰하는 관계를 원하는 마음의 욕구를 확인하십시오. 숨을 들이쉬며 마음의 공간을 더 확장하십시오. 하나님과 사람에게 의지하고 싶은 욕구를 깨달으십시오. 그런 당신 자신을 연민으로 보듬어 주십시오. 당신이 경계심을 내려놓고 마음을 공유한다는 것은 어떤 느낌일까요? 일어나는 감정을 그대로 수용하고 이름을 붙여 보십시오.

'나는 너를 믿을 수 있어.'라고 말을 해 보십시오. 당신의 어떤 부분에 충성과 안심, 믿음직한 손길이 필요합니까? 당신을 절대 떠나거나 버려두지 않으실 하나님께서 당신에게 어떤 응답을 주십니까?

지혜로운 창조주와 함께 있기 위해서 생각을 내려놓으십시오.

숨을 들이쉬며 머리와 어깨를 의식해 보고, 무게와 경직을 느껴보십시오. 숨을 내쉬며 그리스도의 지성으로 들어가십시오. 몸 안의 살아있는 움직임을 관찰하십시오. 머리는 몸에게 무엇이라 말합니까? 당신이 의심 대신에 통찰을 신뢰한다는 것은 어떤 느낌일까요? 당신의 머릿속에서 '이건 안 될 거야!'라는 생각이 드는 순간을 알아차리고, 대신에 신뢰가 가득 찬 말을 해달라고 자신에게 부탁하십시오.

함께함은 시작에 불과하다. 9성향의 장 지능

결속력을 유지함은 발전의 과정이다. 6유형의 머리 지능

그리고 함께 일함은 성공이다. 3성향의 가슴 지능

- 헨리 포드

신실함이 평화를 이룬다

'신실함이 평화를 이룬다.'는 이 기도는 6유형이 불안해하지 않는 9성향의 장 지능으로 긴장을 이완하고 상황을 알아차리도록 속도를 늦추게 도와주며, 두려움이나 회의로 인해 너무 섣부르게 반응하지 않도록 돕습니다. 또한 이 기도는 6유형이 3성향을 사용하여 이웃을 불신과 의심이 아닌 따뜻하게 맞이하는 효과적이고 영감 넘치는 관계로 나아가도록 도울 것입니다.

이 기도를 기억함으로써 당신은 자신과 현실 세계에 대해 무엇이 진실인지를 더욱 잘 알아차릴 수 있습니다. 우리는 유형 이상의 놀라운 존재입니다. 당신이 위협이나 안전하지 않다는 느낌을 받을 때 이 호흡 기도를 하십시오. 언제든 무엇인가에 자극을 받아 안전과 생존에 집착함으로 경직될 때면, 깊이 호흡을 하며 '신실함이 평화를 이룬다.'고 하십시오. 하나님이 주시는 신실함으로 합력하여 일하도록 간구하십시오.

6유형을 위한 성령님의 인도하심 FLOW에 대한 훈련

성령님의 인도를 받는 6유형은 자유하고Free, 사랑하며Love, 열려있고 Open, 함께합니다With. 삼위일체 하나님의 임재 가운데 6유형은 충성된 머리 지능에 가슴과 장 지능을 통합할 수 있고, 이는 기독교의 세 가지 미덕인 믿음, 소망, 사랑으로 흘러나갈 수 있습니다. 당신이 공포를 느껴 당황하고 호흡이 얕아지고 그 상황에서 도망치고 싶거나공포 순응 6유형 대항하여 싸우고 누군가를 위협에서 구하려고 집착한다면공포 대항 6유형 이때가 바로 당신이 호흡을 가다듬고 삼위일체 하나님을 찾아야 할 때입니다. 삼위일체 하나님이 당신을 꼭 붙들고 계십니다! 흐름FLOW으로 들어가 하나님과 함께하십시오. 가슴을 열어 '나는 지금 여기서 사랑할 수 있음'을 믿으십시오. 몸의 본능을 통해 '하나님이 나에게 평화를 주실 것'을 믿으십시오. 하루를 마무리하며 흐름 속에 있지 않았을 때 어떤 일이 일어났는지 기록해 보십시오. 당신이 흐름 속에 있었을 때는 어떤 일이 일어났습니까? 당신을 통해 이웃에게 하나님의 신실한 보살핌이 흘러갔다면 감사하십시오. 만약 그렇지 못했다면 회개하십시오. 그리고 내일은 내일, 다시 시작하십시오.

성경 암송 훈련하기

6유형의 불안하고 강박적인 생각은 두려움보다는 믿음, 소망, 사랑을 가져오는 말씀에 집중하는 훈련을 통해 변화될 수 있습니다. 아래 제시된 말씀들이 당신의 삶 속에서 실현되도록 마음에 새기십시오.

▷ 디모데후서 1:7 – 하나님이 우리에게 주신 것은 두려워하는 마음이 아니요 오직 능력과 사랑과 절제하는 마음이니

▷ 베드로전서 5:7 – 너희 염려를 다 주께 맡기라 이는 그가 너희를 돌보심이라

▷ 시편 37:5 – 네 길을 여호와께 맡기라 그를 의지하면 그가 이루시고

고백 훈련하기

하나님과 이웃 앞에 당신의 연약함을 나누고, 있는 그대로를 투명하게 내어놓을 때 당신은 변화하고 온전히 연결될 수 있습니다. 다음을 고백하십시오.

▶ 두려움이라는 악덕 고백하기

두려움이 언제 당신과 타인에게 상처를 입히는지 하나님께 물으십시오. 용기와 믿음의 여정을 걷는 길에 당신은 누구를 신뢰합니까?

▶ 자기 의심 고백하기

'나는 아직 멀었어.'라는 생각에 당황해서 마비되거나 반사적으로 반응하지 마십시오. 하나님께 '나는 할 수 있다.'라는 것을 믿게 해달라고 구하십시오. 아직 자신이 모자란다는 불안이 들 때 오히려 당신은 그리스도 안에서 이미 충분한 존재임을 믿으십시오.

▶ 판단 고백하기

'다른 사람은 나만큼 헌신하지 않아.'라는 생각이 드는 사실을 고백하십시오.

▶ 죄책감 고백하기

'내가 이 일을 제대로 할 수 있을 거라고 믿지 않아.'라는 거짓된 신념을 고백하십시오.

▶ 원망 고백하기

당신을 실망시킨 사람들을 용서하지 못함을 고백하십시오.

하나님의 말씀으로 확증하십시오. '거룩하시고 공의로우신 하나님 앞에 너는 안전하며 모든 것 또한 명료하리라.'

사랑 훈련하기

6유형이 가장 두려워하는 것은 관계와 삶 속에서 불안정하고 예측할 수 없는 환경에 자신을 무방비로 내어놓는 것입니다. 장, 가슴, 머리 지능을 사용해 사랑하기를 선택하는 연습은 6유형이 고립에서 나와 행동을 하고 사람들 앞에 나서도록 합니다.

▷ 한 주 동안 하루에 한 명의 친구나 동료와의 관계 속에서 의식적으로 당신의 연약함을 드러내십시오. 숨거나 그들이 당신에게 관심이 없을 것이라고 투사하지 마십시오.

▷ 누군가에게 당신의 관심과 돌봄을 전하는 이메일, 문자, 또는 메시지를 보내십시오.

▷ 당신이 큰 규모의 이웃사랑을 실천하는 방법은 무엇일까요? 당신의 마음을 끌어당기는 사회적 문제가 있습니까? 당신이 공공의 목적을 위해 자원봉사를 하고, 물질을 나누며, 섬길 수 있는 곳을 찾아보십시오.

▷ 당신의 경계심을 내려놓고, 하나님께 자연스럽고 즉흥적인 교류를 신뢰할 수 있는 은혜를 구하십시오.

▷ 하나님이 당신을 통로 삼아 다른 사람들에게 사랑을 베푸시는 일이 있습니까? 그럴 때 당신의 마음은 어떤 느낌이 듭니까?

하나님의 임재 훈련하기

1600년대 중반 로렌스 신부는 '하나님의 임재 연습'이라는 책에서 기도하는 시간부터 심지어 감자 껍질을 까는 시간까지 모든 상황 속에서 어떻게 하나님을 만났는지에 관해 이야기합니다. 6유형에게 있어서 하나님의 임재 훈련은 너무나 두려운 순간에도 바로 그 시간 그곳에 자기와 함께 하시는 하나님의 영을 믿음으로 현실에 굳게 서도록 하는 훈련입니다.

▶ 당신이 두려움이나 의심 속에서 몸과 마음의 경직을 느낄 때 하나님이 어디 계신지 보는 눈과 듣을 귀를 주시도록 구하십시오. 일어나는 모든 일 가운데서 하나님이 어떻게 선한 일을 행하실지 믿음의 호기심을 가지십시오. 하나님의 임재 안에 당신은 사랑, 희락, 화평, 은혜, 자비, 인내 등의 열매를 찾을 수 있습니까? 지금 일어나고 있는 일에 대해 예수님이라면 무슨 기도를 드리셨을까요? 당신도 그 예수님의 기도에 함께 해보십시오.

▶ 창세기 28장에 따르면 에서가 동생인 야곱을 죽이고자 하였을 때, 야곱은 목숨을 부지하기 위해 도망쳤습니다. 어두워졌을 때 야곱은 비로소 이름 없는 외딴 곳에서 멈춰 휴식을 청했고, 그날 밤 꿈을 꾼 그가 일어난 후에 다음과 같은 것을 깨달았습니다. '여호와께서 과연 여기 계시거늘 내가 알지 못하였도다'창세기 28:16 당신이 과거를 돌아볼 때, 하나님께서 함께하셨지만 당신은 그것을 깨닫지 못했던 때가 있었습니까? 그 일에 대해 당신은 하나님께 무슨 말씀을 드리고 싶습니까?

▶ 구했든 구하지 않았든 하나님은 모든 곳에 계십니다. 당신이 하나님을 만나기 어렵게 생각되는 때는 언제입니까? 그것이 어떤 상황, 책임, 관계의 문제입니까? 성령님께 일상에서 하나님이 어디에 계시는지를 보게 해달라고 구하십시오. 현실에서 하나님을 보는 일과 관련해 친구와 대화를 나누어 보십시오.

마음가짐 훈련하기

　선지자 이사야는 다음과 같이 기록했습니다. '네가 많은 것을 볼지라도 유의하지 아니하며 귀가 열려 있을지라도 듣지 아니하는도다'이사야 42:20 이사야는 우리의 정신이 다른 곳에 팔리면 알아차리지 못하기가 얼마나 쉬운지 알고 있었습니다. 우리는 일을 하거나 다른 사람과 함께 하면서도 실제로는 전혀 그곳에 있지 않을 수도 있습니다. 성경적 마음가짐은 현재 일어나는 일에 대해 적극적이고 열려있으며, 판단을 내려 놓고 마음을 집중하여 깨닫는 상태를 말합니다. 이것은 지금 어떤 일이 일어나고 있는지에 대해 열린 자세를 취한다는 뜻입니다.

▷ 미래에 대해 걱정하고 있는 당신 자신을 발견할 때면, 부드럽게 다시 현실로 돌아오십시오. 당신이 깨닫는 것은 무엇입니까? 하나님은 지금 이곳에서 당신이 무엇을 알아차리길 원하실까요?

▷ 당신은 어떨 때 일이 자연스럽게 드러나기를 기다리기보다는 섣불리 짐작하고 판단하려 합니까? 일을 판단하지 않고 파악하는 연습을 해보십시오. 어떤 일이 일어납니까? 그랬을 때, 당신이 상상했던 것보다 더 나쁜가요 아니면 더 좋은가요?

▷ '최악의 경우'에 관한 생각이 꼬리에 꼬리를 물 때, 숨을 깊이 들이쉬십시오. 당신으로부터 흘러나가는 강물을 상상해보고 그 강물에 당신의 걱정을 흘려보내십시오. 걱정하는 생각을 붙잡지 말고 흘려보내며 하나님 앞으로, 현존으로 나아가십시오.

타인을 격려하고 축복하는 훈련하기

이 훈련은 담대하게 위험을 감수해보며, 또한 타인과의 관계에서 용기와 자신감을 심어주는 방법입니다.

▶ 아무리 사소한 것이라도 다른 사람이 무엇을 잘하는지 살펴보고 그들을 칭찬해 주십시오.
▶ 감사를 표현하는 말을 생각하고 용기를 북돋워 주는 문자나 카드를 쓰십시오.
▶ 다른 사람의 미덕에 대해 그들에게 감사를 표현하십시오.
▶ 격려가 필요한 사람들의 목록을 작성해 오늘 그들을 격려하는 행동을 실천하십시오.

즐거움을 누리는 훈련하기

6유형은 몸으로 즐거움을 경험함으로써 삶을 덜 심각하게 받아들일 수 있습니다. 하나님은 사람들이 정기적으로 잔치를 즐기고 기념할 것을 명하셨습니다. 춤, 음악, 박수, 노래, 축제 등은 모두 하나님의 선하심과 주신 삶에 대한 기쁨을 표현하는 방법입니다.

▶ 모임에 초대 받았을 때 지나친 경계를 풀어보십시오. 사람들이 말을 걸어오면 자신에 대해 말해 보십시오.
▶ 놀이에 참여하십시오. 이번 주에 어떻게 삶의 즐거움을 누릴지 계획하십시오. 산책을 하거나 친구와 점심을 함께 하십시오.

▶ 매일의 삶에 몸과 마음을 동원하십시오. 그렇게 함으로써 스스로 좀더 즐거울 수 있다고 확신하십시오. 당신의 마음이 그 자체로, 사람들과 함께 웃을 수 있도록 하며, 당신의 입이 미소를 짓고 사랑을 담아서 다른 사람들을 바라보도록 하십시오. 삶을 누리는 것도 선택입니다.

같은 목적을 가진 공동체에서 훈련하기

6유형은 구성원들이 헌신적이고, 봉사 또는 내면 작업에서 서로 돕고 격려하는 공동체의 일원이 되기 원하며, 정기적으로 만나서 서로에게 신실하고 성장하는 데 시간과 에너지를 사용하기를 좋아합니다. 같은 목적을 공유하는 공동체와 같이 가는 것은 6유형에게 안전함을 주어서 그들은 두려움을 넘어서서 자신의 재능을 세상을 위해 사용할 자신감을 갖게 됩니다.

▶ 함께 정기적으로 헌신하며 영혼의 성장 작업을 하고 영적인 실천과 봉사에 참여하며 당신의 이야기를 함께 나눌 사람들이 누구인지 생각해 보십시오. 기도하는 마음으로 몇 사람에게 그런 공동체에 함께 하기를 제안해 보십시오. 한두 명으로 시작해도 좋습니다.
▶ 자신의 이야기를 나누십시오. 그럴 때 무슨 일이 일어나는지 보십시오.
▶ 당신 자신의 역량을 넘어서는 프로젝트나 모임을 계획해 보십시오.

6유형을 향한 축복

아래의 기도를 통해 긴 호흡을 하며
당신의 영혼이 확장되기를 축복합니다.

삼위일체 하나님이 참 자아를 찾아가는 당신의 여정에
용기를 주시고 축복하시길.

아버지 되신 하나님께서 신령한 통찰력에서 나오는 질문을 통해
당신을 인도하시길.
예수님의 마음이 당신의 눈을 열어 내면의 권위와 총명한 빛을 보게 하시길.
성령님께서 모든 것이 잘 될 수 있음을 믿게 하셔서 인내와 쉼을 주시길.

삼위일체 하나님의 신실하심이 당신을 사랑하시고 굳게 서게 하심으로
당신의 여정을 인도하시기를 기도합니다.

호흡을 통한 기도

호흡의 경이로움을 충분히 느끼십시오. 산소가 허파를 채우며 흉곽이 벌어지는 것을 느껴보십시오. 숨을 들이쉬고 내쉬면서 느껴보십시오.
마음에서 어떤 변화가 일어나는지 천천히 관찰하십시오.
하나님이 창조하신 삶의 아름다움을 느껴보십시오.

> 하나님 아버지께서 내 안의 모든 장기를 만드셨습니다.
> 나는 신실하고 경이로운 존재로 창조되었습니다.
> 내 영혼이 내가 이런 존재임을 잘 알게 도와주십시오.

이 기도를 몇 분 동안 하십시오. 당신이 굳이 모든 것을 감찰하는 구원자가 되지 않아도 되는 자유를 누리십시오. 몸을 통해 숨을 쉬십시오. 발바닥, 복부, 정수리를 통해 계속 숨을 쉬십시오. 이 경험을 온전히 느끼십시오. 머리, 가슴, 몸을 통해 호흡하십시오. 판단하지 말고, 무엇이든 떠오르는 것에 주목하십시오. 어떤 생각이 떠오른다면 신실하고 생산적이며 불안에 떨지 않는 존재감으로 그것을 마음에 받아들여 잠시 머무십시오. 내면의 권위를 가지고 행동하며 위험을 감수하고 신뢰하십시오.

> 들이쉬며 – 나는 하나님의 형상대로 창조되었습니다.
> 내쉬며 – 나는 두렵지 않습니다.
> 들이쉬며 – 하나님은 지금 여기 계십니다.
> 내쉬며 – 나는 위험을 감수할 수 있습니다.
> 들이쉬며 – 신실함은
> 내쉬며 – 평화를 만들어냅니다.

6유형 공감하기
7

세상에 무엇이 필요한지를 자신에게 묻지 마십시오.
살아서 움직이도록 하는 동기가 무엇인지 묻고, 그렇게 행동하십시오.
세상이 필요로 하는 것은 바로 이렇게 활력 있는 사람들입니다.
- 하워드 서먼

모든 아이는 자신의 양육자가 신뢰할만하다고 믿고 싶습니다. 6유형은 양육자가 너무 바쁘거나 자신의 두려움을 모른다고 생각했을 수도 있습니다. 따라서 그들은 자기 내면의 권위를 과소평가하고, 대신 자신을 안전하게 보호해 줄 외부의 규칙이나 권위를 찾게 되었습니다. 혹은 양육자의 과잉보호로 인해 두려움을 회피하거나 과하게 위험을 감수하게 되었을 수도 있습니다. 이 장을 통해 우리가 6유형을 어떻게 대하는지 살펴보고, 어떻게 하면 하나님이 바라보시는 마음으로 우리도 그들을 공감할 수 있을지 살펴보십시오.

공감은 하모니를 이루게 하는 참된 자아의 반응으로 '우리'와 '그들'의 경계를 허뭅니다. 우리는 6유형의 과도한 경계와 자기 무장으로 인해 그들에게 다가가기 어렵고 그들의 질문이 상황을 불편하게 하며 일의 진행을 더디게 한다고 생각할 수 있습니다. 혹은 그들이 진정으로 우리를 지지해 주는 친구라고 여길 수도 있습니다. 우리가 6유형이 왜, 어떻게 두려움을 느끼고 의심이 많게 되었는지 이해한다면 관계 속에서 그들에 대해 연민을 느끼고 그들을 있는 그대로 볼 수 있습니다.

아래 6유형 여성은 자신의 의무를 다하기 위해 최선을 다했음에도 불구하고 자신의 존재감이 없다고 느꼈습니다. 이 이야기를 통해 당신이 이 여성에게 연민을 느낄 수 있기를 바랍니다.

나는 다섯 자녀 중 유일한 딸로 태어났습니다. 위로 오빠가 두 명, 밑으로 남동생 두 명이 있었습니다. 어머니는 가장 어린 남동생이 초등학교에 입학하던 해부터 고등학교에서 교사로 일하셨습니다. 가부장적인 집안 분위기 속에서 내 의무는 집을 청소하고 매일 저녁 식사를 준비하는 것이었습니다. 나는 운동을 정말 잘했지만, 나의 정체성은 안정적이고 정돈되며 질서정연하게 집안 살림을 하고 다른 모든 가족들이 편하게 지내도록 하는 일에만 관련되어 있었습니다. 때로 나 자신이 투명인간처럼 느껴졌지만, 내가 열심히 일을 하면 가족들에게 헌신하는 것으로 인해 칭찬받을 수 있다고 생각했습니다. 여러 가지 이유로 나는 내 안의 경쟁적이고 유능한 3성향을 잃어버린 채 집안일을 더 열심히 하는 데 집중하기 시작했습니다. 어머니가 경멸하듯 대하고 형제들이 못마땅해 할때 나도 매우 화가 났습니다. 그럼에도 나는 여전히 비판을 피하고 싶으며, 열심히 일하고 충성을 다하는 것으로 두려움을 떨쳐내려 합니다.

1. 이 이야기를 듣고 어떤 생각이 듭니까?

   어떤 감정이 느껴집니까? 당신에게 직감적으로 와닿는 부분은 무엇입니까?

2. 어느 부분에서 열심히 일하는 이 6유형 여성 안에 협동적이고 평화를 지키고
   자 하는 내면아이를 발견할 수 있습니까?

3. 당신도 의무를 다하고 타인에 대해 헌신하느라 자기 자신을 돌보지 못한 적이
   있습니까? 그럴 때 그것은 어떤 느낌이었습니까?

4. 6유형은 궁금증이 많고 질서와 안정에 관심을 두기 때문에 일어날 수 있을 미
   래의 일들에 집중하게 되며 이로 인해 그들이 현재의 순간에 온전히 현존하지
   못하도록 합니다. 당신이 어떻게 하면 6유형인 이들에게 믿음직하고 격려하
   는 안전한 사람이 되어 그들이 경계를 내려놓고 행동에 나서도록 도울 수 있
   겠습니까?

6유형의 방어기제 '투사' 이해하기

아래 6유형 남성은 자신의 방어기제인 투사가 어떻게 시작되었는지 설명합니다. 이 남성에 대해 어떤 생각이 들고, 무엇을 느끼며, 어떤 반응이 일어나는지 살펴보십시오.

나는 군인 가족에서 자랐습니다. 나의 아버지는 '이 나라를 독재자들로부터 지켜낸' 육군 대위였습니다. 그래서 나는 '친구는 가까이 두되, 적은 더 가까이 두라.'는 좌우명을 가지고 살았습니다. 이런 환경 때문에 내가 경찰이 되었는지도 모르겠습니다. 나는 가급적 사람들이 내 시야를 벗어나게 두지 않는데, 그게 단지 범죄자들에 대한 것만은 아닙니다. 나는 내 경찰 파트너가 모든 서류를 올바르게 작성할 수 있다고 믿지 않으며, 모든 임무에서 내가 배신당하지 않도록 주위를 잘 살핍니다. 집에서도 무슨 일이 있어도 타협하지 않는 기준을 가지고 삽니다. 자녀들의 필요가 충족되도록 하고, 애완견이 이름표를 달고 접종을 꼭 받도록 하는 일들이 그렇습니다. 아내의 할 일 목록도 내가 확인하고 또 확인합니다. 내가 나 자신조차 믿지 않기에 다른 사람도 믿지 않고 이 세상을 안전하게 만들기 위해 무진장 애를 씁니다.

1. 이 6유형 남성은 자신의 좌우명이 '친구는 가까이 두되, 적은 더 가까이 두라.' 고 말합니다. 당신은 이 6유형에게 어떤 동질감 또는 이질감을 느낍니까?
2. 6유형과의 관계 속에서 당신은 어떻게 연민의 마음으로 그들의 경계 태세를 낮추어 줄 수 있겠습니까?
3. 당신이 아는 6유형을 위해 성령님의 인도하심에 따라 기도합시다.

6유형과 관계 맺기

의무를 다하고 자신과 타인을 의심하는 6유형 이면에 있는, 안전하지 못하다고 느끼는 내면아이를 기억할 때, 우리는 그들을 6유형의 관점으로 볼 수 있는 은혜를 발견할 수 있습니다.

- 6유형이 누군가에게, 무엇인가에, 신뢰를 갖기 위해서는 시간과 훈련이 필요합니다. 그들과의 관계 속에서 당신의 연약함을 내어놓고, 목적을 분명히 하며, 일관된 자세를 취하십시오. 먼저 다가가고 당신의 이야기를 나누십시오.
- 당신이 만약 한계를 밀어붙이고 즉흥적으로 일을 시작하기를 좋아하는 사람이라면, 반대로 6유형은 안전, 전통, 공공선 등을 지키기 위해 열심히 일하는 사람들임을 기억하십시오. 당신의 즉흥성에 신뢰성을 곁들이십시오.
- 6유형은 불안을 줄이기 위해 질문을 합니다. 따라서 그런 특성을 받아들이고 그들의 관점에 귀 기울이고 인정해 주십시오. 그들은 무엇이 잘못될 수 있는가를 내다보며 주변 사람들이 올바른 방향으로 가도록 도와줄 수 있습니다.
- 6유형이 타인에게 의지하는 대신 자기 내면의 권위를 가지고 반응할 때 6유형이 그렇게 하고 있다는 사실을 말해주고, 그렇게 해서 생기는 좋은 점을 말해주십시오.
- 6유형에게는 결정을 내리는 것이 어려운 일일 수 있습니다. 그들을 기다려주고, 좋은 결정을 내릴 능력이 있음을 믿는다고 말해주십시오.

다음은 6유형의 전형적인 특성입니다. 어떤 생각이 듭니까?

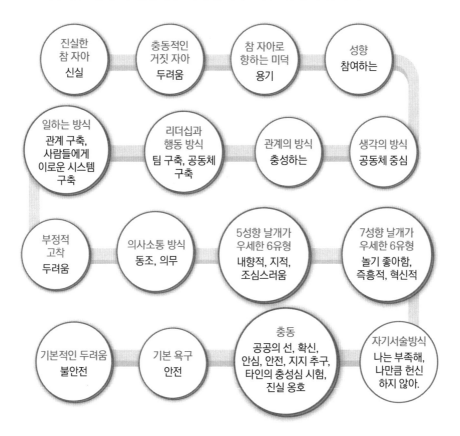

1. 당신이 6유형으로 삶을 산다면 어떨 것 같습니까?

   위에서 6유형과 좋은 관계를 만들기 위해 도움이 되는 설명은 무엇인가요?

2. 6유형의 성격에 대해 말할 때 위에 있는 특성들 외에 더 잘 설명할 내용이 있습니까?

3. 6유형은 하나님과 공공의 선을 위하는 공동체에 속하거나 그런 공동체를 만드는 데 관심이 있습니다. 그들은 다른 사람들이 자신만큼 헌신적이지 않을 때 실망합니다. 당신은 어떻게 그들을 격려하고 그들이 공헌하는 것에 대한 고마움을 표현할 수 있겠습니까?

7유형

삶은 모험이다. 나는 끊임없이 움직이며 새롭고 흥미진진한 것을 경험하기를 바라며, 계속해서 다음 여행, 다음 아이디어, 다음의 기회를 생각한다. 사람들은 나를 모임의 활력소라 말한다. 열정적이고 즉흥적이며 좋아하는 것에 몰두하는 반면, 재미없고 어려운 일을 만나면 빠져나갈 궁리를 한다. 내 머릿속은 쉼 없이 돌아가는 놀이공원과 같으며, 아이디어에 정보를 더해 새로운 무언가를 마음속에 그려보는 것을 좋아한다. 구상 단계인 새로운 프로젝트의 초반에 참여하는 것은 재미있지만, 어렵고 성가신 일을 만나면 채널을 돌리듯 주의를 돌려 다른 것을 상상한다. 나에게 고통을 주는 것은 피하고 낙관적이며 재미있고 즐거운 삶을 살게 될 것이라고 여긴다.

7유형

기쁨은 심연의 안정감이다

Joy Is Deeply Stable

기쁨은 기도요 힘이며 사랑이다. 기쁨은
영혼을 붙잡을 수 있는 사랑의 그물이다.

- 캘커타의 마더 테레사

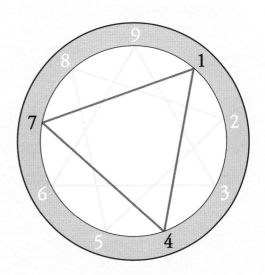

나는 누구인가?

1

7유형은 진정한 모든 기쁨이신 하나님의 형상을 반영합니다. 이들은 느헤미야 8장 10절의 말씀에 깊이 공감할 것입니다.

> 너희는 가서 살진 것을 먹고 단 것을 마시되 준비하지 못한 자에게는 나누어 주라 이 날은 우리 주의 성일이니 근심하지 말라 여호와로 인하여 기뻐하는 것이 너희의 힘이니라

'기쁨과 즐거움'은 7유형의 삶을 표현하는 핵심 단어입니다. 우리가 자신을 인식하는 방식은 자신이 왜 그렇게 행동하고, 무엇을 지향하는지, 어디서 걸려 넘어지는지를 설명해 줍니다. 7유형은 재미, 흥분, 즉흥, 모험을 이야기하지만, 반면에 인생의 고통스럽고 어려운 부분은 외면합니다. 7유형을 나타내는 단어들을 알아보십시오.

▶▶▶ 7유형의 단어들

다음에 설명된 단어들을 보면서 7유형에 대해 생각해 보십시오. 공감되는 단어에 동그라미를, 재능에 해당한다고 여기는 단어에는 별표를 하십시오. 현재 당신의 상태를 돌아보면서 하나님의 형상을 드러내지 못하는

418

즐겁다	천진난만하다	지루하지 않다
재미있다	호기심이 많다	진지하지 않다
행복하다	기발하다	슬프지 않다
자유롭다	표정이 다양하다	규칙적이지 않다
즉흥적이다	활발하다	무기력하지 않다
열정적이다	적극적이다	일에 매이지 않는다
쾌활하다	신난다	둔하지 않다
장난기가 많다	흥미진진하다	가만히 있지 않는다
재치가 있다	다재다능하다	예상할 수 없다
두뇌 회전이 빠르다	유머가 있다	얌전하지 않다

모습을 표현하는 단어들에 밑줄을, 자신을 불편하게 자극하는 특성에는 네모 표시를 하십시오.

▷ 당신에게서 하나님의 형상을 반영하는 7유형의 단어는 무엇입니까?

▷ 당신은 어떤 단어에 애착을 느낍니까? 또는 강박을 느낍니까?

▷ 당신은 어떤 단어에 거부감이 듭니까? 혹은 비판하는 마음이 듭니까?

▷ 거부감을 느끼는 단어에 마음을 연다면 당신의 삶과 인간관계는 어떻게 달라질 수 있습니까?

▷ 당신이 필요로 하고 바라는 모든 것을 공급하시는 하나님을 반영하는 단어를 적어 보십시오.

▶▶▶ 7유형에 대해 알아가기

다음 사례에 등장하는 7유형 여성은 어려서부터 자신은 재미가 있을 때 가장 살아있음을 느끼고 만족했다고 이야기합니다. 어린아이였을 때부터 어떻게 그녀가 친구와 함께 놀 계획을 세웠는지 살펴보십시오.

나는 어렸을 때 말 잘 듣고 아무 걱정 없이 늘 즐거우며, 다른 사람들을 돌보는 아이였습니다. 내가 다른 사람을 힘들게 한 기억은 거의 없으며, 언제나 누군가를 즐겁게 해주고 나도 즐겁기를 원했습니다. 나는 거의 대부분 혼자 있기보다는 누군가와 함께 있는 것을 좋아했는데, 그럴 상대가 없으면 풀이 죽고 안달이 나기도 했습니다. 혼자서는 잘 놀지 못했습니다. 생활기록부에는 늘 '말이 너무 많음'이라고 쓰여 있었습니다. 나는 언제나 아이들을 끌어모으기 위해 흥미진진한 일을 꾸미곤 했습니다. 진흙 놀이, 긁어서 소리내기, 비밀 은신처 만들기, 교차로 가운데 있는 사과나무에서 사과를 따서 사과 소스 만들기 등등! 나는 내 마음에 들고 상상력을 자극하는 것이면 무엇이든 했습니다.

▶ 이 이야기에서 당신에게 공감되는 부분은 무엇입니까?
▶ 가장 먼저 떠오르는 7유형에 대한 경험은 무엇입니까?
▶ 이웃을 웃게 하고 즐거운 시간을 갖는 것에 대해 당신은 어떻게 생각합니까?

호흡 기도

고독과 침묵 가운데 자신에 대해 똑바로 볼 수 있도록
하나님께 도움을 구하십시오.
먼저 깊게 숨을 쉬어보십시오.

들이쉬며 – 나는 하나님의 형상대로 창조되었다.
내쉬며 – 하나님이 나를 채우신다.

이 기도를 하면서 충만함으로 몇 분간 머무십시오.
하나님의 형상대로 창조된 선함과 자유를 경험하십시오.
하나님이 당신 안의 공허함을 채워주심을 마음으로 받아들이십시오.

이 기도로 호흡을 하면서 하루를 지내보십시오.

참 자아와 거짓 자아
즐거운 사람

2

우리는 사용하는 표현이나 말을 통해 자신이 어떤 사람인지를 드러냅니다. 7유형은 태도, 행동, 동기를 통해 기쁨과 자유를 보여줍니다. 7유형은 하나님과 함께할 때 자신의 삶은 이미 충분하며 즐겁다는 것을 기꺼이 믿고 참 자아로 살 수 있습니다. 7유형의 거짓 자아는 강박적이며 옛 사람의 습관에 깊이 뿌리 내린 에고로서, 고통과 지루함을 피하도록 스스로를 위축시킵니다. 이 에고 자체는 타고난 기질, 후천적인 양육 환경, 선택 등이 복합적으로 혼합된 심리적 자아입니다. 이제 충동적이고 강박적인 거짓 자아의 반응과 하나님, 자신, 이웃을 사랑하는 참 자아의 흐름FLOW에 대해 살펴보십시오.

7유형의 참 자아 신성한 기쁨

7유형은 하나님의 무한한 기쁨, 열정, 환희를 반영하는 존재로 창조되었습니다. 이들은 낙관적이고 즉흥적이며 활기차고 장난기가 많습니다. 다재다능하고 모험심이 넘치며 온몸이 놀이기구인 것처럼 흥미진진 그 자체입니다. 7유형의 참 자아는 자신의 꿈과 목표를 이루기 위해 인내하며 에너지와 시선을 집중할 수 있습니다. 7유형이 하나님의 임재 안에 있을 때, 더 많은 경험, 물건, 변화를 추구하는 충동을 내려놓게 됩니다. 현존하며 깨어있는 7유형은 부드러운 마음으로 한계를 받아들이며 고통받는 것을 두려워하지 않습니다. '간고를 많이 겪으신'이사야 53:3 예수님과 함께할 때 일상의 뻔한 것이나 망가진 것을 기쁘게 받아들일 수 있습니다. 7유형의 참 자아는 모든 기회, 모든 갈망, 모든 경험에 대해, 설령 자신이 원할지라도, 다 선택하지 않습니다. 이들은 침착하고 사려 깊으면서도 신성한 기쁨을 나타낼 수 있는데, 이것이 7유형의 미덕인 '절제'로 가는 문입니다. 분별력 있는 사람은 자신이 이미 충분하며, 이미 충분히 가졌다는 것을 압니다.

7유형의 거짓 자아 주의산만, 탐닉, 탈출 계획

　7유형의 거짓 자아는 즐거움을 향해 충동적이며 절제력이 없습니다. 이들은 '더 즐겁게, 덜 고통스럽게'라는 말로 합리화합니다. 이 즐거움에 대한 중독은 종종 FOMO Fear Of Missing Out, 놓치고 싶지 않은 불안심리로 이어집니다. FOMO는 도를 넘을 정도로 분산되며 훈련되지 않은 중독적인 7유형의 생활방식에 기름을 부어서 모험과 과도함에 불을 붙입니다. 이들은 제한, 지루함, 박탈감, 어두운 감정에 잠식될 것 같은 두려움에 사로잡힐 때, 더 많은 선택지를 만들어 내며, 행복, 흥분, 분주함, 자극, 또한 많은 선택지가 열려 있는 것이 최고라고 합리화합니다. 7유형은 기쁨과 밝은 감정을 지나치게 추구하여 고통으로부터 자신을 방어하려고 합니다. 이들은 박탈감을 느낄 때 과도한 긍정적인 감정을 방어기제로 사용하고 책임을 회피합니다. 또한 탐닉이라는 악덕과 자신은 결코 충분히 가질 수 없다는 두려움에 빠집니다. 이로 인해 7유형은 안락함에 집착하고 회피하며 중독된 성향을 가질 수 있습니다. 그 결과 실제 문제를 다루는 능력과 책임감, 일상생활, 장기적 헌신 등은 어려워집니다. 이들의 거짓 자아는 고통스럽다는 이유 때문에 자신을 알아가고 성장해 나가는 어려운 작업을 하지 않으려고 합니다.

▶▶▶ 참 자아 또는 거짓 자아

자신의 참 자아와 거짓 자아를 생각해 보면서 아래의 질문을 숙고해 보십시오. 그럴 때 자연스럽게 떠오르는 생각이 있습니까? 어떤 질문에 특별히 답을 쓰고 싶은지 살펴보십시오.

▷ 참 자아로서 7유형의 특성들은 당신의 인간관계에서 어떤 모습으로 나타나고 있습니까?

▷ 거짓 자아로서 7유형의 특성들은 당신의 인간관계에서 어떤 모습으로 나타나고 있습니까?

당신에게 고통이나 지루함에 대한 두려움은 어떻게 나타납니까? 혹 '아, 재미없어!'라고 합니까?

당신이 '이 문제는 더 이상 얘기하지 맙시다!'라고 말하며 각종 제약과 어두운 면을 회피하는 것이 어떻게 인간관계를 망칩니까?

계획을 세우거나 새로운 아이디어를 내는 것이 어떻게 당신의 주의를 딴 데로 돌려서 당신으로 하여금 중요한 일이나 부정적인 감정을 피하도록 합니까?

▷ 경험에 대한 탐닉이 고통을 직면하는 당신의 능력을 제한하는 경우는 언제입니까?

무언가로부터 탈출하고자 하는 당신의 충동을 누그러뜨리게 하는 내면의 신호는 무엇입니까?

▷ 당신은 참 자아와 거짓 자아의 상태가 다름을 어떻게 구분할 수 있습니까?

고통에 대한 반응

성경에서 예수님은 이 땅에 계시는 동안 받으신 극심한 고통과 고난에 대해 가르칩니다. 베드로는 고난의 자리를 피하려고 하는 우리의 모습을 잘 보여줍니다. 이를 통해 삶에서 마주하는 고통스러운 상황에 대해 당신은 어떻게 반응하는지 깊이 생각해 보십시오.

> 인자가 많은 고난을 받고 장로들과 대제사장들과 서기관들에게 버린 바 되어 죽임을 당하고 사흘 만에 살아나야 할 것을 비로소 그들에게 가르치시되 드러내 놓고 이 말씀을 하시니 베드로가 예수를 붙들고 항변하매 예수께서 돌이키사 제자들을 보시며 베드로를 꾸짖어 이르시되 사탄아 내 뒤로 물러가라 네가 하나님의 일을 생각하지 아니하고 도리어 사람의 일을 생각하는도다 하시고
>
> 마가복음 8:31~33

1. 예수님의 가르침에 관해 당신은 어떻게 반응할 것 같습니까?
2. 고난과 버림받는 것에 대해 어떻게 반응합니까? 당신의 계획과 생각 때문에 예수님의 말씀을 듣지 못하도록 하는 것은 무엇입니까?
3. 베드로는 예수님께서 고난이 아닌 다른 무언가를 주시길 바라며 따랐습니다. 아마도 예수님이 왕이 되시면 중요한 자리를 차지하게 되리라 기대했을 것입니다. 당신도 그런 백일몽에 사로잡히는 때는 언제입니까?

하모니
기쁨은 심연의 안정감이다
3

  7유형은 종종 즐거운 사람으로 묘사됩니다. 그러나 우리는 유형 이상의 놀라운 존재이며 삼위일체 하나님의 형상으로 창조되었습니다. 7유형이 장과 가슴 지능을 통합할 수 있다면 7유형의 즐거움은 1성향의 안정감과 4성향의 깊이와 조화를 이룰 수 있습니다. 이제 하모니 삼각형이 주는 특별한 선물인 흐름FLOW을 소개합니다.

  하모니 삼각형의 흐름 안에 있을 때 7유형의 은사인 기쁨은 현실에 두 발을 딛고서서 연민과 함께 흘러나가며, 7유형의 샘솟는 열정과 낙관주의는 인내와 안정감1성향, 깊이와 삶의 고통을 견디는 능력4성향과 균형을 맞출 수 있습니다.

다음 사례의 7유형 여성은 큰 충격을 받아 자신의 고통을 외면하게 되었습니다. 그녀는 가슴 지능의 창의성4성향의 도움으로 자신의 감정과 마주했습니다. 7유형은 4성향의 깊음과 1성향의 현실감각과 통합할 때, 금방 사라져 버리지 않으면서도 깊은 안정감을 가진 진정한 기쁨을 누리게 됩니다. 어떻게 가슴과 장 지능이 이 여성을 자신과 다른 사람에 대해 분별력과 공감력을 갖도록 이끌었는지 살펴보십시오.

내가 사랑했던 모든 사람들은 내게 상처를 주거나 세상을 떠났습니다. 고등학생 때 남자 친구가 얼굴에 총을 맞고 죽었습니다. 그런가 하면, 할머니가 돌아가셨을 때 고모는 "뭣 때문에 우는 거야?"라며 화를 냈습니다. 울지 않으려 했지만, 울음이 그치지 않았습니다. 몇 달 후엔 엄마가 애인에게 맞고 있다는 사실을 알게 되었습니다. 사촌들과 교회에 나가기 시작하고서야 나는 내 감정들을 표현할 수 있게 되었습니다. 오순절 교회 찬양팀에서 트럼펫을 미친 듯이 연주했습니다. 악기를 연주할 때 내 안에 뭔가를 느꼈으며, 깊고 독창적인 나의 4성향 마음의 공간 덕분에 무너지지 않고 버틸 수 있었습니다.

어떤 고통도 느끼길 원하지 않았던 나의 성향은 오랫동안 계속해서 내가 아무것도 느끼지 못하도록 했습니다. 그러다가 에니어그램을 공부하면서 기쁨과 행복을 느끼기 위해서는 나의 슬픈 감정과 고통에 집중해야 함을 깨달았습니다. '집중'이라고 굳이 표현하는 이유는 내게는 상당한 노력이 필요하기 때문입니다. 슬픔을 잠깐 느낄 수는 있지만, 동시에 내 관심은 금방 다른 곳으로 옮겨가 버립니다. 이제는 어린 시절의 기억을 되돌아보면서, 극복하고 다루려 하기보다는 쉽게 잊어버리는 쪽으로 가려고 하는 때가 언제인지를 살피며 배워가고 있습니다. 내 안의 4성향의 공간은 슬픔과 기쁨 모두를 껴안을 수 있게 합니다. 내 안의 건강하지 않은 1성향은 실수하지 않고 착한 사람이 되고 완벽해지라고 나를 다그칩니다. 하지만 내가 판단하지 않고 알아차릴 수 있는 여유를 가질 때 비로소 현실에 발을 딛게 됩니다. 그리고 그럴 때 나의 실수를 용서하시는 하나님의 은혜를 받아들입니다.

▷ 당신 스스로 혹은 다른 사람에 의해서 고통이나 필요가 무시되었던 적은 언제입니까?
  무너지지 않으려고 어린 시절을 잊으며 숨어 버리고 싶을 때가 언제입니까?
▷ 가슴 지능의 창의성과 아름다움을 통해, 외면하던 고통과 어떻게 통합할 수 있습니까?
▷ 없는 것보다는 이미 있는 것에서 기쁨을 발견할 때까지 버티도록 당신의 장 지능이 어떻게 도울 수 있습니까?

▶▶▶ 장, 가슴, 머리 지능

다음 예화는 7유형이 4성향, 1성향을 통합하는 과정을 거친 이야기입니다. 하모니 삼각형에 접근하면서 그녀가 삶을 대하는 방식이 어떻게 변화되었는지 살펴보십시오.

나는 진정한 변화에는 관심이 없었습니다. 삶의 대부분을 장과 가슴 지능을 사용하지 않고 7유형의 에너지를 쏟아내듯 살았습니다. 어떤 고통도 느끼고 싶지 않았으며 감정과 몸의 반응들은 무시했습니다. 성적 학대, 역기능적인 가정생활, 이혼을 겪는 과정에서도 도피하거나 관심을 다른 데 두고 새로운 모험을 계획하며 삶을 바꾸려 했습니다. 그러나 이제야 7유형의 참 자아는 아름다우며, 단지 도망치는 데만 선수인 것은 아니라는 사실을 알아가고 있습니다. 내 안의 4성향의 가슴 지능을 통합할 때 삶이 균형 잡히고 아름다워지며 내 삶에 존재하는 고통을 인내할 수 있습니다. 1성향의 장 지능을 통합할 때 자립할 수 있고, 어려움을 만나도 인내할 수 있습니다. 이처럼 가슴과 장 지능을 통합하는 것이 나의 내면을 변화시키고 있습니다.

▶ 7유형이 장 지능1성향과 통합되고 현실에 발을 딛고 있을 때, 실제 일어나고 있는 일에 현존할 수 있습니다. 당신은 자신 안에 있는 장 지능을 어떻게 알 수 있습니까?

▶ 7유형이 가슴 지능4성향과 통합할 때, 머릿속에서 돌아다니는 것을 멈추고 어두운 곳에 희망을 주기 위해 사람들과 함께하게 됩니다. 당신은 자신 안에 있는 가슴 지능을 어떻게 알 수 있습니까?

▶ 당신에게 머리, 가슴, 장 지능이 있다는 것은 어떤 의미가 있습니까?

지금 그대로의 삶

다음의 성경 말씀은 7유형이 가슴 지능, 장 지능의 통합을 하는 데 도움을 줍니다. 아무도 인생의 굴곡을 피할 수는 없습니다. 깊은 마음과 안정감으로 삶의 기쁨과 고통 모두를 껴안을 수 있습니다. 다음 구절을 천천히 읽으면서 당신은 어느 부분에 공감이 되고 어느 부분에 공감할 수 없는지 살펴보십시오.

> 범사에 기한이 있고 천하만사가 다 때가 있나니 날 때가 있고 죽을 때가 있으며 심을 때가 있고 심은 것을 뽑을 때가 있으며 죽일 때가 있고 치료할 때가 있으며 헐 때가 있고 세울 때가 있으며 울 때가 있고 웃을 때가 있으며 슬퍼할 때가 있고 춤출 때가 있으며 돌을 던져 버릴 때가 있고 돌을 거둘 때가 있으며 안을 때가 있고 안는 일을 멀리할 때가 있으며 찾을 때가 있고 잃을 때가 있으며 지킬 때가 있고 버릴 때가 있으며 찢을 때가 있고 꿰맬 때가 있으며 잠잠할 때가 있고 말할 때가 있으며 사랑할 때가 있고 미워할 때가 있으며 전쟁할 때가 있고 평화할 때가 있느니라
>
> 전도서 3:1~8

▶ 당신의 '도망치려는 시도'가 삶의 충만함을 경험하고 다른 사람과 진실한 관계를 맺는 것을 어떻게 방해합니까?

▶ 전도서는 당신이 원하는 대로가 아닌 있는 그대로의 삶을 설명합니다. 당신으로 하여금 삶의 불편한 부분을 받아들이라고 초청하는 구절은 어디입니까? 4성향의 가슴 지능을 활용하여 삶의 어두운 면에 직면하는 길은 무엇일까요?

▶ 당신이 1성향의 장 지능을 통합하여 모든 삶의 굴곡들을 인내하고 견디며 변하게 한다면 어떻겠습니까?

로욜라의 이냐시오 기도문

가슴, 머리, 장을 통합하는 다음의 기도가
당신의 기도가 되기를 축복합니다.

힘, 마음, 뜻을 다스리시는 삼위일체 하나님, 제 삶에 임하여 주옵소서.

저는 악을 선으로 이기기를 장 지능
미움을 사랑으로 바꾸기를 가슴 지능
죽음의 모든 세력을 정복하기를 장 지능 원합니다.

하나님과 사람이 함께함을 막는 어떤 장애물이 있을지라도
함께 이 일을 계획하고자 하는 자는 머리 지능 함께 힘써야 하며
고통과 분투를 함께함으로 가슴 지능
영광 중에 나눌 수 있기를 기도합니다.

어린 시절의 상처 치유하기
진중함을 회복하기

4

아이들은 회복력이 강하지만, 어린 시절의 해결되지 않은 상처는 성인이 된 후에도 7유형의 관계에 악영향을 줍니다. 7성향 어린이는 '넌 돌봄을 받을 거야.'라는 메시지를 상실하고, 대신 '누군가를 의지하면 절대로 안 된다.'는 거짓 메시지를 내면화한 경우가 많습니다. 따라서 어린 7유형은 살아남기 위해서 도망치고 익살맞게 행동하며 행복한 표정을 보여주어야 했습니다. 결국 이런 방어 덕에 즐겁기는 했지만, 점점 고통을 느끼지 못하고 어려움을 묵묵히 견뎌나가지 못하게 되었습니다.

때로는 고통스러운 기억과 도덕적인 실수가 어깨에 짐이 되어 회피라는 거짓 자아의 메시지를 받아들이게 됩니다. 해결되지 않은 어린 시절의 상처가 자극을 받으면 7유형의 기쁨이 흘러나가지 못하고 대신에 7유형 안의 회피 성향의 내면아이는 도망갈 수 있는 장소와 안식처를 찾습니다. 이처럼 7유형이 거짓 자아에 사로잡히면 탐닉, 중독, 현실도피에 사로잡히게 됩니다.

하모니 삼각형은 7유형이 자신의 미덕인 '진중함'을 되찾아올 방식을 제시해줍니다. 그 길은 고통을 막기 위해 자신이 어떻게 쾌락에 빠지는가를 용기 있게 알아가는 것입니다.

▶▶▶ 내면아이를 수용하기

7유형은 내면아이를 수용함으로 치유되고 자유로우며 진지하게 현재에 머물 수 있습니다. 긍정적이며 걱정 없이 즐거운 7유형 안에는 깊고, 감정이 풍부한 4성향의 내면아이가 있어 자신의 가치에 대해 불안해하고 버려질 것을 두려워하기도 합니다. 또한 비판적이고 통제하려는, 자의식 강한 1성향의 내면아이도 있어서 어떤 실수도 용납하지 않을 수 있습니다. 깊음과 안정감을 가진 내면아이를 다시 받아주기 위해서는 당신이 언제 가슴과 장 지능을 무시하고 넘기는지 살펴보십시오.

다음 사례에 등장하는 7유형 여성의 이야기에서 보호받지 못한 4성향 내면아이가 어떻게 자신의 깊은 감정을 숨기는지, 어떻게 비밀을 덮기 위해 쾌활하고 좋은 아이가 되고자 했는지를 살펴보십시오.

어렸을 때 나는 재미있고 활기찬 아이였으며 춤도 추고 공상도 많이 했습니다. 반면에 부모님은 규율을 강조하는 엄격한 분이셨는데 아이들은 조용해야 하고 말을 잘 들어야 한다고 생각하셨습니다. 그래서 어린 우리들은 감정을 표현할 엄두도 내지 못했습니다. 기분이 좋아 지나치게 흥분하거나, 슬퍼하거나 화를 낼 때는 벌을 받았습니다. 나는 말썽을 부리지 말고 늘 착해야 했는데, 실제로도 좋은 아이였고 방 정리도 잘했습니다. 성적도 전 과목 A였는데 부모님은 이것에 관해선 즉각적인 관심을 주셨습니다. 내 어린 시절에는 1성향 장 지능의 정돈됨, 4성향 가슴 지능의 감정, 그리고 7유형 머리 지능의 행복함이 다 나타났습니다. 그런데 일곱 살 때 성적 학대를 겪은 이후, 나는 보호받지 못함, 부끄러움 그리고 몸이 침해받은 느낌들에 어떻게 대처해야 할지 몰랐습니다. 결국 내 생각에 안전하지 않다고 느꼈기에 이 일을 비밀로 했습니다. 나로서는 좋지 않은 일을 솔직하게 이야기하는 것은 상상도 할 수 없었습니다. 아무도 날 보호하거나 지켜줄 수 없다고 생각했습니다. 다만, 이 고통을 어떻게 처리해야 하는지를 알아내려고 노력했으며 '행복하고 걱정 없는 아이'라는 부모님의 인정을 잃지 않으려고 애썼습니다.

나의 십 대에는 하모니 삼각형 중 7유형이 강하게 나타났습니다. 고통은 못마땅한 단어였고 슬픔은 피해야 할 것이었습니다. 나는 쾌활한 치어리더였고, 할 수 있는 모든 즐거운 일을 하려고 했습니다. 다만 부모님이 자랑스러워하시는 '좋은 딸'에서 너무 벗어나지는 않았습니다. 고통과 우울은 받아들일 수 없었기에 나는 4성향의 마음을 덮어버렸습니다. 혹시라도 슬픔으로 떨어지면 다시는 나오지 못할 것 같아 두려웠습니다. 내가 연애했던 상대는 주로 내 말을 잘 따르고, 그 자신은 규율에 매인 사람이라서 나의 유쾌발랄한 면을 좋아하는 남학생들이었습니다.

아래 제시된 질문들을 읽으면서 당신이 돌보지 않은 내면아이를 더 깊이 수용하도록 초청하시는 하나님의 초대를 어디에서 느낄 수 있는지 생각해 보십시오. 그에 관한 새로운 깨달음이나 통찰이 있으면 기록해 보십시오. 이는 당신에게 매우 중요하고 통합적인 작업입니다.

▶ 이 이야기의 주인공은 행복하고 걱정 없이 살아야 할 까닭을 부모님의 인정에서 찾았습니다. 당신이 실제로는 행복하지 않음에도 행복하고 걱정 없어야 한다는 것은 어떤 느낌일지 상상해 보십시오. 이 이야기 중 당신은 어떤 부분이 공감됩니까?

▶ 위의 사례에서 7유형이 어떻게 자신의 1성향의 장 지능을 경험합니까? 당신은 어떨 때 자신의 장 지능을 간과합니까?

▶ 위에서 4성향 내면아이의 슬픔이 허용되지 않은 것을 보십시오. 당신은 언제 가슴 지능을 간과합니까?

▶▶▶ 상처받은 내면아이와 만나기

7유형이 장과 가슴 지능에 접근하고 통합하면 둥둥 떠다니고 즐겁게 살고자 하는 본능을 통제하면서 주어진 상황에 차분하게 있을 수 있습니다. 7유형 안의 가슴 지능의 깊음은 사람들과 관계를 맺으며 고통을 직면하고 놓아버리지 않게 합니다. 또한 장 지능의 안정감과 꾸준함은 올바른 통제를 할 수 있게 합니다. 감정을 느끼고 몸의 감각을 알아차림으로 7유형인 당신은 하모니를 향한 길을 걷게 되고 기쁨과 슬픔을 모두 품을 수 있는 삶을 살게 됩니다.

당신에게 기억나는 상처에 이름을 붙이고 글로 써보십시오. 그리고 당신이 언제부터 자신을 보호하기 위해 재미있는 일을 만들어 내면서 살기 시작했는지 깊이 생각해 보십시오. 당신의 가슴 지능을 사용해서 감정을 받아들이고, 장 지능을 사용해서 옳다고 여기는 것을 실천해 보십시오. 아래 질문 중 자유롭게 선택해 답을 해보고, 남은 질문들은 다른 시간에 확인해 보십시오.

▶ 당신은 고통을 느끼지 않으려고 어떤 중독과 충동으로 빠져듭니까? 그렇게 된 사연은 무엇입니까? 불편한 관계와 책임을 피하려고 지금 당신이 삶에서 벗어나려고 하는 곳은 어디입니까?

당신이 돌봄을 받지 못했다고 생각하는 이유는 무엇입니까? 당신이 두려움과 과거의 상처로 인해 자신의 깊은 감정을 무시하고 현실에 두 발을 딛지 못하게 된 까닭은 무엇입니까? 아직도 영향을 끼치는 어린 시절의 상처는 무엇이고 여전히 나타나는 자동적인 반응은 무엇입니까?

▷ 어린아이처럼 순간순간을 온전히 느낄 수 있도록 하나님께 7유형의 미덕인 진중함을 간구하십시오. 당신이 충분하다고 느끼는 때는 언제입니까? 그럴 때 어떤 일이 일어나고 있습니까?

▷ 마음이 가벼우면서도 깊고 진실할 수 있는 당신의 능력이 어떤 상황에서 회복되고 견고해질 수 있습니까?

즉흥적이고 활기찬 7유형은 즐거움과 순간적인 만족감을 바랍니다. '울어라.'라는 하나님의 말씀을 받아들이는 것은 당신의 본성과는 어긋나는 것으로 보입니다. 우는 것은 끔찍하고 자신을 무너지게 한다고 여기는 7유형 당신이 가슴과 장 지능을 통합하려면 '우는' 영적인 훈련이 필요합니다. 힘든 일을 겪을 때는 슬픔과 고통을 충분히 느껴야 합니다. 고통의 시간에는 충분히 울 만한 이유가 있습니다. 하나님께서도 우십니다.

　제약받고 지루하며 즐겁지 않은 상황과 부정적인 사람들을 만나는 것에 대해 당신에게 두려운 마음이 들 때가 오히려 성장의 기회입니다. 하나님께 마음을 열고, 지금 일어나고 있는 일에 마음을 여십시오. 소망을 가지고 당신을 자극하는 사람과 대화해 보십시오. 슬픔, 눈물, 불편함을 통해 당신은 가슴 지능을 확장할 수 있으며 예수님의 고난, 충만함과 인내를 통해 위로받을 것입니다. 당신이 고통을 수용할 때 더 깊은 기쁨을 알게 되고 다른 사람을 이롭게 하려는 마음이 당신 안에서 일어나는 것을 느껴 보십시오.

치유의 기도

7유형은 치유와 기쁨 되시는 하나님께 자신의 상처를 내놓을 때, 주님 안에서 소망과 두려움이 모두 받아들여지고 존중받게 됨을 알게 됩니다. 예수님은 7유형이 고통, 탐닉, 결핍감을 내려놓을 자리를 주시며, 당신에게 외적인 것에 의존하지 않는 만족감과 깊은 즐거움, 그리고 어둠에 희망을 주는 낙관주의를 주십니다. 그러기 위해서 당신은 예수님의 치유하심을 구해야 합니다. 당신이 주님과 함께할 때 탐닉은 진중함의 미덕으로 변화됩니다.

> 자신을 위해 기도할 수 있습니다. 혼자 조용한 장소에서 긴장을 푸십시오. 호흡을 깊이 하고 하나님 앞으로 나아오십시오. 하나님께 치유받아야 할 부분을 보여달라고 구하십시오. 과거의 아픈 기억들과 상처가 떠오를 때까지 조용히 기다리십시오. 어떤 생각이 떠오른다면, 치유를 위한 아래의 질문들에 답을 하십시오.

◆ 아픈 기억 속으로 당신과 예수님을 초대하십시오.
   예수님은 어디에 계십니까? 당신은 어디에 있습니까?
◆ 당신은 어떤 감정을 느낍니까? 슬픔, 두려움, 제한당함, 통제당함, 빠져나가고 싶음 등
◆ 위와 같은 감정을 보였던 때가 생각납니까? 예수님과 함께 그 시간과 장소에 갈 수도 있고, 지금 있는 곳에 머물 수도 있습니다.
◆ 경험에서 느끼는 감정에 이름을 붙여 보십시오. 예수님께 그 사건으로 인해 당신이 어떤 거짓말을 믿게 되었는지 보여달라고 구하고, 이름을 붙이십시오.

◆ 예수님은 이 거짓말에 대해 뭐라고 말씀하십니까? 그 말씀을 들을 수 있도록 기다리십시오. 예수님이 보여주시는 이미지 혹은 들려주시는 말씀이나 단어가 있습니까?

◆ 예수님께서 당신에 대해 말씀하신 진실을 부드럽게 자주 말해주십시오. 말씀의 진리는 상처를 주님 앞에 내려놓고 자유롭게 하는 치유제입니다.

충만함과 메마름을 분별하기

5

로욜라의 이냐시오는 성령님이 머리, 가슴, 장 지능 모두를 통해 역사하신다고 가르쳤습니다. 그는 우리가 결정을 내릴 때 다음과 같은 질문을 통해 메마름과 충만함의 상태를 주의 깊게 살피라고 제안했습니다. '어떤 감정을 느끼고 있습니까?' '무슨 생각을 하고 있습니까?' '본능적으로 무엇을 감지합니까?'

충만한 상태일 때 7유형은 하나님의 임재와 선한 기쁨으로 나아갑니다. 선한 기쁨은 나쁜 일과 어두운 감정을 외면하는 데서 오는 것이 아닙니다. 7유형에게 충만함의 증거는 깊이 있고가슴 지능 안정감 있는장 지능 기쁨으로 머리 지능 나아가는 것입니다. 반면에 메마름은 하나님의 기쁨을 따라가는 흐름FLOW에 방해가 되기도 하지만, 동시에 이는 성령님께서 7유형을, 소망을 품고 견디는 내적 자유로 이끄시고 계심을 알아차리는 신호입니다.하모니 삼각형을 이용한 분별은 영혼의 자원 5, p.495 참고

7유형은 충만함의 상태에 있을 때 통합된 기쁨, 현실적 낙관, 선한 재미, 사려 깊은 즉흥, 책임감 있는 모험, 뜨거운 열정, 받아들이기 위한 비움, 고통 안에 있는 자들과의 연대 등을 경험합니다. 이것이 7유형의 자유로움입니다!

7유형이 메마름의 상태에 있을 때는 탐닉, 극도의 자기중심, 활동 과잉, 충동, 미루기, 과도함, 산만함, 얄팍함, 고통에 대한 두려움을 경험합니다. 또한 공감하지 못하고 책임감과 훈련이 부족합니다. 이것은 7유형이 거짓 자아에 묶여있다는 증거입니다.

▸▸▸ 내면에서 일어나는 역동 알아차리기

메마름과 충만함은 7유형을 하나님, 자신, 이웃을 사랑하는 방향으로 안내해 줄 수 있습니다. 아래 사례에 등장하는 여성은 에니어그램 영성훈련을 통해 자신이 어떻게 인생에 담을 쌓았는지를 살펴봅니다. 그녀는 자신이 과연 사랑할 수 있을까 의아해하는 메마름과 고통의 신호를 알 수 있게 됩니다. 메마름과 충만함을 알아차림으로써 어떻게 이 7유형 여성이 하나님께 온전함으로 나아가게 되는지 살펴보십시오.

내가 과연 사랑을 할 수 있을지 모르겠습니다.메마름 나는 남편과 아이들을 돌봤고 그들이 잘 되기만을 바랐으며 진심으로 행복하기를 원했는데, 내가 정말 그들을 사랑한 것인지 … 사실 나는 수년간 아무도 사랑하지 않았습니다. 어린 시절의 고통으로 인해 마음의 담을 쌓았고 아무도, 심지어 아이들까지도 그 담을 뚫고 들어올 수 없었습니다. 제가 이상해 보인다는 것메마름도 인정합니다. 나는 문자 그대로 마음을 둘러싼 벽을 세웠습니다. 당연히 하나님이 나를 사랑하신다는 사실도 믿기 어려웠습니다. 그렇지만 하모니 삼각형은 모든 고통, 슬픔, 실망감 속에 제가 계속 머물도록 도와서 나를 건강과 통합으로 이끌어가고 있습니다. 나의 7유형 성향이 추하고 깨진 내 삶을 바라볼 때면 발악하고 소리를 지릅니다. 그럼에도 나는 4성향의 깊은 경험과 1 성향의 인내로 여전히 그 안에 머물고 있습니다.

"하나님을 사랑합니다. 하나님을 믿습니다." 이 호흡 기도가 내 안에서 일하고 있습니다. 충만함

▶ 당신이 안심하고 고통을 표현할 수 없는 불안한 상황은 어떻게 당신을 메마름의 상태로 이끕니까?

▶ 성령님께서 당신의 가슴 지능과 장 지능을 통해 역사하셔서 당신에게 안정감 있는 기쁨을 주시는 사실에 주목하십시오. 당신이 두려움을 느끼고 그런 메마름 상태로부터 도망칠 것입니까? 아니면 자유를 주는 충만함에 마음을 열겠습니까?

▶▶▶ 메마름과 합리화

열정적이고 자유로운 7유형의 방어기제는 합리화로, 이는 어려운 일을 의식적으로 인식하기를 거부하는 것입니다. 7유형은 힘든 일은 가까이 오지 못하도록 하며, 즐겁고 현실 도피적인 무수한 계획을 세우는 데 빠져듭니다. 이 전략은 과도한 자극이나 활동들을 포함하는데, 그걸 통해 갈등이나 힘든 일이 생각조차 나지 않도록 하는 것입니다. 하지만 합리화 전략은 영원히 효과적일 수는 없습니다. 회피했던 어려운 일들이 무의식 깊은 곳으로부터 계속 떠오르기 때문입니다. 마치 비치볼이 자꾸 물 위로 떠오르는 것처럼 말입니다. 당신의 삶의 패턴을 자세히 살펴보며 합리화가 언제 나타나는지 판단을 내려놓고 살펴보십시오.

▶ 당신이 어려운 일들을 머리 속에서 지워버리기 위해 다른 할 일들을 생각한 적은 언제입니까? 당신은 어떻게 중요한 일에서 주의가 분산됩니까? 즉흥적이고 쾌활한 말로 누군가의 고통에 대해 외면한 적이 있습니까?

▶ 메마름을 경험할 때 당신의 몸은 어떻게 경직됩니까? 당신은 고통, 갇혀있는 것에 대한 두려움을 어떻게 처리합니까?

▶ 거짓된 즐거움을 모으고 더 많은 즐거운 일을 계획하는 것이 어떻게 당신의 충만함과 하나님이 주시는 기쁨의 흐름FLOW을 차단합니까?

▶ 합리화 외에 당신의 분별력을 방해하는 방어전략은 무엇입니까?

기쁨의 발견을 향한 기도

7유형은 지루하거나 낙담하거나 고통스럽거나 힘든 일을 겪을 때,
삶이 낭비되는 듯한 메마름을 경험합니다.
그럴 때 불만과 짜증을 느끼지만 의식적으로 호흡을 하십시오.

들이쉬며 – 이날은 하나님이 만드신 날입니다.
내쉬며 – 나는 기뻐하고 즐거워할 것입니다.

이 호흡기도로 당신의 마음을 열어
현재 상태에서 기쁨을 찾으십시오.

▶▶▶ 충만함과 진중함

성령님의 충만함은 당신이 견고하게_{장 지능} 즐거움만이 아닌 모든 감정을 받아들이도록_{가슴 지능} 초청하십니다. 내면 깊은 곳에서 나오고 예측할 수 없는 인생의 변화들을 통과한 기쁨이야말로, 성 프란시스가 말한 '형언할 수 없는 기쁨'입니다.

7유형은 탐닉을 버리고 성령님을 따를 때 충만하고 아름다워지며 집중력, 인내심도 풍성해집니다. 깨어있는 7유형은 이미 자신에게 있는 것만으로도 충분하며, 더 많은 것이 필요치 않다는 것을 압니다. 또한 깨어있는 7유형은 진중함으로 인생 전반의 모든 경험 속에서 내적, 외적인 상황에 따라 줄어들거나 사라지지 않는 희망을 갖게 됩니다.

▶ 당신으로 하여금 기회를 놓치는 것에 대한 두려움이나 재미가 넘치고 제한이 없는 인생의 표준이 되려는 자신의 이미지를 놓아버리도록 성령님께서 초대한 상황에 대해 나눠보십시오. 그때 어떤 일이 생겼습니까? 당신은 어떤 위로를 받았습니까?

▶ 진중함이 언제, 어떻게 당신으로 하여금 거룩한 흐름FLOW 안에 서서, 마음과 뜻, 힘, 생각을 다해서 이웃에게 하나님의 기쁨을 가져다주게 했습니까?

7유형을 위한 영적 리듬

6

그러므로 내가 이것을 말하며 주 안에서 증언하노니 이제부터 너희는 이방인이 그 마음의 허망한 것으로 행함 같이 행하지 말라 그들의 총명이 어두워지고 그들 가운데 있는 무지함과 그들의 마음이 굳어짐으로 말미암아 하나님의 생명에서 떠나 있도다 그들이 감각 없는 자가 되어 자신을 방탕에 방임하여 모든 더러운 것을 욕심으로 행하되 오직 너희는 그리스도를 그같이 배우지 아니하였느니라 진리가 예수 안에 있는 것 같이 너희가 참으로 그에게서 듣고 또한 그 안에서 가르침을 받았을진대 너희는 유혹의 욕심을 따라 썩어져 가는 구습을 따르는 옛사람을 벗어 버리고 오직 너희의 심령이 새롭게 되어 하나님을 따라 의와 진리의 거룩함으로 지으심을 받은 새 사람을 입으라

에베소서 4:17~24

두뇌 회전이 빠르고 낙관적인 7유형은 탐닉에 빠지기 쉽습니다. 바울은 우리가 모든 것을 경험하려고 욕심을 부리면 마음이 굳어지고 감각 없는 자가 된다고 말합니다. 그리고 우리가 새로운 마음가짐으로 진실한 자아로 살아갈 수 있기를 권고합니다. 7유형의 진실한 자아는 거룩함과 의로움이 주는 실제적인 기쁨으로 나아가게 됩니다.

매일 영혼을 움직이시는 성령님께 주의를 기울이면 7유형인 당신은 고정된 곳에 갇혀있다는 두려움에서 벗어나 하나님이 기뻐하시는 자리에서

깊은 안정감이 주는 기쁨으로 살게 됩니다.

다음에 제시되는 영적 리듬은 7유형이 마음을 새롭게 하시고 진중함을 주시는 하나님의 초청에 참여하는 길입니다. 제시된 모든 훈련이 와닿지 않더라도 하나님과 함께 하길 원하는 당신의 마음을 가장 사로잡는 훈련들을 선택해 지금 바로 참여해 보십시오.

▶▶▶ 현존 훈련: 7유형

'핵심 용어' 부분에서 흐름에 대해 다시 읽어보기를 권합니다.
삼위일체 하나님이 어떻게 공존하시는지를 주목하십시오.

아버지와 아들과 성령이 함께 존재하며 함께 흘러갑니다.
머리와 가슴과 몸이 함께 존재하며 함께 흘러갑니다.
믿음과 사랑과 소망이 함께 존재하며 함께 흘러갑니다.

신성한 하모니는 7유형을 현존하도록 부르셔서 '모든' 것에서 기쁨을 누리는 법을 의도적으로 배우게 하십니다. 7유형이 머리, 가슴, 장 지능을 통합하고 온전한 기쁨을 누리면 이웃과 하나님과 함께 있는 것입니다. 다음의 묵상 기도가 재 전체 속으로 움직여서 당신을 온전히 붙들도록 하십시오. 몇 개월 정도 이 기도를 계속함으로써 7유형은 가슴과 장 지능에서 나오는 절제를 경험할 것입니다.

편안하고 정신이 맑아지는 장소를 찾아보십시오.

성령님이 내 안에 계시며 나를 위해 기도하고 있음을 기억하십시오.

당신에게 머리, 가슴, 장 지능이 있음을 받아들이고

그것이 열리도록 하나님께 간구하십시오.

몸 현존

성령님과 함께 있도록 자신을 내려놓으십시오.

몸 안에 어떤 변화가 일어나고 있는지 주의를 집중하십시오. 판단을 내려놓고 몸이 당신에게 말하는 것을 들으십시오. 혹 당신 몸이 이 기도를 하는 중에 무엇을 하려고 합니까? 그것을 해보십시오. 안정감 있는 기쁨을 느끼고 이 기쁨이 오래 지속될 수 있음에 감사하십시오. 당신의 몸이 언제, 어떻게, 집중하고 인내하기보다는 자동적으로 반응합니까? 당신의 몸이 필요와 고통, 상처에 대해 말하는 것에 집중하기보다는 다른 생각으로 관심을 전환할 때는 언제입니까?

마음 현존

예수님과 함께 있도록 자신의 마음을 내려놓으십시오.

호흡하면서 부드러움을 느끼십시오. 지켜지고 소중히 여김을 받고 싶은 마음의 필요를 확인하십시오. 숨을 들이쉬며 마음의 공간을 더 확장하십시오. 당신의 연약함과 외면했던 고통을 인정하고 보듬어 주십시오. 호흡하며 '이것도 나야.'라고 말하고, 그런 자신에게 연민을 가지십시오. 돌봄, 격려의 말, 치유의 손길 등 당신의 내면은 무엇이 필요합니까? 당신을 기뻐하시는 예수님 안에서 이러한 것에 이름을 붙이는 것을 상상해 보십시오. 예수님은 당신에게 어떤 반응을 보이십니까?

지혜로운 창조주와 함께 있기 위해서 생각을 내려놓으십시오.

숨을 들이쉬며 머리와 어깨를 의식해 보고, 무게와 경직을 느껴보십시오. 숨을 내쉬며 그리스도의 지성으로 들어가십시오. 몸 안의 살아있는 움직임을 관찰하십시오. 이에 대해 머리 지능이 무엇이라고 말합니까? 당신의 생각이 내면의 자유보다 거짓자아를 유지하기 위해 계획과 전략을 세우는 것을 당신은 어떻게 알 수 있습니까? 당신은 가슴 지능에 어떤 질문을 하고 싶습니까? 마음을 신뢰하는 것, 즉 마음을 꽁꽁 싸매는 대신 마음을 열고 나누는 것에 대해 당신은 어떻게 생각합니까?

온 세상은 나의 무대이고, 7성향의 머리 지능

모든 인류는 나의 형제이며, 4성향의 가슴 지능

선을 행하는 것은 나의 종교다. 1성향의 장 지능

- 토마스 페인

기쁨은 심연의 안정감이다

'기쁨은 심연의 안정감이다.'라는 이 기도는 7유형을 원칙, 훈련, 정리 정돈, 책임을 지는 1성향의 안정감으로 연결합니다. 또한 사색하고 진실하며 깊이 있고 공감을 잘하는 4성향의 마음으로도 연결합니다.

이 기도를 기억함으로써 실제 삶의 상황 속에서 당신의 가장 진실한 모습이 무엇인지에 대해 더 잘 알아차릴 수 있습니다. 우리는 유형 이상의 놀라운 존재입니다. 당신이 갈등을 피하며, 고통을 잊고, 지루한 모임에서 도망치며, 끝내야 할 프로젝트를 내버려 두고 싶을 때 숨을 크게 들이쉬십시오. 언제든 무엇인가에 자극을 받아 갇혔다고 느끼거나 지루함에 대한 두려움이 올라올 때 깊이 호흡을 하며 '기쁨은 심연의 안정감이다.'라고 하십시오. 하나님께 마음을 열고 깊은 안정감이 있는 기쁨을 구하십시오.

7유형을 위한 성령님의 인도하심FLOW에 대한 훈련

성령님의 인도를 받는 7유형은 자유하고Free, 사랑하며Love, 열려있고 Open, 함께합니다With. 삼위일체 하나님의 임재 가운데 서서 사랑으로 머리, 가슴, 장 지능을 통합할 수 있고, 기독교의 미덕인 믿음, 소망, 사랑으로 흘러나갈 수 있습니다. 당신이 현실 도피적인 생각에 사로잡히고, 더 많은 것을 갈망하며 자신과 타인의 고통을 회피할 때, 이때가 숨을 쉬면서 내면의 자유를 경험하게 해 달라고 성령님께 구할 때입니다. 가슴과 장을 열고 '내가 무엇에서 도망치려고 하나요? 무엇을 피하려고 가만히 있지 못할까요?'라고 질문을 하십시오. 당신이 의식적으로 모든 것을 붙드는 깊고 흔들리지 않은 거룩한 기쁨으로 이러한 것들을 붙들고 기꺼이 받아들일 때 당신은 흐름FLOW 안에 있게 됩니다. 하루를 마무리하며 흐름FLOW 속에 있지 않았을 때 어떤 일이 일어났는지 기록해 보십시오. 당신을 통해 이웃에게 하나님의 기쁨이 흘러갔다면 감사하십시오. 만약 그렇지 못했다면 회개하십시오. 그리고 내일은 내일, 다시 시작하십시오.

고백 훈련하기

하나님과 이웃 앞에 연약함을 나누고, 있는 그대로 투명하게 내어놓을 때 당신은 변화하고 온전히 연결될 수 있습니다. 다음을 고백하십시오.

▶ 악덕 고백하기
탐닉과 방종에 대해 인정하십시오.
▶ 합리화 고백하기
'많을수록 좋아. 난 충분히 가지고 있지 않아.'라고 생각함을 인정하십시오.
▶ 힘든 감정 고백하기
고통, 슬픔, 결핍에 대한 두려움을 인정하십시오.
▶ 중독 고백하기
만족감, 음식, 술, 운동, 음란물, 모험, 변화와 전환, 좋은 것에 대한 어떤 중독이 있으면 인정하십시오.
▶ 회피 고백하기
유머, 주제 전환, 계획하기, 공상 등을 통해 회피하려는 생각을 인정하십시오.

하나님의 말씀으로 확증하십시오. "너를 위해 죽으시고 너를 향해 미소 지으시는 하나님의 임재 안에서 너는 자유롭고 확신에 거하리라."

금식 훈련하기

7유형은 결핍을 싫어할 수 있습니다. 금식에 대한 이해를 새롭게 해 보십시오. 금식은 당신의 존재 전체를 그 순간 하나님께 드리는 방법이며 계속해서 더 원하는 당신의 탐닉을 제어하는 데 도움이 됩니다. 그리고 당신의 공허감을 모험이나 물건들로 채우는 대신, 오직 하나님 한 분만을 구하는 공간을 만들어 줍니다. 금식은 또한 유익하지 않은 물건이나 회피에 의존하지 않고 진지하며 절제하고 하나님께 온전히 연결되게 하는 훈련입니다.

당신은 음식, TV 시청, 디지털 기기 사용, 쇼핑, 비난, 술, 돌아다니기, 사람 만나기와 늦게까지 자지 않는 것 등을 자제함으로 금식을 실천할 수 있습니다. 이번 주 적어도 한 가지를 선택해 금식을 훈련해 보십시오. 당신으로 하여금 삶을 있는 그대로 받아들이지 못하게 하는 충동을 선택하고, 이것을 일정 시간 동안 하지 않도록 하나님께 은혜를 구하십시오. 이 훈련은 당신에게 어떤 도움이 됩니까?

정해진 시간 기도 훈련하기

많은 종교가 기도 시간을 정해놓고 있습니다. 유대인들은 하루 중 특정한 시간에 기도하기 위해 성전에 갔고, 초기 기독교인들도 마찬가지였습니다. 수도원에서는 하루 중 일과를 멈추고 기도하는 시간이 있습니다. 쉽게 주의가 산만해지는 사람들에게는 정해진 시간에 기도함으로 분주한 하루 동안에도 하나님 앞으로 나아갈 수 있습니다. 이러한 기도는 즉흥성이나 기발함이 필요 없이, 지금 있는 그대로 드릴 수 있습니다. 마음을 편안히 하고, 기도가 당신을 하나님 안에서 흐름FLOW으로 인도하도록 하십시오.

진중함과 단순함을 훈련하기

7유형은 종종 자신의 인생을 여백이나 완충장치, 제한이 없도록 꽉 채우려고 합니다. 많을수록 좋다고 생각하는 이들은 '조금 더'를 그들의 '결핍감'을 고치는 약으로 사용합니다. 7유형은 진중함과 단순함을 통해 한계가 없이 과하게 선택하는 소비 지상주의에 맞설 수 있습니다.

» 일주일에 한 번만 쇼핑하고 '아무것도 사지 않는 날'을 정해서 지켜보십시오.
» 옷장을 비우고 잡동사니들을 정리하며 깨끗이 청소하고 물건들을 치워버리십시오. 모든 공간을 채우지 않는 것이 당신에게 어떤 유익을 줍니까?
» 며칠은 혼자서 저녁 시간을 보내십시오.
» 몸에 귀를 기울여보고, 배고플 때만 먹고, 잠은 피곤할 때만 주무십시오.

즉흥적으로 '예'라고 하지 않는 훈련하기

7유형은 '조금 더'에 빨리 반응합니다. 당신은 지나치게 많은 경험, 선택, 책임, 관계, 모험에 '예'라고 함으로써 자신을 잃어버릴 수 있습니다. 그 결과 당신은 과부하가 걸려 무엇이 중요한지 무엇이 필요한지를 기억하지 못하게 됩니다.

앞으로 2주간은 즉흥적으로 '예'하지 않는 연습을 하십시오. 누군가 당신에게 무엇을 부탁할 때 '잠깐만요~'라고 말하십시오. 그리고 그 잠깐 동안, '내가 왜 이것을 하고 싶지?' 혹은 '지금 '예'라고 대답하면 혹 내가 정말 해야 할 일을 하지 못하지 않을까?'를 생각해 보십시오. 그리고 당신이 정말 원하는 일인지에 따라 결정하십시오. 너무 쉽게 '예'라고 대답하는 당신에게 '아니오'라는 대답은 경계를 세워서 당신의 마음에 회복을 줄 것입니다. 당신이 '아니오'라고 대답해서 좋았던 적은 언제입니까? 머리속에 매 순간 일의 순서 목록을 기록하고 늘 지키십시오.

지속성을 훈련하기

　지속성은 공동체와 오랜 관계를 유지하는데 헌신하는 훈련입니다. 일할 때, 생활할 때 지속성은 구성원 모두가 각자의 시간을 들이고 지켜가야 하는 역할, 프로젝트, 경험, 과제를 함께 수행하게 합니다.

▷ 오래도록 함께하고 싶은 친구, 교회, 조직에 대해 하나님께 말씀드리십시오.
▷ 지속성이 당신의 삶과 관계를 얼마나 풍성하게 할지 상상해 보십시오.
▷ 약속을 과하게 잡지 말고 지킬 수 있는 약속만 하십시오.
▷ 지속성은 합리적인 분량의 일에 전념케 하고 인간으로서의 한계를 알게 합니다. 이것은 더 많은 경험을 할 수 있는데 놓치지 않을까 하는 두려움에 맞서게 하고 당신을 공동체에 뿌리내리게 할 것입니다.

공감과 연민을 훈련하기

　7유형인 당신의 낙관주의와 기쁨의 은사는 다른 사람들의 감정에 더 깊이 공감하고 가슴 지능 그들과 함께 인내하며 지속하는 장 지능 당신의 능력이 발휘될 때 그 진가가 더욱 드러나게 됩니다.

▷ 시간을 내서 다른 사람들의 이야기에 귀를 기울이십시오.
▷ 사람들이 겪는 시련과 고난에 대한 관심과 염려하는 마음을 표현해 보십시오.

사랑받는 7유형을 향한 축복

아래의 기도를 통해 긴 호흡을 하며
당신의 영혼이 확장되기를 축복합니다.

삼위일체 하나님이 우리가 참 자아를 찾아가는 여정이
탐닉하지 않고 즐거운 여정이 되도록 축복하시기를.

하나님 아버지께서 통찰력으로 인도하여 주시기를.
슬픔을 겪으신 예수님이 기쁨을 불어넣어 주시고
당신의 고난에 함께 해주시기를
성령님께서 한계와 결핍에도 당신의 삶을 든든히 세워 주시기를

삼위일체 하나님이 기쁨 넘치는 진중함으로
당신의 여정을 인도하시고 붙들어주시며
사랑해 주시기를 기도합니다

호흡을 통한 기도

호흡의 경이로움을 충분히 느끼십시오. 산소가 허파를 채우며 흉곽이 벌어지는 것을 느껴보십시오. 숨을 들이쉬고 내쉬면서 느껴보십시오.

마음에서 어떤 변화가 일어나는지 천천히 관찰하십시오.

숨을 들이쉬며 하나님이 창조하신 삶의 아름다움을 느껴보십시오.

> 하나님 아버지께서 내 안의 모든 장기를 만드셨습니다. 나는 기쁘고 위대한 존재로 창조되었습니다. 내가 이런 존재임을 잘 알게 해 주십시오.

이 기도를 몇 분 동안 하십시오. 당신은 충분히 가지고 있고, 자신도 충분한 존재라는 기쁨을 느껴보십시오. 몸을 통해서 숨을 쉬십시오. 발바닥, 복부, 정수리를 통해 계속 숨을 쉬십시오. 이 경험을 온전히 느끼십시오. 머리, 가슴, 몸을 통해 호흡하십시오. 무엇이든 떠오르는 것에 주목하십시오. 어떤 생각이 떠오른다면 깊이, 편안하고 기쁘게 그것을 마음에 받아들여 잠시 머무십시오.

> 들이쉬며 – 하나님의 형상대로 창조되었습니다.
> 내쉬며 – 하나님이 나를 채우십니다.
> 들이쉬며 – 눈물을 흘릴 때도 있습니다.
> 내쉬며 – 웃을 때도 있습니다.
> 들이쉬며 – 하나님은 나의 목자이십니다.
> 내쉬며 – 나는 필요한 모든 것을 갖고 있습니다.
> 들이쉬며 – 기쁨은
> 내쉬며 – 깊은 안정감입니다.

7유형 공감하기

7

때로는 내 시야가 확장되어, 내가 참 자아로 살아가고 있지 않음을
알게 되는 순간들이 있습니다. 이런 순간에 나의 진정한 삶을
얼핏 볼 수 있습니다. 얼음 아래 강처럼 감춰진 삶…
내가 이 땅에 온 이유가 무엇이었을까, 나는 어떤 존재가 되어야 합니까?
- 파커 팔머

모든 아이는 양육자에게 의지할 수 있어야 합니다. 7유형은 어릴 때 양
육자에게 의지하는 것이 상처가 되며, 좋은 생각이 아니었음을 알았을 수
도 있습니다. 이들은 생존하기 위해서 행복한 아이 역할을 받아들이고 스
스로 돌보며 모두를 유쾌하게 했습니다. 이 장을 통해 우리가 7유형을 어
떻게 대하는지 살펴보고, 어떻게 하면 하나님이 바라보시는 마음으로 우
리도 그들을 공감할 수 있을지 생각해 보십시오.

공감은 하모니를 이루게 하는 참된 자아의 반응으로 '우리'와 '그들'의
경계를 허뭅니다. 우리는 7유형을 부산스러우며 신중하지 못하고 믿을 수
없으며 깊이가 없다고 생각할 수 있습니다. 혹은 그들이 매사에 긍정적이
고 즐거워하는 점을 좋아할 수 있습니다. 우리가 7유형이 왜 경험을 향한
탐닉을 갖게 되었고 최강의 낙관주의가 어떻게 생겨났는지 이해한다면 그
들과의 관계에서 연민을 느끼고 그들을 있는 그대로 받아들일 수 있을 것
입니다.

아래 7유형의 여성이 고백하는 삶의 여정에 당신이 마음으로 함께 할 수 있는지 살펴보십시오.

대학 시절 기숙사에 살 때 내 방은 엘리베이터 맞은 편에 있었고, 나는 방문을 항상 열어놓고 지내면서 사람들이 언제라도 들어올 수 있게 했습니다. 나는 사람들이 늘 주위에 함께 하는 것을 좋아했으며, 이를 위해 계획하고 격려하는 7유형의 능력을 활용했습니다.

또한 사람들의 감정을 읽고, 깊은 관계를 맺는 4성향의 능력도 사용해서 중요한 사람이 되고 싶은 욕구를 충족했습니다. 그런데 다른 사람들의 문제 해결에는 집중하면서도 정작 내 문제는 회피했습니다. 이런 나에게 마음과 몸을 여는 말은 깨우침, 현존, 분별입니다. 내가 나 자신의 현실 문제를 다루는 데 집중하고 하나님 앞에 현존할 때, 하나님 앞에 있을 때 깨우침이 일어나고, 이를 통해 분별과 조화가 생깁니다.

1. 이 이야기를 듣고 어떤 생각이 듭니까?

   어떤 감정이 느껴집니까? 당신에게 직감적으로 와닿는 부분은 무엇입니까?

2. 당신이 행복감과 자신이 중요하다고 느끼기 위해 사람들과 함께 하고, 조언해 주며, 새로운 모험들을 계획하는 것으로 삶을 꽉 채웠던 때가 언제입니까?

3. 고통과 어려운 상황을 피할 때 당신의 마음이 불편했던 적이 있습니까? 그럴 때 어떤 느낌이었습니까?

4. 당신은 왜 7유형이 고통과 두려움을 인지하고 그것에 마음을 열기보다는 계획을 세우거나 농담으로 넘어가려고 하는지 아십니까? 이것이 당신이 7유형을 이해하는 데 어떤 도움을 줍니까?

7유형의 방어기제 '합리화' 이해하기

　다음 7유형 남성의 사례는 합리화라는 자신의 방어기제가 자기 삶에 끼친 영향을 파악하고 또한 자신의 머리 지능에 가슴, 장 지능을 통합했을 때 그 방어기제에 어떤 변화가 일어나는지를 보여줍니다.

　나는 인맥을 구축하고 거래가 되도록 하는 일을 합니다.
　사람들이 내 프로젝트를 따르게 하는 일은 무척이나 흥미로운 작업이며, 나는 문자를 보내고 대화하며 운전하고 생각하며 다음 계획을 세우는 것을 동시에 할 수 있습니다.
　나는 중독적인 특성을 갖고 있어서 포도주, 여행, 모험과 오락거리를 과할 정도로 즐기고, 부정적인 것, 한계, 할 수 없다는 말을 듣는 걸 싫어하는데, 이게 나의 주된 모습입니다. 나는 하모니 삼각형 작업이 무척 힘들었는데, 그 까닭은 본능대로 행동할 때 나는 현실감각이 없고 다른 사람의 말을 듣지 않으며, 온종일 실행하지도 않을 아이디어만 쏟아낸다는 사실을 인정해야 했기 때문입니다.
　하모니 삼각형 작업을 통해 나는 팀에서 역할을 맡고 일을 끝마치는 데 1성향이 필요함을 알았습니다. 사실 내 마음은 원하는데, '아니오'라고 대답하는 1성향을 따라 행동하는 것이 죽을 것처럼 힘들지만, 이것이 삶과 관계에 안정감을 준다는 사실을 압니다. 또한 거래가 성사되도록 하는 것은 단지 좋은 시간을 보내는 것이 아니라 사람과 깊이 연결될 때 효과적이기 때문에 4성향의 감성을 사용하는 법도 배우고 있습니다. 물론 깊은 관계를 맺는 것은 실망스럽기도, 상처가 되기도 하지만 지금 배워가는 중이니 모든 것이 좋습니다.

1. 7유형은 '짜릿한 것'을 즐기고 늘 무엇을 할지 계획을 세우며, 부정적인 것과 제약에서 벗어납니다. 당신은 이 7유형에게 어떤 동질감 또는 이질감을 느낍니까?

2. 정신없이 바쁜 7유형의 이면에 무엇이 있다고 생각합니까?

3. 어떻게 하면 당신이 현실감각을 가진 7유형의 기쁨에 함께할 수 있겠습니까?

4. 당신이 아는 7유형을 위해 성령님의 인도하심에 따라 기도합시다.

7유형과 관계 맺기

놀기 좋아하는 7유형 이면에는 자신을 보호하기 위해 활동과 낙관주의로 도망친 두려운 내면아이가 있습니다. 이것을 기억하면 우리가 7유형을 그들의 시각에서 볼 수 있는 은혜를 발견할 수 있습니다.

- 7유형은 당신이 그들과 함께 놀고, 즐거운 분위기를 망치지 말고 동참하기를 원합니다. 당신의 진지함을 조금 내려놓고, 그들의 기쁨에 동참하십시오.
- 7유형이 고통과 실망감을 이야기할 때 그렇게 말하는 것이 건강한 상태라고 부드럽게 격려 해주십시오.
- 회의 때 가만히 앉아 집중하는 것이 어려울 수 있습니다. 그들이 갑자기 농담을 하며 주제와 관계없는 이야기를 할 때도, 회의에 집중할 수 있도록 도와주십시오. 잠깐 쉬며 재미 있는 분위기를 만들어 보십시오.
- 7유형은 다양하고 새로운 경험을 원하며 계속 돌아다니면서 일을 합니다. 그러니 그들이 온종일 책상에 앉아서 일을 할 것이라고 기대하지 마십시오.
- 무거운 주제나 뭔가 결정해야 하는 이야기를 할 때는 7유형이 문제를 축소해서 즉각적으로 답하지 않도록, 나중에 대답을 달라고 하십시오.
- 7유형은 행복하기를 원하지만 당신이나 다른 사람의 행복을 책임지고 싶어 하지 않습니다. 7유형에게 그런 책임감을 기대하는 것은 그들의 기쁨을 줄어들게 하는 것임을 기억하십시오.

다음은 7유형의 전형적인 특성입니다. 어떤 생각이 듭니까?

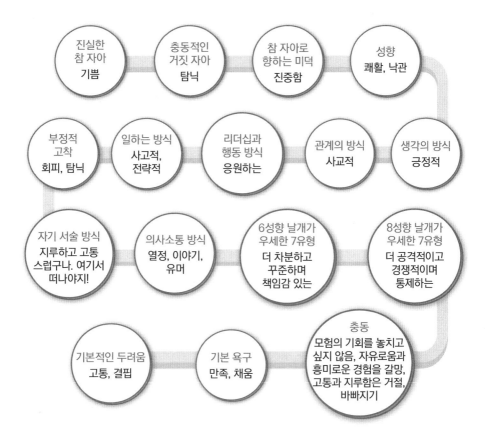

1. 당신이 7유형으로 삶을 산다면 어떨 것 같습니까? 위에서 7유형과 좋은 관계를 만들기 위해 도움이 되는 설명은 무엇입니까?

2. 7유형의 성격에 대해 말할 때 앞에서 말한 특성들 외에 더 잘 설명할 내용이 있습니까?

3. 7유형은 재미있고 기발하며 활기차며 낙관적입니다. 당신의 개방성과 기쁨에 이들의 낙관주의가 더해지면 무엇을 기대할 수 있겠습니까?

4. 7유형은 사람들을 기쁘게 하며 만족감을 느끼게 해주는 자기 능력을 인정받고 싶어 합니다. 당신은 그들에게 고마움을 어떻게 표현할 수 있겠습니까?

영혼의
자원

영혼의 자원 1
하모니를 위한 멈춤STOP

내가 행하는 것을 내가 알지 못하노니 곧 내가 원하는 것은 행하지 아니
하고 도리어 미워하는 것을 행함이라   로마서 7:15

멈춤STOP은 우리에게 삶 속에서 성화의 여정에 대해 열린 마음을 갖게
하고 이를 통해 패턴화된 반응을 알아차리며 하나님과 사람들 속에 현존
하여 하나님과 이웃 사랑의 흐름 안에 거하게 합니다.

무엇인가가 우리의 상처를 자극할 때, 우리는 보통 의식하지도 못한 채
자동으로 반응하게 됩니다. 의도하지 않은 말이 입 밖으로 나와 버리거나
이미 한 행동을 되돌리고 싶었던 적이 있을 것입니다. 이때가 바로 멈춤을
위한 도움이 필요한 때입니다.

스트레스 상황이나 흥분 상태일 때도 에고의 패턴을 알아차리고 참 자
아로 돌아올 수 있는 순간은 항상 있습니다. 멈춤은 우리의 마음을 새롭
게 하고 변화하도록 두뇌의 신경을 창조하신 거룩한 삼위일체 하나님의 도
우심을 향해 열리게 합니다. 성화의 여정은 일단 멈추고, 우리가 자극 받
았음을 알아차리고 마음을 열어야 하며, 이때 성령님이 오실 공간이 만들
어지는 과정입니다. 성령님은 눈 깜짝할 사이에도 은혜를 주실 수 있습니
다. 은혜는 우리 뇌의 편도체의 작용으로 싸우거나 도망치거나 얼어붙는
우리의 행동들을 멈추게 합니다.

은혜는 또한 사랑, 기쁨, 평화와 같은 반응이 나오는 전두엽 피질로 가
는 새로운 신경회로를 계발합니다. 동반자이신 성령님은 다른 사람으로

인한 상처와 깨어짐에 우리가 얼마나 힘들어하는지 알고 계시며, 우리를 속박에서 벗어나서 새로운 반응을 하도록 이끄십니다. 새롭고 건강한 반응 방식을 연습할 때 뿌리 깊이 박힌 습관적 반응은 시간이 흐르면서 점차 성화될 것입니다.

멈춤은 상황 안에서 알아차리는 신호입니다. 아래 단계를 따르십시오.

S 보기 See _ 하나님께 볼 수 있는 눈을 주시기를 구하십시오.

▶ 깊이 호흡하십시오.

▶ 나의 유형이 자동적으로 보는 것이 무엇입니까?

▶ 다른 관점으로 볼 수 있기를 구하십시오.

T 자극됨 Triggers _ 판단을 내려놓고 알아차리십시오.

▶ 내 안에 방금 어떤 일이 일어났습니까?

▶ 어떤 상황에서 내 유형의 거짓 자아의 특성이 드러납니까?

▶ 나의 참 자아를 무엇에 빼앗겼습니까? 지금 충분히 생각할 여유가 없다면, 알아차린 뒤 나중에 다시 생각해 보십시오.

O 열기 Open _ 머리, 가슴, 장 지능에 접근해서 하모니를 호흡으로 불어 넣으십시오. 이렇게 거짓 자아를 누그러뜨리십시오. 그리고 생각해 보십시오.

▶ 머리 지능은 이것에 대해 어떻게 생각합니까?

▶ 가슴 지능은 이것에 대해 어떻게 느낍니까?

▶ 장 지능은 본능적으로 이것에 어떻게 반응합니까?

P 현존 Presence _ 하나님의 임재 속으로 들어가십시오.

- ▶ 이 순간 하나님은 나를 어디로 초대하십니까?
- ▶ 의식적으로 지금 있는 현실에 머무르십시오. 어떤 상황이 보이고 어떤 말을 듣습니까?
- ▶ 지금 이 순간, 자유함을 느낀다는 것은 무슨 의미일까요? 내가 깨어서 어디에 있으며 힘을 어디에 사용할지 선택하십시오.
- ▶ 내 안에 계신 하나님은 무엇을 하고 계십니까?

고찰

1. 현재의 삶에서 어떻게 멈춤을 연습할 수 있겠습니까?
2. 하나님 사랑의 흐름 안으로 나아가는 데 있어 가장 어려운 점은 무엇입니까?
3. 나의 모든 역경, 과거의 상처, 마음의 고통 가운데서도 하나님께서 나와 함께하시고 붙드시며 사랑하심을 깨닫는 것은 어떤 느낌입니까?

자극을 받는 순간에, 혹은 그렇지 않은 때에도 위에 질문들을 생각해 봅시다. 짧은 시간에 이 모든 질문에 답하기는 힘들 수 있지만 하나님의 은혜로 우리는 멈춰서 무엇이 날 자극하는지 알아차릴 수 있습니다. 멈춤이 많을수록, 더 많이 깨달아 성장할 수 있고 더 많이 인식할수록, 그 순간 더욱 깊이 하나님의 임재 가운데 있게 됩니다. 성령님과 함께 있을 때 우리는 자동적으로 반응했던 부분을 변화시킬 수 있습니다. 하나님께서는 우리가 아름답고 통합된 사랑받는 참 자아가 되도록 도와주십니다. 힘들어도 하나님 안에서 고통을 직면하면, 자극 받은 상처를 회복하고 참 자아로 항상 돌아올 수 있음을 기억하십시오. 각 유형별 멈춤에 대해 살펴봅시다.

8유형의 멈춤

> 도덕 세계의 경계는 길지만, 모든 것은 정의를 가리킨다.
>
> - 마틴 루터 킹 JR.

8유형은 자신의 건강하지 못한 요구와 공격의 에너지가 작동되는 것을 감지할 때 자동적으로 몸에 힘이 들어가는 근육을 이완하는 연습이 필요합니다. 자신의 감정 상태를 알기 위해 힘을 빼고 상황에서 한 발짝 물러서서 5성향으로 관찰하고 2성향으로 마음을 열고 자신을 돌보아야 합니다. 멈춤은 8유형이 강렬함의 방향을 바꿀 수 있는 훈련입니다.

S 보기

무엇에 대하여 긴장되고 굳어지며 화나고 협박하며 밀어붙이게 됩니까?

T 자극됨

지금 해야만 해! 난 그만할래! 공정하지 않아. 내가 더 세다고! 비켜.

O 열기

▶ 머리 지능   어떻게 다른 사람들로부터 배우고 그들과 협력할 수 있습니까? 그 일을 혼자 해야만 합니까?

▶ 가슴 지능   내 강렬함이 목표와 관계를 망치고 있는 것은 아닙니까?

▶ 장 지능   이 순간 얼마만큼의 힘을 사용해야 합니까?

P 현존

자신이 온전히 현존하는지 혹은 전혀 현존하지 못하는지 살펴보십시오. 하나님의 임재 가운데 거하며 사랑으로 나와 이웃에 대하여 현존하는 것이야말로 진정한 강함입니다. 사도 바울은 내면의 힘이 어떻게 우리를 사랑으로 다른 사람과 하나가 되게 하는지 말합니다.

그의 영광의 풍성함을 따라 그의 성령으로 말미암아 너희 속사람을 능력으로 강건하게 하시오며 믿음으로 말미암아 그리스도께서 너희 마음에 계시게 하시옵고 너희가 사랑 가운데서 뿌리가 박히고 터가 굳어져서 능히 모든 성도와 함께 지식에 넘치는 그리스도의 사랑을 알고 그 너비와 길이와 높이와 깊이가 어떠함을 깨달아 하나님의 모든 충만하신 것으로 너희에게 충만하게 하시기를 구하노라

_에베소서 3:16~19

바울의 기도가 힘에 대한 자신의 이해를 돕도록 하십시오. 상처가 자극되어 화가 나고 완전히 발뺌하고 싶을 때, 그 자리에 머무르며 연약함을 있는 그대로 수용하고 관심을 가질 수 있게 할 힘을 구하십시오. 긴장을 풀고 있는 그대로 드러내 보일 때 어떤 일이 일어납니까?

9유형의 멈춤

> 삶을 회피함으로 평화를 찾을 수 없다.
>
> - 마이클 커닝햄

9유형이 일하고 있지 않으며 미루고 멍하니 있는 자신을 감지할 때, 깨어나서 참여하는 훈련이 필요합니다. 멈춤은 9유형이 3성향의 행동과 6성향의 공공의 선을 위한 용기와 관심으로 향하게 합니다. 멈춤은 9유형이 무감각해지지 않고 드러나도록 돕습니다.

S 보기

갈등, 결정, 일, 힘든 대화, 욕구를 어떻게 회피합니까?

T 자극됨

이제는 쉬어야 돼. 이것은 너무 많네. 몰아붙이지 마, 난 괜찮다고!

O 열기

▷ 머리 지능 이 순간 어떻게 용기를 낼 수 있습니까?

다른 사람에게 충실하려면 나는 무엇을 해야 합니까?

▷ 가슴 지능 원하는 것, 성취할 수 있는 것에 마음이 깨어있습니까?

▷ 장 지능 진정한 평화를 어떻게 만들어 낼 수 있습니까?

이 상황에서 평화를 위해 해야 할 일은 무엇입니까?

P 현존

피하고 싶은 일에 머무르는 훈련은 9유형의 관계와 세계를 변화시킬 수 있습니다. 문제와 어려운 관계에 대해 깊이 생각하고 모두를 위해 조금씩이라도 단호하게 행동하십시오.

주께서 심지가 견고한 자를 평강하고 평강하도록 지키시리니 이는 그가 주를 신뢰함이니이다_이사야 26:3 이 말씀을 실천하십시오.

1유형의 멈춤

> 선함은 결코 실패할 수 없는 단 한 가지 투자이다.
>
> - 헨리 데이비드 소로

1유형이 옳은 것과 더 좋게 만들어야 한다는 것에 신경 쓰고 있는 자신을 감지할 때, 내면 비평가의 소리를 줄이고 판단을 내려놓는 훈련을 해야 합니다. 분노와 짜증을 누그러뜨리는 멈춤은 1유형이 자신의 결점을 심각하지 않게 바라보고 웃을 수 있는 7성향의 가벼움으로 가게 합니다. 4성향은 1유형이 완벽주의에서 빠져나오고 창의성을 나타내도록 틀을 깨고 내면의 자유에 기대도록 합니다.

S 보기

언제 긴장이 되고 몸이 경직되며 선량함을 잃어버립니까? 언제 내가 틀렸음을 인정하지 않으려 합니까?

T 자극됨

나는 분개한다. 이 일에 대해 화가 나. 비판적이고 방어적인 느낌이 들어!

O 열기

▶ 머리 지능 한 걸음 물러나 생각하십시오. 내 방식대로 되지 않을 때 일어날 수 있는 최악의 상황은 무엇입니까? 내 목소리 톤을 들을 수 있고, 판단하는 느낌을 감지할 수 있습니까? 이런 반응이 내가 원하는 것에 도움이 됩니까, 아니면 방해가 됩니까?

▶ 가슴 지능 분노 외에 어떤 감정을 느낍니까? 상처나 실망감, 감사의 부족함을 느낍니까? 자신에게 어떻게 너그러워질 수 있습니까?

▶ 장 지능 삶에서 크게 한 방 맞은 것처럼 느낀 적이 있습니까? 이를 악물고 갈지는 않습니까? 무엇에 분노합니까?

P 현존

완벽하신 하나님 안에서 깨어있으십시오. 사랑은 허다한 죄를 덮습니다. 다른 사람들을 더 좋게 하려는 충동을 내려놓고 새롭게 만드시는 하나님 안에 거하십시오.

보좌에 앉으신 이가 이르시되 보라 내가 만물을 새롭게 하노라 하시고 또 이르시되 이 말은 신실하고 참되니 기록하라 하시고 _요한계시록 21:5

모든 것을 더 좋게, 새로워지게 할 필요가 없기에 쉼을 누리십시오.

2유형의 멈춤

> 사람들에게 받아들여지기 위해 산다면
> 그들의 거절로 인해 죽을 것이다.
> - 레크레이

2유형이 누군가를 도와야 할 것만 같다고 느낄 때, 긴장을 푸는 훈련을 해야 합니다. 또한 지나치게 사람들 옆을 맴돌고 기쁘게 하려는 행동과 그 누구보다 더 많이 사랑한다는 교만을 내려놓는 훈련이 필요합니다. 멈춰서 다른 사람의 필요와 반응을 분리하고 자신의 필요를 알아야 합니다. 할 수 있는 것과 할 수 없는 것을 신중하게 생각하는 5성향과 '아니오'라고 말하며 끝까지 밀고 나가는 8성향을 통합할 필요가 있습니다.

S 보기	T 자극됨
언제 불안합니까?	내가 원하는 반응을 얻지 못하고 있어.
연결이 되지 않아 괴롭습니까, 아니면 너무 긴밀해서 상처가 됩니까?	누구도 날 필요로 하는 것 같지 않아.
	인정받는 느낌이 들지 않아.

O 열기

▶ 머리 지능 한 걸음 물러나 생각하십시오. 사람들의 반응을 다른 방식으로 이해할 수 있습니까?

▶ 가슴 지능 지금 당장 내게 필요한 것은 무엇입니까? 내가 필요한 것을 얻는 것이 사랑입니까?

▶ 장 지능 긴장감이 느껴질 때 호흡을 하십시오. 내게 필요한 것을 직접 말할 수 있습니까, 아니면 누군가 대신해줘야 합니까?

P 현존

하나님이 정말로 나를 사랑하시고 돌보심을 알아차리십시오.

여호와의 사랑을 입은 자는 그 곁에 안전히 살리로다 여호와께서 그를 날이 마치도록 보호하시고 그를 자기 어깨 사이에 있게 하시리로다 _신명기 33:12

다른 사람이 나를 사랑해주길 바라는 마음을 내려놓고, 나를 사랑하며 업고 다니시는 하나님 안에 거하십시오. 하나님의 어깨에서 쉴 때 어떤 마음이 듭니까?

3유형의 멈춤

> 나는 항상 적합한 때 알맞은 자리에 있다.
> 물론 내가 그렇게 되도록 노력한 것이다.
> - 밥 호프

3유형이 이미지와 성공에 에너지를 사용할 때, 지나치게 일을 하며 성공을 위해 과하게 보상받으려는 충동을 이완하는 훈련을 해야 합니다. 허영을 내려놓고, 충성스럽고 호기심이 있는 6성향과 멈춰서 볼 수 있는 9성향에 접근하는 방법이 필요합니다. 멈춤은 3유형이 붙들려 있는 경쟁, 성취, 멋지게 보이는 것에서 자유를 얻게 하는 훈련입니다.

S 보기

언제 스트레스를 받고 염려하며 결과물을 부끄럽게 여깁니까? 어떤 인상을 주고 있습니까?

T 자극됨

난 실패자 같아. 좋은 인상을 줘야 해. 이기고 싶어. 더 열심히 일할 수 있어. 그들의 무능함에 좌절했어.

O 열기

▶ 머리 지능 한 걸음 물러나십시오. 중요한 일과 사람을 놓친 적이 있습니까?

▶ 가슴 지능 좋은 인상을 주고 이기고자 하는 것이 사람과의 연결에 어떤 영향을 줍니까?

▶ 장 지능 몸이 경직될 때 호흡하십시오. 어떻게 이미지를 내려놓고 참 자아와 내면의 자유, 평화로 향할 수 있습니까?

P 현존

하나님의 사랑은 내가 하는 일이나 성취에 상관이 없다는 사실에 집중하십시오. 나는 증명할 필요가 없습니다. 아무 일에든지 다툼이나 허영으로 하지 말고 오직 겸손한 마음으로 각각 자기보다 남을 낫게 여기십시오 _빌립보서 2:3

이기고 성공하려는 욕구를 내려놓고 하나님의 임재를 누리며 다른 사람과 함께할 때 어떤 일이 일어납니까?

4유형의 멈춤

때로 나는 평범한 척하지만, 곧 따분함을 느낀다.

그래서 나는 원래의 나로 되돌아간다.

- 무명

4유형이 독특함을 추구하고 버려질까봐 두려워할 때, 질투, 과장된 감정, 치명적 결함을 갖고 있다는 느낌을 내려놓는 훈련을 해야 합니다. 멈춤은 4유형이 덜 진지한 7성향과 더 안정적이고 객관적인 1성향에 접근하도록 돕습니다.

S 보기

언제 스트레스를 받습니까? 자신이 사랑받거나 소속될 가치가 없다고 언제 걱정합니까?

T 자극됨

나는 버려질까 두렵고 누구와도 진실한 관계를 맺지 못해. 아무도 날 이해하지 못해.

O 열기

▶ 머리 지능 슬픔 바로 옆에 기쁨이 있음을 기억하고 밝게 받아들이십시오.

▶ 가슴 지능 자신의 느낌과 일어나는 일들을 더 극적으로 각색합니까?

누군가가 나를 떠나갈까 두렵습니까? 따분함을 느낍니까?

▶ 장 지능 긴장을 느낄 때 호흡하십시오. 어떻게 불안을 이완할 수 있겠습니까?

외부와 내면의 평범함을 받아들이면 어떤 일이 일어납니까?

아름다운 참 자아의 자유로 어떻게 향할 수 있습니까?

P 현존

그가 친히 말씀하시기를 내가 결코 너희를 버리지 아니하고 너희를 떠나지 아니하리라 하셨느니라 _히브리서 13:5

이 말씀을 기억하십시오. 당신은 특별하고 경이로운 존재입니다. 삶 속에서 선함, 아름다움, 진귀함을 향해 마음을 여십시오.

5유형의 멈춤

> 마음을 가르치지 않고서 생각을 가르치는 것은
> 교육이라 할 수 없다.
>
> - 아리스토텔레스

5유형이 어리석게 보일까 두려워하고 책임감과 사람들로 인해 진이 빠진다고 느낄 때, 자동으로 뒤로 물러나 버리는 반응을 멈추는 훈련을 해야 합니다. 멈춤은 5유형이 참여하고 머물게 하는 2성향에 접근하고 8성향의 소속감과 단호함으로 향하게 합니다. 사람들과의 교류를 피하는 이유가 무엇인지 호기심을 가지고 살펴보십시오.

S 보기

어떤 상황에서 나는 머릿속으로 들어가 버립니까?

T 자극됨

그들은 내 진을 빼놓을 거야.

사생활이 침해당한 것 같아.

혼자 있어야 한다고! 감정과 갈등이 너무 많아.

O 열기

▶ 머리 지능　나의 장과 가슴 지능을 알 수 있는 지혜에 대해 생각해 보십시오.

▶ 가슴 지능　감정을 표현하는 것이 나와 다른 사람들을 연결되게 하고 이롭게 할 수 있습니까? 어떻게 참여하고 나눌 수 있습니까? 마음을 확장시켜도 죽지 않습니다.

▶ 장 지능　내가 지켜야 할 경계선은 무엇입니까?

어떤 생각을 말하고, 리더십과 소속감을 키울 수 있습니까?

P 현존

지적인 것과 진정한 지혜의 차이를 깊이 생각해 보십시오.

오직 위로부터 난 지혜는 첫째 성결하고 다음에 화평하고 관용하고 양순하며 긍휼과 선한 열매가 가득하고 편견과 거짓이 없나니 _야고보서 3:17

신성한 지혜는 다른 사람을 위해 긍휼을 베풀고 신실하며 공평으로 선한 열매를 내게 주시는 성령님의 임재 가운데 있을 때 나타납니다.

6유형의 멈춤

> 사람이 두려워해야 할 것은 죽음이 아니다.
> 삶을 시작하지 않는 것을 두려워해야 한다.
> - 마르쿠스 아우렐리우스

6유형이 자신의 위험 측정기가 초긴장 상태임을 감지할 때, 안전을 확보하려는 자동 반응을 멈추는 훈련을 해야 합니다. 두려움을 가라앉히고 다른 관점을 향해 열어야 합니다. 멈춤은 6유형의 내적 권위를 세워주는 훈련으로, '나는 할 수 있다!'는 3성향과 모든 관점에서 보는 9성향을 아우르게 합니다.

S 보기

경계심을 느끼게 하거나 마비되게 만드는 것이 있습니까? 결정을 내리는 것이 두렵습니까?

T 자극됨

난 이들을 믿지 않아. 여기는 안전하지 않아.

이 권위와 그들의 동기가 의심스러워.

이들은 자기 임무를 다하지 않아.

O 열기

▶ **머리 지능** 내 안의 충성스러운 회의론자가 무엇을 생각합니까? 어떻게 덜 경계할 수 있습니까?

▶ **가슴 지능** 위험을 감수하도록 용기를 내고 신뢰를 하는 것이 내가 원하는 관계의 연결을 가져다줍니까? 이 순간에 어떻게 나를 열고 사랑할 수 있습니까?

▶ **장 지능** 긴장을 풀고 숨을 쉬십시오. 재난을 생각하는 내면의 소리에 어떻게 평화를 말할 수 있습니까?
흐름FLOW에 있을 때 어떤 좋은 결과가 있습니까?
어떻게 중재 능력을 키우고 사용할 수 있습니까?

P 현존

궁극적인 안전은 하나님과 함께 있다는 사실을 기억하십시오.
그리스도와 함께 하나님 안에 감추어져 있다 _골로새서 3:3
안전은 내 안에 있습니다. 나를 붙드시는 하나님께 두려움을 내려놓을 때 어떤 일이 일어납니까? 어떤 변화가 있고 어떤 위험을 감수하고자 하는 마음이 생깁니까?

7유형의 멈춤

> 사람들은 마음먹은 만큼 행복하다.
> - 아브라함 링컨

7유형이 미래의 선택, 재미, 탈출 전략에 에너지를 사용할 때, 지금 일어나는 일이 불편하고 고통스럽다면 그곳에 머무르는 훈련을 해야 합니다. 멈춤은 현실감각 없는 7유형이 고통을 붙잡고 삶의 깊은 곳으로 뛰어들 수 있는 4성향에 접근하도록 도와줍니다. 또한 1성향의 책임감으로 현재에 머물도록 합니다. 멈춤은 7유형이 삶에서 무엇인가를 놓치지 않도록 삶의 전체를 열어줍니다.

S 보기

어떤 상황에서 갇혀 있다고 느낍니까?
언제 회피하고 멋대로 행동하며 지루해
합니까?

T 자극됨

얼마나 더 오래 해야 해?
나가고 싶어!마음에 안 들어.

O 열기

▶ 머리 지능 어떻게 머무르는 것에 대해 생각할 수 있습니까?

이곳에 머무를 때 어떤 유익이 있겠습니까?

▶ 가슴 지능 사람들의 고통을 함께 느낀다면 어떤 일이 일어납니까?

어떻게 깊고 진실한 관계를 경험할 수 있습니까?

▶ 장 지능 객관성과 안정감이 어디에 필요합니까?

훈련이 부족해서 어떤 좋은 것을 놓치고 있습니까?

P 현존

하나님, 나 자신, 이웃과 함께하는 것은 7유형을 진정한 기쁨으로 인도하는 훈련입니다. 기쁨이 깊어지고 커져서 슬픔을 붙들 수 있고 공허감이 아닌 충만함으로 있게 합니다.

믿고 말할 수 없는 영광스러운 즐거움으로 기뻐하니 _베드로전서 1:8

함께 하는 것이 우리를 자유롭게 하고 하나님과 삶을 더 많이 경험하게 함을 살펴보십시오.

영혼의 자원 2
침묵과 고독 홀로 있기
참 자아의 가슴, 머리, 장 지능 키우기

일곱째 인을 떼실 때 하늘이 반 시간쯤 고요하더니 _요한계시록 8:1

침묵과 고독 홀로 있기은 내가 누구인지를 기억하고 하나님이 어떤 분이신 지를 받아들이며 인생에서 진정 중요한 것이 무엇인지를 생각하게 하는 공간을 의도적으로 만들어냅니다.

침묵과 고독을 연습하는 것은 '나를 위한 시간과 공간' 이상의 목적이 있습니다. 침묵과 고독은 거짓 자아의 부추기는 소리를 잠잠하게 하는 공 간을 만듭니다. 홀로 조용히 있을 때, 거짓 반응이 중단됩니다. 좋은 인상 을 줘야 하는 사람이 없거나 증명해야 할 것이 없을 때, 보다 진실할 수 있 습니다. 이곳은 하나님과 하나님의 음성을 홀로 마주하는 공간입니다.

에니어그램 유형마다 침묵과 고독에 다르게 반응합니다. 다음 중 어떤 반응이 공감됩니까?

8유형

▷ 침묵과 고독은 전쟁이지만 원하든 원치 않든 매일 10분은 연습해.

▷ 침묵과 고독을 통해 얻고자 하는 게 무엇인지 모르겠군. 기다리는 것은 싫어.

▷ 침묵과 고독은 나의 분노와 거짓 자아의 에너지를 관찰하는 데 도움이 돼.

9유형

▶ 침묵과 고독은 편안하지만 사라져 버리려는 나의 행동을 강화하기도 해.

▶ 나는 일의 중심 역할을 하고 싶지 않아. 침묵과 고독으로 이를 피할 수 있어.

▶ 나에게는 침묵과 고독, 나태를 구별하는 것이 중요해.

1유형

▶ 침묵과 고독은 또 다른 실패의 장소야. 침묵과 고독으로 좋아지는 것은 없어.

▶ 침묵과 고독을 잘못하면 어떻게 하지? 아무 일도 일어나지 않으면 어떻게 해?

▶ 침묵은 나에게는 처벌 같아.

▶ 침묵 가운데 있을 때 내면 비평가가 더 날뛰네.

2유형

▶ 너무 어렵고 불편해!

▶ 혼자서 조용한 방식으로는 누구도 돕지 못해.

▶ 어렸을 때 조용히 있어야만 했어. 난 조용한 것이 싫어.

▶ 침묵보다는 말하는 것이 내게 더 도움이 돼.

3유형

▶ 이건 내 시간을 생산적으로 사용하는 것도, 제대로 사용하는 것도 아니야. 죄책감이 느껴져.

▶ '만일 내가 침묵과 고독 가운데 있으면, 사람들은 나를 게으르다고 생각하거나 무슨 일이 생긴 건가 궁금해할 거야.'

▶ '은퇴는 내게 침묵과 고독의 좋은 점을 알게 했지. 이 상태를 좋아하기까지 너무 오랜 시간이 걸렸다는 것이 안타까워.'

4유형

▷ 하나님과의 관계에서 뭔가 빠진 것 같아. 어쩌면 침묵과 고독이 내가 찾는 경험을 줄 것 같아.

▷ 침묵과 고독을 연습하는 것이 깊이 있고 더 특별하게 해주길 바라고 있어.

▷ 침묵과 고독은 나를 어둠에 빠지지 않게 지켜줘.

▷ 침묵과 고독이 나를 더 어둡게 해.

5유형

▷ 내가 자랄 때, 나는 다른 사람으로부터 떼어놓아지는 벌을 받았어.

▷ 침묵과 고독은 질리지 않아. 세상에서 가장 안전한 곳이야.

▷ 때로 고독이 날 외롭게 해. 생각보다 하나님의 말씀을 듣도록 의도적으로 마음을 돌려야 해.

6유형

▷ 침묵 속에서 내 사고는 결정, 계획, 논의해야 할 일들, 안전에 관한 생각, 질문들로 넘쳐. 전혀 쉼이 되지 않아.

▷ 긴장했을 때, 나는 아무 말도 안 해. 이걸 침묵으로 봐도 돼?

▷ 내가 원할 때의 침묵과 고독은 이 세상에서 가장 안전한 장소 중 하나야.

▷ 침묵 가운데 하나님을 만났지.

7유형

▷ 침묵과 고독은 지루해.

▷ 조용하고 고독할 때 집중이 안 돼.

▷ 침묵하고 고독할 때 다른 것을 생각하게 돼. 침묵과 고독에 머무르는 것이 어려워.

침묵과 고독에 대한 반응 탐색하기

사실 우리는 침묵과 고독, 사생활의 보장이 결핍된 세상에 산다.
그렇기에 묵상과 진정한 우정에 굶주려 있다.
- C. S. 루이스

1. 어린 시절, 당신은 어떤 침묵과 고독을 경험했습니까? 침묵과 고독 속에 있어야만 했던 상황을 생각해 보십시오. 그때 하나님은 어디에 계신다고 느꼈습니까? 하나님께서 계시지 않는다고 느낀 적은 언제입니까? 당신이 침묵과 고독을 온전히 경험하지 못하게 방해하는 것을 놓아버릴 수 있도록 하나님께 간구하십시오. '침묵으로 들어가기 위해 무엇을 어떻게 할 수 있을까요?'라고 하나님께 물으십시오.

2. 오늘 침묵과 고독 연습이 어땠는지 하나님께 이야기하십시오. 어떻게 침묵과 고독을 피했습니까? 홀로 있는 시간을 찾으려는 시도가 어떻게 방해받았습니까? 조용히 귀기울여 보십시오. 당신이 말한 것에 대해 하나님께서 무엇이라 응답하십니까? 이것에 대해 하나님께 더 말씀드리고 싶은 것이 있습니까?

3. 당신을 누르는 소음, 방해, 사람들, 프로젝트, 기술로부터 자유로워졌을 때 내면에서 어떤 일이 일어나는지 하나님께 이야기하십시오. 다음과 같이 기도해 보십시오. '침묵하시기도 하고 말씀하시기도 하는 하나님, 제가 어떻게 해야 모든 소음들을 넘어서 하나님의 음성만을 들을 수 있겠습니까?'

4. 침묵과 홀로 있기를 향한 열망을 붙드십시오. 하나님과 함께 있으려는 당신의 원함 그리고 당신과 함께 있기를 간절히 원하시는 하나님을 어떻게 경험할 수 있는지에 대해 하나님과 또 친구들과 대화해 보십시오.

5. 당신이 침묵으로 들어가는 데 있어 어떤 중심이 가장 어려운지 하나님과 대화해 보십시오. 당신에게 어떤 지능이 가장 부족합니까? 부족한 지식입니까? 상처받은 어린 시절입니까? 하나님께서 홀로, 조용히, 존재로 있을 수 있는 새로운 길로 당신을 어떻게 초대하시는지 귀 기울여 보십시오.

침묵과 고독 묵상하기

예수님의 나사렛 사역은 40일간 사막에서의 금식과 고독으로 시작되었고 그러는 동안에 사탄으로부터 힘을 사용해 스스로 문제를 해결하라는 세 가지 유혹을 받으셨습니다. 이처럼 스스로 생존을 위한 길을 확보하고 머리 지능, 대중에게 좋은 인상을 주며가슴 지능, 힘과 통제를 자기 손에 쥐려고 하는 것장 지능은 거짓 자아의 유혹임을 알아차려야 합니다.

그때 예수께서 성령에게 이끌리어 마귀에게 시험을 받으러 광야로 가사 사십 일을 밤낮으로 금식하신 후에 주리신지라 시험하는 자가 예수께 나아와서 이르되 네가 만일 하나님의 아들이어든 명하여 이 돌들로 떡덩이가 되게 하라

예수께서 대답하여 이르시되 기록되었으되 사람이 떡으로만 살 것이 아니요 하나님의 입으로부터 나오는 모든 말씀으로 살 것이라 하였느니라 하시니 이에 마귀가 예수를 거룩한 성으로 데려다가 성전 꼭대기에 세우고 이르되 네가 만일 하나님의 아들이어든 뛰어내리라 기록되었으되 "그가 너를 위하여 그의 사자들을 명하시리니 그들이 손으로 너를 받들어 발이 돌에 부딪치지 않게 하리로다 하였느니라"

예수께서 이르시되 또 기록되었으되 주 너의 하나님을 시험하지 말라 하였느니라 하시니 마귀가 또 그를 데리고 지극히 높은 산으로 가서 천하만국과 그 영광을 보여 이르되 만일 내게 엎드려 경배하면 이 모든 것을 네게 주리라

이에 예수께서 말씀하시되 사탄아 물러가라 기록되었으되 주 너의 하나님께 경배하고 다만 그를 섬기라 하였느니라

이에 마귀는 예수를 떠나고 천사들이 나아와서 수종드니라

마태복음 4:1~11

1. 당신의 침묵과 고독에 방해물이 되는 유혹과 예수님이 받으셨던 유혹에 대해 예수님과 어떤 대화를 할 수 있습니까?

2. 예수님께서 거짓 자아로 행하기를 거절하셨다는 것은 어떤 의미입니까?

3. 안전과 생존을 위한 유혹, 사람들에게 잘 보이고 인정을 받으려는 유혹, 강해지고 지배하려는 유혹에 영향을 덜 받도록 침묵과 고독이 당신을 어떻게 도와줍니까?

영혼의 자원 3

하모니를 위한 귀환 기도

이스라엘의 거룩하신 분, 주 하나님께서 엄숙히 조언하신다. '구원을 얻고자 하면 내게 돌아와야 한다. 자기 힘으로 구원을 도모하는 어리석은 노력을 그쳐야 한다. 너희 힘은, 잠잠히 자신을 가라앉히고 온전히 나를 의지하는 데 있다. 그러나 너희는 지금껏 그렇게 하기를 거부해 왔다.'

이사야 30:15, 메시지 성경

귀환 기도는 우리가 하나님과 우리 자신의 본향으로 돌아가는 영적 방법입니다. 우리는 거짓 자아의 노력에서 떠나 하나님이 우리를 창조하신 본 모습으로 돌아갈 수 있습니다. 귀환 기도는 몸을 인식하는 것에서 시작합니다. 성령 하나님이 우리와 함께 계심을 기억하십시오. 우리가 성령이 거주하시는 몸인 것을 알아차리면, 숨을 쉴 때 마음을 열고 하나님의 음성을 들을 수 있는 자리로 돌아가게 됩니다.

시편 131편 1~2절에서 귀환 기도를 볼 수 있습니다.

여호와여 내 마음이 교만하지 아니하고 내 눈이 오만하지 아니하오며 내가 큰일과 감당하지 못할 놀라운 일을 하려고 힘쓰지 아니하나이다 실로 내가 내 영혼으로 고요하고 평온하게 하기를 젖 뗀 아이가 그의 어머니 품에 있음 같게 하였나니 내 영혼이 젖 뗀 아이와 같도다 성경 구절처럼, 조용한 묵상 기도를 통해 시편 기자는 신뢰할 수 있는 열린 공간으로 들어갑니다. 젖 뗀 아이처럼, 그는 엄마의 품과 같은 하나님의 집으로 돌아가 그 품 안에서 보호받고 충분한 사랑을 받습니다. 자애로운 하나님 안에 거할 때 아무런 말도 필요하지 않습니다. 하나님께 붙들릴 때 잔잔해지고 진정이 되며 조화를 이룹니다. 다시 나갈 수 있을 만큼 충분합니다.

침묵 기도를 통해 우리는 조용히 하나님께로 돌아감으로 우리의 신경 회로가 확장되고 강화되며 발전할 수 있습니다. 꼭 말을 하거나 행동을 해야만 우리 안의 성령님이 일하시는 것이 아닙니다. 하루를 마치며 귀환 기도를 연습할 때, 하루를 되돌아보고 스트레스 상황에서 하나님이 우리를 어떻게 붙드시고 머리, 가슴, 몸을 진정시켜서 참 자아로 살게 하는지 살펴보십시오.

5분~20분 연습하기

1. 5분~20분 정도 하던 일을 내려놓고 하나님께로 나아가십시오. 알람을 맞추어도 좋습니다. 하나님 앞에 긴장을 풀고 침묵으로 들어가십시오. 하나님의 임재로 들어가도록 당신을 초대하시는 하나님의 이름이나 단어를 생각해 보십시오. 예를 들어 하나님, 아버지, 예수님, 성령님, 진리, 지키시는 분, 양육자, 친구, 치료자, 전능의 하나님, 위로자, 구원자, 목자 등입니다. 이 단어나 이름이 하나님 앞으로 나아가는 통로라고 생각해도 좋습니다. 당신에게 필요한 단어나 이미지가 별로 익숙하지 않았던 것일 수 있습니다. 상처받은 내면아이에게 귀 기울이십시오. 이 내면아이가 하나님을 위해 어떤 특정한 단어를 사용하기를 원합니까?

2. 편안하게 거하십시오. 머리를 돌리며 목을 풀어주고 눈을 감으십시오. 하나님의 이름이나 이미지를 그리며 그 안에서 쉬십시오. 앉아서 기다리십시오.

3. 다른 생각이 떠오르거나 집중이 방해받을 때, 당신의 단어들을 떠올리며 자연스럽게 하나님께로 돌아가십시오. 계속 돌아가 하나님과 함께 있으십시오. 이렇게 할 때 당신도 모르게 새로운 신경회로를 만들어 보다 쉽게 하나님과 함께 거하는 곳으로 들어가게 될 것입니다. 하나님과 함께 있는 시간이 끝나면, 몇 분간 눈을 감고 침묵 가운데 조용히 있으십시오.

4. 다음 말씀을 묵상하며 귀환 기도를 마무리합니다.

   - 너희가 돌이켜 조용히 있어야 구원을 얻을 것이요 잠잠하고 신뢰하여야 힘을 얻을 것이거늘 _이사야 30:15

숙고하기

1. 이 귀환 기도가 당신에게 어떻게 느껴집니까?

2. 하나님께로 돌아가 함께 거하려 할 때, 하나님이 당신과 함께 하시며 당신을 변화시킨다는 개념에 대하여 머리, 가슴, 장 지능이 어떻게 반응합니까?

3. 말로 하지 않고 몸을 인식하며 기도하는 것이 당신에게 어떤 느낌입니까?

4. 기도 중에 어느 부분에서 하모니신성한 조화를 느꼈습니까?

영혼의 자원 4
몸과 함께하는 하모니

너희 몸은 너희가 하나님으로부터 받은바 너희 가운데 계신 성령의 전인
줄을 알지 못하느냐 너희는 너희 자신의 것이 아니라 _고린도전서 6:19

의식적인 몸의 기도는 창조된 우리의 몸에 하모니를 받아들여 우리를
변화시킵니다. 몸은 거짓 없이 모든 것을 말합니다. 우리 영혼의 현주소는
이 땅에 있는 우리의 육신입니다. 기도로 몸과 마음을 연결함으로써 우리
는 가슴, 머리, 장 지능의 통합의 순간을 열 수 있습니다.

하나님은 사람들과 함께하십니다. 실제로 하나님은 육신을 입고 예수님
으로 이 땅에 오셨습니다. 예수님은 신성한 특권을 버리셨고 연약함, 스트
레스, 피곤함, 목마름, 눈물을 몸소 경험하셨습니다. 멍들고 맞으며 찢기고
벌거벗은 채로 십자가에 달리셨습니다. 예수님의 손은 사람들의 몸을 긍
휼함으로 만지셨습니다. 만찬장에서 예수님은 '이것은 너희를 위하여 주
는 내 몸이라'누가복음 22:19고 말씀하셨습니다. 지금도, 예수님은 우리의 몸
안에 거하십니다. 강함과 약함, 활력과 고갈, 삶과 죽음의 자리에 있을 때
예수님은 우리 안에 계십니다.

기독교 심리학자 커트 톰슨은《영혼의 해부학》에서 몸을 살펴보는 간
단한 연습으로 어떻게 장, 머리, 가슴 지능의 연결을 강화할 수 있는지 설
명합니다. 그는 '신경과학 연구는 생각하고 묵상하는 훈련이 뇌의 주의력
메커니즘작동체계을 확장하고 도전하여 전두엽의 통합을 향상한다는 점을
확실히 보여준다.'라고 말합니다.

몸과 함께하는 하모니 연습

호흡은 몸의 가장 기초적 기능이며, 누구도 호흡을 하지 않고는 살 수 없습니다. 영혼도 마찬가지로 우리는 하나님의 숨결이 없이는 살 수 없습니다. 하나님은 영혼의 산소이시며 우리가 몸의 호흡을 통해 하나님과 연결하는 것은 중요한 영성훈련입니다. 2016년 한 연구에서 뇌간에 있는 신경회로의 존재를 밝혔습니다. 이는 호흡과 뇌 제어의 연결에 있어 중요한 역할을 합니다. 이 회로는 뇌의 '호흡 심박조절기'의 일부인데 호흡 리듬에 변화를 주면 조절될 수 있습니다. 가령, 느린 호흡은 회로의 활동을 감소시키고, 빠르고 불규칙한 호흡은 회로의 활동을 활발하게 합니다. 이는 또한 우리의 감정 상태에도 영향을 끼칩니다. 깊게 호흡하라는 것은 유익한 조언으로, 이 연구는 숨을 천천히 쉬는 것이 심장 박동수에 영향을 끼쳐서 혈압 조절에 도움이 됨을 보여줍니다. 이 연구에서는 스트레스에 대처하는 신경 시스템의 '투쟁 또는 도피' 반응에 대응하는 부교감신경계를 활성화하는 방법으로 '이완-반응'을 제안합니다.

1. 편안한 장소를 찾아 자신을 이완시키고 열어놓으십시오. 깊게 숨을 쉬며 호흡이 하나님의 선물임을 받아들이십시오. 숨결이 하나님의 선한 창조물임을 느끼십시오.
2. 하나님의 뜻을 따라 하나님의 숨을 들이쉬는 것을 인식하십시오. 호흡의 힘, 호흡의 의존성과 호흡이 하나님의 선물이요, 기적임을 느껴보십시오. 계속 호흡에 머물러 있는 시간을 가지십시오.
3. 다음 시편 139편 14~15절 말씀을 읽으며 호흡하십시오.

내가 주께 감사하옴은 나를 지으심이 심히 기묘하심이라 주께서 하시는 일이 기이함을 내 영혼이 잘 아나이다 내가 은밀한 데서 지음을 받고 땅의 깊은 곳에서 기이하게 지음을 받은 때에 나의 형체가 주의 앞에 숨겨지지 못하였나이다

몸 살피기와 장 지능의 지혜

1. 정수리 자체를 생각하는 것이 아니라, 정수리를 감지하고 의식적으로 느껴보십시오. 몸의 모든 부분에 세밀한 주의를 기울여 보십시오. 이마, 눈, 코, 입, 턱, 목을 감지하십시오. 서두르지 말고 발과 발바닥까지 몸의 모든 부분 부분을 느껴보십시오. 발바닥까지 왔을 때 다시 같은 방식으로 몸의 윗부분으로 올라가 보십시오.

2. 창조된 몸의 선한 힘을 느껴보십시오. 몸의 약함에 대해 너그럽게 받아들이십시오. 주의가 산만해진 경우에는 몸의 알아차림에서 멀어진 그 부분으로 다시 돌아가십시오.

3. 몸의 어떤 부위에 감사한지 생각해 보십시오. 손을 그 부분에 올려놓고 머릿속으로 해도 좋습니다 이를 선물로 주심에 감사하십시오. 또한 그 부위에 대해 감사해 보십시오. 신실하게 역할을 해준 것에 대해 고마워하십시오. 몸이 당신에게 해준 고마웠던 일들을 기억하며 감사함에 계속 머무십시오. 감사로 숨을 들이쉬고 잠시 가만히 있으십시오.

4. 몸이 스트레스를 받거나, 과로하거나, 부담되거나, 슬프거나, 메마름을 경험할 때를 알아차리십시오. 예수님이 오셔서 몸에서 무슨 일이 있는지 솔직하게 말하라고 요청하는 것을 상상해 보십시오. 예수님을 바라보며 몸으로부터 진실을 들을 수 있는 은혜를 구하십시오. 몸은 어떤 대답을

합니까? 몸은 나의 현재 삶과 과거의 고통에 대해 무엇이라고 말하고 있습니까? 예수님의 치유하는 힘이 말씀으로, 사랑의 손길로 우리 몸으로 들어오는 것을 상상해 보십시오.

5. 소홀했던 몸성전의 부분이 있는지 알아보십시오. 오래된 패턴에 사로잡혔습니까? 파괴적인 행동에 중독되었나요? 과로하거나 쉬지 못했습니까? 몸을 존중하고 필요한 것을 제공해 주십시오. 몸을 이렇게 돌보는 것에 관해 예수님께서는 무엇이라고 하십니까? 예수님께 몸을 존중하며 기쁨으로 살 수 있는 은혜를 구하십시오.

마음 연결과 가슴 지능

우리는 자주 마음보다 머리가 알고 있다고 생각합니다. 하나님께서 우리를 사랑하심을 알지만 느끼지 못합니다. 친구들이 나를 돌보는 것을 알지만 마음은 그들의 사랑을 받아들이지 못할 수도 있습니다. 1991년부터 하트매스 연구소는 과학에 기반을 둔 신뢰할만한 방법을 개발해 사람들이 머리와 마음을 연결하도록 돕고 있습니다. 우리는 머리와 마음을 연결하기 위해 연구소의 방법을 적용했습니다.

1. 마음에 집중하고 평소보다 숨을 깊게 쉬십시오. 5, 6초 들이쉬고 5, 6초 내쉬십시오.
2. 마음 호흡하기: 가슴으로 숨 쉬는 것을 상상해 보십시오. 심장부를 통하여 천천히 숨을 내쉬는 것을 그려보십시오. 호흡마다 마음을 확장하고 여십시오.
3. 마음 느끼기: 행복, 선함, 기쁨, 감사와 사랑을 느끼게 해 준 시간이나 사

람을 떠올려보십시오. 마음에 계속 집중하고 숨을 쉬십시오. 이 경험을 다시 연결하고 그 안에서 숨을 쉬십시오. 무엇을 느낍니까? 심장 주변에 더 넓어진 공간과 편안함, 행복, 열림을 느낄 수 있습니까? 그렇게 몇 분간 머무십시오.

4. 3에서 말한 사람이나 상황에 감사하며 호흡하십시오. 하나님을 찬양하는 호흡을 하며 감사함으로 하나님과 함께 걸으십시오. 그 사람에 대해 마음을 더 깊이 열어 보십시오.

의식적인 몸 기도는 고착된 파괴적인 반응을 벗어버리고, 새롭고 건강한 반응을 하도록 돕는 영적인 작업입니다. 하나님은 우리의 몸과 뇌가 실제로 변화할 수 있게 디자인하셨습니다. 그러므로 잘못된 신경 연결 통로와 파괴적인 습관은 변할 수 있습니다. 토마스 박사는 다음과 같이 설명합니다. '신경의 가소성은 새로운 신경과 신경 연결망을 만들어내며 필요치 않은 것을 제거하는 뇌의 능력을 말한다. 유산소운동, 집중적인 주의력 연습, 새로운 학습 경험이라는 신경 가소성의 3가지 요소는 뇌의 유연성 수준을 높이는 데 핵심적인 역할을 한다.'고 말합니다.

태초부터 우리에게 생명을 불어넣어 주신 하나님이 오늘까지도 계속해서 생명을 불어넣어 주심이 얼마나 멋집니까! 하나님의 생명 안에서 호흡하십시오. 이것이 우리의 생각을 새롭게 하고 마음을 치유할 것입니다.

영혼의 자원 5
조명하기와 하모니

로욜라의 이냐시오는 예수님을 따르는 사람이 하나님의 사랑을 받아들이고 하나님의 음성과 인도를 알아차리게 하고자 조명하기라는 영적인 훈련을 계발했습니다. 조명하기는 성령님의 운행하심과 영혼의 움직임에 대해 우리를 열려 있게 하고 깨어나게 합니다. 그리고 하나님과 머리, 가슴, 장의 세 가지 지능과 이것이 드러내는 진리에 우리를 열어놓습니다. 다음 반응 중 어떤 유형에 공감하십니까?

8유형 "난 이미 어떻게 나 자신을 몰아붙이는지, 해야 할 일을 하기 싫어서 질질 끄는지 알아. 할 일이 많은데 더 이상의 자기성찰 따위는 필요 없어."

9유형 "조명하기는 힘들어. 나는 괜찮아, 문제없어."

1유형 "강력한 내면의 비판자와 함께 살아. 날 조명하면 실패감을 느껴."

2유형 "난 다른 사람에게 집중하는 것이 좋아. 다른 사람과 같이 해도 되나?"

3유형 "시간이 없어. 나를 조명하는 데 얼마나 시간이 걸리지?"

4유형 "날 들여다보면 더 깊은 어두움으로 가게 될까? 너무 어두우면, 빛을 찾지 못할 것 같아."

5유형 "조명하기에 대해 뭘 읽어야 하지?"

6유형 "성경 어디에서 조명하기에 대해 찾을 수 있지? 이것이 어떻게 내가 분별하도록 도울 수 있을까?"

7유형 "조명하기라는 말은 '싫지만 해야 하는 시간이야.'라는 의미처럼 들려."

조명하기는 사실 나 자신과 하나님을 동시에 볼 수 있게 하는 선물입니다. 우리를 향한 하나님의 사랑의 눈이자 하나님이 우리와 함께하시는 선물입니다. 조명하기는 성령님이 우리 마음의 동기와 열망을 드러내고 인도하시기 위해 우리의 경험, 몸, 생각과 마음 안에서, 이것을 통해서 어떻게 일하시는지를 깨닫도록 합니다. 이렇게 하는 데에는 시간이 걸릴 수 있습니다. 마음은 머리가 생각하기 전에 느낄 수 있습니다. 장 지능은 하나님이 일하심을 느끼지만 어떻게 설명할지 모를 수 있습니다. 성령님의 움직임에 집중하면 우리가 열망하는 것들과 우리에게 생명력을 주는 것들이 무엇인지 분별할 수 있습니다.

시편 기자는 '또 여호와를 기뻐하라 그가 네 마음의 소원을 네게 이루어 주시리로다'시편 37:4라고 말합니다. 하나님은 마음에 깊은 열망을 주셨습니다. 이를 보고 이름을 붙이는 것은 우리에게 달려있습니다. 하나님이 주신 열망은 우리의 목적, 부르심, 일상의 선택을 알려주며 우리가 가는 곳, 만나는 사람, 하는 일을 빚어나갑니다. 하나님이 주신 열망은 우리 각자에게 꼭 맞고, 우리에게 에너지와 생명을 줍니다. 영적인 분별력을 갖기 위해서는 무엇이 우리에게 생명력을 주는지에 주의를 기울여야 합니다. 프레데릭 뷰크너는 '하나님이 부르시는 곳은 우리의 진정한 즐거움과 세상의 깊은 열망이 만나는 곳이다.'라고 말했습니다.

조명하기는 우리의 경험과 상호작용을 하나님의 존재와 빛 가운데서 검토하는 것입니다. 하루, 일주일을 되돌아보고 어떻게 하나님과 다른 사람들과 함께했는지 확인해 보십시오. 조명하기는 우리를 이렇게 돕습니다.

1. **알아차리기** 참 자아의 머리, 가슴, 장 지능이 언제 나타나고 언제 이것을 놓치는지 알게 합니다.

2. **집중하기** 다음과 같은 질문으로 충만함의 여부를 알아차릴 수 있습니다. '오늘 나는 언제 깊은 기쁨과 사랑, 희락, 화평, 오래 참음, 자비, 양선, 충성, 온유, 절제와 생명을 경험했는가?'

3. **메마름을 인식하기** 메마름은 삶을 고갈시킬 수 있는 인간의 약함, 저항, 슬픔과 자기중심성의 자리입니다. 메마름은 종종 수치로 인한 괴로움과 '넌 충분하지 않아.' 또는 '넌 나빠.'라는 악한 거짓말을 가져옵니다. 다음의 질문으로 메마름을 알아차릴 수 있습니다. '오늘 난 언제 두려움, 분노, 자만, 탐닉, 중독, 기만, 시기, 탐욕, 나태, 정욕을 경험했는가?' 메마름이 항상 하나님으로부터 우리를 멀어지게 하는 것만은 아니며, 하나님께로 돌아가게 할 수도 있습니다.

우리는 메마름과 충만함을 먼저 장이나 가슴 지능으로 경험합니다. 몸과 마음의 신경세포들이 뇌로 정보를 보내기 시작하면 식은땀, 열감, 머리카락이 쭈뼛해지는 두려움, 목이 멤, 꽉 쥔 주먹, 눈물, 뻣뻣해지는 목, 비통함, 즐거운 마음, 메스꺼움, 두통, 들뜸, 원인 모를 병 등으로 이런 정보를 인식하게 됩니다. 이러한 몸과 마음의 신호는 하나님께서 우리에게 일어나 처리 과정 이면에 실제 우리 삶에 영향을 끼치고 인도하는 요소들이 무엇인지에 대해 알려주시는 것일 수 있습니다. 메마름은 어떤 두려움과 장애물을 보게 합니까? 충만함은 어떤 즐거움과 열망을 나타냅니까?

하나님의 조건 없는 사랑 안에서 메마름과 충만함에 이름을 붙여보는 것이 좋습니다. 하나님은 우리를 제압하시기 위해 손에 번개를 들고 기다리는 분이 아닙니다. 하나님의 크신 사랑은 우리에 대한 모든 진실을 붙잡아 줍니다. 사실 하나님은 언제나 우리를 사랑스러운 창조물로 보고 계십니다. 하나님께 기대십시오. 몸과 마음의 메마름과 충만함을 알려주는 단서가 우리에게 신성한 지혜를 가져다줍니다.

말씀 읽기로 조명하기

시편 기자는 자신의 메마름을 살펴보고 충만함, 하나님, 자유로 향하는 길을 발견합니다.

내가 입을 열지 아니할 때 종일 신음하므로 메마름 내 뼈가 쇠하였도다 주의 손이 주야로 나를 누르시오니 내 진액이 빠져서 여름 가뭄에 마름 같이 되었나이다 내가 이르기를 내 허물을 여호와께 자복하리라 하고 주께 내 죄를 아뢰고 내 죄악을 숨기지 아니하였더니 곧 주께서 내 죄악을 사하셨나이다 이로 말미암아 모든 경건한 자는 주를 만날 기회를 얻어서 주께 기도할지라 진실로 홍수가 범람할지라도 그에게 미치지 못하리이다 주는 나의 은신처이오니 환난에서 나를 보호하시고 구원의 노래로 나를 두르시리이다 내가 네 갈 길을 가르쳐 보이고 충만함 너를 주목하여 훈계하리로다…… 여호와를 신뢰하는 자에게는 인자하심이 두르리로다 너희 의인들아 여호와를 기뻐하며 즐거워할지어다 충만함 마음이 정직한 너희들아 다 즐거이 외칠지어다

시편 32:3~11

1. 언제 자신에 대한 진실을 억압하거나 부정함으로 인해 메마름이 왔습니까? 메마름이 어떻게 느껴졌습니까?
2. 자신의 연약함을 고백하여 자유를 얻고 하나님과 사람과 다시 연결됨을 언제 느꼈습니까?
3. 이 시편에서 나타난 하나님의 모습이 시편 기자로 하여금 하나님과 자신에 대한 진실 가운데 어떻게 서게 했습니까?
4. 하나님이 은신처가 되신다는 사실이 어떻게 느껴집니까?
5. 이 말씀에서 또 무엇을 알아차렸습니까?

조명하기 연습

1. 당신이 사랑받는 존재라는 사실에 관한 모든 것을 알기를 원한다고 하나님께 고백하십시오. 당신 안에서 일어나고 있는 일들에 이름을 붙이고, 또 볼 수 있는 은혜를 구하십시오. 하나님께서 함께 하고 계심에 감사하십시오.

2. 참 자아와 하나님의 존재, 하나님의 기쁨을 느낄 수 없는 메마름에 이름을 붙여보십시오. 마음과 몸이 언제 경직되는지 시간을 갖고 살펴보고, 가슴과 머리 지능이 뭐라고 말하는지 잘 들어보십시오.

3. 판단을 내려놓고 고백하십시오. '오늘 [···무엇을 했을 때] 거짓 자아에 넘어지고 위축되었습니다. 저를 용서하시고 새롭게 하소서.' 하나님의 존재를 느낄 수 없다면 십자가에 달리신 예수님을 생각하며 기도하십시오. '버림받으신 예수님, 제가 버림받은 가운데 주님과 함께 있습니다.'

4. 하나님의 임재와 참 자아를 느낄 수 있는 충만함에 이름을 붙여보십시오. 무엇에 감사합니까? 자신에 대해서는 무엇이 감사하며 가장 사랑하는 것은 무엇입니까? 충만함을 기쁘게 받아들이십시오. 언제 하나님의 기쁨을 느끼며, 이것에 대해 하나님께 무슨 이야기를 할 수 있습니까? 가슴과 장 지능이 오늘 어떤 안내와 지혜를 주었습니까? 머리, 가슴, 장 지능을 주신 하나님께 감사하십시오.

5. 메마름과 충만함을 몇 달간 계속 관찰하십시오. 계속해서 나타나는 것이 무엇입니까? 메마름과 충만함은 어떻게 하나님께서 주신 열망이 나타나도록 돕습니까?

당신은 하나님의 영광을 위해 어떻게 만들어졌습니까?

우리는 하나님을 찾아야만 합니다.
그러나 소음과 분주함 속에서는 찾을 수 없습니다.
하나님은 침묵의 친구이십니다.
자연에서 나무, 꽃, 풀이 소리 없이 자라는 것과
별과 달, 해가 침묵 가운데 운행하는 것을 보십시오.
영혼에 닿기 위해서는 침묵이 필요합니다.

- 테레사 수녀

하나님이여 나를 살피사 내 마음을 아시며 **가슴 지능**
나를 시험하사 내 뜻을 아옵소서 **머리 지능**
내게 무슨 악한 행위가 있나 보시고 **장 지능** 나를 영원한 길로 인도하소서

시편 139:23~24

하나님, 하나님이 저와 함께 계신 것처럼
하나님과 함께 할 수 있도록 저를 곁에 있게 하소서.

- 테드 로더, 은혜의 게릴라

하루 혹은 한 주를 마무리하는 조명하기

너희가 돌이켜 조용히 있어야 구원을 얻을 것이요
잠잠하고 신뢰하여야 힘을 얻을 것이거늘

이사야 30:15

조명하기로 하루를 마무리할 때 수치스러운 마음으로 끝나지 않게 하십시오. 하나님의 임재 가운데 다음 질문에 답하면서 진정한 기쁨과 깊은 괴로움의 패턴을 볼 수 있습니다. 삶이 자신에게 이야기하는 것을 통해 하나님이 하시고자 하는 말씀에 귀 기울여 보십시오. '하나님, 이미 하나님께서 저와 함께 계시니 저도 하나님과 함께 있도록 인도해주십시오.'

1. 하나님이 나와 함께 거하시듯 나도 하나님과 함께 있게 해달라고 구하십시오.
2. 메마름에 이름을 붙여보십시오. 무엇이 힘들었습니까? 언제 거짓 자아가 나타납니까? 가슴과 장 지능이 말하려는 바를 어떻게 무시합니까? 연결의 끊김, 질투, 분노, 두려움, 중독 증상이 나타나도록 삶을 메마르게 하는 것은 무엇입니까? 언제 기쁨을 잃어버립니까? 어떤 상호작용에서 성령의 열매와 반대되는 것들이 나타납니까?
3. 판단을 내려놓고 고백하십시오. '오늘 […무엇을 했을 때] 거짓 자아로 넘어지고 위축이 되었습니다. 저를 용서하시고 새롭게 하소서.'
4. 충만함에 이름을 붙여보십시오. 오늘 혹은 이번 주 좋았던 일은 무엇입니까? 언제 참 자아로 있었습니까? 가슴과 장 지능이 하는 말을 언제 들었습니까? 생명을 주는 것은 무엇이며 진정한 기쁨을 주었던 것은 무엇입니까? 언제 성령의 열매를 경험했습니까?

5. 충만함과 기쁨을 심도 있게 바라보는 일은 중요하지만 분별하기 어려울 수 있습니다. 자신이 희망했던 직장에 다닙니까? 사업을 하고 싶었습니까, 좋은 기업에 취직하고 싶었습니까? 더 자세히 바라보십시오. 무엇을 위해 새로운 일을 시작하려고 합니까? 다른 사람에게 함께 일하자는 제안을 받았습니까? 당신의 열망에 대해 하나님께 귀를 기울이십시오.

   자녀가 삶의 원동력을 줄 수 있기에 간절히 원하지만, 없다고 가정해 보십시오. 계속 자세히 바라보십시오. 예상치 못한 방식으로도 어떻게 내게 기쁨이 생기는지 하나님께 물으십시오. 하나님께서는 항상 최선의 것을 주십니다. 성령님은 우리가 지금 어디에 있든지 당황하지 않으십니다. 듣기 시작하고 알아차리며 내게 생명을 주는 것에 주의를 기울이십시오. 마음과 몸의 지능을 존중하고, 그들이 하고자 하는 말에 귀기울이십시오.

6. 기도하십시오. '오늘 저는 […에서] 생명, 빛, 기쁨을 발견했습니다. 저를 이 감사 가운데 있게 하소서.'

영혼의 자원 6
환영하는 기도
하모니로 가는 길

환영하는 기도는 매일의 평범한 활동을 영적인 훈련으로 만드는, 언제 어디서든 할 수 있는 기도입니다. 견디기 어려울만큼 힘든 곳, 즐거운 곳, 혹은 지겨운 곳에서 하나님을 기쁘게 맞이하는 방법이며 이 기도는 항상 내가 현실을 통제하려는 욕구에 대해 죽는다는 의미를 포함하고 있습니다. 이러한 '죽음'으로 현실을 있는 그대로 받아들이고 그 안에서 하나님을 발견하게 됩니다.

환영하는 기도는 우리를 패턴화된 반응에서 벗어나게 하고 그 순간, 우리에게 성령님이 필요한 상황임을 드러나게 하여 참 자아를 되찾게 합니다. 이는 하나님과 각각의 중심을 연결하는 생명력 있는 길입니다. 하나님은 우리와 연합하시고자 우리를 창조하셨습니다. 다른 사람들로부터 사랑과 인정을 받고자 하는 필요가슴 지능, 삶과 관계에서의 안전과 생존머리 지능, 의사결정 및 삶에 대한 주도권 또는 통제장 지능는 우리의 DNA에 내장되어 있습니다. 애정 어린 연결이 없다면 삶을 충만하게 살 수 없습니다. 신뢰의 관계를 구축하는 안전망이 없다면 우리는 투쟁하거나 도망갈 것입니다. 자유로운 선택을 하는 주체가 없다면, 자신이 아닌 다른 사람의 삶을 살 것입니다. 이처럼 애정, 안전, 주도권은 중요합니다.

그러나 애정, 안전, 주도권을 향한 우리의 필요는 과도하거나 채울 수 없기도 합니다. 충분한 인정, 안전, 통제를 갖지 못했다고 느낄 때, 우리의 행동과 동기는 방어적이고 충동적이며 강박적으로 됩니다. 우리는 현실과 그 안에 있는 사람들을 내가 원하고 필요한 대로 만들고자 달래거나 협박하거나 회유하려고 합니다. 이때가 바로 거짓된 자아를 무너뜨려 달라는 기도가 필요한 순간입니다. 이 상황에서, 변화를 위해 우리가 하나님의 임재 가운데 있도록 기도해야 합니다.

사도 바울은 로마서 12장 2절에서 '너희는 이 세대를 본받지 말고 오직 마음을 새롭게 함으로 변화를 받아 하나님의 선하시고 기뻐하시고 온전하신 뜻이 무엇인지 분별하도록 하라'고 했습니다. 무질서한 충동은 이 세대의 패턴입니다. 환영하는 기도는 이런 충동을 버림으로써 마음을 새롭게 하고 예수님과 함께 하는 순간에 머물게 합니다. 이 기도는 최악의 혹은 최고의 경험으로 데려가서 안전, 애정, 주도권에 대한 우리의 필요를 예수님께 내어드려 다른 가능성을 향해 열리게 합니다.

환영하는 기도의 4가지 방향

▷ 안전과 생존을 위한 나의 욕망을 내려놓습니다.
예수님, 환영합니다. 어서 오시옵소서.
▷ 인정과 애정을 향한 나의 욕망을 내려놓습니다.
예수님, 환영합니다. 어서 오시옵소서.
▷ 통제와 힘을 향한 나의 욕망을 내려놓습니다.
예수님, 환영합니다. 어서 오시옵소서.
▷ 이 현실을 바꾸고자 하는 욕망을 내려놓습니다.
예수님, 환영합니다. 어서 오시옵소서.

예수님께서 이르시되 아버지여 아버지께는 모든 것이 가능하오니 이 잔을 내게서 옮기시옵소서 그러나 나의 원대로 마시옵고 아버지의 원대로 하옵소서 하시고

마가복음 14:36

장 중심을 위한 기도

몸의 이야기

1. 근육이 뭉치고 머리가 지끈거리며 배가 아프고, 얼굴이 붉어지며, 방 안에 들어섰을 때 심장이 멈출 것 같은 때를 알아차리십시오. 온전히 집중하여 그 자리에 머무십시오. 경험하고 있는 것에 주의를 기울이고 열린 마음으로 하나님을 맞이하십시오.
2. 판단을 내려 놓고 몸의 반응을 주의 깊게 관찰하십시오. 분노, 억울함, 통제, 현실을 바꾸려는 반응을 알아차리십시오.
3. 하나님의 임재 안에서 소리를 감지하면 그것이 무엇이든지 간에 수용하십시오. 강요하지 말고 몸이 말하는 것에 이름 붙이며 부드럽게 내어놓고 이야기하십시오. '힘과 통제하려는 욕망을 내려놓습니다. 예수님, 환영합니다. 어서 오시옵소서.' 이런 말이 내 의도와 방식에 대한 작은 죽음입니다. 이러한 죽는 과정을 과소평가하지 마십시오. 성령님이 나를 변화시키는 과정입니다.

가슴 중심을 위한 기도

마음의 이야기

1. 다른 사람과의 연결이 끊어질 때의 느낌을 알아차리십시오. 마음이 어떻게 아프고 깨어지며 두근거리는지 느끼십시오. 인정이나 애정을 받지 못해 불안하고 수치스럽다면, 그 순간 마음을 집중해서 하나님을 받아들이고 내려놓을 때입니다.

2. 천천히 깊이 리듬을 타고 숨을 쉬며 복부가 팽창했다 수축하도록 하십시오. 이것이 괴로움 속에서 하나님을 향한 공간을 만들어 낼 것입니다.

3. 나를 고통스럽게 하는 사람을 마음속에 그려보십시오. 그들이 나에게 어떻게 반응하기를 원합니까? 예수님 안에서 내가 느끼는 감정을 표현해 보고 그 사람을 하나님의 돌보심에 맡기십시오.

4. 두려움, 수치, 연결이 끊어진 고통을 이런 말로 풀어주십시오. '애정과 인정에 대한 갈구를 내려놓습니다. 예수님, 환영합니다. 어서 오시옵소서. 내 안에서 일하여 주시옵소서.'

5. 계속해서 기도할 시간이 된다면 예수님이 나를 환영하시고 나를 인정하며 사랑하신다고 말씀해 주시는 것을 느껴보십시오.

머리 중심을 위한 기도

생각의 이야기

1. 환영하는 기도는 단지 이론이 아니며 현실에 실제적인 일로 일어납니다. 생각을 멈출 수 없거나 분석의 마비에 갇힌 상태가 되는 것이 언제인지 생각해 보십시오. 언제 극단적인 사고를 집요하게 계속해서 합니까? 언제 힘든 생각과 부정적이고 떠나지 않는 비통한 생각에 빠집니까? 이러한 생각 속에서 예수님을 맞이하십시오.

2. 사고의 활동이 두려움이나 안전, 안정성의 이슈에 집중될 때를 알아차리십시오. 무엇이든 떠오르는 것을 환영하십시오.

3. 숨을 천천히 쉬고 몸의 긴장을 푸십시오. 몸이 이완되어야 생각도 편하게 할 수 있습니다. 몸의 이완은 두려운 생각에 내가 상상하는 것과는 다른 결론이 날 수 있다는 신호를 보냅니다.

4. 부드럽게 말하십시오. '안전과 보호에 대한 욕망을 내려놓습니다. 예수님, 환영합니다. 어서 오셔서 예수님의 진리로 내 생각을 정리해 주소서.'

현실을 있는 그대로 받아들이는 기도

우리는 '있는 그대로'의 존재로만 하나님을 만날 수 있습니다. '있는 그대로가 아닌' 모습에서는 불가능합니다. 환영하는 기도의 마지막 방향은 현실을 받아들이고 하나님께 항복하는 것입니다. '현실을 바꾸려는 욕구를 내려놓고 지금 있는 그대로 받아들입니다. 예수님, 환영합니다. 어서 오시옵소서.'라고 기도하십시오.

지금 일어나고 있는 일에 저항할 때, 상황이 달라지도록 우리 자신을 몰아부치는 것입니다. 환영하는 기도는 이러한 저항과 하루 내내 수면 위로 올라오는 분노, 수치, 불안, 두려움을 다룹니다. 내려놓는 일에 저항하게 된다면, '내 저항에 들어오소서. 예수님, 환영합니다. 오셔서 나를 자유하게 하소서.'라고 기도하십시오.

환영하는 기도를 하면 우리를 자동적으로 자극하는 것이 풀어지고 본능적인 거짓 자아의 반응을 멈추게 됩니다. 또한 예수님과 함께 있는 그대로의 순간을 받아들이는 공간을 만들어냅니다.

영혼의 자원 7
상상을 동원한 기도
머리 지능을 확장하기

그러므로 아들이 너희를 자유롭게 하면 너희가 참으로 자유로우리라

요한복음 8:36

상상을 동원한 기도는 하나님의 신성한 이야기에서 자신을 찾고 상상력을 동원해서 하나님의 임재로 들어가는 방식입니다. 어떤 사람들은 상상은 믿을 수 없다고 생각합니다. 물론 상상으로 인해 자칫 길을 잃을 수 있기에 믿을 수 없기는 합니다. 또한 감정도 사실과 무관할 수 있으므로 믿을 수 없다고 배워왔습니다. 사실이 무엇인지 알고 올바로 믿는 것은 중요한 일이며 우리를 성숙하게 합니다. 그러나 이것이 우리가 가지고 있는 전부라면 인간으로 산다는 것은 매우 슬픈 일일 것입니다.

성경에는 하나님을 아는 것이 단지 좌뇌의 생각에서의 작동만은 아니라는 말씀이 많이 있습니다. 하나님에 관한 특이하고 색다른 경험들이 성경 속에 가득합니다. 모든 말씀들이 '이건 항상 이런 뜻이다.'라는 설명과 함께 기록되어 있지도 않습니다. 사람들은 경험, 상상, 만남을 통해 스스로 의미를 만들어냅니다. 이것이 위험하다고 생각하겠지만, 하나님은 이러한 위험에도 별로 개의치 않으십니다.

다음 인물들이 단지 사실만을 바탕으로 하지 않고 어떻게 경험에서 의미를 찾았는지 고찰해 보십시오.

▶ 천사가 아브라함이 하려는 일을 막았다.

▶ 야곱은 하나님의 천사와 겨뤘다.

▶ 모세는 불타는 덤불을 보았다.

▶ 발람은 당나귀의 목소리를 통해 하나님의 음성을 들었다.

▶ 삼손은 하나님의 힘을 느꼈다.

▶ 엘리야는 하나님이 하늘에서 불을 내리시는 것을 보았고 하나님의 속삭임을
들었다.

▶ 이사야는 하나님이 높이 계시고 올림을 받으시며 성전에 가득함을 보았다.

▶ 에스겔은 성전에서 하나님의 영광이 떠나가는 것을 보았다.

▶ 다니엘은 꿈을 꾸었다.

▶ 마리아는 천사와 말을 했다.

▶ 요셉은 꿈을 꾸었다.

▶ 동방박사들은 꿈을 꾸었다.

▶ 베드로, 야고보와 요한은 예수님이 변형되실 때 모세와 엘리야를 보았다.

▶ 바울은 일곱 번째 하늘에 휩싸였다.

▶ 요한은 하늘이 열리는 것을 보았다.

상상을 동원한 기도로 우리는 상상력을 가지고 세 가지 지능을 사용해
서 하나님의 이야기로 들어갈 수 있습니다.

성경을 읽을 때 어떤 일이 일어나는지 알아차리십시오.

머리   장면을 어떻게 상상합니까? 보고 듣고 맛보며 냄새 맡고
　　　주위에 일어나는 일들과의 상호작용을 관찰하십시오.

장　　사람이나 상황에 본능적으로 반응합니까?

가슴　사람이나 상황에 감정적인 반응을 합니까?

이 상황에서 자신에 대해 무엇을 봅니까? 기도를 하는 중에 당신은 하나님께 어떻게 반응하기를 원합니까? 성경 이야기는 기도를 향한 출발점이 될 수 있습니다. 성경 본문을 읽을 때 하나님이 당신을 위해 기도할 거리를 심어놓으셨음을 감지할 수도 있습니다.

상상을 동원한 기도 연습

누가는 마리아가 특이하고 희귀한 경험에 대해 마음을 열어서 어떻게 그 안에 있는 하나님의 부르심에 응답하게 되었는지 기술하고 있습니다. 이 이야기 속으로 들어가 경험할 수 있게 기도하십시오. 마리아와 같은 방에 있다고 상상해 보십시오. 주의깊게 살펴보고 예상 밖의 만남을 누리십시오. 마리아가 어떤 충동을 내려놓아야 하는지 살펴보십시오.

여섯째 달에 천사 가브리엘이 하나님의 보내심을 받아 갈릴리 나사렛이란 동네에 가서 다윗의 자손 요셉이라 하는 사람과 약혼한 처녀에게 이르니 그 처녀의 이름은 마리아라 그에게 들어가 이르되 은혜를 받은 자여 평안할지어다 주께서 너와 함께 하시도다 하니 처녀가 그 말을 듣고 놀라 이런 인사가 어찌함인가 생각하매 천사가 이르되 마리아여 무서워하지 말라 네가 하나님께 은혜를 입었느니라 보라 네가 잉태하여 아들을 낳으리니 그 이름을 예수라 하라 그가 큰 자가 되고 지극히 높으신 이의 아들이라 일컬어질 것이요 주 하나님께서 그 조상 다윗의 왕위를 그에게 주시리니 영원히 야곱의 집을 왕으로 다스리실 것이며 그 나라가 무궁하리라 마리아가 천사에게 말하되 나는 남자를 알지 못하니 어찌 이 일이 있으리이까 천사가 대답하여 이르되 성령이 네게 임하시고 지극히 높으신 이의 능력이 너를 덮으시리니 이러므로 나실 바 거룩한 이는 하나님의 아들이라 일컬어지리라 보라 네 친족 엘리사벳도 늙어서 아들을 배었느니라 본래 임신하지 못한다고 알려진 이가 이미 여섯 달이 되었나니 대저 하나님의 모든 말씀은 능하지 못하심이 없느니라 마리아가 이르되 주의 여종이오니 말씀대로 내게 이루어지이다 하매 천사가 떠나가니라

누가복음 1:26~38

1. 당신의 머리 지능은 이 장면을 어떻게 상상합니까? 무엇이 눈에 띄며 이에 관해 하나님께 무엇을 말씀 드릴 수 있습니까?

2. 마리아가 하나님께 온전히 순종하기 위해 무엇을 놓아야만 했습니까? 당신의 애착에 대해 하나님께 무슨 이야기를 할 수 있습니까?

3. 당신의 장 지능에서 어떤 일이 일어났습니까? 본능적인 반응이 있었습니까? 이 이야기에 대한 장 지능 반응에 대해 하나님께 무엇을 말할 수 있습니까?

4. 이 장면이 전개될 때 무엇을 느꼈습니까? 당신의 가슴이 무엇이라고 이야기합니까? 따뜻함, 현존, 믿음, 소망, 사랑과 같은 충만함을 어디에서 느꼈습니까? 어디에서 두려움, 부재, 무질서한 애착 등의 메마름을 느꼈습니까? 메마름과 충만함에 대해 하나님께 무엇이라고 말씀드릴 수 있습니까?

5. 하나님이 당신을 이 이야기로 초대하십니까?

영혼의 자원 8
하나님의 임재를 연습하기

네가 많은 것을 볼지라도 유의하지 아니하며 귀가 열려 있을지라도 듣지 아니하는도다

이사야 42:20

하나님의 임재와 자신과 타인의 현존을 연습한다는 것은 머리, 가슴, 장 지능을 온전히 집중해 하나님을 경외하고 나와 다른 사람을 존중한다는 것을 의미합니다. 현존은 이미 알고 있는 것보다 더 많은 것을 보며 더 많은 것을 들을 수 있게 합니다.

급하면 현존을 경험하기 어렵습니다. 몸, 생각, 마음이 다음 것을 향해 속도를 낸다면, 이 순간을 놓칩니다. 자신에게 진실하고 최상의 것을 주기 위해서는 현존해야 합니다. 에니어그램 영성훈련은 우리가 힘으로 밀어붙이는 것이 어떻게 우리를 불안으로 몰아가는지 보여줍니다. 말 그대로, 패턴화된 반응은 우리를 밀어 악덕과 거짓 자아에 세워놓습니다. 하나님과 이웃 앞에 현존할 때 우리는 미덕이 발현되며 재능을 활용할 수 있는 존재로 회복됩니다.

각 유형의 모난 가장자리

아래 단어들은 유형마다 무엇이 현존을 떠나 거짓 자아로 살게 하는 지를 보여줍니다.

8유형   힘을 부리기와 몰아붙이기

9유형   힘을 빼기와 뒤로 미루기

1유형   징벌하기와 완벽주의

2유형   사람들을 기쁘게 해주기와 소유욕

3유형   실적중시와 실용주의

4유형   자신에게 빠지기와 자신을 드러내기

5유형   자신을 중시하는 것과 혼자 있기

6유형   편집증과 생각 마비

7유형   놀기와 다양한 관심사

의도적으로 인식하며 기도해야 현존으로 돌아갈 수 있습니다. 토마스 키팅은 '하나님의 임재와 그 분 안에서의 행동에 동참하십시오.'라고 말했습니다.

영적 지도자나 코치, 치료사의 도움을 받아 연습하기

자세

자세는 현존에 영향을 줍니다. 기도와 묵상 중에 열려 있고 깨어있도록 도움을 주는 자세를 실험해 보십시오. 아래의 몇 가지 자세를 시도해 보고 어느 것이 당신에게 효과적인지 확인해 보십시오.

▷ 의자에 앉아 발을 땅에 대고 다리를 꼬지 않고 등을 똑바로 펴기
▷ 허리가 아프면 땅에 등을 대고 누워서 의자에 종아리를 올려놓기
▷ 바닥에 책상다리로 앉아 등을 쭉 펴기
▷ 팔을 올리고 서 있기 ▷ 엎드려 눕기 ▷ 걷기

호흡

호흡은 자동으로 되기에 숨이 차기 전에는 이에 대해 생각하지 않습니다. 하지만 의식하며 호흡을 하면 몸에 대해 인식할 수 있고 현존에 도움이 됩니다. 편안한 자세를 찾았다면, 아래의 질문에 답하기 전에 하나님의 임재 안에, 자신의 현존 가운데 거하십시오.

> 들이쉬며 – 하나님, 하나님께서 이곳에 계십니다.
> 　내쉬며 – 제가 여기 있습니다.
> 들이쉬며 – 좋으신 성령님, 깨닫게 도우소서.
> 　내쉬며 – 하나님의 뜻대로.
>
> **이렇게 호흡기도를 해보십시오.**

현존

아래의 질문은 어디서 현존을 잃어버렸는지를 알아내기 위해 만들어졌습니다. 답하기 전에 자신의 유형에 해당하는 모든 질문을 읽으십시오. 영적인 지도자와 함께라면 그들이 질문을 읽고 당신은 들어도 좋습니다. 아래 특성과 자신의 독특한 방어기제가 어디에서 나타나는지 살펴보십시오.

8유형의 방어기제   **부인**

이것은 현실을 받아들이길 거부하는 것으로 고통, 약함, 감정이 존재하지 않는 척하는 것입니다. 하나님의 임재 안에서 판단을 내려놓고 이런 자신을 인식해 보십시오.

▶ 언제 생각하지 않고 반응합니까?

▶ 흥분된 순간에 어떻게 부드러움과 약함을 무시합니까? 언제 힘과 통제로 이성적인 생각과 따뜻한 마음의 반응을 눌러버렸습니까?

▶ 분노는 어떻게 나타나고 모든 것들과 모든 사람을 '참을 만큼 참았어!'라며 무시합니까? '충분히 잘하지 못했어.'라는 죄책감이 들 때는 언제입니까?

▶ 분노와 통제가 몸에 어떤 영향을 줍니까? 이러한 감정을 언제 처음 느꼈습니까? 이것이 당신에게 어떤 의미입니까?

▶ 오늘의 삶에 현존하도록 성령님이 도와주시기를 원할 때는 어떤 상황입니까?

9유형의 방어기제   **마취**

음식, 술, 오락, 반복적인 생각과 행동의 패턴을 사용해 자신을 잠재운다는 의미입니다. 하나님의 임재 안에서 이런 자신을 인식해 보십시오.

- 언제 자신의 욕구는 알아차리지 못한 채 다른 사람이 원하는 일을 했습니까? 어떤 상황에서 타인이나 다른 것에 신경을 쓰다가 정말 중요한 일을 미루었습니까?
- 고집스러움이 언제 당신을 붙잡습니까?
- 무엇으로 인해 화가 납니까? 언제 수동공격적인 분노가 '더는 못해.'라고 합니까? 언제 죄책감이 들며, '난 부족해.'라고 말합니까?
- 불편함, 스트레스, 갈등에 몸이 어떻게 반응합니까? 이 느낌에 대한 가장 오래된 기억은 무엇입니까? 이것이 당신에게 어떤 의미입니까?
- 오늘의 삶에 현존하도록 성령님이 도와주시기를 원할 때는 어떤 상황입니까?

반동 형성

이는 감정을 통제하기 위해 실제 느끼는 것과는 반대로 표현하는 것입니다. 하나님의 임재 안에서 판단을 내려놓고 이런 자신을 인식해 보십시오.

- 무엇이 옳고 무엇이 그른지, 누가 선하고 악한지를 어떻게 판단했습니까?
- 어떻게 높은 기준을 세워 자신을 비교하고 비난합니까?
- 언제 분노가 나타나고, '무엇을 더 해?'라고 합니까? 언제 죄책감이 들며, '더 했어야 하는데….'라고 말합니까?
- 내면 비평가가 오늘 당신에 대해 무엇이라 말합니까? 이 질문들에 대답할 때 몸의 반응은 어떻습니까? 분노와 죄책감을 느꼈던 가장 오래된 기억은 무엇입니까? 이것이 당신에게 어떤 의미입니까?
- 오늘의 삶에 현존하도록 성령님이 도와주시기를 원할 때는 어떤 상황입니까?

이는 받아들여지지 않는 자신의 감정이나 필요를 누르고, 그 대신 타인 중심의 에너지로 전환하는 것입니다. 하나님의 임재 안에서 판단을 내려 놓고 이런 자신을 인식해 보십시오.

▶ '나는 꼭 필요한 사람이야.'라는 말을 언제 합니까? 언제 아첨합니까? 혹 관심을 얻기 위해 무엇을 줍니까? 사람들이 당신의 보살핌에 부응하지 않을 때 어떻게 반응합니까?

▶ 언제 수치심이 생기고 '나는 사랑받기에 충분하지 않다.'고 여깁니까? '나는 사랑받을 만하다.'는 것을 입증하기 위해 어떻게 과하게 도와줍니까?

▶ 당신은 자신을 도와주기 위해 누가 필요하다고 생각합니까?
그들에게 도움이 필요하다고 말하는 것에 대해 어떻게 생각합니까?

▶ 이런 질문들에 대답할 때 몸의 반응은 어떻습니까? 자신의 감정과 필요를 억압했던 가장 오래된 기억은 무엇입니까? 이것이 당신에게 어떤 의미입니까?

▶ 오늘의 삶에 현존하도록 성령님이 도와주시기를 원할 때는 어떤 상황입니까?

진정한 자신과 연결이 끊어진 채 역할을 완벽히 해내는 것을 의미합니다. 하나님의 임재 안에서 판단을 내려놓고 이런 자신을 인식해 보십시오.

▶ 어떻게 '성공을 위해 허세를 부리는' 방식으로 살아갑니까? 이미지를 어떻게 관리합니까? 역할, 과업, 일에서 자신을 어떻게 잃어버립니까? 있는 그대로 존재하지 못하고 끊임없이 행동할 때는 언제입니까?

- 어떤 부분에서 기만하게 됩니까?
- 지금 무엇을 느끼고 있습니까? 무엇에 수치와 창피함을 느낍니까? 수치와 죄 책감이 언제 나타나며 '유용하지 않다.'고 느낍니까? '나는 유능하다.'는 것을 입증하기 위해 어떻게 일하고 있습니까?
- 이런 질문들에 대답할 때 몸의 반응은 어떻습니까? 자신이 누구인지 증명하려 애썼던 가장 오래된 기억은 무엇입니까? 이것이 당신에게 어떤 의미입니까?
- 오늘의 삶에 현존하도록 성령님이 도와주시기를 원할 때는 어떤 상황입니까?

4유형의 방어기제 　내사

이는 더 독특하게 보이기 위해 무의식적으로 사람이나 사물의 특성을 자신의 행동, 표현, 정신에 결합시키는 것입니다. 하나님의 임재 안에서 판단을 내려놓고 이런 자신을 인식해 보십시오.

- 언제 냉담해지며 독특한 이미지를 표현합니까?
- 누구를, 무엇을 부러워합니까? 어떤 평범한 것을 무시하거나 무가치하게 여깁니까? 지금 당신의 인생에서 무엇을 잃어버렸습니까? 누가 당신을 오해하고 있다고 생각됩니까?
- 수치에 대해 어떻게 생각합니까? 언제 '난 특별하지 않다.'고 느껴져서 고통스럽습니까? 언제 수치심이 들고 '난 버려질 것 같아.'고 느낍니까? '나는 존재할 가치가 있다.'는 것을 입증하기 위해 어떤 노력을 합니까?
- 이런 질문들에 대답할 때 몸의 반응은 어떻습니까? 자신이 충분하지 않음을 느꼈던 가장 오래된 기억은 무엇입니까? 이것이 당신에게 어떤 의미입니까?
- 오늘의 삶에 현존하도록 성령님이 도와주시기를 원할 때는 어떤 상황입니까?

이는 물리적으로 사람에게서 떨어져 있는 것을 의미할 수 있지만, 자신의 머릿속에 머무르고 감정에서 분리된 상태를 포함하기도 합니다. 하나님의 임재 안에서 판단을 내려놓고 이런 자신을 인식해 보십시오.

▶ 다른 사람에게 어떻게 인색합니까? 언제 사람들로부터 숨어버립니까? 자신 안에 감정을 일으키는 누군가를 무시하고 있습니까? 그 이유는 무엇입니까?

▶ 누군가와 접촉하지 않기 위해 어떻게 물리적으로 스스로를 고립시킵니까? 언제 감정을 느끼지 않으려고 머릿속으로 숨어버립니까? 어떻게 독서나 공부에 빠져서 사람들을 보지 못합니까? 어떤 부분에서 욕구를 최소화합니까? 감정을 어떻게 무시합니까?

▶ 언제 '난 충분히 가지지 않았다.'고 생각합니까? 어떤 대가를 치르더라도 얻으려고 애쓰는 것사생활, 시간, 정보 등은 무엇입니까?

▶ 이런 질문들에 대해 생각할 때 몸은 어떤 반응을 보입니까? 충분하지 않다고 느낀 가장 오래된 기억은 무엇입니까? 이것이 당신에게 어떤 의미입니까?

▶ 오늘의 삶에 현존하도록 성령님이 도와주시기를 원할 때는 어떤 상황입니까?

이는 내면의 염려와 두려움을 다른 사람이나 외적인 상황 탓으로 여기는 것을 의미합니다. 하나님의 임재 안에서 판단을 내려놓고 이런 자신을 인식해 보십시오.

▷ 누구에게 두려움이나 감정을 투영시킵니까?

▷ 어떤 상황이 생각 속에서 더 커져 버렸습니까? 내면에서 의심과 질문이 계속됩니까? 어떤 결정을 내리기가 두렵습니까? 무엇을 두려워하고 경계하며 염려합니까?

▷ 이런 질문들이 행동을 취하는 것을 방해합니까? 왜 '난 충분한 자원이 없고 준비가 되지 않았다.'고 생각합니까? 당신이 반드시 얻고자 하는 것은 무엇입니까?

▷ 이런 질문들에 대해 생각할 때 몸은 어떤 반응을 보입니까? 두려움을 느낀 가장 오래된 기억은 무엇입니까? 이것이 당신에게 어떤 의미입니까?

▷ 오늘의 삶에 현존하도록 성령님이 도와주시기를 원할 때는 어떤 상황입니까?

이는 생각에 머물면서 해명하거나, 고통이나 책임을 회피하기 위해 감정이나 행동을 정당화하는 것을 의미합니다. 하나님의 임재 안에서 판단을 내려놓고 이런 자신을 인식해 보십시오.

▷ 누군가의 감정이나 필요를 잊어버립니까? 어떤 고통을 피하고 있습니까?
▷ 활동이나 미래에 대한 계획으로 고통이나 부정적인 감정을 어떻게 회피합니까? 아이디어나 계획들이 당신이 중요한 것에 집중하지 못하도록 어떻게 방해합니까? 일어나고 있는 일을 재구성하는 것은 당신으로 하여금 진실한 것과 필요한 것을 알아내는 데 어떻게 방해가 됩니까?
▷ 새로운 선택지나 가능성이 어떻게 당신과 당신이 좋아하는 사람들에게 상처가 됩니까? 왜 당신은 더 갖고 싶다고 생각합니까? 어떤 대가를 치르더라도 얻으려고 애쓰는 것재미, 자극, 즐거움, 탈출 등은 무엇입니까?
▷ 이 질문들에 대해 생각할 때 몸은 어떤 반응을 보입니까? 이런 감정에 대한 가장 오래된 기억은 무엇입니까? 이것이 당신에게 어떤 의미입니까?
▷ 오늘의 삶에 현존하도록 성령님이 도와주시기를 원할 때는 어떤 상황입니까?

일단 자신이 어디에서 현존을 놓치는지 감지한다면 이는 현존을 훈련할 기회이기도 합니다. 당신이 감정가슴 지능, 생각머리 지능, 본능장 지능, 사람, 하나님, 혹은 자신의 현존을 잃어버리는 장소나 때가 언제인지 찾아보십시오. 이번 주, 반복된 패턴에서 깨어나 존재를 회복하는 훈련을 계속하며 어떤 일이 일어나는지 기록하십시오. 새로운 하모니가 나타나는 것을 어디에서 볼 수 있습니까?

영혼의 자원 9
일하는 방식과 하모니

아무 일에든지 다툼이나 허영으로 하지 말고 오직 겸손한 마음으로 각
각 자기보다 남을 낫게 여기고 각각 자기 일을 돌볼뿐더러 또한 각각 다
른 사람들의 일을 돌보아 나의 기쁨을 충만하게 하라

빌립보서 2:3~4

기대, 역할, 책임, 전략, 목표, 희소한 자원의 분배, 성격, 정치적 이견에
대한 오해는 갈등과 비난을 촉발하기가 쉽습니다. 갈등과 비난은 더 큰 갈
등과 비난을 야기하고, 조화를 이루는 근무 환경은 우연히 만들어지지 않
음을 증명하는 수많은 사례가 있습니다. 조직 환경에서 사람들은 자주 누
가 갈등에서 이기고 비난에서 살아남는지를 가늠하려 하고, 자신의 이익
을 위해 이길 것 같은 편을 지지합니다.

조화로운 업무 문화를 위해서는 의지와 관심이 요구됩니다. 좋은 업무
문화는 함께 일하는 사람들에게 영감을 주거나 그들을 지치게 하는 것이
무엇인지 매일 이해하면서 구축됩니다. 함께 일하는 사람들이 공감과 협
력의 방향으로 움직이기 위해서는 다음의 사실들을 배워야 합니다.

▶ 드러난 갈등과 비난 속에 감춰진 진실과 핵심을 구별하기

▶ 비난은 단지 나에 대한 것이 아니라, 비난하는 사람의 고통에 대한 것일 수 있음을 이해하기

▶ 마땅한 비난과 그로 인한 기분 나쁜 감정을 구별하기

▶ 쟁점 이면의 이슈에 대해 들어보기

▶ 방어 대신 질문하기. 예를 들어, '내가 어떻게 하면 더 잘 할 수 있겠습니까?'

▶ 저주하지 않고 축복하기

에니어그램 영성훈련은 갈등과 비난에 대한 반응을 조절하도록 돕습니다. 동료들의 다양한 업무 스타일, 관점, 강점과 약점을 알고 감사하는 것은 화합과 조화로운 문화의 기초를 형성하고 기대와 판단을 완화하는 데 통찰력을 제공합니다. 여러 목소리와 가치를 인정하고 이를 위한 공간을 마련하는 문화는 다양한 관점으로 풍성해지며, 창의적이고 협력하는 업무 문화를 발전시킵니다. 사람들은 자신이 받아들여진다고 느낄 때 거짓 자아가 자극되기보다 참 자아로 반응을 하는 경향을 보입니다.

당신과 다른 사람들의 반응 패턴을 아는 것은 하모니로 나아가는 결정적인 단계입니다. 다음의 설명을 읽을 때 함께 일하는 사람들을 떠올려보고 그들의 머리, 가슴, 장 지능을 파악해 보십시오. 그들의 움직임을 이해하기 위해서 당신의 머리, 가슴, 장 지능을 어떻게 사용하고 있습니까?

1. 본능 중심_{장 지능} : 현실에 기반을 두고 안정됨

일반적으로 장 지능 사람들은 자신이 살고 일하는 세상을 정의롭고 공정하며 공평하게 만들기를 원합니다. 이를 위해 그들은 일을 시작하며 결단력으로 밀고 나갑니다. 일을 진행시키기 위해, 그들은 대놓고 혹은 은근히 밀어붙이고 괴롭히며 통제하고 화를 표출하기도 합니다. 갈등이 고조되면 8유형과 1유형은 부딪치고, 9유형은 피하거나 숨기도 하지만 사람들이 서로 잘 지내지 않는 것에 대해 분노합니다.

8유형 강력한 사람	활동가, 책임자
영감을 주는 방식	새로운 도전, 강력한 비전, 정의의 문제, 자율성을 갖기, 통제하기, 힘으로 이끌기_{이러한 동기는 어떤 영역이나 사람들에게는 위협으로 여겨질 수 있음}
힘 빠지게 하는 것	행동하지 않고 말만 하기, 강력한 지도자의 부재, 영향을 주지 못하는 상황, 결정하기 위해 기다려야 할 때
일하는 방식	기업가 스타일, 주장하기, 약자를 대변함, 명령하기
조직에 주는 가치	실행, 행동에 나서기, 책임지기, 추진하기
열망	존중, 결과 내기, 공정함, 힘으로 영향을 끼치기, 통제
스트레스나 비난받을 때	힘을 부림, 떠남, 괴롭힘, 보복함, 가혹함
목표에 대한 자세	목표를 세우는 데 함께 했다면 받아들이고 열심히 일함, 지도부가 하는 일이 마음에 들지 않으면 떠남, 목표를 위해 관계를 희생함

영감을 주는 방식	평화로운 상호작용과 진취성, 협력, 친절, 외교술, 평화를 만들고 유지하기
힘 빠지게 하는 것	갈등, 압력, 논쟁
일하는 방식	수용하기, 협력하기, 느긋함
조직에 주는 가치	모든 관점으로 보기, 모두의 목소리를 협상 테이블로 가져오기
열망	마음의 평화, 내면의 안정
스트레스나 비난받을 때	사라짐, 미룸, 수동적 공격, 어떤 대가를 치르더라도 평화를 추구
목표에 대한 자세	목표대로 진행이 안 되면 그만두거나 무감각해지거나 물러나기

영감을 주는 방식	진실, 더 좋게 만들기, 개혁하기, 바르게 하기, 윤리적임, 공정함, 선함에 힘쓰기
힘 빠지게 하는 것	비윤리적인 지도부, 편애, 업무 대충하기, 비난
일하는 방식	품질 관리, 교육하기, 사람들과 과정을 향상시키기 위한 헌신
조직에 주는 가치	시스템 발전시키기, 사람들 관리하기, 조직을 위한 윤리 기준, 분별
열망	존중, 수고에 대한 지지와 감사
스트레스나 비난받을 때	분노, 곱절로 열심히 일하기, 비난, 비판, 엄격, 분개, 나쁜 사람들과 상호작용을 거부, 과민
목표에 대한 자세	자신이 믿고 있는 목표를 위해 열심히 일하기, 다른 사람들이 목표를 이루기 위해 일하는지 안 하는지 판단하기

2. 감성 중심_{가슴 지능}: 사람들에게 연결되고 관심을 가짐

일반적으로 가슴 지능 사람들은 갈등 상황에서도 연결이 강하게 유지되기를 원합니다. 심지어 적이라 해도 그들을 향해 다가가며, 서로 좋은 해결책을 찾기 위해 협력하고자 합니다. 갈등이 지나치게 심해지면, 2유형과 4유형은 양보하고 관계를 위해 목표와 자신을 희생합니다. 3유형은 종종 목표를 위해 버티고 흥정하며 맞는 사람과만 일하려는 경향이 있습니다.

2유형 사랑하는 사람	조력자, 베푸는 사람
영감을 주는 방식	다른 사람을 돌보기, 사람들과 조직에 도움을 주기, 필요한 사람되기
힘 빠지게 하는 것	불필요한 사람으로 여겨지기, 인정과 지지를 받지 못함, 사람보다 일을 우선할 때
일하는 방식	사람 지향, 필요 중심
조직에 주는 가치	필요한 것을 파악하여 필요를 채우기
열망	사람들을 기쁘게 하기, 동료들과 자신이 봉사하는 사람들에게서 인정과 감사를 받기
스트레스나 비난받을 때	과민, 이용당했다고 느낌, 불평, 비난, 험담, 감사해하지 않는 사람들에게 앙심을 품음
목표에 대한 자세	사람보다 일이 우선순위가 될 때는 목표를 수용하지 않음, 거의 매번 조직의 목표보다 소속을 선택하여 과업지향적이지 않는 것처럼 여겨짐

　리더, 성취가

영감을 주는 방식	원대한 목표, 측정 가능한 결과물, 체계적이고 개인적인 성공, 성취, 갈채, 지도자의 자리, 생산성
힘 빠지게 하는 것	방향성 부재, 성공에 대한 정의가 없음, 지지하지 않거나 열정 없는 동료
일하는 방식	책임지기, 효율적임, 과업 지향, 경쟁적임, 열정적임, 연결하기
조직에 주는 가치	목표 설정, 효율성 향상, 완수, 공동체 정신
열망	조직을 기쁘게 하기, 성공, 좋은 인상 주기, 인정받기, 목표 성취
스트레스나 비난받을 때	상처받음, 성공한 것처럼 보이려고 계속 애씀, 다른 사람에게 비현실적인 것 기대함, 업무 우선, 일 중독
목표에 대한 자세	목표를 완수하기 원하고 자신들이 목표에 전념하듯이 남들도 그렇게 하길 원함, 목표와 관련된 생산성과 효율성을 원함, 일이 이루어지도록 할 수 있음, 목표를 위해 사람과의 관계를 등한시함

영감을 주는 방식	창의적이고 의미 있는 일, 깊은 연결, 특별한 과업, 독특한 경험을 만들어내는 기회
힘 빠지게 하는 것	판에 박힌 일, 반복, 규칙, 자율성 없음, 너무 많은 회의, 순응, 독창적인 기여를 위한 기회가 부족함, 감사의 부족
일하는 방식	표현 중심, 독특한 아이디어와 기여
조직에 주는 가치	창의성, 부족한 것을 찾아내기, 공감, 안목, 창의적이고 새로운 방식으로 사물을 봄
열망	자유, 의미 있는 기여에 대한 반응, 지속적인 연결
스트레스나 비난받을 때	낙담, 자기 회의감, 물러남, 지지하지 않음, 관계를 유지하려 노력함, 상황을 극적으로 해석
목표에 대한 자세	순응을 요구하는 목표에 공감하지 않음, 자신만의 독특한 방식을 추구, 목표보다 관계를 선택함

3. 사고 중심머리 지능: 선견지명이 있고 호기심 많음

일반적으로, 머리 지능 사람들은 갈등과 그로 인한 고통, 감정적인 소모, 눈물을 피하길 원합니다. 이들은 발끈하거나 꾹 참으며 자신의 생각이나 이상을 확고히 합니다. 권위자를 검열하거나 입장을 증명하기 위해 조사하고 이런 노력에 승산이 있기를 원합니다. 승산이 없다고 생각되면 5유형은 뒤로 물러나고 6유형은 타협하기를 거부하고 과정이나 사람을 비난하거나 공격할 수 있습니다. 7유형은 갈등을 축소하거나 주제를 바꿈으로써 이를 회피할 방법을 찾을 것입니다.

5유형 현명한 사람	지혜로운 관찰자
영감을 주는 방식	지적인 성장, 연구, 가르침, 훈련, 변증, 자기 분야에서 중요하고 획기적인 공헌하기
힘 빠지게 하는 것	다른 사람과 나누고 연결되도록 강요받기, 여러 사람이 동시에 자유롭게 자기 생각을 제시하는 방식, 사람들이 준비되지 않아서 시간이 낭비되는 것, 각종 회의들
일하는 방식	깊이 생각하기, 정보를 체계화하기
조직에 주는 가치	분석, 큰 그림 그리기
열망	사생활, 공간, 아이디어를 기반으로 한 연결
스트레스나 비난받을 때	생각 과다, 과도한 예측, 거들먹거림, 입장을 증명하기 위한 정보 수집, 잘 듣지 않음, 다른 사람과 분리
목표에 대한 자세	이해되는 목표일 때 지지, 목표에 대해 행동하기보다 생각하기, 목표를 위해 사람과의 관계를 등한시함

영감을 주는 방식	대의와 공익을 위한 헌신, 올바른 질문 하기, 책임감, 의무, 안전
힘 빠지게 하는 것	자신과 공익에 대한 위협, 명확한 지시 결여, 믿을 수 없는 권위자
일하는 방식	팀으로 일하기, 동의하기, 경쟁 피하기, 팀에 소속되기
조직에 주는 가치	만일의 사태에 준비하기, 어려운 질문 던지기, 최악의 시나리오에 대비하기, 계획 수립, 분별력
열망	믿을만한 사람 되기, 진실하기, 헌신되고 충직한 관계, 사람들이 각자의 의무를 끝까지 해내기를 원함
스트레스나 비난받을 때	안전하지 않게 느낌, 두려움, 경계, 믿을 수 없음, 분석 능력을 마비시킴, 극단적인 생각에 빠짐, 만약의 경우를 생각하면서 진행과 결정의 속도를 늦춤
목표에 대한 자세	처음에는 질문하며 목표를 뒤로 미뤄놓을 수 있음, 리더의 동기를 신뢰하면 헌신하고 자기의 의무를 용감하게 이행함, 리더를 믿을 수 없다면 반대 진영으로 넘어갈 수 있음

영감을 주는 방식	다양성, 창의력, 선택, 재미있는 일을 만드는 기회
힘 빠지게 하는 것	제한, 반복, 면밀한 감독, 문서 작업
일하는 방식	사교적임, 전략적임, 공상적임, 틀에서 벗어난 생각
조직에 주는 가치	아이디어, 혁신, 재미, 열정, 할 수 있다는 낙관
열망	고통과 부정적인 상황을 피하기, 즐거운 사람과 다니기
스트레스나 비난받을 때	축소하기, 계획, 전략, 중독 등으로 주의를 딴 곳으로 돌리기, 공상하기, 도망갈 방법 떠올리기, 심각한 것을 진지하게 대하기를 거부
목표에 대한 자세	희생과 인내가 필요한 집단의 목표에 집중하기 어려움, 좀 더 만족스럽고 손쉬운 목표를 찾아 옆길로 샘

업무적 관계들과 목표에서 하모니를 이루기

아홉 가지 유형 모두 일과 관계를 바라보는 독특한 관점이 있습니다. 조직의 시스템은 종종 회사 대표의 스타일에 따라 목표를 설정하고 직원들을 고용 또는 해고하며 성공을 측정합니다. 다음 제안들은 업무 문화에 건강한 변화가 일어나도록 도움을 줄 것입니다.

1. 의도적으로 다양한 유형의 사람을 고용해 머리, 가슴, 장 지능을 대표하는 팀을 만들어 보십시오.

2. 직원, 자원봉사자, 팀 구성원에게 에니어그램을 가르쳐서 하모니의 언어로 문화를 형성하도록 하십시오. 다양한 업무처리 방식을 인정하고 강점과 약점, 미덕과 악덕의 안전한 언어를 사용하는 문화가 바탕이 되어 어려운 사안에 대한 갈등이 있어도 대화할 수 있고 분별하는 방법을 배우게 될 것입니다.

3. 리더, 매니저, 직원, 자원봉사자들이 어떤 거짓 자아로 인해 불건강하게 반응하게 되는지 알 수 있도록 질문을 하십시오. '어떤 특정 중심이나 유형에 대한 정보를 받아들이기 어렵거나 쉽습니까? 이에 대해 그들이 무엇을 하기 원합니까?'

4. 갈등은 종종 기대, 목표, 성격, 역할, 책임을 잘못 이해하거나 조정이 부족한 지점에서 야기됩니다. 갈등 상황에서, 다양한 유형은 이를 어떻게 받아들일지 숙지해보고 위에서 설명한 내용을 참고하십시오. 당신은 어떤 부분이 자극되어 갈등을 촉발하는지 알 수 있습니까? 또한 목표를 향한 다양한 반응들을 존중할 수 있습니까?

조직의 이슈 해결 연습하기

▷ 토론을 위해 한 가지 사안이나 결정을 선택하십시오. 구성원을 유형에 따라 머리, 가슴, 장 지능으로 나누십시오.

▷ 머리 지능 그룹에게 가슴 지능 사람들이 사안을 다루는 방식에 대해 어떻게 생각하는지 물으십시오. 각 그룹이 아이디어를 발표하고 가슴 지능 그룹에서 대답하도록 하십시오.

▷ 가슴 지능 그룹에게 장 지능 사람들이 사안을 다루는 방식에 대해 어떻게 생각하는지 물으십시오. 각 그룹이 아이디어를 발표하고 장 지능 그룹에서 대답하도록 하십시오.

▷ 장 지능 그룹에게 머리 지능 사람들이 사안을 다루는 방식에 대해 어떻게 생각하는지 물으십시오. 각 그룹이 아이디어를 발표하고 머리 지능 그룹에서 대답하도록 하십시오.

▷ 이를 통해 어떤 통찰력을 갖게 되었습니까? 다른 사람의 관점으로 본다는 것에 대해 어떻게 생각합니까?

▷ 토론을 위해 한 가지 문제나 결정사안을 선택하십시오. 구성원을 하모니 삼각형에 따라 나누십시오. 각 그룹이 자신들이 알아낸 것을 발표하도록 하십시오. 같은 하모니 삼각형의 사람들과 있을 때는 어떤 차이가 납니까? 무엇이 쉬워졌고 무엇이 어려워졌습니까?

리더를 위한 기도

밖으로 자랑을 드러내는 대신
저 자신에 대해 조용히 미소 지을 수 있게 해 주십시오.

터무니없는 행동을 하기 전에
저의 어리석음을 알게 해 주십시오.

겸손할 때, 가장 인간적이고 가장 진실하며
하나님이 깊이 생각하시는 귀한 자임을 깨닫게 해 주십시오.

영혼의 자원 10

하모니 삼각형

전문 코치와 내담자를 위한 기본 안내서

▶▶▶ 하모니 삼각형 요약: 8유형, 2유형, 5유형

	8유형	2유형	5유형
중심 지능	**장**	**가슴**	**머리**
중심 지능의 건강한 상태	- 하나님의 강력한 보호와 힘을 반영 - 행동을 위해 상당한 양의 에너지를 사용 - 하나님 뜻에 맞는 삶을 위해 힘을 사용	- 하나님의 사랑을 반영 - 거룩한 사랑을 구현 - 마음이 따뜻하고, 공감하며, 자신을 희생하고, 관계를 쉽게 맺으며, 돌보고, 조건 없이 사랑	- 하나님의 지혜를 반영 - 지성으로 다른 사람을 섬김 - 객관적이고, 호기심이 많으며, 혁신적이고, 집중
참 자아	강함	사랑	지혜
생각하는 방식	변증적	관계적	분석적
관계 맺는 방식	결정하기	베풀기	지적으로 보이기
행동 방식	감독자	돕는 사람	체계화하는 사람
삶의 에너지가 활발할 때	**외향적인 / 적극적인** - 상황을 감지하며 일이 되도록 결단하고 행동	**조화로운 / 균형 잡힌** - 세심하고 보살핌	**내향적인 / 수용적인** - 공감과 이해에 바탕을 두고 현실적
삶의 에너지가 위축되었을 때	거리낌 없고 제한받지 않는 행동과 공격성 보임	편협해지고 경직성 증가함	뒤로 물러나 움직이지 않음
상대에 대한 움직임	대항하기, 권리 주장하기	타인 지향적임, 순응하기	거리를 둠, 뒤로 물러서기
고통의 감정	분노	수치	두려움
가장 본능적인 필요	힘과 통제	인정과 사랑	안전과 생존
갈등에 대한 반응	**갈등을 유지하고 표현** - 우려, 감정, 입장을 표현 - 이해받고 원하는 바를 얻기 위해 자기 입장을 강화하고 증폭	**재구성과 시선 전환** - 갈등을 덮음 - 연결 및 관계와 상황을 어떻게 좋아지게 할지 모색	**억제와 은폐** - 이성적, 분석적 - 감정을 억누름, 나름의 '객관성' 유지를 위해 감정과 거리를 둠 - 지적인 해결책과 합당한 조치를 찾음
감정 조절에서의 어려움	다른 관점을 듣지 않음, 갈등 상황을 증폭	필요한 대립과 당면한 문제 탐색을 회피	감정의 깊이와 의미를 인정하지 않고 감정을 저평가

하모니 삼각형 요약: 9유형, 3유형, 6유형

	9유형	3유형	6유형
중심 지능	**장**	**가슴**	**머리**
중심 지능의 건강한 상태	- 하나님의 평화를 반영 - 수용하고, 신뢰하며, 차분하고, 온화하며, 친절하고, 느긋하며, 태평하고, 도와주며, 판단하지 않음 - 수용과 편함을 만듦	- 하나님의 효율성을 반영 - 동기부여를 하고, 활력을 주며, 연결되고, 잘 적응 - 성취지향적이고, 매료시키며, 능숙하고, 격려	- 하나님의 신실하심과 약속을 반영 - 충성스럽고, 믿을 수 있고, 열심히 일하며, 책임감 있음, 예측 가능함, 호기심 - 통찰력 있는 질문을 함, 안전성, 확실한 것을 선호
참 자아	평화	성취	충성
생각하는 방식	전체론적	효율적	공동체 중심적
관계 맺는 방식	수용하기	생산적인 관계	충성하기
행동 방식	중재자	동기부여자	팀이 중심인 사람
삶의 에너지가 활발할 때	**내향적인 / 수용적인** - 판단하지 않고 참여, 평화적인 행동	**외향적인 / 적극적인** - 섬기는 리더십, 현존하면서 유대감을 느낄 때 결과물을 만듦	**조화로운 / 균형 잡힌** - 불안하지 않은 경계심, 충실함
삶의 에너지가 위축되었을 때	뒤로 물러나 움직이지 않음	거리낌 없고 제한받지 않는 행동과 공격성 보임	편협해지며 경직성 증가
상대에 대한 움직임	거리를 둠, 뒤로 물러서기	대항하기, 권리 주장하기	의무 충실, 의문 갖기
고통의 감정	분노	수치	두려움
가장 본능적인 필요	힘과 통제	인정과 사랑	안전과 생존
갈등에 대한 반응	**억누름과 시선 전환** - 갈등을 덮고 긍정적인 면으로 향함 - 더 나은 대안을 찾고 상황을 재구성	**억제와 은폐** - 이성적, 분석적 - 감정을 덮어버리고 객관적 상태를 유지하기 위해 감정과 거리를 둠 - 지적인 해결책과 합당한 조치를 찾음	**갈등을 유지하고 표현** - 우려, 감정, 입장을 표현 - 이해받고 원하는 바를 얻기 위해 자기 입장을 강화하고 증폭
감정 조절에서의 어려움	필요한 대립과 당면한 문제 탐색을 회피	감정의 깊이와 의미를 인정하지 않고 감정을 저평가	다른 관점에 의문을 가짐, 갈등상황을 증폭

▶▶▶ 하모니 삼각형 요약: 1유형, 4유형, 7유형

	1유형	4유형	7유형
중심 지능	장	가슴	머리
중심 지능의 건강한 상태	– 하나님의 거룩한 선함을 반영 – 다른 사람의 존엄성을 알아봄 – 양심적이며, 균형 잡히고, 책임감 있음. 섬김, 정직한 삶에 전념	– 하나님의 근원성을 반영 – 독창적, 내적 창의성, 진실함, 민감함, 신비주의, 자기 표현을 함, – 감정에 정직함, 깊음, 직관적, 개인적	– 하나님의 무한한 기쁨을 반영 – 열정적, 기쁨 충만, 낙관적, 즉흥적, 모험적 – 활력과 상상에 집중
참 자아	선함	창의성	기쁨
생각하는 방식	이상적	개인적	긍정적
관계 맺는 방식	개선하기	느낌 표현하기	반응하기
행동 방식	안정시키는 사람	개인적인 사람	응원하는 사람
삶의 에너지가 활발할 때	**조화로운 / 균형 잡힌** – 체계적이고 주도적으로 문제를 해결	**내향적인 / 수용적인** – 깊은 존재 – 공감과 이해를 확인	**외향적인 / 적극적인** – 실제로 일이 되도록 결단력 있게 행동 – 기민하고 차분
삶의 에너지가 위축되었을 때	편협해지며 경직성 증가	위축되고 예술적으로 표현	거리낌 없고 제한받지 않는 행동과 공격성
상대에 대한 움직임	의무적, 순응하기	거리를 둠, 뒤로 물러서기	주장하기
고통의 감정	분노	연결의 상실을 과장해서 느끼는 수치	두려움
가장 본능적인 필요	힘과 통제	인정과 사랑	안전과 생존
갈등에 대한 반응	**억제와 은폐** – 감정을 억누름, 나름의 '객관성' 유지를 위해 감정과 거리를 둠 – 지적인 해결책과 합당한 조치를 찾음	**갈등을 유지하고 표현** – 우려, 감정, 입장을 표현 – 이해받고 원하는 바를 얻기 위해 자기 입장을 강화하고 증폭	**재구성과 시선 전환** – 갈등을 덮고 긍정적인 면으로 향함 – 더 나은 대안을 찾고 상황을 재구성
감정 조절에서의 어려움	감정의 깊이와 의미를 인정하지 않고 감정을 저평가	다른 관점을 내면화, 갈등 상황을 증폭	필요한 대립과 당면한 문제 탐색을 회피

영혼의 자원 11
에니어그램 유형 파악하기

이 책은 에니어그램 아홉 가지 유형의 특징들에 관한 설명을 읽으며 자신과 가장 비슷한 한두 개의 유형을 선택하도록 구성되었습니다.

방해받지 않는 조용하고 편안한 장소를 찾아 숨을 깊이 쉬며 천천히 마음을 가라앉히고 현재의 자신을 인식하십시오. 불안을 느낀다면 우리 각자는 하나님께서 만드신 걸작품임을 기억하십시오. 당신의 성격유형을 찾기 위한 이 과정에서 겪는 어떤 경험이라도 모두 당신을 위해 선하게 작용할 것입니다.

하나님께 이전에는 발견하지 못했던 것에 대해 자신을 열어주실 것을 구해도 좋습니다. 다음과 같은 간단한 기도도 충분합니다.

'예수님, 보기를 원합니다. 성령님, 마음과 생각, 본능을 밝히 비춰주시옵소서. 아멘.'

각 유형의 첫 페이지에 있는 문장들은 각 유형의 삶을 바라보는 전반적인 기준을 보여줍니다. 더 나은 유형은 없으니 자신이 되고 싶은 유형을 선택하지 마십시오. 모든 단락을 천천히 자세히 읽으십시오. 두 개의 유형이 헷갈린다고 염려하거나 너무 깊이 생각하지 않아도 됩니다. 우리는 어떤 유형이든 그 이상의 존재이며 한 개 이상의 유형에 공감할 수도 있습니다. 어떤 설명이 자신을 가장 잘 나타내는 것 같습니까?

일단 에니어그램 유형을 찾았다면, 자신의 유형이 어디에 속하는지 표시해 보십시오.

하모니 삼각형은 서로 다르지만 동등하게 중요한 세 가지 지능을 보여줍니다. 감정이나 가슴 지능2, 3, 4유형, 사고나 머리 지능5, 6, 7유형, 본능이나 장 지능8, 9, 1유형입니다. 대부분 한 가지 유형이 다른 유형보다 우세하지만, 이 세 개의 중심 지능은 우리 모두에게 있습니다.

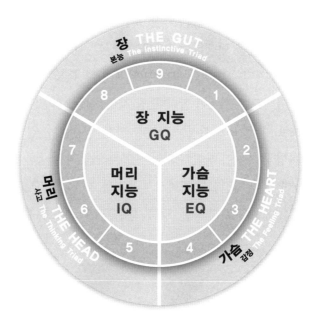

영혼의 자원 12

공감에 대한 소그룹 토의

이번에 소개할 영혼의 자원은 다른 유형이 삶을 살아가는 방식에 대해 당신의 수용과 저항을 탐색하는 기회입니다. 각 에니어그램 유형은 하나님의 속성 중 한 가지를 반영합니다. 이 땅에서 하나님의 형상을 반영하기 위해서는 참 자아로 존재해야 합니다. 참 자아는 진정한 자아를 나타내고 때때로 스스로 '나'라고 느껴지는 자아가 거짓 자아일 수 있습니다. 이 장에서는 각 유형의 특성이 자신의 거짓 자아를 어떻게 자극하는지 알게 됩니다. 성령님께서 이 시간을 인도하셔서 우리를 치유하고 긍휼히 여기시며 우리가 참 자아에 머무르게 하는 '멈춤' 훈련을 이끄시도록 하십시오.

대화를 위한 지침

각 유형의 주제 7인 공감하기가 각 에니어그램 유형에 대한 애정을 갖게 해서 우리의 머리, 가슴, 장 지능을 여는 데 도움이 되기를 바랍니다.

각 유형의 거짓 자아에 대한 해독제 부분도 포함해서 그 유형의 사람들이 이에 대해 어떻게 공감하는지 질문하십시오.

참가자들이 '나' 진술 방식을 사용해서 자기 생각, 마음, 몸의 본능을 이야기해야 합니다. 유형의 거짓 자아의 모습을 비난해서는 안 됩니다. 각 유형에서 어떤 부분이 당신의 거짓 자아를 자극하는지 알고, 유형마다 참 자아로 나아오도록 부르실 때 무엇이 어려운지 관찰하십시오.

8유형

▷ 8유형은 에너지가 큽니다. 언제 그 큰 에너지를 사용합니까? 에너지를 표현하는 것에 대해 어떻게 생각합니까?

▷ 8유형의 어떤 특성이 당신의 거짓 자아를 자극합니까?

8유형의 거짓 자아에 대한 해독제

8유형은 한계를 뛰어넘는 힘을 가지고 있습니다. 바울은 초기 교회에서 강하고 도전적인 힘을 사용하여 때로 도움이 되지 않는 방법으로 소요를 일으켰습니다. 바울의 길들여지지 않은 힘에 대한 해독제는 '육체의 가시'고린도후서 12:7입니다. 이것은 그가 약하고 한계를 지닌 존재임을 느끼게 했습니다.

바울은 약함을 가져가 주시길 기도했지만 사라지지 않았고 그 한계를 '하나님의 능력이 약한 데서 온전하여짐이라. 그러므로 도리어 크게 기뻐함으로 나의 여러 약한 것들에 대하여 자랑하리니 이는 그리스도의 능력이 내게 머물게 하려 함이라'고린도후서 12:9라고 말하며 극복했습니다.

▷ '육체의 가시'를 갖는다는 것이 무엇을 의미합니까? 당신의 육체의 가시는 무엇입니까?

▷ 당신은 8유형의 약점을 있는 그대로 볼 수 있습니까? 이런 경험을 한 적이 있습니까? 약해 보이는 것으로 인해 괴로워하는 사람에게 연민을 느낍니까?

9유형

▶ 9유형은 중재하고 협력적인 성향을 가지고 있습니다. 당신은 언제 부드러운 본능이 나타납니까? 자신을 이런 방식으로 표현하는 것이 어떻습니까?

▶ 9유형의 어떤 특성이 당신의 거짓 자아를 자극합니까?

9유형의 거짓 자아에 대한 해독제

예수님은 어떤 대가를 치르더라도 평화를 유지하려는 왜곡된 욕망에 대한 해독제를 분명히 알고 계십니다. 예수님은 '천국은 침노를 당하나니 침노하는 자는 빼앗느니라'마태복음 11:12고 말씀하셨습니다. 삶을 항상 느긋하게 살 것이 아니라 어떤 일은 행동이 필요하며 열정적으로 붙잡아야 하는 때가 있습니다. 머리, 가슴, 장 지능을 건강하게 활용하는 9유형은 이 땅에서 조화를 위해 힘을 낼 수 있습니다.

▶ 무언가를 힘차게 밀고 나가며 열정적으로 붙잡는다는 것이 당신에게 무엇을 의미합니까?

▶ 당신은 9유형이 하나님과 이 세상의 요구에 대해 깨어나도록 어떻게 격려할 수 있습니까?

1유형

▷ 1유형은 사람들이나 조직, 삶이 더 나아지도록 도울 때 힘이 납니다. 당신은 언제 개선하고 싶습니까? 이런 방식으로 자신을 표현하는 것이 어떻습니까?

▷ 1유형의 어떤 특성이 당신의 거짓 자아를 자극합니까?

1유형의 거짓 자아에 대한 해독제

이 세상에 선함을 나타내려면, 1유형은 참 자아의 선함을 먼저 보아야 합니다. 1유형의 생각이 변화할 때 판단 대신 내면의 자유가 찾아옵니다.

> 그러므로 너희는 하나님이 택하사 거룩하고 사랑받는 자처럼 긍휼과 자비와 겸손과 온유와 오래 참음을 옷 입고 누가 누구에게 불만이 있거든 서로 용납하여 피차 용서하되 주께서 너희를 용서하신 것같이 너희도 그리하고
>
> 골로새서 3:12~13

▷ '긍휼과 자비와 겸손과 온유와 오래 참음을 옷 입고'라는 말씀에서, 바울은 당신이 무엇을 하기를 요청하고 있습니까?

▷ 당신은 1유형을 어떻게 격려해서 그들이 이미 '거룩하고 매우 사랑받음'을 알면서 살게 할 수 있습니까?

2유형

▶ 2유형은 사랑의 에너지를 가지고 있습니다. 언제 다른 사람들을 사랑함으로
인해 힘이 생깁니까? 다른 사람에 대한 사랑을 표현하는 것이 어떻습니까?

▶ 2유형의 어떤 특성이 당신의 거짓 자아를 자극합니까?

2유형의 거짓 자아에 대한 해독제

사도 바울은 사람을 기쁘게 하려는 왜곡된 욕망에 대한 해독제를 분명
히 알고 있습니다.

> 이제 내가 사람들에게 좋게 하랴 하나님께 좋게 하랴 사람들에게 기쁨
> 을 구하랴 내가 지금까지 사람들의 기쁨을 구하였다면 그리스도의 종이
> 아니니라
>
> 갈라디아서 1:10

예수님은 2유형이 할 수 없는 것이 아니라 단지 자신들이 할 수 있는 만
큼만 섬기도록 부르십니다.

▶ 당신의 삶에서 '사람들을 기쁘게 하려는 것'은 어떤 모습입니까?

▶ 당신은 2유형이 하나님이 맡기신 만큼만 하도록 어떻게 격려할 수 있습니까?

3유형

▷ 3유형은 활동하며 생산적일 때 힘이 납니다. 이런 특징이 당신 안에 있습니까? 무언가를 하기 원하고 되게 만드는 것에 대해 어떻게 생각합니까?

▷ 3유형의 어떤 특성이 당신의 거짓 자아를 자극합니까?

3유형의 거짓 자아에 대한 해독제

3유형은 세상을 구할 위대한 자가 되기 위해 애쓸 수 있습니다. 그런데 인간에게는 에너지, 헌신, 가족에 대한 책임 등의 한계가 있기 마련입니다. 성취, 비교, 경쟁, 한계를 뛰어넘으려는 왜곡된 욕망에 대한 바울의 해독제는 고린도후서에서 찾을 수 있습니다.

> 우리는 자기를 칭찬하는 어떤 자와 더불어 감히 짝하며 비교할 수 없노라… 그러나 우리는 분수 이상의 자랑을 하지 않고 오직 하나님이 우리에게 나누어 주신 그 범위의 한계를 따라 하노니… 우리는 남의 수고를 가지고 분수 이상의 자랑을 하는 것이 아니라… 이는 남의 규범으로 이루어 놓은 것으로 자랑하지 아니하고… 옳다 인정함을 받는 자는 자기를 칭찬하는 자가 아니요 오직 주께서 칭찬하시는 자니라
>
> 고린도후서 10:12~18

▷ 이 본문은 결과물을 내고 화려하게 살려는 당신의 욕망에 대해 무엇이라고 이야기합니까?

▷ 당신은 어떻게 3유형을 칭송하지 않으면서도 그들의 높은 생산성을 인정하고 감사할 수 있습니까?

4유형

▶ 4유형은 아름다움과 창의력으로 힘을 얻습니다. 당신은 어떤 부분에 창의적인 에너지를 갖고 있습니까? 아름다움을 만들고 창의성을 나타내는 것에 대해 어떻게 생각합니까?

▶ 4유형의 어떤 특성이 당신의 거짓 자아를 자극합니까?

4유형의 거짓 자아에 대한 해독제

4유형의 방어기제인 내사와 질투에 대한 해독제는 잠언에서 찾을 수 있습니다.

> 평온한 마음은 육신의 생명이나 시기는 뼈를 썩게 하느니라… 선한 말은 꿀송이 같아서 마음에 달고 뼈에 양약이 되느니라 _잠언 14:30, 16:24

'선한 말'은 4유형의 끝없는 질투에 해독제가 됩니다. 자신 안에 있는 아름다움과 진실, 완벽하지 않은 현실에 마음을 연다면 이들의 질투가 완화될 수 있습니다.

▶ 위의 잠언 말씀에서 어떤 점이 마음에 들어옵니까?

▶ 당신은 지금 그대로 충분하다고 어떻게 4유형을 격려할 수 있습니까?

5유형

▷ 5유형은 생각과 배움을 통해 활력이 생깁니다. 당신은 언제 새로운 것을 배우면서 활력을 느낍니까? 배운 것을 표현하는 것이 어떻습니까?
▷ 5유형의 어떤 특성이 당신의 거짓 자아를 자극합니까?

5유형의 거짓 자아에 대한 해독제

5유형은 내적 공허함을 채우고자 새로운 것을 끊임없이 배우다가 고립될 수 있습니다. 문제는 '새로운' 것은 오래가지도 않고 공허감도 채울 수 없다는 것입니다. 정보를 향한 탐욕에 대한 해독제는 하나님을 아는 것, 하나님이 깨닫게 하시는 것에서 찾을 수 있습니다. 시편 139편 1~6절에서 시편 기자는 하나님에 의해 온전히 알게 된 경이로움을 묵상합니다.

> 여호와여 주께서 나를 살펴보셨으므로 나를 아시나이다 주께서 내가 앉고 일어섬을 아시고 멀리서도 나의 생각을 밝히 아시오며 나의 모든 길과 내가 눕는 것을 살펴보셨으므로 나의 모든 행위를 익히 아시오니 여호와여 내 혀의 말을 알지 못하시는 것이 하나도 없으시니이다 … 이 지식이 내게 너무 기이하니 높아서 내가 능히 미치지 못하나이다

시편 마지막에, 시편 기자는 하나님께서 이미 자신을 아심에도 불구하고 하나님께 자신을 살펴달라고 기도합니다.

> 하나님이여 나를 살피사 내 마음을 아시며 나를 시험하사 내 뜻을 아옵
> 소서 내게 무슨 악한 행위가 있나 보시고 나를 영원한 길로 인도하소서
>
> 시편 139:23~24

창조주가 무한히 아신다는 것은 5유형이 자신의 지혜가 자신과 이웃을 위한 하나님의 선물임을 받아들이게 하는 안전한 기반이 됩니다.

▷ 하나님께서 당신을 아는 것에 대해 어떤 생각이 듭니까? 마지막으로 하나님께서 당신을 살피시도록 초청한 때가 언제였습니까?

▷ 이 본문은 5유형에게 지식이 무엇을 의미하는지 이해하도록 어떻게 돕습니까?

6유형

- 6유형은 사람들의 성장을 돕는 공동체에서 힘을 얻습니다. 당신은 공동체를 섬기면서 언제 활력을 느낍니까? 공동 선을 위한 일에 참여한다는 것에 대해 어떻게 생각합니까?
- 6유형의 어떤 특성이 당신의 거짓 자아를 자극합니까?

6유형의 거짓 자아에 대한 해독제

바울은 소심하고 충성된 디모데에게 자신의 두려움에 관해 썼습니다. 바울이 어떻게 혼란스러운 두려움에 대한 해독제로 '네 속에 있는 하나님의 은사를 다시 불붙게 하도록' 제안했는지 살펴보십시오.

> 이는 네 속에 거짓이 없는 믿음이 있음을 생각함이라 이 믿음은 먼저 네 외조모 로이스와 네 어머니 유니게 속에 있더니 네 속에도 있는 줄을 확신하노라 그러므로 내가 나의 안수함으로 네 속에 있는 하나님의 은사를 다시 불일듯하게 하기 위하여 너로 생각하게 하노니 하나님이 우리에게 주신 것은 두려워하는 마음이 아니요 오직 능력과 사랑과 절제하는 마음이니… 너는 말씀을 전파하라 때를 얻든지 못 얻든지 항상 힘쓰라 범사에 오래 참음과 가르침으로 경책하며 경계하며 권하라
>
> 디모데후서 1:5~7, 4:2

- 이 본문에서 당신은 무엇을 볼 수 있습니까?
- 당신은 6유형이 자신의 은사에 불을 붙이도록 어떻게 격려할 수 있습니까?

7유형

▶ 7유형은 기쁨과 비전으로 힘이 솟습니다. 당신에게 기쁨과 비전이 힘이 됩니까? 기쁨을 표현하고 미래에 대한 비전을 제시하는 것이 어떤 의미입니까?

▶ 7유형의 어떤 특성이 당신의 거짓 자아를 자극합니까?

7유형의 거짓 자아에 대한 해독제

7유형이 거짓 기쁨을 추구하는 것에 대한 해독제는 야고보서 1장 2~4절에서 찾을 수 있습니다.

> 내 형제들아 너희가 여러 가지 시험을 당하거든 온전히 기쁘게 여기라 이는 너희 믿음의 시련이 인내를 만들어내는 줄 너희가 앎이라 인내를 온전히 이루라 이는 너희로 온전하고 구비하여 조금도 부족함이 없게 하려 함이라

▶ 당신은 '조금도 부족함이 없다.'고 언제 느낍니까?

▶ 당신은 이 말씀에서 7유형이 시련에서 기쁨을 찾도록 어떻게 격려할 수 있습니까?